SV

Manfred Sommer

Suchen und Finden

Lebensweltliche Formen

Suhrkamp

Die Deutsche Bibliothek – CIP-Einheitsaufnahme
Ein Titeldatensatz für diese Publikation
ist bei Der Deutschen Bibliothek erhältlich.

Satz: TypoForum GmbH, Nassau
Druck: Wilhelm Röck, Weinsberg
Printed in Germany
Erste Auflage 2002

1 2 3 4 5 6 – 07 06 05 04 03 02

Inhalt

Einleitung

Wenn wir suchen, können wir, im einfachsten Falle, zweierlei im Sinn haben. Wir suchen entweder nach *Dingen* und nach Zeichen, die auf sie verweisen; oder wir suchen nach *Stellen* und nach Wegen, die zu ihnen führen. Einmal denken wir an eine Sache, die wir gerade nicht sehen, das andere Mal an einen Platz, zu dem wir gelangen wollen. Diese beiden Arten zu suchen sind das Thema dieses Buches.

Doch nicht mit allen möglichen, sondern nur mit den lebensweltlich-elementaren Formen werde ich mich beschäftigen. Sie sind einfach: was wesentlich zum Suchen überhaupt gehört, läßt sich an ihnen besser ablesen. Und sie sind grundlegend: aus ihnen bilden sich kompliziertere Formen heraus durch Verkettung, Verzahnung, Verschachtelung. Oft suchen wir zuerst Plätze auf, um dann dort interessanten Dingen nachzuspüren; oft suchen wir Dinge, weil sie uns Plätze, die wir eigentlich suchen, erkennen lassen; und Zeichen, mit deren Hilfe wir nach Wegen Ausschau halten, sind oft ihrerseits Dinge, die gesucht sein wollen...

Statt all diese Verwicklungen, die wir im Alltag problemlos durchschauen und beherrschen, zusammenzustellen und systematisch zu ordnen, konzentriere ich mich auf die beiden ganz ursprünglichen Verknüpfungsgestalten: Dinge und Zeichen für sie, Orte und Wege zu ihnen; beschränkt natürlich auf den für unser Suchen bedeutsamen Ausschnitt.

Lebensweltliche Formen des Suchens und Findens sind nicht notwendig elementar; sie sind vielmehr dadurch näher und auch reicher charakterisiert, daß ›Lebenswelt‹ ein Kontrastbegriff ist. Er steht in Opposition zu anderen Begriffen. Das droht ihn zwar in sich aufzusplittern, tut aber seiner heuristischen Brauchbarkeit keinen Abbruch.

Zum einen steht die Lebenswelt im Gegensatz zur Wissenschaftswelt. In der Wissenschaft kann grundsätzlich alles in Frage gestellt werden; und all unser Denken und Tun ist dort, dem Anspruch nach, kritisch reflektiert, methodisch kontrolliert und auf die Entdeckung von Neuem ausgerichtet. In der Lebenswelt hingegen verlassen wir uns zunächst unkritisch und zumeist reflexionslos aufs Übliche und Gewohnte. Gefühle und Wahrnehmungen, Gedanken und Verhalten bewegen sich weithin in vorgezeichneten Bahnen. Lebenswelt ist, was sich von selbst versteht.

Zum anderen steht die Lebenswelt der Welt der Technik gegenüber. Rechenoperationen, Steuerungsvorgänge und Bewegungsfolgen laufen technisch objektiv ab: es sind externe elektronische und mechanische Prozesse. Lebensweltlich aber sind wir als subjektive und leibhafte Lebewesen die lebendige Mitte dessen, was wir empfangen und vollbringen: Wir machen Wahrnehmungen, stellen Erwägungen an, vollziehen Handlungen. Hier sind wir es, die die Dinge bewegen, indem wir uns selbst bewegen.

Und schließlich steht die Lebenswelt noch der Welt des Fremden gegenüber. Wo wir uns nicht auskennen, wo wir nicht wissen, was wo ist und was sich gehört: dort müssen wir immer hellwach und auf der Hut sein, uns umständlich orientieren und mühsam zurechtfinden. Die Lebenswelt hingegen – egal ob meine eigene oder unsere gemeinsame – ist die Innensphäre des *Ge*wohnten und *Be*wohnten; hier kennen wir uns aus, hier fühlen wir uns wie zu Hause, *sind* wir zu Hause. Die Lebenswelt ist die uns vertraute Welt.

Der Wert des Begriffs ›Lebenswelt‹ liegt zunächst darin, daß er solche Grenzen zur wissenschaftlichen, technischen und fremden Welt zu ziehen gestattet. Aber er befähigt uns dann auch, die Beziehungen zu beschreiben, die zum einen über diese Grenzen hinweg bestehen bleiben und die zum andern sich ausbilden zwischen dem, was da voneinander abgegrenzt wurde. Und gerade für die Untersuchung lebensweltlicher Formen des Suchens und Findens ist das besonders lehrreich.

Auch wenn eher *search* denn *research* mein Thema ist, wird sich bei der Betrachtung elementarer Weisen des Suchens doch immer wieder zeigen, daß und wie in ihnen Verfahren der wissenschaftlichen Forschung angelegt und vorgeformt sind; und wie die Wissenschaft, auch als selbständiges Unternehmen, durch bildhafte Orientierungen und handlungsführende Metaphern an diese lebensweltliche Basis zurückgebunden bleibt. In welchem Maße überdies die Wissenschaft selbst ihre lebensweltliche Grundlage verändert, bedarf kaum der Erwähnung. Am deutlichsten aber wird es dort, wo sie es im Verbund mit der Technik tut.

Wie technische Geräte und Apparaturen uns zuerst unsere lebenswweltlich-leibabhängigen und dann auch unsere kompliziert-intellektuellen Suchaktivitäten erleichtern und abnehmen, ist jedem von uns klar. Das reicht vom Scheinwerfer über das Mikroskop bis hin zu Minensuchgeräten und Internet-Suchmaschinen. Diese Instrumente selbst sind nicht mein Thema, wohl aber die leiblich-lebensweltlichen Gründe dafür, daß wir sie brauchen. Und am Beispiel der Orts- und Wegsuche mit Hilfe von Karten und Navigationsgeräten werde ich auch ausführlich zeigen, wie technische Such-Systeme in die Lebenswelt zurückwirken, ja Bestandteil von ihr werden.

Das Verhältnis von lebensweltlich vertrauter Umgebung und fremder unbekannter Welt hat sich, was das Suchen und Finden von Orten und Wegen angeht, in der Neuzeit grundlegend gewandelt. Natürlich durch die großen Entdeckungsfahrten, Forschungsexpeditionen und Pionierleistungen. Daß wir Wege erschlossen, Straßen gebaut und Flugrouten eingerichtet haben, die unseren Ort hier mit jenen Orten dort verbinden, ist eine Weise, sich selbst das Fremde, *die* Fremde zugänglich zu machen. Ein System nun, das weltweit noch unser globales Wegenetz überlagert, um uns zu führen, wohin wir wollen, ist das *Global Positioning System (GPS)*. Das Muster, vermöge dessen wir uns ›zu Hause‹ ganz selbstverständlich zurechtfinden, haben wir darin im globalen Maßstab nachgebaut, um uns in der Welt als ganzer so auszukennen, als ob sie unsere Lebenswelt wäre.

Als ›lebensweltlich‹ läßt sich nicht allein ein bestimmter Phänomenbestand umgrenzen, sondern auch – und den genannten Gegensätzen zum Trotz – eine wissenschaftliche Verfahrensweise charakterisieren: Auslegung und Beschreibung unserer natürlichen Erfahrung. Wir selbst, unsere Handlungen und Erfahrungen, sind unser Thema: Wir nehmen sie einfach als das, was sie sind, und lassen sie das auch bleiben: subjektive Vollzüge und Erlebnisse. Die Versuchsperson im Labor, das Nervensystem im Kernspintomographen, der Augapfel unterm Mikroskop: derlei ist hier weder mein Gegenstandsfeld noch meine Ausgangsbasis. Vielmehr beschreibe ich, wie *ich* Dinge suche und Zeichen lese, wie *ich* einen Platz benenne und meinen Weg dorthin finde. Nicht Psychologie und Physiologie, nicht Modellkonstruktion und Hypothesenprüfung ist mein Vorhaben, sondern Beschreibung der von uns selbst vollzogenen und im Vollzug erlebten lebensweltlichen Suchaktivitäten.

Pointiert gesagt: Über weite Strecken betreibe ich so etwas wie ›subjektive Wissenschaft‹. Nebenbei hat das auch Konsequenzen für die Darstellungsform. Ich spreche, freilich in wechselnden Rollen, von mir selbst. Ich bin, natürlich, (1) der Autor; doch als dieser trete ich so gut wie nie in Erscheinung. Häufiger schon melde ich mich (2) als ›auktorialer Erzähler‹: Mittels Einleitung und Vorschau, Kommentar, Zwischenfrage und Resümee führe ich den Leser durch die Darstellung. Meistens aber bin ich in der Beschreibung (3) der allgemeine und doch subjektive Repräsentant eines jeden von uns, zuweilen auch nur (4) wirkliches oder fiktives Beispiel für diesen Repräsentanten.

Ich erspare es mir also, mich mühsam zum Objekt zu machen und dann auch noch als ›das Ich‹ durch den Text zu geistern. Beiläufig gewinne ich so ein zusätzliches Mittel zur Präzisierung syntaktischer Bezüge. Vor allem aber unterstützt mich diese Form bei dem, was ich als Repräsentant wollen muß: diejenigen, die ich vertrete, zum Nachvollzug und zur Identifikation einzuladen. Dadurch – obgleich nicht nur dadurch – ergibt sich ein gewisser meditativer und essayistischer Zug. Dieses ›Subjektive‹ schließt aber natürlich nicht aus, daß etliches von dem, was ich darstelle, sich schlichtweg als falsch erweist.

Lebensweltliche Formen des Suchens und Findens kennt jeder; es sind alltägliche, ja triviale Dinge. Ich untersuche sie, indem ich entfalte und beschreibe, was in ihnen an selbstverständlichen Voraussetzungen enthalten und an gekonnt erbrachten Leistungen vollzogen wird. Diese Explikation, diese Ausfaltung des selbstverständlich Gewußten und Gekonnten muß also nacheinander einzelne Stücke oder Aspekte, Bewegungsformen oder Handlungsfäden ins Auge fassen; und sie muß, Genauigkeit und Vielseitigkeit im Sinn, das einzelne drehen und wenden, es in Ausschnittvergrößerungen betrachten und in Zeitlupenstudien vorführen. Wenn auf diese Art das Triviale und Altbekannte auch noch ausgewalzt und in die Länge gezogen wird, kann es nicht ausbleiben, daß mitunter das Ergebnis danach ist. Das ist indes der Preis dafür, daß gelegentlich doch am Vertrauten Befremdliches, am Gewohnten Sonderbares und am Selbstverständlichen bislang Unverstandenes in Erscheinung treten kann.

Die beschreibende Entfaltung lebensweltlicher Sachverhalte vermag allerdings nur dann vorzuführen, worauf es ihr ankommt, wenn das, was gesondert ins Auge gefaßt wurde, wiederum in seinen Kontext, in seinen Sachzusammenhang, in sein Funktionsgefüge hineingestellt und eingegliedert wird. Und gelegentlich kann es dann geschehen – doch es sind eher Glücksfälle –, daß uns das Vertraute insgesamt fremd vorkommt, daß Gewohntes als ganzes sich sonderbar ausnimmt. Und das kann dann der Anfang jener Einsicht sein, in welcher uns das, was anfangs selbstverständlich war, erst verständlich wird.

Die ›Heuristik der Lebenswelt‹, die ich im folgenden darstellen werde, hat drei Teile. Im *Ersten Teil* studiere ich, wie wir uns Dinge, die wir suchen, durch *einfache Entdeckungen* sichtbar machen. Grundlage meiner Beschreibungen ist zum einen die gestalttheoretische Einsicht, daß Dinge nur mit ihrem Hintergrund zusammen vorkommen; zum andern die phänomenologische Beobachtung, daß zwar Sichtbares Sichtbares unsichtbar macht, aber uns zugleich auf dieses Unsichtbare verweist. So untersuche ich, wie wir beim Suchen mit all dem umgehen, das uns – wer weiß? – etwas verstellt; und ich untersuche Hintergründe, die zwar teilweise verstellt werden, aber selbst auch, für uns unsichtbar, Dinge in sich bergen. Sichtbar sind Dinge nur vor ihrem Grund, unsichtbar aber stets für mich und oft auch durch mich. Deshalb muß ich, um Verborgenes zu entdecken, meinen lebendigen Körper *alias* Leib so führen und stellen, daß ich trotz der Defizite meiner Sinnesausstattung schließlich zu Gesicht bekomme, was ich gesucht habe.

Der *Zweite Teil* zieht mit seiner Gegenüberstellung: *Selbstverständliche Ortskenntnis, mühsame Orientierung* die heuristischen Konsequenzen daraus, daß die uns vertraute Lebenswelt umgeben ist von einer Wirklichkeit, in welcher wir uns nicht, noch nicht auskennen. Die Suche nach Orten und Plätzen, Wegen und Straßen ist einerseits ganz leicht: ›Bei uns hier‹ wird uns Orientierung jederzeit selbstverständlich zuteil; ›dort draußen‹ hingegen müssen wir sie uns umständlich erarbeiten. Dazu sichern wir uns aus der Vogelperspektive eine Übersicht, die wir durch Kartographie objektiv darstellen. Und wir setzen diese Ausarbeitung und Anwendung von Hilfsmitteln fort, indem wir Karten digitalisieren und unsere Wegsuche an den elektronischen Routenplaner delegieren.

Im *Dritten Teil* wird *Automobile Navigation* zum Thema. In einer Phänomenologie des Autos schildere ich, wie dieses als ein Stück mobiler Lebenswelt eine leibartige Einheit bildet mit dem, der es fährt und führt. Vor allem aber interessiert es uns hier als der Anknüpfungspunkt einer Globalisierung jener Selbstverständlichkeit, mit der wir uns ›zu Hause‹ auskennen. Wir delegieren Selbstlokalisierung und Zielsuche an technische Einrichtungen: Das satellitengestützte *GPS* kann jedem jederzeit überall auf der Welt sagen, wo er gerade ist. Und individuelle Navigationssysteme, wie wir sie auch im Auto haben können, setzen diese stets aktuelle und ganz subjektive Ortskenntnis in Führungswissen um. Da wir uns nur dorthin führen lassen, wohin wir selbst wollen, führen wir indirekt uns doch wiederum selbst.

Erster Teil
Einfache Entdeckungen

Daß die Entdeckungen, mit denen ich mich in diesem Ersten Teil befasse, einfach sind, heißt einmal negativ: es geht nicht um geniale Einfälle oder tiefdringende Erkenntnisse, nicht um die Lösung verwickelter Probleme oder die Eröffnung neuer Horizonte. Nein, es geht, viel primitiver, um ein Sichtbarmachen, das grundsätzlich jeder von uns mit Sinn und Verstand sowie kraft seiner Hand und dank seines Auges zu leisten vermag. Zum Einfachen gehören indes auch seine Grenzen: deshalb werde ich immer wieder auch die Stellen markieren, an denen sich Übergänge zur wissenschaftlichen Forschung und Anschlüsse für technische Hilfsmittel ergeben.

Allerdings sind nicht die elementaren Formen des Auf- und Entdeckens selbst mein Thema, sondern das Suchen und Finden. Deshalb werde ich vorab zeigen, welche Rolle – eine zentrale natürlich – das Sichtbarmachen und das Sehen darin spielen. Dies geschieht im *1. Kapitel*. Es untersucht insgesamt die *Voraussetzungen für das Glück am Ende* des Suchens: Welches sind die Bedingungen dafür, daß wir überhaupt suchen können und so oft auch müssen? – Wir müssen einiges schon wissen und weiteres wissen wollen, wir müssen Dinge, die wir bislang nicht im Blick hatten, ins Auge fassen und sie identifizieren können mit dem, wonach wir gesucht haben. Insofern ist also Suchen vor allem ein von Wissen-Wollen getriebenes und von Vorauswissen geführtes Sichtbarmachen.

Sichtbares verdeckt Sichtbares. So einfach ist das. Vom *2.* bis zum *5. Kapitel* gehe ich nacheinander die verschiedenen Formen durch, wie in objektiven Verhältnissen Verdeckungen etwas in Unsichtbarkeit halten, zeichenhaft auf es verweisen, zuweilen von selbst verschwinden und beim Suchen absichtsvoll von uns beseitigt werden. Wir werden uns zuerst die *Dinge* vornehmen und fragen: Wie sehen sie von hinten aus? Was steckt in ihnen? Was verbergen sie uns?

Immer verstellen sie uns ein Stück von ihrem *Hintergrund*: ihn auszuleuchten ist dann der nächste Schritt. Suchen als Sichtbarmachen bedeutet da dreierlei: den Himmel erkunden, den Horizont beobachten und die Erde aufgraben: noch einfache, aber doch schon weit ausgreifende und tiefschürfende Unternehmungen.

Stets hineinverflochten in diese *sach*bezogenen Aktivitäten sind *selbst*bezügliche. Denn auch an mir selbst liegt es, daß ich vieles, das ich sehen möchte, doch nicht sehe. Ich habe ein enges Gesichtsfeld, einen unscharfen Fernblick, ein sprunghaftes Augenmerk. Diese drei, ausführlich aber vor allem das letztere, sind Thema des *6. Kapitels: Selbstführung zum Sehenkönnen.* Ich werde zeigen, wie wir unseren ›wilden‹ Blick durch Disziplin und Übung ›domestizieren‹, um so die Wahrscheinlichkeit, daß wir beim Suchen etwas übersehen, zu verringern.

In diesen drei Fragen steckt somit das Programm dieses Ersten Teils: (1) Was verbirgt sich an, in und hinter den Dingen? (2) Was gibt es über uns, fern von uns und unter uns zu entdecken? (3) Wie gehen wir um mit unserem engen, stumpfen und unsteten ›Gesicht‹?

1. Kapitel
Voraussetzungen für das Glück am Ende

In diesem Kapitel geht es um die Klärung von Voraussetzungen: Welches sind die Bedingungen dafür, daß wir überhaupt mit dem Suchen anfangen und aufs Finden hoffen können? Und wie sind diese Bedingungen verwurzelt in unserer geistig-intellektuellen und unserer sinnenhaft-leiblichen Verfassung, wie sind sie geformt durch die Situation, in der wir uns normalerweise vorfinden? – Was diese Klärung ganz am Ende verständlich machen soll, ist: wie all diese Voraussetzungen in ihrem Zusammenspiel nicht allein das Suchen ermöglichen, sondern am Ende das Finden zu einem glücklichen Ende machen.

Zuerst kommt das zur Sprache, was wir *wissen* müssen. Wir können nicht suchen, ohne bereits im voraus und dabei ständig zu wissen, *was* wir schließlich finden wollen. Wir müssen fähig sein, uns hier und jetzt auf etwas zu beziehen, was gar nicht da ist: auf Abwesendes. Und dazu benötigen wir Anwesendes mit Verweisungscharakter: Stellvertreter, Repräsentanten, Zeichen. Ihre inhaltliche Bestimmtheit und ihren Richtungssinn erlangen sie durch das, was sich in ihnen verkörpert: durch Namen und Begriffe.

Eine *zweite* Bedingung für unser Suchenkönnen liegt in unserem *Sehen*. Wir sehen nicht schlagartig alles, sondern nacheinander weniges. Das liegt zum Teil an der Art, wie wir schauen, zum Teil an der Eigenart unserer dinghaften Wirklichkeit. Unser Sehen unterliegt gewissen Beschränkungen, und die Dinge überlagern sich und verdecken einander. Daß es auf diese beiden Weisen Unsichtbares gibt, das gleichwohl sichtbar werden oder gemacht werden kann, macht unser Suchen allererst möglich.

Suchen kann aber, *drittens*, auch nur, wer fähig ist, etwas zu *erkennen*. Suchen heißt eben nicht bloß, beliebiges Unsichtbares sichtbar zu machen, sondern zuletzt dasjenige, auf welches wir uns vorab und fortwährend wissentlich und zeichenhaft bezogen hatten. Wer nicht fähig ist zu erkennen, ob das, woran er ständig gedacht hat, identisch ist mit dem, was er soeben erblickt, der kann nichts finden. Und seine Tätigkeit des Sichtbarmachens und Anschauens ist keine Suche.

Schließlich und *viertens* muß, wer sucht, etwas *wollen*. Er will finden. Diese Intention ist seine Motivation, ist das, was ihn bewegt. Deshalb frage ich nach dem Verhältnis von Haben-Wollen und Sehen-Wollen sowie nach dem, was geschehen muß, damit das Wollen ans Ziel kommt. Diese Thematik erlaubt uns dann auch einen Blick auf den Zufallsfund und leitet über zu einer kurzen Schlußbetrachtung über das Glück beim Finden.

Also: unser Wissen, unser Sehen, unser Erkennen und unser Wollen enthalten bestimmte Bedingungen, ohne die wir nicht suchen müßten, aber auch nicht könnten. Diese Bedingungen begrifflich zu charakterisieren, sie uns anschaulich vor Augen zu führen und dadurch erkennbar zu machen, wie sie zusammenwirken, ist die Intention der Erwägungen dieses Kapitels.

Notwendige Ignoranz

Fangen wir wieder bei Adam und Eva an. Kaum hatten sie vom Apfel gebissen, versteckten sie sich vor ihrem Schöpfer in dessen eigenem Garten. Was glaubten die beiden eigentlich, mit wem sie es zu tun hatten? Als ob man vor Gott etwas oder gar sich selber verbergen könnte!

Aber siehe da: damals konnte man das noch. Denn statt über die Torheit seiner Kreaturen müde zu lächeln, hat der biblische Gott mit ihnen doch seine liebe Not. »Adam«, so hören wir ihn halb empört, halb beleidigt rufen, »Adam, wo bist du?« Haben wir recht gehört? Er, der doch alles hervorgebracht hat, weiß dennoch nicht, wo es sich aufhält: der Schöpfergott als Ignorant.

Der sich indes als lernfähig erweisen sollte. Denn spätestens beim Erreichen seines und unseres Mittelalters ist er – und sind wir – von Theologen so gründlich unterrichtet, daß wir ihm Allwissenheit zusprechen. Mehr kann einer nicht dazulernen. Vergangenheit, Gegenwart und Zukunft von allem und von allen sind ihm immer schon bekannt. Von jeder seiner Kreaturen weiß der Allwissende, wo sie gewesen ist, wo sie sich gerade aufhält und wohin sie noch gelangen wird. Nichts und niemand vermag sich vor ihm zu verbergen.

Alles zu wissen hat jedoch auch allerlei Nachteile. Wenn man sich diese Stück für Stück und *en détail* vor Augen führen würde, könnte man alsbald Mitleid für den empfinden, der mit Allwissenheit geschlagen ist: so elend ist er dran. Hier interessiert uns aber nur, daß der Theologen-Gott nicht mehr fragen kann: »Adam, wo bist du?« Denn er weiß es längst und wußte es immer schon. Und er kann, obgleich er alles kann, nicht einmal das, was jeder tut, der herausfinden möchte, wo etwas ist: danach suchen. Wer etwas sucht, will stets auch wissen, wo es ist. Weiß er es bereits, so sucht nicht nur nicht, er *kann* auch gar nicht suchen. Und erst recht ist er unfähig, etwas zu finden.

Nun kann man natürlich sagen: Er hat's doch gut! Zwar *kann* er weder suchen noch finden, er *braucht* es aber auch nicht und er braucht es auch nicht zu können. Das ist wahr. Wahr ist indes auch, daß ihm ob seines All-Wissens zwar die Mühe des Suchens erspart, aber auch das Glück des Findens verschlossen bleibt. Insofern ist er zugleich reicher und ärmer als wir. Uns aber dient die göttliche Allwissenheit, wie auch immer es mit ihr theologisch bestellt sein mag, vornehmlich dazu, im Vergleich mit und im Kontrast zu ihr uns selbst besser zu begreifen: was wir können, was wir nicht können und wie sich, was wir tun, aus beidem ergibt.

Wissen des Nichtwissens

Wer *alles* weiß, kann nicht suchen; doch wer *gar nichts* weiß, auch nicht. Hellwach könnten all seine Sinne sein und vielerlei Dinge ihm begegnen: finden aber könnte er, der perfekte Ignorant, von all dem nichts. Was er zu hören bekommt und was ihm zustößt, was er spürt und was ihm ins Auge fällt: er könnte sich freuen an diesen Dingen; aber nie wäre es die Freude darüber, daß endlich das da ist, dessen Dasein er ersehnt hatte, als es noch abwesend war; oder die darüber, nun das vor sich zu haben, für dessen Anblick er so viele Anstrengungen auf sich genommen hätte. Und auch schmerzen könnte ihn, was ihm nun gegenwärtig ist; doch nie wäre es der Schmerz der Enttäuschung darüber, daß, wo dieses nun ist, er etwas anderes erwartet hatte.

Was aber muß ich wissen, um suchen zu können? Wo genau zwischen den heuristisch ruinösen Extremen des All-Wissens und des Nichts-Wissens ist die verstandesmäßige Ausrüstung, die mich ans Suchen denken und aufs Finden hoffen läßt? – Da Wissen zwar nicht notwendig sprachlich verfaßt, aber in der Sprache am leichtesten zugänglich ist, lassen wir einfach die stumme Suchaktivität selbst zu Wort kommen. Suchen ist etwas, was wir *tun.* »Wo ist x?« Das ist etwas, was wir *fragen.* Unbeschadet dessen, daß natürlich auch das Fragen eine Tätigkeit ist, gibt es doch zwischen dem schweigsamen Suchverhalten und der artikulierten Wo-ist-x-Frage einen Zusammenhang, der sich als Leitfaden hin zu Voraussetzungen des Suchenkönnens eignet. Denn wer kundtut, daß er wissen will, wo etwas Bestimmtes ist, bringt damit eine Bedingung zum Ausdruck, die erfüllt sein muß, wenn überhaupt Suchen in Gang kommen und Finden möglich werden soll.

Das Minimum dessen, was ich dazu wissen muß, hat nun gar nichts anderes zum Thema als meine eigene Ignoranz. Dieses Minimum läßt sich, ganz sokratisch, in dem Satz darstellen: »Ich weiß, daß ich nichts weiß.« Wenn ich frage, wo x ist, so bringe ich nicht nur zum Ausdruck, daß ich etwas suche, sondern gebe zugleich zu erkennen, daß ich mir meiner Unwissenheit bewußt bin: »Ich weiß, daß ich nicht weiß, wo x ist.« Dies braucht jedoch, wie gesagt, nicht sprachlich zu erklingen; vielmehr ist es verborgenerweise in jeder Suchaktivität als deren treibende, steuernde und kontrollierende Kraft enthalten. Ohne ein Wissen meines Nichtwissens könnte ich ja dieses letztere nicht als einen Mangel erleben; folglich könnte ich mich nicht daran machen, ihn zu beheben; und schließlich wäre ich nicht fähig zu bemerken, wann er behoben ist. Suchen aber ist immer auch das Bemühen, den Mangel zu beseitigen, der darin besteht, daß ich nicht weiß, wo etwas sich befindet.

Es ist freilich ein wichtiger Unterschied, ob jemand die Frage »Wo ist x?« laut werden läßt, weil er eine Antwort darauf haben möchte, oder ob er in ihr sinnhaft entfaltet und sprachlich darstellt, was seine Suchaktivität motiviert. Wenn ich die Frage an jemanden richte, der die Antwort kennt, und er sie mir gibt, dann weiß fortan auch ich, wo x sich befindet. Aber habe ich x damit gefunden? Oder ist mein Wissen Ergebnis meiner Suche? Mitnichten! Und trotzdem bin ich nach dieser Antwort nicht mehr imstande zu suchen. Ich weiß einfach zu viel. Wohl kann ich nachsehen, ob x wirklich dort ist, wo mir gesagt wurde, daß es sei. Doch wenn es tatsächlich dort ist, so habe ich, der ich's erblicke, keineswegs es dadurch auch gefunden; vielmehr habe ich es lediglich wie erwartet *vor*gefunden und mich dadurch dessen vergewissert, daß mein Wissen wirklich Wissen war und ist. Nur dann, wenn etwas nicht oder nicht genau am genannten Platz ist, kann – weil das Wissen sich als bloß vermeintliches erwiesen hat – die Suche beginnen. Wie gesagt: Ignoranz macht suchfähig.

Namen und Begriffe

Wer sucht, so haben wir gesehen, kann das, was sein Tun beseelt, in der Frage ausdrücken: »Wo ist x?« Das Nicht-Wissen, das er damit kundtut, vermag er freilich nur in eine Suchhandlung umzusetzen, wenn er auch über das verfügt, was an Wissen damit verbunden sein kann oder darin eingeschlossen ist. Da ist zum einen, wie gezeigt, das reflexive Wissen von der eigenen Unwissenheit bezüglich des Aufenthaltsortes einer bestimmten Sache. Da ist zum anderen aber ein diese Sache selbst betreffendes, ein gegenstandsbezogenes Wissen. Dieses zweite Wissen ergibt sich aus der Interpretation des »x« in der Wo-ist-x-Frage.

Die *sprachliche Form*, in welcher das »x« eine Leerstelle bezeichnet, gibt auch vor, wie diese Stelle besetzt werden kann: mit Wörtern, in denen Namen oder Begriffe als Sinngeber enthalten sind. Man kann nicht x-Beliebiges suchen, sondern stets nur etwas ganz Bestimmtes. Und dieses wiederum kann *entweder* als Singuläres und Einmaliges benannt werden: ein Unikat; *oder* es kann als zusammengehörige Vielzahl von Gleichartigen begriffen werden: eine Menge. Namen nennen *eine* individuelle Person oder Sache, Begriffe umgrenzen *mehrere*, die unter einem bestimmten Gesichtspunkt zusammengehören. Typischerweise werden die einen sprachlich so dargestellt: »der Oberbürgermeister von Nürnberg«, »meine Armbanduhr«, »Adam«; die anderen hingegen so: »Einwohner von Köln«, »Jugendstilfliesen«, »Meteorite«.

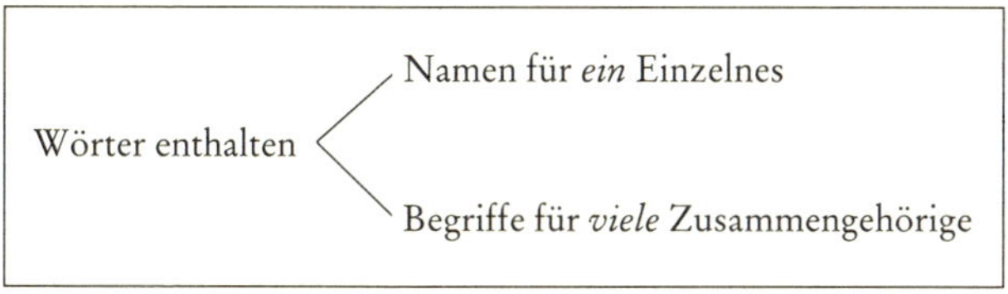

Schema 1: Sprachliche Zeichen zur Bezugnahme auf Abwesendes

Der *gedankliche Sinn* der Wo-ist-x-Frage schließt aber die Bezugnahme auf einen Ort, den ich nicht kenne, ein. »Wo?« heißt: »anderswo«. Deshalb muß noch etwas weiteres von den Kandidaten, die die x-Stelle sollen besetzen können, verlangt werden: Durch sie muß ich mich hier und jetzt auf Abwesendes beziehen können. Und auch da ist leicht zu sehen, daß es wiederum Namen und Begriffe sind, die uns in Gestalt sprachlicher Zeichen diese Bezugnahme gestatten.

Doch es hat seinen guten Grund, zwischen Sprache und Bedeutung zu unterscheiden: einerseits also die Wörter, andererseits die Namen und Begriffe, die in ihnen enthalten sind. Denn die ausdrückliche und sprachförmige Darstellung der Such-Intention in der Frage »Wo ist x?« läßt uns zu leicht die nicht-sprachlichen Weisen, Gesuchtes zu bestimmen und auf das so Bestimmte Bezug zu nehmen, übersehen. Als Name und Begriff kann man vielmehr alles verstehen, wodurch wir uns auf etwas bestimmtes Abwesendes beziehen; alles, was den Satz »Aus dem Auge, aus dem Sinn« widerlegt.

Sprachlose Zeichen und sprachliche Präzisierungen

Spürhunde beziehen sich durch den Geruch, den sie hier und jetzt in der Nase haben, auf den flüchtigen Verbrecher, von dem dieser Geruch stammt. Ein Fingerabdruck – egal ob real von einem Daumen oder genetisch aus einem Zellkern – verweist auf den, der die dazugehörige Hand oder DNS hat, und ein Foto auf den, den es darstellt; eine Stimme auf den, der sie verlauten läßt, und ein Erinnerungsbild auf den, an den ich denke. Man kann nun einen Streit darüber anzetteln, ob all diese Gegebenheiten selbst Namen *sind* oder nur *wie* Namen fungieren. Uns kann das hier gleichgültig sein. Entscheidend ist, daß wir uns mittels ihrer auf eine bestimmte einzelne Person oder Sache auch bei ihrer Abwesenheit zu beziehen vermögen.

Andere Spürhunde, die uns nach Erdbeben oder Lawinenabgängen zu denen führen sollen, die erst noch ›entdeckt‹ werden müssen, haben so etwas wie einen Begriff im Sinn. Und weiter: ein Foto, das sagt: »alles, was so aussieht«, ein Probe-Exemplar, das sagt: »alles, was mir gleicht«, eine schematische Abbildung oder ein charakteristisches Geräusch: ob all das selbst Begriffe sind oder uns nur denselben Dienst leisten: das lasse ich hier auf sich beruhen. Nicht zu übersehen sind indes die Undeutlichkeiten, die hier überall lauern. Beispielsweise kann eben ein Foto sowohl einen Namen als auch einen Begriff darstellen oder vertreten...

Sprachliche Zeichen, Wörter mithin, die Namen darstellen oder Begriffe enthalten, haben vor anderen symbolischen Repräsentanten den Vorzug größerer Genauigkeit. Ein Foto von einer Armbanduhr läßt weithin offen, was ich mit ihm im Sinne habe: Meine ich Uhren oder Fotos oder Fotos mit Uhren? Meine ich Uhren im allgemeinen oder Armbanduhren überhaupt oder derartige Armbanduhren? Meine ich irgendeine Uhr, irgendeine Armbanduhr oder genau diese eine abgebildete, die mir abhanden gekommen ist? Man sieht, daß das eine gezeigte Foto viele Möglichkeiten unentschieden in sich enthält. Aber zugleich wird deutlich, daß die Sprache das Medium ist, in dem diese Möglichkeiten als verschiedene Begriffe oder Namen aufgefächert und abgegrenzt darstellbar sind; und es wird gleichfalls deutlich, wie wir durch formende oder präzisierende Zusätze – »derartige«, »überhaupt«, »irgendeine«, »meine« – Differenzierungen vornehmen können, die ein Begriffswort vom Typus »Uhr« alleine nicht auszudrücken vermöchte.

Noch das Unbestimmte in seiner Unbestimmtheit genau zu fassen und zu umgrenzen, gehört weiter zu den Leistungen unserer sprachlich verfaßten Begriffe. Ich kann im Küchenschrank »etwas zum Essen«, beim Herumstöbern auf dem Dachboden »etwas Interessantes« suchen: beides Begriffe, die durch Hereinnahme praktischer Zwecke oder subjektiver Dispositionen das, was ich suche, nicht zu schnell zu eng an unmittelbar sachhaltige Beschaffenheiten binden.

Besonders wichtig aber: wir verfügen auch über Namen und Begriffe für Sachen, bei denen ungewiß ist, ob es sie überhaupt gibt: Es steht jedem frei, »Atlantis« zu suchen oder den »Stein der Weisen«, »fünfblättrige Kleeblätter« oder »grönländische Pinguine«. Fotos oder Probe-Exemplare dürften freilich von diesem oder jenem schwer zu beschaffen sein. Erst die erfolgreiche Suche gibt dann die Gewähr für das, was zuvor bloß Vermutung war: daß es nämlich in der Realität etwas gibt, worauf jene sinnvollen Wörter sich beziehen lassen.

Unauffindbares

Während es bei der einen oder anderen Bezeichnung offenbleibt, ob das Bezeichnete existiert oder nicht, können wir sogar Begriffe bilden für das, wonach zu suchen und was zu finden mit Sicherheit unmöglich ist. Das fängt bei harmlosen altphilosophischen Formeln an. Kaum einer wird sich losschicken lassen mit dem Auftrag, einen »runden Würfel« oder möglichst viele »Messer ohne Griff und Klinge« herbeizuschaffen. Und wenn einer behauptet, derlei zu suchen, werden wir ihn nicht ernst nehmen.

Doch neben prätendierten Begriffen, die in sich formal oder sachlich widersprüchlich sind, gibt es andere, die unsere Suche auf andere Weise vereiteln: »das Namenlose« und »das Unbeschreibliche«, »das Unnennbare« und »das Unbezeichenbare«. Nicht daß es derlei nicht geben könnte: aber man kann nicht danach suchen. Wohl kann man auf es stoßen, ihm begegnen, von ihm erfaßt werden. Was so unser Fassungsvermögen übersteigt, ist das Form-, Gestalt- und Grenzenlose, das Übergroße, Übermächtige, Allumfassende.

Diese ästhetisch-sublimen Weisen, *nicht* suchen zu können, sind uns am besten bekannt aus ihrer theologischen Umsetzung in bestimmte Formen religiös-spiritueller Heilssuche. Man kann sein Heil nicht dergestalt suchen, daß man es irgendwann irgendwo fände. Es kann einem nur geschenkt werden: *sola gratia*. Und es so zu suchen, als ob man es selbst finden könnte, ist einer der sichersten Wege, sich des Geschenkes als unwürdig zu erweisen. Stichwort: ›Werkgerechtigkeit‹. Was zu tun bleibt, ist: sich vorzubereiten auf ein Ereignis, das kommen, aber auch ausbleiben kann; zu hoffen und sich einzustellen auf eine Begegnung, die man nicht herbeiführen, ja nicht einmal anstreben kann.

Weniger religiös-erhaben als komisch-paradox aber klingt es, wenn jemand auf die Frage, was er denn suche, antworten würde: »das Unauffindbare«.

Symbolische und signitive Verweise

Ob sprachlich dargestellt, bildhaft veranschaulicht oder exemplarisch vorgeführt: Namen und Begriffe haben die Funktion von Zeichen. Sie sind in ihren sichtbaren oder hörbaren Gestalten selbst anwesend, weisen auf bestimmtes Abwesendes hin und verschaffen diesem damit eine eigentümliche Art, doch anwesend zu sein. Mittels und anhand der Namen und Begriffe, die wir haben, können wir uns über abwesende Personen und Dinge streiten und verständigen, empören und freuen, können sie verfluchen oder herbeiwünschen – und uns auf die Suche nach ihnen machen.

Zeichen heißt im Griechischen *symbolon*. Die Zeichen, in denen uns Namen und Begriffe gegenwärtig sind, nenne ich daher Symbole. Charakteristisch für sie ist ihre ausdrückliche und auffällige Art, auf etwas hinzuzeigen. Daneben gibt es indes auch eine eher beiläufige und unscheinbare Weise, auf etwas hinzuweisen. Im Anschluß an das lateinische Wort für Zeichen, *signum*, kann diese subtilere und feinere, eher sachte und oft unterschwellige Verweisungsart signitiv genannt werden. Signitiv verweist etwa beim Sonnenaufgang die schon sichtbare Hälfte der Scheibe am Horizont auf die noch unsichtbare untere Hälfte. Diese Beziehung ist, wie sich noch zeigen wird, für unsere Suchaktivitäten von nicht minderer Bedeutung als die symbolische.

Natürlich gibt es Übergänge und Zwischenformen. So können objektive Auffälligkeitssteigerung und subjektive Aufmerksamkeitslenkung bewirken, daß leise und unmerkliche signitive Verweise zu lauten, schrillen, leuchtenden, in jedem Falle aufdringlichen Zeichen symbolischen Typs werden; und auch das umgekehrte gibt es.

Das aber ist immer gemeinsam: Anwesendes verweist auf Abwesendes. Und weil stets ganz *bestimmtes* Anwesendes auf mehr oder weniger *bestimmtes* Abwesendes verweist, gewinnt dieses durch jenes und in jenem eine Art Doch-schon-Anwesenheit, die wir zumeist als vorgestellte, dargestellte, ›repräsentative‹ Präsenz bezeichnen und sie von der tatsächlichen, leibhaftigen, wirklichen unterscheiden.

*

Drei ›kognitive‹ Voraussetzungen für das Suchen- und Findenkönnen: ich muß *wissen*, was ich suche, ich muß es dann auch *sehen* können, und ich muß schließlich fähig sein zu *erkennen*, daß das, was ich sehe, tatsächlich das von mir Gesuchte ist. Nachdem wir bisher das nominale und begriffliche Wissen betrachtet haben, gilt unser Augenmerk im folgenden dem Sehen und dem Sehenkönnen. Das Sehen interessiert uns dabei vornehmlich als Voraussetzung und Komponente des Erkennens, in welchem das Finden sich vollendet. Aber es hat doch zugleich die Funktion eines Bindegliedes zwischen dem vorausgesetzten Wissen-was und dem nachfolgenden Wissen-wo.

Obwohl nicht zu wissen, wo etwas Bestimmtes sich befindet, Voraussetzung dafür ist, es suchen zu können, ist Finden keineswegs dasselbe wie Kenntnis zu erlangen, wo das Gesuchte ist. Finden heißt vielmehr: es sehen. »*Hier* ist es«, muß ich sagen können. Mein Anblick der Sache verwandelt das »Wo?« ins »Hier!« Deshalb bedeutet das Suchen einer Sache immer zugleich zweierlei: Bewegung, denn ich muß dort sein, wo sie ist, und Wahrnehmung, denn ich muß sie an ihrem Ort auch erblicken. Unmittelbare Folge des Findens ist dann schon, daß ich nun und bis auf weiteres weiß, wo die Sache sich aufhält. Finden aber heißt, kraft des erlangten eigenen *Anblicks* dieses Wissen gewonnen zu haben.

Tiervergleich

Zu dem, worüber zu streiten ich, wie zu sehen war, keine Lust habe, gehört die Frage, ob Tiere Namen und Begriffe kennen oder nicht. Zu dem, worüber Streit gar nicht herrscht, gehört die Tatsache, daß Tiere sehen; auch die, daß die meisten – vielleicht sogar alle – anders sehen als wir. Aber wie anders? Und was lernen wir daraus für unser eigenes Sehen, im Verhältnis zu dem jenes andere anders ist?

Nun, vorweg sei eingeräumt: Daß wir uns mit Tieren vergleichen, bringt in aller Regel für unsere Selbsterkenntnis nichts. Da wir aber nicht sicher wissen, worin rechtes Verhalten, geschweige denn worin richtiges Leben besteht, werden wir auf diesen Vergleich nicht gern verzichten wollen. Selbst dann nicht, wenn über seine Beliebigkeit kein Zweifel mehr besteht. Denn je nachdem wie es uns in den Kram paßt, benutzen wir tierisches Verhalten bald als Vorbild zur Bestätigung, bald als Gegenbild, um uns abzusetzen, und nennen es dann entweder ›ganz natürlich‹ oder ›krud animalisch‹.

Pfeilblick und Rundschau

Und trotzdem: um die Gründe dafür ausfindig zu machen, weshalb wir überhaupt fähig sind zu suchen, ist es nötig, unsere optische Wahrnehmung zu beschreiben; und einen hilfreichen Leitfaden zu einer solchen Beschreibung gibt uns die biologische Tatsache, daß sich höhere Tiere unterscheiden nach der Stelle, an welcher sie am Kopf ihre Augen haben. Der Jaguar und der Löwe, die Eule und der Uhu: ihnen hat der Schöpfer ihre Augen vorn eingesetzt, frontal, unter der Stirn. Sie schauen vorwärts. Und das müssen sie auch. Denn als Fleischfresser sind sie Jagdtiere. Sie müssen, wenn sie Beute machen wollen, das einmal erspähte, aber womöglich fliehende Opfer im Auge behalten, während sie es verfolgen und anfallen.

Es genügt indes nicht, zu sehen, *wohin* das Stück Fleisch flieht; der Jäger muß auch erkennen, *wie weit* es entfernt ist und ob der Abstand zu ihm sich verringert oder vergrößert. Damit sie möglichst nie vergebens laufen oder zu kurz springen, haben die Jagdtiere zwei Augen und nicht bloß eins. So können sie Entfernungen einschätzen. Zweiäugig-frontal blickend, tun sie beides zugleich: sie schauen in *eine* Richtung und sie fixieren *ein* Objekt. Nicht zufällig gleicht ihr Blick einem Pfeil: nach vorn und zielgerichtet. Sie schauen *dorthin*; und das tun sie, um, wenn Beute sich zeigt, auch *dorthin* zu laufen. Etwas-Sehen und Sich-Bewegen decken sich in Richtung und Ziel.

Den Tieren, die jagen, stehen die gegenüber, die gejagt werden. Wo haben sie ihre Augen? Ob Reh oder Zebra, Taube oder Ente: ihre Sehorgane befinden sich nicht vorn, sondern an den Seiten, links und rechts; nicht unter der Stirn, sondern an den Schläfen. Sie schauen nicht frontal, sondern bilateral. Ihre Augen bilden gleichsam – nur durch ein Zwischenstück namens Kopf voneinander getrennt – zwei Halbkugeln. Diese lassen sich, sowie man sich den Kopf wegdenkt, auffassen als die beiden Hemisphären *eines* Auges, eines *Kugel*auges. Mit diesen Augen oder mit diesem ›globalen‹

Auge schauen sie, im Idealfall, in alle Richtungen zugleich. Dieser Blick ist zentral-radial; er ist völlig ›unkonzentriert‹, nämlich allseitig-zerstreut. Wie die Sonne ihre Strahlen zugleich in alle Richtungen aussendet, so das Fluchttier seine Blicke. Es schaut nicht pfeilgerade dorthin, es schaut vielmehr überall hin.

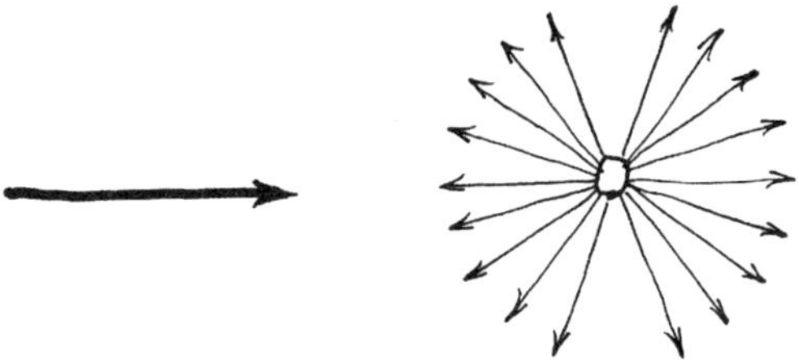

Schema 2: Pfeilblick und Umsicht

Und das muß es auch. Denn es braucht seine Augen zwar, wie sein Jäger auch, zur Selbsterhaltung, aber nicht zum Erjagen von Nahrung, sondern zum Schutz davor, als Nahrung erjagt zu werden. Das Rundblick-Auge fungiert bei den Fluchttieren als Alarmeinrichtung. Und weil völlig unbestimmt ist, aus welcher Richtung sich der hungrige Jäger heranpirscht, muß man *alle* Richtungen im Auge behalten. Zu dieser Weise des Sehens paßt die des Sich-Bewegens. Fluchttiere gehen nicht *hin*, sondern laufen *weg*. Sie steuern nicht auf ein Ziel zu, sondern suchen den Abstand zum Jäger zu vergrößern, um ihm schließlich zu entkommen. Ihr *eigenes* Fressen aber suchen sie vornehmlich mittels anderer Organe. Denn meist ist es nah und unbewegt. Pflanzen müssen zwar auch aufgespürt werden; aber sie laufen nicht weg. Man muß sie nur suchen, braucht sie aber, wenn man sie gefunden hat, nicht auch noch zu jagen.

Nun, der Mannigfaltigkeit der Formen und Funktionen im Tierreich wird diese Typisierung natürlich beileibe nicht gerecht: Denken wir nur an Fluchttiere, die bei Gefahr zielstrebig zu ihrer schützenden Höhle eilen, und an Pflanzenfresser, die frontal blikken, um beim Sprung von Ast zu Ast die Entfernungen gut einschätzen zu können; aber auch an das Rundblick-Bedürfnis der gejagten Jäger: das sind diejenigen Fleischfresser, deren Fleisch andere Fleischfresser fressen. Trotzdem: aus der Gegenüberstellung von jagenden Fleischfressern und fliehenden Pflanzenfressern ergibt sich für das Sehen diese grundlegende Opposition: einmal sind

Blick und Weg pfeilartig zielgerichtet, das andere Mal sind sie radial gestreut. Schauen heißt für den Jäger hinschauen, eine ›Absicht‹ hegen, für den Gejagten hingegen sich umsehen, ›Rundschau‹ halten. Ein technisches Analogon für diesen Gegensatz zwischen ›Hinblick‹ und ›Umsicht‹ kennen wir im Verhältnis von *Richt*funk und *Rund*funk.

Eine ideale Seh-Situation

Wenn wir nun die Zoologie verlassen und die Optik des Fluchttieres idealisieren, sie als reines Modell fingieren, so müßten sich seine beiden Augen zu *einem* Auge zusammenschließen, ungetrennt und ungeschieden. Der ganze Körper dieses Wesens würde aus nichts anderem bestehen als diesem Kugelauge. Sein Leben wäre nichts als Sicht. Und wenn wir zudem dieses Auge in einer optimal zu ihm passenden Welt ansiedeln, so gäbe es in ihr nichts, was es nicht sähe. Diese Welt müßte die Innenseite einer großen Kugel sein, in deren Mittelpunkt das Auge ruht und schaut. Selbstverständlich könnte es in dieser Welt, weil sie flächig ist, auch nur zweidimensionale Gegenstände geben: keine Pyramiden, sondern nur Dreiecke; keine Würfel, sondern nur Quadrate; keine Kugeln, sondern nur Kreise; und sphärisch-gekrümmt wären sie alle außerdem. Was wir Zeichen, Figuren oder Bilder nennen, das wären dort die Dinge. Das bedeutet auch: das Auge im Zentrum dieser Welt wäre selbst kein Bestandteil dieser Welt: zum einen, weil es selbst kugelig, also dreidimensional ist; zum anderen, weil, selbst wenn es nur zwei Dimensionen hätte, sein Ort außerhalb der Fläche wäre, in welcher alles, was zur Welt gehören will, sich aufhalten muß.

Diese Fiktion eines innensphärischen *flatland* und eines radial sehenden Auges ist natürlich nur die zoologisch angeregte Variante einer alten theologischen Vorstellung, welche schlicht besagt: Gott sieht alles. Das absolute göttliche Auge verhält sich zur wirklichen dreidimensionalen Welt genau so, wie das ideale animalische zur fiktiven zweidimensionalen. Alles, was überhaupt gesehen werden kann, wird auch tatsächlich ständig gesehen. Für das Verständnis unserer Suchhandlungen ist diese Fiktion deshalb lehrreich, weil hier die Bedingungen erfüllt sind, unter denen Suchen weder nötig noch möglich ist. Wäre ich ganz Auge und in der Mitte

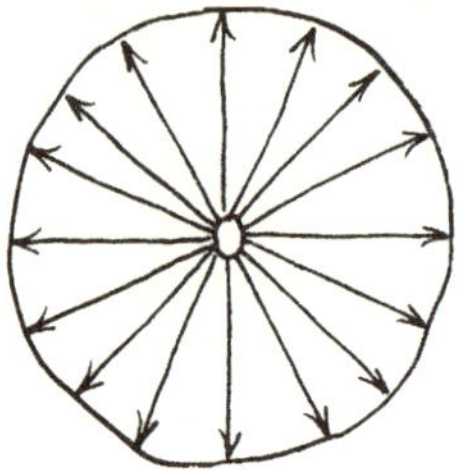

Schema 3: Ideale Optik: Innensphärisch immer alles sehen (im Querschnitt)

einer solchen Welt – ein wahres ›Pan-orama‹ –, so bräuchte ich niemals etwas zu suchen, ich könnte es gar nicht, ja, ich würde nicht einmal verstehen, was es bedeutet, wenn andere von Suchen und Finden sprächen: sie wären für mich Wesen aus einer anderen Welt.

Diese andere Welt aber ist unsere. Und die Art, wie wir uns in ihr und zu ihr verhalten, verstehen wir besser, wenn wir sie mit dieser sphärischen Fiktiv-Welt vergleichen. Und da ist dreierlei evident: Unser *Auge* ist anders: wir sehen nicht radial-allseitig. Unsere *Wirklichkeit* ist anders: sie zeigt sich nicht gleichzeitig ganz. Und *wir* sind als wahrnehmende Wesen selbst *Teil der Welt*, auf die wir unseren Blick richten: als körperlich unter körperlichen Dingen anwesend, brauchen wir nicht bloß reglos sie wahrzunehmen, vielmehr vermögen wir uns auch zwischen ihnen zu bewegen und handelnd auf sie einzuwirken. Einerseits also, im Idealfall, sind Blick und Welt, Sehen und Gesehen-Werden vollkommen und in vollkommener Passung; andererseits haben wir eine beschränkte Sicht und zudem noch eine Wirklichkeit, die sich ihr weithin entzieht. Die Brücke zwischen jener idealen und unserer defizitären Seh-Situation muß uns hier interessieren; denn sie entsteht aus der Antwort auf die einfache Frage: Welches sind die Bedingungen, unter welchen Suchen möglich und nötig wird? Und welches sind die Formen, die es dann aufgrund dieser Bedingungen annehmen muß?

Faktische Unsichtbarkeit

Suchen kann es nur geben für ein Wesen, das eine Differenz kennt zwischen dem, was es sieht, und dem, was es nicht sieht. Erst der Unterschied zwischen dem Sichtbaren und dem Unsichtbaren macht das Suchen möglich und sinnvoll. – Nun ist aber das Wörtchen »unsichtbar« leider doppeldeutig. Unsichtbar kann *zum einen* etwas sein, das seiner Art nach nicht optisch wahrgenommen werden kann. Zu diesem *wesentlich* Unsichtbaren zählen, ungeachtet möglicher Synästhesien, etwa Geräusche und Gerüche; oder auch, jenseits geschriebener Zeichen, etwa Zahlen und Begriffe; schließlich auch, wiewohl sie erscheinen können, gute Geister und der liebe Gott. Unsichtbar kann *zum anderen* all das genannt werden, was gerade hier und jetzt *faktisch nicht* gesehen wird, grundsätzlich aber gesehen werden kann: die Rückseite des Hauses, vor dem ich stehe, und die Person hinter der Türe, an welche ich klopfe; die Vitamintablette, die ich gerade verschluckt habe, und der Fuchs, der in seinem Bau hockt. Als ein Bemühen, Unsichtbares sichtbar zu machen, kann das Suchen sich natürlich nur auf diese zweite Art des Unsichtbaren beziehen. Und was ist mit der Suche nach Gott oder Sinn oder nach der verlorenen Zeit? Diese Suche ist allein deshalb eine Suche, weil sie jener elementar-dinglichen Suche nach dem faktisch gerade Unsichtbaren ähnlich, analog, vergleichbar ist.

Das Wörtchen »sichtbar« konfrontiert uns mit einer entsprechenden Doppeldeutigkeit. Sichtbar sind *zum einen* Gegenstände, die ihrer Art nach visuell wahrgenommen werden können, ungeachtet dessen, ob ihnen dies gerade auch geschieht oder nicht. Sie sind *wesentlich* sichtbar. Der Fuchs bleibt, wo auch immer er sich aufhalten mag, stets ein sichtbares Objekt. *Zum andern* aber kann, wer etwas als sichtbar bezeichnet, damit die Behauptung verbinden, dieses könne *auch faktisch* hier und jetzt von jemandem gesehen werden. Daß am Eingang zu seinem Bau die Schnauze des Fuchses allmählich sichtbar wird, heißt ja nur, daß er sich herauswagt und deshalb womöglich gesehen wird, nicht aber, daß ein Gegenstand, der grundsätzlich unsichtbar gewesen wäre, nun durch Zauberkraft oder Hexenkunst auf wunderbare Weise sein Wesen verändert hätte. Was faktisch sichtbar ist, befindet sich in einer Position, in welcher es von jemandem gesehen werden könnte, wenn dieser nur wollte. Es ist nicht verdeckt, es verbirgt sich nicht, es ist sozusagen öffentlich präsent. Und wenn dann der Blick wirklich auf es fällt, wird das faktisch sichtbare Ding zum faktisch gesehenen.

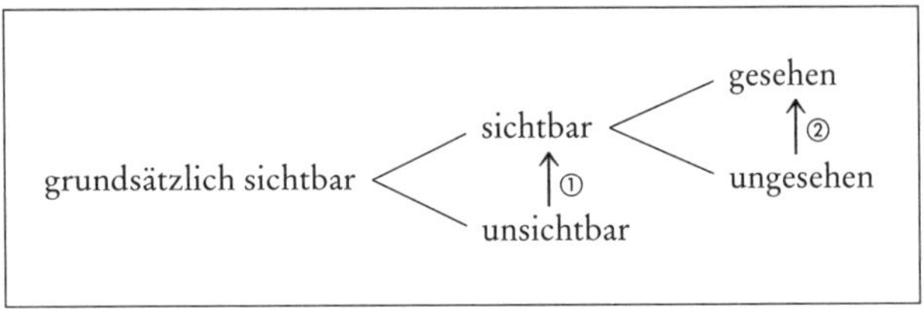

Schema 4: Wie das grundsätzlich Sichtbare faktisch vorkommt

Das Suchen läßt sich demnach beschreiben als ein Bemühen, grundsätzlich Sichtbares, das aber *de facto* noch unsichtbar ist, auch faktisch sichtbar zu machen (Pfeil 1). Und das Finden gelingt, wenn, wer sucht, das derart schon Sichtbare auch wirklich sieht und es somit zum faktisch Gesehenen macht (Pfeil 2). Freilich: oft genug decken sich beide Tätigkeiten, weil das wirkliche Sehen der beste Garant ist für die faktische Sichtbarkeit und weil wir an dieser zumeist ohnehin nur um des geglückten Sehens willen interessiert sind. Deshalb machen wir auch umgangssprachlich oft gar keinen Unterschied zwischen dem Sichtbarsein und dem Gesehenwerden. Wer sagt, die Schnauze des Fuchses sei jetzt sichtbar, teilt damit in aller Regel mit, daß er selbst sie sieht oder soeben gesehen hat und daß jeder an seiner Stelle sie ebenfalls sehen könnte. Typischerweise schließt also das Feststellen oder das Herstellen faktischer Sichtbarkeit den Vollzug optischer Wahrnehmung ein.

Vorrang des Sehens

Eine Zeitlang war es Mode – und wird es auch immer wieder werden –, das Auge zu beschimpfen und das Sehen zu verteufeln. Der Blick, so heißt es, sei kalt und scharf: Er erst mache die uns vertrauten Dinge zu objektiven Objekten; er insistiere auf Distanz. Aber nicht nur Nähe, auch alles Weiche, Fließende, Atmosphärische sei ihm verhaßt; die sanften Übergänge ignorierend, ziehe er um alles harte Grenzen und reiße so die Sachen heraus aus dem Kontext, in welchen eingebettet zu sein ihnen doch wesentlich ist. Brauchbares Zeug, seinem Bewandtniszusammenhang entfremdet, wird zur vorhandenen Substanz. Besonders übel dann, sogar noch das Erkennen nach dem Muster des Sehens begreifen zu wollen …

Alles recht und schön: aber muß man die lange Tradition der Selbstkasteiung des Augenmenschen, der wir sind, immer wieder aufnehmen und fortführen? Natürlich haben die einzelnen Sinne ihre je eigenen Fähigkeiten und Defizite. Und sie stehen, was ihre Dienstbarkeit für einander und ihre Herrschaft über einander angeht, in mannigfaltigen Beziehungen. Daß es darin einen Vorrang des Auges und einen ›Adel des Sehens‹ gibt, scheint mir indes offensichtlich. Gewiß, oft wollen wir das, was wir schon sehen, auch noch betasten, wo nicht gar schmecken und verzehren. Und oft halten wir nur deswegen Ausschau nach etwas. Noch häufiger aber ist, daß wir das, was wir bereits hören oder riechen, überdies noch anschauen möchten. Und selbst die Unmittelbarkeitssinne des Berührens und des Schmeckens mögen nicht so recht sein ohne den Distanzsinn des Sehens: Meistens ist uns daran gelegen, das, was wir mit der Hand anfassen, zugleich zu sehen, und das, was wir im Munde spüren und schmecken, wenigstens zuvor doch gesehen zu haben.

Wann immer wir beim Suchen etwas riechen, ertasten, aufspüren: entweder führen uns diese Sinnesleistungen hin zum Sehen, oder sie erkennen in ihm den ausgezeichneten Fall, in welchem das, worin auch ihr Finden besteht, zu höchster Klarheit und deutlichster Ausprägung gelangt. Insofern hat es seinen guten Grund, wenn sich die Beschreibung dessen, wie sich das Suchen und Finden abspielt, zwar nicht ausschließlich, aber doch vorrangig am Prozeß der visuellen Wahrnehmung orientiert.

Enges Gesichtsfeld, stumpfer Fernblick, sprunghaftes Augenmerk

Zu suchen ist mir nur deshalb möglich, weil es für mich Unsichtbares gibt, das sichtbar zu machen ich in der Lage bin. Unsichtbares, das gleichwohl prinzipiell sichtbar ist, nur daß ich es jetzt gerade nicht sehe, gibt es für mich aus unterschiedlichen Gründen. Liegt es an mir, daß ich so vieles nicht sehe? Oder verhalten die Dinge sich so, daß ich ihretwegen vieles, auch vieles und viele von ihnen, nicht sehen kann? – Beides kommt vor. Und so gibt es denn zwei Sorten von Gründen für Unsichtbarkeit, die durch Suchen zu beheben ist: subjektive und objektive.

Den ersten subjektiven Grund liefert das optische Defizit, mit dem ich behaftet bin: Ich *bin* nicht nur kein Kugelauge, ich *habe* auch keines; ja nicht einmal die beiden Fast-Halbkugeln, mit denen Schwan und Gnu näherungsweise Umsicht haben, ohne sich umsehen zu müssen, sind mir zuteil geworden. Ob meine Vorfahren im Pleisto-, Plio- und Miozän nun Jäger waren oder nicht, sie schauten jedenfalls so (aus). Und ich gleiche ihnen. Ich blicke nach vorn. Bisweilen ist mein Blick sogar scharf, stechend, bohrend. Ich werfe ihn; er fällt auf etwas, trifft etwas.

Und doch ist er, genau betrachtet, nicht einfach nur pfeilartig, speerförmig, spitz. Vielmehr hat er auch ein bißchen was von der streuenden Rundsicht. Eingeräumt: meine Weise zu sehen kann sich nicht mit dem allseitigen Strahlen der Sonne vergleichen. Doch sie gleicht immerhin der Art, wie ein Scheinwerfer strahlt. Dieser erhellt nicht alles auf einmal, aber er beleuchtet doch eine gewisse Fläche. Und in diesem Sinne ist mein Blick strahlend, obgleich eingeengt; radial, aber gebündelt. Bezogen auf die gesehene Welt heißt das: Ich sehe zwar nicht alles zugleich, aber doch weitaus mehr als

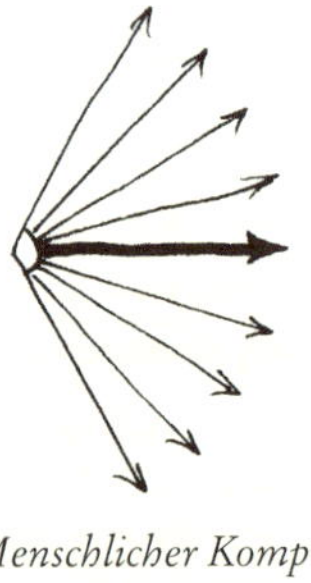

Schema 5: Menschlicher Kompromißblick (im Querschnitt)

den winzigen Punkt, auf den eine Pfeilspitze zielt oder in den eine Speerspitze sticht. Ich sehe die Welt im Ausschnitt, das Ganze zum Teil. Es ist mein zwar enges, aber doch ausgedehntes Gesichtsfeld, das diesen Ausschnitt umgrenzt, diesen Teil ›definiert‹. Unsichtbar ist für mich, was außerhalb meines Gesichtsfeldes liegt.

Das zentrale Kugelauge inmitten seiner innenflächigen Sphärenwelt hat von allem, was es sieht, denselben Abstand: das ist bekanntlich die geometrische Definition der sphärischen Form. Diese Abstandsgleichheit aber bedeutet: das ideale Auge braucht *für alles* nur *eine* einzige Einstellung. Es sieht nicht bloß alles, sondern alles gleich gut. Unsere Wirklichkeit hingegen ist nicht allein dreidimensional und mit Körpern unterschiedlicher Gestalt und Größe ausgestattet; all diese Körper sind auch von dem, der sie sieht, unterschiedlich weit entfernt.

Was bedeutet das für mein Sehen-Können? Nun, immer neu muß ich meinen Blick auf den Gegenstand einstellen, dem ich mich gerade zuwende. Und zum Glück ist das eine Leistung, die ich nur ausnahmsweise mit Mühe und Absicht zu vollbringen habe; in aller Regel geschieht das ›von selbst‹, ohne mein Zutun. – Und trotzdem bleibt es dabei, daß von mehreren Dingen, die unterschiedlich weit von mir entfernt sind und doch zugleich von mir gesehen werden, immer nur eines das Privileg hat, scharf gesehen werden zu können; die anderen sind mehr oder weniger verschwommen. Und überdies bleibt es dabei, daß weiter Entferntes, auch wenn ich optimal auf es eingestellt bin, doch nie die Klarheit und Deutlichkeit erreicht, die das auszeichnet, was mir nahe steht. So habe ich nicht bloß ein enges Gesichtsfeld, sondern in ihm auch einen unscharfen Fernblick; es gibt für mich neben dem Unsichtbaren außerhalb, auch das Ungesehene innerhalb des Gesehenen.

Doch damit nicht genug. Versuche, mit diesen zwei Defiziten zurechtzukommen, ziehen ein drittes nach sich. Die eine Absicht, etwas, das am Rande meines Gesichtsfeldes auftaucht, ins Zentrum zu rücken und ihm somit all meine Aufmerksamkeit zuteil werden zu lassen; und die andere Absicht, vieles, das unterschiedlich weit von mir entfernt ist, gleichzeitig und in gleicher Deutlichkeit wahrzunehmen: beide lassen mein Auge unruhig und unstet werden. Es kann weder geruhsam verweilen noch allmählich von einem zum andern hinübergleiten. Vielmehr springt es haltlos umher und muß mühsam gezügelt, gebändigt, domestiziert werden.

Ein enges Gesichtsfeld, ein unscharfer Fernblick, ein sprunghaftes Augenmerk: drei Defizite, die abgebaut sein wollen; drei subjektive Einschränkungen unseres Sehenkönnens, die zu reduzieren und zu kompensieren nötig ist, um unsere Suchaktivität sinnvoll zu führen und um das Finden nicht vollends dem Zufall zu überlassen.

Neben den subjektiven Gründen dafür, daß wir suchen können, aber auch müssen, gibt es objektive: solche, die in der ›Natur der Sache‹ liegen. Diese Gründe lassen sich in dem Satz zusammenfassen: Sichtbares macht Sichtbares unsichtbar; genauer: Sichtbares macht, gerade durch seine eigene Sichtbarkeit, anderes Sichtbares unsichtbar, und zwar durch Verdeckung, Verstellung, Verhüllung ... Mit beiden Arten von Gründen und mit den ihnen entsprechenden Weisen, im Suchen Sichtbarkeit herzustellen, um es im Finden enden zu lassen, werden sich die weiteren Kapitel des Ersten Teils beschäftigen. – Zuvor aber noch einige Bemerkungen darüber, wie das Erkennen und das Wollen dazu beitragen, daß das Suchen im Finden glücklich enden kann.

*

Erkenntnis als Identifikation

»Ja, das ist es!«, nämlich das individuelle Objekt, das ich gesucht habe. »Ja, das ist eins!«, nämlich eins von den vielen gleichartigen Dingen, auf die ich aus war. In solchen Formeln pflegen wir auszudrücken, daß Identität besteht zwischen dem Gegenstand unserer nominalen oder begrifflichen und dem unserer visuellen Vorstellung. Es ist *ein* Gegenstand, auf den wir uns zugleich gedanklich und anschaulich beziehen.

Solche Identifikation ist der Dreh- und Angelpunkt aller Erkenntnis. Und weil erst in der Erkenntnis das Finden gelingt, kann es niemals darin bestehen, daß an die Stelle der symbolischen Vorstellung, die ich bislang hatte, nun die authentische Anschauung tritt, in der mir unmittelbar präsent ist, was ich suchte. Nein, beides muß zugleich da sein! Auch wenn Namen und Begriffe nur stellvertretende Zeichen sind, die uns auf etwas bestimmtes Abwesendes verweisen, so müssen wir sie doch auch dann noch im Sinn behalten, wenn wir tatsächlich das erblicken, dessen Stelle sie fortwährend vertreten hatten. Andernfalls fiele nun zwar mein Blick auf das, was ich zuvor gesucht hatte – aber gefunden hätte ich es damit nicht.

Aber auch zugleich im Bewußtsein da zu sein genügt nicht; zwischen der gedanklichen und der sinnenhaften Bezugnahme auf eine Sache muß eine innigere Beziehung bestehen, wenn Identifikation dieser Sache als Leistung von Erkenntnis zustande kommen soll. Um es in traditioneller philosophischer Metaphorik auszudrükken: Namen und Begriffe sind gleichsam leere Formen, in welche die Wahrnehmung hineinpassen muß, die sie ausfüllen können muß, wenn sie denn Wahrnehmung dessen sein will, was zuvor schon gedanklich gefaßt und schematisch umrissen war. ›Passung‹ oder ›Erfüllung‹ oder ›Übereinstimmung‹ oder ›Entsprechung‹ besteht hier nie zwischen einer subjektiven Vorstellung und einer objektiven Gegebenheit, sondern stets nur zwischen verschiedenartigen subjektiven Weisen, sich auf etwas zu beziehen, zwischen zwei Arten von Intentionalität. Und Erkenntnis ist auch nicht das Resultat eines Vergleichs zwischen beiden Weisen der Bezugnahme – denn den kann es nicht geben –; vielmehr ist die Metapher der Passung Resultat der nachträglichen theoretischen Entfaltung dessen, daß wir uns beim Erkennen als Wesen erleben, die Identifikationsleistungen zu erbringen in der Lage sind.

Ist im Erkennen Identifikation geglückt, so hat das, trivialerweise, zwei unmittelbare Folgen. Zum einen wird der Name des Gesuchten auf das nunmehr Gefundene angewendet, beziehungsweise die gefundene Sache unter den Begriff, der die Suche angeleitet hatte, subsumiert. Zum andern wird die identifizierte Sache oder Person als hier gegenwärtig lokalisiert. Allerdings besagt dieses Hiersein eben nur: sie ist jetzt gerade da, wo auch ich jetzt gerade bin. Auf solche Art, mit bloß ›indexikalischen‹ oder ›okkasionellen‹ situationsgebundenen und -bezogenen Ausdrücken, kann eine Stelle weder objektiv dauerhaft benannt noch intersubjektiv allgemein verständlich bestimmt werden. »Wo ist x?« – Ich weiß es nun, aber außer mir niemand, *noch* niemand.

Wie Identifikation mißlingt

›Erkenntnistheorie‹ ist bekanntlich ein weites Feld. Ich kann es hier nicht beackern, ja nicht einmal betreten; ich zeige nur vom Rande aus auf zwei, drei markante Punkte hin. Eines aber will ich, da es für das Mißlingen unseres Suchens wichtig ist, doch noch bemerken. Unsere Wahrnehmung ist nicht notwendig immer, aber lebensweltlich zumeist schon begrifflich und indirekt auch sprachlich präformiert. Begriffe, die wir lebensgeschichtlich erworben haben, bestimmen von vornherein mit, daß wir etwas, auf das unser Blick fällt, als dieses und nicht als jenes auffassen. Und da kommt es immer wieder vor, daß der Begriff, der – nach der Art des ›Vorurteils‹ – unsere Wahrnehmung lenkt und prägt, disparat steht zu dem, der unsere Suche anleitet. Dann schauen wir zwar den Gegenstand an, den wir suchen, vermögen ihn aber nicht als diesen wahrzunehmen und erst recht nicht, ihn als diesen zu erkennen. Identifikation mißlingt, Finden mißglückt.

Als Beispiel für derartiges braucht man sich nur an Vexierbilder zu erinnern: Diese ›Suchbilder‹ pflegen unseren Blick so zu führen, daß er nicht umhin kann, alles optisch Gegebene einem bestimmten begrifflichen Schema gemäß zu organisieren. Daß man dasselbe auch anders, genauer: in demselben auch etwas anderes sehen

Schema 6:
Gestalt-Sprung am (ehemaligen) Suchbild
(nach E. G. Boring)

kann, muß einem eigens gesagt werden. Doch sogar dann, wenn nicht nur gesagt wird, *daß* da etwas anderes zu sehen ist, sondern überdies, *was* – also der Begriff bekannt ist –, selbst dann ist die ›Befreiung‹ vom ersten suggestiven Begriff eine mühsame Unternehmung.

In größerem Maßstab kennen wir dasselbe aus vielen Kriminalfilmen. Der Kommissar kennt alle Fakten, die ihn zur Lösung des Falles müßten führen können. Aber er sieht nicht, was er sehen müßte, weil seine Wahrnehmungen insgesamt begrifflich ›verfälscht‹ sind, etwa durch die Konzentration auf die ›üblichen Verdächtigen‹, durch routinemäßige Ermittlungsarbeit oder vorurteilsbelastete Hypothesen ... Der Reiz, den diese Konfiguration für den Zuschauer hat, besteht darin, beobachten zu können, wie die Umorganisation des Ganzen sich anbahnt und plötzlich eintritt. Es ist ein Gestalt-Sprung ganz von der Art, die auch Vexierbilder so lustvoll macht – wenn man denn des Rätsels Lösung findet.

Mangel an Urteilskraft und Auffassungsvermögen

Die Präformation der Wahrnehmung kann auch bei schlichten Gegenständen dazu führen, daß das Finden noch im letzten Augenblick mißlingt – und, fast zum Trost, nur andere dies zu bemerken vermögen. Die meisten dieser Fälle des Nicht-Findens bleiben deshalb auf ewig unentdeckt. Denken wir zum Beispiel an die Sammler-Tragödie auf dem Provinz-Flohmarkt. Der Porzellanliebhaber sieht eine Figur, nimmt sie in die Hand, mustert sie sorgfältig – und stellt sie wieder zurück. Zwei Tage später trifft er seinen Freund, den Auch-Sammler, der ihm begeistert eine überaus wertvolle und vorgestern spottbillig auf dem Flohmarkt erstandene Figur präsentiert. Unserem tragischen Helden, der die Rarität wieder zurückgestellt hatte, fällt es wie Schuppen von den Augen.

Er *hatte* den richtigen Begriff, und er *hatte* die Sache vor Augen, deren Anschauung dazu hätte passen können. Aber er vermochte sie nicht *als* passend aufzufassen – sei es, daß er eine Kleinigkeit übersehen hatte, sei es, daß er hier in der Provinz mit einem solch edlen Stück partout nicht rechnen wollte.

Es gibt eben von *einer* Sache *verschiedene* Anschauungen: verschiedene Anblicke, die von subjektiven Perspektiven abhängen, verschiedene Auffassungen, die von subjektiven Einstellungen geformt werden. Wird indes die Sache nicht *so* gesehen und aufgefaßt, wie sie gedacht worden war, dann mag Identität bestehen – Identifikation kommt dennoch nicht zustande.

Die Blindheit, mit der wir da ganz zum Schluß noch geschlagen sein können, ist natürlich kein organischer Defekt; auch kein Mangel an Verstandesschärfe. Eher handelt es sich um eine Art Dummheit. Es fehlt uns an Urteilskraft und Auffassungsgabe. Wir müßten nur unseren Begriff so spezifizieren und schematisieren, daß, was unter ihn fällt, auch als unter ihn fallend begriffen werden kann. Und wir müßten nur fähig sein, am und vom Objekt diejenige Anschauung zu erlangen, die dem Namen oder dem Begriff, den wir mitbringen, zu entsprechen vermag. Doch das sind Vermögen, deren Ausübung nicht durch Regeln angeleitet, sondern nur durch Übung kultiviert werden kann.

Etwas, das in unserem Blickfeld liegt, zu übersehen, ist ärgerlich, aber verzeihlich. Doch es ins Auge zu fassen, es aufmerksam anzuschauen, ohne es zu erkennen – das ist eine Katastrophe. Wer hinterher einsehen muß, wie blind er gewesen ist, hadert selbst dann mit den Göttern, wenn er nicht an sie glaubt. – Aus vergangener Erfahrung wissen wir, daß uns solches Widerfahrnis beständig droht: ein Wissen, das all unser Suchen zu begleiten pflegt. Dieses Bewußtsein bildet den dunklen Hintergrund, vor dem das Glück des Erkennens und Findens hell sich abhebt. Es ist immer auch, negativ, das Glück, einer kleinen Tragödie, die möglich war, entronnen zu sein.

Sachbezogene Neugierde und implizite Stellensuche

Natürlich wäre es dem Theoretiker, der ich bin, am liebsten, vom Erkennen direkt zum Glück übergehen zu können, ja zu zeigen, wie dieses in jenem schon darinsteckt. Doch selbst wenn es wahr ist, daß Glück zuinnerst in der *theoria* besteht, so besteht sie doch nicht allein darin. Für uns ist geglückte Erkenntnis fast immer Resultat von Bemühungen, die durch unser Erkennen-Wollen in Gang gebracht werden, durch unsere Neugierde.

Und fürs Suchen und Finden gilt das erst recht. Suchen, so haben wir ja gesehen, ist eine Tätigkeit. Das, wovon sie getrieben und geführt wird, haben wir in der Frage zu fassen gesucht: »Wo ist x?« Und da ist leicht zu sehen: Weder die bloße Ignoranz, die ich so fragend bekunde, noch mein ›sokratisches‹ Bewußtsein von ihr, noch die einschlußweise vorausgesetzte Namens- oder Begriffskenntnis könnten mich zum Suchen bewegen. Nein, ich muß mein Nicht-Wissen als Mangel erleben und ihn beseitigen wollen. Erst in der Anschauung der gesuchten Sache und in ihrer Erkenntnis als der gesuchten kommt mein Wissen-Wollen ans Ziel.

Lassen wir uns auch hier von der Wo-Frage nicht auf Abwege führen! ›Wo‹ ist hier nur die Chiffre für die Abwesenheit und, daraus folgend, die Unsichtbarkeit der Sache selbst. Zwar ist es richtig: Immer will, wer etwas sucht, wissen, an welcher Stelle es sich aufhält. Jede Suche ist insofern eine Stellensuche. Sie besteht darin, *viele* Stellen ins Auge zu fassen, *viele* Plätze zu inspizieren. Die einen sind leer, die anderen zwar besetzt, aber nicht von dem, was gesucht wird. Wie aber finde ich die Stelle, um die es mir geht? Ich kann diese *Stelle* nicht finden, ohne zugleich die *Sache* zu finden! Den Platz zu entdecken, an dem die Sache sich befindet, gelingt mir nur, indem ich die Sache selbst entdecke als das, was gerade diesen Platz besetzt und ihn dadurch als den ihren bezeichnet. Indem ich *sie* sehe, sehe ich auch, *wo* sie ist; und indem ich *sehe*, wo sie ist, *weiß* ich auch, wo sie ist. Auch wenn jede Suche einschlußweise Stellensuche ist, so findet doch das Wissen-Wollen, das sie antreibt, seine Erfüllung im Anblick der Sache selbst.

Deshalb nimmt es nicht wunder, daß wir im Augenblick des Findens nur noch an der Sache, nicht mehr an ihrem Ort interessiert sind. Das wird besonders deutlich, wenn das Sehen-Wollen im Dienste eines Haben-Wollens steht: Wir suchen etwas, weil wir es nehmen, besitzen, verzehren möchten. Zwar gilt auch jetzt meine Suche zugleich dem Ort, an dem die gesuchte Sache sich befindet. Weil ich diesen aber nur entdecke, indem ich sie selbst entdecke, wird er mir im Augenblick des Findens schlagartig gleichgültig. Sie nun zu sehen, läßt das Wissen-wo völlig verblassen.

Da die Dinge, sowie wir sie erfassen, ihrerseits auch uns erfassen, da sie uns derart packen und fesseln können, daß wir ihren Ort und dessen Kontext nicht mehr zu bemerken vermögen, legen sie uns eine Auffassungsart nahe, die sich zur ›Ortsvergessenheit‹ habitualisiert. Denken wir nur daran, unter welch schmerzlichen Verlusten es die Archäologie im Laufe ihrer Geschichte lernen mußte, daß es nicht genügt, Waffen, Geschmeide und Geräte auszugraben, mitzunehmen und auszustellen, sondern daß es für die Befriedigung unserer theoretischen Neugierde nicht minder wichtig ist, die Beziehung zu kennen zwischen einem Gegenstand und der Stelle, an der er gefunden wurde. Gar zu leicht vergißt, wer die Sache will, sowie er sie hat, den Ort, an dem sie war.

Dieser Vorrang der Sachen vor den Stellen schließt natürlich nicht aus, daß die letzteren auch um ihrer selbst willen gesucht werden können, nicht bloß, weil dort etwas ist, dem unser Interesse eigentlich gilt. Wir können etwa Plätze oder Orte suchen, weil wir selbst gerne dort sein möchten, oder wir können zu ihnen hinwollen, um in Erfahrung zu bringen, ob dort überhaupt etwas ist, und wenn ja: was. Doch Stellen sind, rein als sie selbst, gar nicht sichtbar – nur Dinge sind's –, und es fragt sich, wie sie zu finden sind, wo doch das Finden im Sichtbarmachen und Erkennen besteht. – Darauf komme ich später zurück.

Versuche

Bei der innigen Verwandtschaft des Suchens mit dem Sehen-Wollen und bei dessen Instrumentalisierung für das Haben-Wollen, konnte es fast nicht ausbleiben, daß das Suchen selbst zu einem Muster für unser Handeln überhaupt wurde. Damit meine ich nicht die Ausweitung des einfachen Falles der Objektsuche auf komplexere Gegenständlichkeiten: Wir suchen eben auch Unterhaltung und Abwechslung, Hilfe und Schutz, die Lösung eines Rätsels oder die Antwort auf eine Frage. Das könnte man alles noch nach der Art der Analogie verstehen. Aber nicht für *andere* Fälle des Suchens, sondern auf *alle* Fälle des Wollens und Strebens wird die elementare Intention, einer Sache ansichtig zu werden, ausgedehnt.

Es liegt in der Konsequenz des Weges, der vom bloßen Suchen über das Forschen und Ermitteln zum Erlangen-Wollen führt, daß zu guter Letzt all unsere Handlungen, weil und sofern sie bemüht, angestrengt, zielstrebig sind, zu Suchaktivitäten werden. Wer etwas tut, sucht auch etwas: den Erfolg. Eine Handlung, die mißlingt, die erfolglos bleibt, die ihr Ziel nicht erreicht, steht gleichsam als ein Torso da; und dieses unvollständige Stück, das auch in jeder gelungenen Handlung, obzwar unmerklich, darinsteckt, kann überdies isoliert betrachtet und für sich benannt werden. Wenn wir etwa sagen: »Er suchte ihr ein Zeichen zu geben«, so heißt suchen nur noch: etwas beabsichtigen und sich bemühen, es zu erreichen.

Und als ein derartiges Bemühen wird die Suche schließlich *expressis verbis* zum Versuch, wenn etwa das Strafgesetzbuch der Beschreibung einer Tat den Satz nachschickt: »Auch der Versuch ist strafbar.«

Suchen und Finden bilden also eines der Muster, nach welchen wir unser Handeln insgesamt zu begreifen suchen. Kann dann aber ›rückbezüglich‹ die Suche selbst noch als Handlung analysiert werden, zu der es Versuch und Erfolg gibt? Nein, man kann nicht zu suchen suchen, sondern nur zu finden suchen. Die Suche kann mißlingen; aber sie tut es, indem das Finden ausbleibt. Gleichwohl ist und bleibt das Suchen eine Handlung: sie ist – unabhängig von Erfolg oder Mißerfolg – moralisch zu würdigen und gegebenenfalls auch rechtlich zu bewerten. Doch den bloßen Versuch einer Suche, der verwerflich oder strafbar wäre, kann es nicht geben.

Der Versuch, das nebenbei, genießt bekanntlich Heimatrecht vor allem auf drei Gebieten: Sport, Wissenschaft und Literatur. Beim athletischen Wettkampf besteht ein Versuch in der Aufbietung aller Kräfte, um eine Leistung zu erbringen. Als Experiment in der Forschung ist er sodann ein wohlüberlegtes Ausprobieren und Durchprobieren: das Bemühen, durch freie Variation, durch faktische, aber auch gedankliche Abwandlung der wirklichen Verhältnisse, notwendige Verknüpfungen von zufälligen zu sondern und das Wesentliche aus dem Beiläufigen herauszuschälen. Und schließlich: solch forschendes Bemühen muß zwar nicht, kann und darf aber seinen literarischen Niederschlag finden in einer anschauungsreichen und exkursfreudigen Darstellungsform, deren Gattung gleichfalls diesen Titel führt: Versuch.

Glück beim Finden

Worin besteht das Glück beim Finden: *good luck*? Und worin besteht das Glück des Finders: *happiness*? Die Suche gelangt zwar im Finden an ihr Ziel. Finden ist indes nicht etwas, wozu einer, nachdem er lange gesucht hat, sich endlich entschließt, um es dann auch noch zu tun. Finden ist überhaupt keine Tätigkeit, sondern ein Ereignis; wir tun es nicht: es wird uns zuteil. Deshalb wird auch keiner fürs Finden gelobt, sondern zum Finden beglückwünscht.

Und keiner wird deswegen getadelt, weil er nichts gefunden hat, sondern höchstens dafür, nicht sorgfältig genug gesucht zu haben. Finden kann man auch nicht unterlassen, sondern allenfalls vermeiden, indem man das Suchen unterläßt. Und umgekehrt: Wer finden will, muß suchen. »Das Suchen überlasse ich den anderen; ich mache mich lieber gleich ans Finden.« Wer dies sagt, kokettiert mit seinem Glück – oder er weiß nicht, wovon er spricht.

Jeder Fund ist glücklich. Denn das Dasein der zuletzt doch gefundenen Sache – daß sie überhaupt existiert und daß sie sich gerade hier befindet und nicht anderswo – steht nicht zur Disposition dessen, der sucht. *Daß* und *wo* und *wann* er findet, bleibt Glückssache. Bei aller Geduld und aller Gründlichkeit, bei aller Ausdauer und allem Geschick muß, wer finden will, doch darauf bauen, daß Fortuna ihm gewogen ist.

Und doch ist das Finden nicht *reine* Glückssache. Sonst wäre alles Suchen leere und überflüssige Betriebsamkeit. Auch wenn der Erfolg meiner Suche sich einstellt, mir zufällt, so bleibt er doch *mein* Erfolg. Denn ich selbst habe all das getan, was erforderlich war, damit das Finden sich ereignen konnte. Es waren meine Anstrengungen, die Fortuna mir gewogen machten. Zum Glück des Findens gehört beides: daß *ich* die Bedingungen herstelle, unter denen das Finden *möglich* wird, und daß *es* dann unter diesen Bedingungen *wirklich* wird, obgleich es auch hätte ausbleiben können. Und entsprechend kommen im Glück des Finders beide zusammen: das Hochgefühl, subjektiv eine Leistung vollbracht zu haben, und die Freude über die Gunst der objektiven Umstände, auf die man wohl hoffen, mit denen man aber nicht rechnen durfte.

Negativer Befund

Beide Momente gibt es auch separat: Suchen, ohne zu finden, und finden, ohne gesucht zu haben. Wie fühlt sich, wer lange und sorgfältig genug gesucht hat, ohne fündig zu werden? Glücklich kann er nicht sein, aber immerhin, dank Sorgfalt und Ausdauer, zufrieden. Wer gründlich nachgesehen hat und daher mit Recht feststellt, daß etwas *nicht* da ist, darf sich auch das als Erfolg zuschreiben; ganz zu schweigen von dem Nebenaspekt, daß es bei der Suche nach Roststellen am Auto, Giftstoffen in der Nahrung und Tumoren im Körper besser ist, nichts zu finden.

Dieser ›negative Befund‹ ist eines der wichtigsten, oft unterschätzten und am schwersten zu erlangenden Resultate des Suchens. Die Notwendigkeit, Namen oder Begriffe zur Verfügung zu haben, wird dabei besonders evident. Denn ohne sie könnten wir nicht nur nicht suchen; wir wären auch unfähig – *nichts* zu finden. Unfähig auch, dieses Ergebnis festzuhalten. Als Finder können wir unseren Fund vorzeigen, als Nicht-Finder brauchen wir, für uns selbst wie für andere, symbolische Repräsentanten. Weiterhin ist es unabdingbar, die Anschauung so vollständig und lückenlos zu führen, daß das Nicht-Finden die sichere Feststellung des Nicht-Daseins gestattet: ein Grenzwert, dem wir nur dann näherkommen, wenn wir das Suchgebiet von vornherein eng genug abstecken. Daß wir in dieser Region, in diesem Haus, in dieser Schublade nach sorgfältigster Suche nichts finden konnten, mag dann als pragmatisch hinreichend sicheres Zeichen gelten, daß es auch nichts zu finden gab. – Der *negative Befund* ist also das eine.

Zufallsfund

Der *Zufallsfund* das andere. Fortuna in ihrem Übermut läßt auch den finden, der gar nicht suchte. Das vermag sie freilich nur, wenn ihr Günstling ›entsprechend‹ disponiert ist. Wer keine Jugendstilfliesen sammelt, wird kaum durch Zufall welche entdecken. Mangels Absicht, Begriff und Erfahrung wird er sie auch dann nicht bemerken und erkennen, wenn der Zufall es will, daß sein Blick auf eine fällt. Also: auch das Glück bleibt darauf angewiesen, daß der, den es begünstigt, grundsätzlich haben will, was es ihm schenkt; er muß empfänglich sein für das, was es ihm zugedacht hat. Sonst wäre ja alles, was mir unter die Augen kommt, ohne daß ich es gesucht hätte, ein Zufallsfund. Die Welt wäre übervoll davon! Nein, ich muß *grundsätzlich* schon das suchen, was ich da unverhofft finde; nur *jetzt gerade*, im Augenblick des Findens, bin ich nicht mit dem Suchen, sondern mit etwas anderem beschäftigt. Und wenn mit dem Suchen, dann mit dem nach etwas anderem. Wegen der erforderlichen Empfangsbereitschaft gilt also: *Rein* zufällig kann auch ein Zufallsfund nicht sein.

Zufallsfunde können auch zu neuen Namen und Begriffen führen. Zuvor allerdings muß etwas als unter einen weit gefaßten und deshalb wenig spezifischen Begriff fallend erkannt worden sein: »etwas Interessantes«, »etwas Sonderbares«, »etwas Sehenswertes« – das sind derartige Begriffe, die uns auch finden lassen, was seinem Inhalt nach noch weithin unbestimmt bleiben darf. Dieses Ungewöhnliche oder Eigenartige, bislang Ungesehene und neu Entdeckte können wir dann mit einem eigenen Namen versehen oder zur Bildung eines neuen Begriffs verwenden. Und bei dem zufällig Auf-etwas-Stoßen, das wissenssoziologisch *serendipity* heißt, pflegt dies auch so zu geschehen. Daß wir nunmehr einen solchen symbolischen Stellvertreter haben, versetzt uns in die Lage, fortan dieses einzelne Stück immer wieder oder andere gleichartige Stücke erstmals zu suchen und zu finden.

Das Glück des Finders

Finden ist eine Leistung und ein Ereignis. Der Finder weiß, daß seine Suche erfolgreich war: ihm ist gelungen, was er sich vorgenommen hatte. Und er weiß: zum Glück ist etwas eingetreten, das auch hätte ausbleiben können. Das Glück, das den Finder erfüllt, ist um so intensiver, je schwieriger die Suche und je unwahrscheinlicher ihr Erfolg war. Diese Lust, die uns im Augenblick des Findens überkommt, besteht aus diesen beiden Empfindungen: dem stolzen Selbstgefühl, eine Leistung vollbracht, und der dankbaren Freude darüber, etwas Unverfügbares empfangen zu haben.

Doch das ist noch nicht alles. So wie die gedanklich-symbolische Verweisung auf einen Gegenstand und die anschaulich-unmittelbare Beziehung auf ihn gerade dadurch, daß beide zueinander passen, sich zu einer neuen Einheit namens Erkenntnis zusammenschließen: so paßt diese Erkenntnis, die das Finden ausmacht, ihrerseits zu dem Wissen-Wollen, das die Suche beseelt; und kraft dieses Zusammenpassens schließen beide sich zu einer Einheit zusammen, einer Einsicht, die über den gefundenen Gegenstand hinaus sich auf den Sachverhalt bezieht, daß dieser Gegenstand in einer Welt existiert, in der subjektive Handlungen und objektive Geschehnisse sich harmonisch zueinander fügen.

Kurzum: Indem die Mühe des Suchens im Ereignis des Findens

an ihr Ziel gelangt und ihre Erfüllung erfährt, stellt sich plötzlich die Gewißheit ein, daß es ein gerechtes Verhältnis gibt zwischen erbrachter Leistung und gewährtem Lohn; daß eine geheime Entsprechung obwaltet zwischen dem, was wir wollen, und dem, was geschieht. Der Lauf der Dinge nimmt Rücksicht auf uns. In diesem Moment ist die Welt im Lot. Alles stimmt.

Darin besteht das Glück des Finders: Er weiß sich, für den Augenblick, versöhnt mit der Welt, wie sie ist. Jeder glückliche Fund ist eine kleine Theodizee.

2. Kapitel
An, in und hinter den Dingen

Welches sind die Bedingungen, unter denen das Suchen überhaupt in Gang kommen kann? Wie findet die mühsame Suche im glücklichen Finden ihre Erfüllung? Die Antworten hierauf, die ich im vorangegangenen Kapitel teils entfaltet, teils skizziert habe, haben zwei Erfüllungsverhältnisse herausgestellt. Die symbolische Intention, die mittels Name oder Begriff auf einen Gegenstand verweist, findet ihre Erfüllung in einer zu ihr passenden Anschauung, welcher der gesuchte Gegenstand leibhaft gegenwärtig ist. Erkenntnis, die aus beider Entsprechung neu sich ergibt, besteht im wesentlichen in der Feststellung der Identität dessen, was zuvor nur gedacht wurde, mit dem, was jetzt auch gesehen wird. Und in dieser Erkenntnis findet nun ihrerseits eine willentliche Intention ihre Erfüllung: jenes Wissen-Wollen, das die gesamte Suchaktivität in Gang bringt und in Gang hält.

Alles Passen und Übereinstimmen und Erfüllen stellt sich nur dann ein, wenn die gesuchte Sache *gesehen* wird. Sie zu erblicken und sie zu finden sind zwar nicht umstandslos eins: zu kompliziert ist der Funktionszusammenhang, in dem die Anschauung ihre Rolle spielt. Aber sie spielt doch die Hauptrolle darin. Deshalb ist das Suchen in seiner elementaren Gestalt wesentlich, vorrangig und oft ausschließlich um die Herstellung von Sichtbarkeit bemüht.

Suchen, so haben wir gefunden, ist überhaupt nur möglich, wenn etwas Unsichtbares existiert, das sichtbar gemacht werden kann. Suchen in seiner äußeren Gestalt ist das Ensemble derjenigen Aktivitäten, die auf dieses Sichtbar-Werden abzielen. Unsichtbares gibt es für uns aus subjektiven und aus objektiven Gründen. Die drei *subjektiven*, die wir kurz gestreift haben, waren die Enge meines Gesichtsfeldes, die Stumpfheit meines Fernblicks und die Sprunghaftigkeit meines Augenmerks. Sie sind daran schuld, daß ich vieles, was ich sehen könnte, doch nicht sehe.

Neben diesen Unsichtbarkeiten, die es *durch mich* gibt, gibt es auch welche *an sich*; neben den subjektiven auch *objektive* Gründe dafür, daß mir grundsätzlich Sichtbares dennoch verborgen bleibt; es sind, ganz grob gefaßt, zwei: Räumlichkeit und Dinghaftigkeit.

Unsere Wirklichkeit ist dreidimensional-räumlich; sie ist kein flächiges Panorama, sondern hat optische Tiefe; und die Gegenstände in ihr sind voluminöse Dinge: handgreiflich, plastisch, konkret; vor allem aber: zumeist undurchsichtig und deshalb selbst sichtbar.

Sichtbar sind die Dinge, die ich sehe, nur um den Preis, daß an ihnen und durch sie vieles in Unsichtbarkeit gehalten wird. Jedes Ding, das ich sehe, verbirgt mir auch etwas; und zwar nicht sozusagen nebenher und aus Lust am Schabernack, sondern als notwendige Mitgift seiner eigenen Sichtbarkeit. Ein Ding sehen heißt, kritisch betrachtet, etwas von ihm sehen: die Seite, die es mir zuwendet. Ich sehe es ›unabdingbar‹ einseitig, sehe es immer aspekthaft. Und genau die Ansicht, die Seite, durch die es sich mir sichtbar darstellt, macht mir *eo ipso* dreierlei unsichtbar: Sie entzieht mir die *Rückseite* des Dings; sie verbirgt mir das *Innere* des Dings; und sie verstellt mir ein Stück des *Hintergrundes*, vor dem es sich befindet. Jedes Ding hat etwas Unsichtbares *an* sich, *in* sich und *hinter* sich.

Diese drei Unsichtbarkeiten gehören nicht nur zu den *objektiven* Bedingungen dafür, daß Suchen für uns überhaupt möglich und sinnvoll ist, sondern sie bestimmen auch einen Großteil der verschiedenen Formen, die die Handlung des Suchens annehmen kann und muß. Drei wesentliche und uns lebensweltlich wohlvertraute Gestalten des Sichtbar-Machens werden wir uns deshalb in den folgenden Beschreibungen vergegenwärtigen: Ich muß die Rückseite zur Vorderseite machen; ich muß Inneres in Äußeres verwandeln; und ich muß das verstellte Stück Hintergrund zu einem Teil des frei sichtbaren Vordergrundes werden lassen.

Umdrehen

Das ist eine unserer leichtesten Übungen: ein Ding umdrehen, um dann zu betrachten, wie es von hinten aussieht. Nur: auch jetzt, obgleich ich anderes vor Augen habe, sehe ich nur, wie es von vorn aussieht. Denn natürlich sehe ich nie die Rückseite *als solche*, sondern nur auf der mir *jetzt* zugewandten Seite das, was *vorher* hinten und deshalb mir abgewandt war. Insofern können wir niemals die Rückseite zur Vorderseite machen. Allenfalls kann ich das Sinnesfeld wechseln oder Indirektheit in Kauf nehmen: Ich kann, was ich nicht sehe, dennoch betasten; und ich kann es mir im Spiegel bildhaft vergegenwärtigen.

Andere Probleme mit dem Umdrehen sind weniger subtil: Gibt es nicht auch dicke Brocken, unbewegliche Klötze, feststehende Blöcke? Kein Problem: ich gehe um das, was sich nicht wenden läßt, einfach herum. Dann sehe ich auch, was ich sehen wollte. Da Dinge aber nur ganz selten frei im Raum schweben, sondern meist auf dem Boden liegen oder stehen, ist oft ein Teil der Rückseite Unterseite: die Partie, mit der das Ding unten aufliegt. Dann heißt es hochheben und wenden oder wegwälzen und draufschauen; oder aber, falls Zwischenraum vorhanden ist, drunterkriechen. Im Prinzip, wenngleich nicht in jedem Fall, stehe ich also vor der Wahl: Entweder ich bewege *es* oder *mich*.

Aber habe ich das Ding, dessen unsichtbare Rückseite ich mir durchs Umdrehen sichtbar mache, nicht zuvor bereits gesehen und somit gefunden? Wieso und wonach soll ich denn noch suchen, wenn ich's schon in der Hand habe oder vor mir liegen sehe? – In der Tat: oft genug reicht ein Blick auf den Gegenstand, und ich weiß, daß er es ist, den ich gesucht habe. Ich sehe eben nie bloß Aspekte, sondern, mittels ihrer, ganze Dinge. ›Andererseits‹ stellt sich bei dem, was ich schon sehe, mitunter die Frage: Ist es das, was ich suche, oder sieht es nur von vorne so aus? Oder umgekehrt: Könnte dies hier nicht doch das sein, was ich suche, obgleich es von vorn gar nicht danach aussieht? Ein ganzes Ding sehen heißt eben nicht, ein Ding ganz sehen. Es gibt daher zuweilen gute Gründe, bei Pilzen auch noch die Lamellen zu inspizieren und bei einer prachtvollen Vase noch das Firmenzeichen der Porzellanmanufaktur in Augenschein zu nehmen. Da gilt dann die Maxime: *Videatur et altera pars.*

Ein anderer Grund dafür, diese Maxime zu befolgen, kann darin liegen, daß es gar nicht dieses Ding selbst ist, was ich suche, sondern etwas anderes, das aber häufig, öfters oder gelegentlich an jenem Ding hängt, haftet, klebt. Und das so sehr, daß es gleichsam ein Teil von ihm ist: Läuse an Blättern und Moose an Baumstämmen, Flechten an Steinen und Farbspuren an Statuen. Wer das eine sucht, muß mitunter das andere umdrehen. Das andere muß mir aber schon einen Hinweis auf das eine geben: das ganze Ding muß mit seinem sichtbaren Teil – der Vorderseite – auf seinen unsichtbaren verweisen.

»Dreh mich um! An meiner Rückseite gibt's noch was zu sehen!« Das sagen, so allgemein, alle Dinge. Aber nur einige sind vorn so, daß ich hinten das vermuten, annehmen, erwarten darf, wonach ich Ausschau halte. Und nur deren Einladung, sie umzudrehen, nehme ich an. Ob die Rückseite dann bestätigt, was die Vorderseite angekündigt hat, ob das Unsichtbare hält, was das Sichtbare versprochen hat: das wird sich zeigen. Immer aber muß mir das, was ich sehe, als Hinweis, als Zeichen, als Indiz dienen für das, was ich nicht, was ich noch nicht sehe. Ein signitives Verhältnis, das zwischen dem Sichtbaren und dem Unsichtbaren ganz allgemein besteht: das eine verweist auf das andere.

Subjektiv Bewegung in objektive Verhältnisse bringen

Daß es meine *subjektive* Leistung ist, wenn ich Sichtbarkeit durchs Umdrehen herstelle, bedeutet keineswegs, daß die Gründe, warum vorher etwas unsichtbar war, nicht *objektiv* gewesen wären. Denn daß die Dinge eine *für mich* unsichtbare Rückseite haben, liegt gleichwohl *an ihnen*. Gewiß, Rückseite heißt die Rückseite eines Dings immer nur in Beziehung zu mir: was das Ding *mir* von sich zeigt, das ist – eben deshalb! – seine Vorderseite. Wenn ich es umgedreht oder mich hinter es begeben habe, kann ich, was ich nun sehe, benennen wie ich will: Rückseite heißt es nur noch in Erinnerung daran, daß es mir *vor kurzem noch* abgewandt *war*; Vorderseite darf es sich angesichts des Umstandes nennen, daß es mir *jetzt* zugewandt *ist*. Das hingegen, was soeben noch Vorderseite war, ist nun, infolge des Umdrehens, gerade zur Rückseite geworden.

Daß somit, was jeweils Vorder- oder Rückseite ist und heißt, von mir abhängt, besagt indes noch lange nicht, daß hier die Bedingungen der Unsichtbarkeit nicht objektiv wären. Es liegt vielmehr am Wesen des Dinges als eines räumlich ausgedehnten und abgegrenzten Objekts, daß es sich stets aspekthaft darstellen muß. Natürlich tut es dies *für mich*; aber nur, weil *es selbst* gar nicht anders kann. Der Unterschied zwischen dem, was subjektiv, und dem, was objektiv ist, ist eben erst sekundär. Er beruht schon auf der lebensweltlichen Grundlage, daß ich nur bin, was ich bin, indem ich ganz selbstverständlich wahrnehmend-handelnden Umgang mit den Dingen habe und daß zur Dinghaftigkeit dieser Dinge von vornherein gehört, daß ich jenen Umgang mit ihnen muß haben können. Insofern hängt am Sinn des Wortes »Ding« verschwiegen immer der Zusatz »für mich«. Das tut der Objektivität der Dinge keinen Abbruch, sondern ist deren unausgesprochene ›Vorbedingung‹.

Es gibt einen Gegenstand – so voluminös und schwer, so undurchsichtig und bodenständig, so beweglich auch wie das meiste andere hier –, der selbst dann, wenn er sich umdreht, mir noch immer nicht seine Rückseite zeigt. Und auch ich selbst kann mich noch so akrobatisch drehen und wenden, mag hierhin gehen und dorthin: nie sehe ich ihn so recht von hinten. – Dieses Ding bin ich selber. Nur weil ich Ding unter Dingen bin, Teil der Welt, die ich wahrnehme, vermag ich in ihr dadurch zu suchen, daß ich *mich* bewege oder *etwas* bewege. Mich selbst aber zum Objekt meines Suchens zu machen: das bleibt auf halbem Wege stecken. Denn nicht allein meinen Rücken kann ich mir nicht zuwenden, gerade auch mein Gesicht bleibt mir für immer unsichtbar, und zwar, allem Schielen zum Trotz, umso mehr, je mehr es ›Gesicht‹, Sehorgan, ist. An mir etwas suchen: das muß ich *insofern* anderen überlassen. Selbstverständlich gibt es Spiegel. Aber darin sieht man nie das eigene Gesicht, sondern immer nur, und noch dazu seitenverkehrt, dessen Bild. – Es sind ursprünglich anatomische Gründe, die das Unternehmen ›Selbstfindung‹ so erschweren.

Zeichen vom Inneren des Undurchsichtigen

Dinge haben Unsichtbares an sich, in sich und hinter sich. Die zweite Sorte des *objektiv* Unsichtbaren ist also das, was ein Ding in sich durch sich selbst verbirgt, indem es uns seine Außenseite sichtbar präsentiert. Das Innere der Dinge können wir nicht sehen. Die schonendste Art, Inneres dennoch optisch wahrzunehmen, ist – nein, *wäre* die Herstellung von Durchsichtigkeit. Könnten nicht alle Dinge so sein wie Glas, Wasser, Eis? Dann könnten wir bequem in sie hinein und durch sie hindurch sehen. Das aber wäre dann doch des Guten zu viel. Denn was gänzlich durchsichtig ist, hat ein Inneres, das selbst der Sichtbarkeit entbehrt. Daß dies etwa auch für das Innere einer Glaslinse gilt, weiß jeder Brillenträger zu schätzen.

Zum Trost und als Ersatz: Wenn Dinge schon Licht nicht hindurch- oder herauslassen, so doch wenigstens andere Strahlen und Wellen. Da gibt es technische Verfahren, Dinge zu durchdringen oder ihr Inneres dazu anzuregen, sich äußerlich zu bekunden: Röntgen, Ultraschall, Szintigraphie, Kernspintomographie, Positronenemissionstomographie ... Vieles hat eben die Eigenart, daß ein mechanischer Eingriff das zerstören würde, was man sehen, wissen, haben will: ein Sarkophag, dessen Inhalt am Licht zu Staub zerfällt; der Rostklumpen, in welchem und als welcher ein Schwert die Jahrhunderte überdauert hat; ein fossiles Saurierei, leicht angebrütet; der menschliche Kopf am lebenden Objekt. Freilich, sichtbar machen diese Untersuchungstechniken nicht das Innere selbst, sondern nur Zeichen und Bilder, aus denen wir erschließen oder ersehen können, was sich drinnen befinden muß. Auch wenn uns das pragmatisch zumeist genügt, so ändert es doch am Grundtatbestand der Unsichtbarkeit des Inneren nichts.

Hineinschauen

Wenn Durchsichtigkeit die Ausnahme bleibt: was ist dann beim Sichtbarmachen die Regel? Drei Möglichkeiten: Hineinschauen, Eindringen oder Herausholen. – Transparenz würde nicht nur nichts nützen, sie ist auch gar nicht nötig. Denn es genügt, wenn das Äußere den Blick aufs Innere nicht verstellt. Und selbst dazu braucht nicht die ganze Außenseite durchsichtig zu sein. Da wir die Dinge ohnehin nur einseitig sehen, reicht es, wenn eine unverdeckte Seite uns Einblick gewährt: eine Öffnung oder ein Fenster. Becher und Schüsseln, Eimer und Regale sind zumeist auf solche Weise offen, und auf ähnliche sind es Vitrinen und Schaukästen, Mikrowellengeräte und, restriktiver, Fensterbriefumschläge. Andere geben den Blick in ihr Inneres nur frei, weil sonst diejenigen, die drin sind, nicht herausschauen könnten: vor allem Häuser und Autos.

Welche Konsequenzen ziehen wir aus diesen Sichtverhältnissen, wenn wir es mit Dingen zu tun bekommen, die uns nicht so bereitwillig Einsicht in ihr Inneres gewähren? Erst durchs Öffnen wird das Innere offen sichtlich. Suchen als Sichtbarmachen heißt dann: aufmachen und hineinschauen. Aber wo und wie? Oft müßte man das Innere schon gesehen haben, um das, worin es verborgen ist, auf zweckmäßige Weise an der richtigen Stelle aufzuschließen, aufzuschlagen, aufzubrechen... Deshalb verfahren wir gern zweistufig: Durch Zeichen oder Bilder vom Inneren verschaffen wir uns das Wissen von der richtigen Art, es sichtbar werden zu lassen.

Das Verhältnis von Außen und Innen ist allerdings kein einfaches, sondern iterativ: es wiederholt sich stufenweise. So kann also das, was als erstes vom Inneren sichtbar wird, sich als Äußeres erweisen, das seinerseits weiter innen liegendes Inneres verdeckt. Dann wiederholt sich gegebenenfalls das Prozedere des Öffnens und Einblicknehmens. Dergestalt immer wieder Inneres sich durch Beseitigung von Sichthindernissen zugänglich zu machen, bedeutet schließlich, den Gegenstand ausgehöhlt und alles ehemals Innere zu Äußerem gemacht zu haben.

Eindringen

Während es für das Hineinschauen genügt, nur gleichsam die Oberfläche an- und ein Stück von ihr abzukratzen, sind die beiden anderen Weisen, verborgenes Inneres sichtbar zu machen, mit weitaus mehr Bewegung verbunden. Das Eindringen wie das Herausholen sind Gestalten des Sichtbarmachens, in denen grundsätzlich Inneres zu Äußerem wird. Und sie sondern sich von einander nach der uns schon bekannten Alternative: Ich bewege entweder mich oder es; hier heißt das: entweder mich nach innen hinein oder das Innere nach außen heraus.

Um zum Inneren eines Dinges Zugang zu gewinnen, muß ich es so öffnen, daß nicht nur mein Blick, sondern mein Körper freie Bahn hat. Manche Objekte, in die wir eindringen möchten, können auch – sofern mit Sinn und Verstand ausgestattet – dazu gebracht werden, sich selbst zu öffnen: durch liebevolles Zureden, freundliches Bitten, nachdrückliches Auffordern. Oft helfen Codewörter, Kosenamen oder Zauberformeln vom Typ »Sesam!« – Hineingehen heißt, das zuvor Innere zu einem Äußeren zu machen. Zu einem *für mich* Äußeren, wie sich versteht. Denn drinnen habe ich nun um mich herum all das, was vorher verschlossen und verborgen war. Ich kann es nun sehen, untersuchen, durchforschen, erkunden.

Iterationen sind auch hier natürlich nicht ausgeschlossen: Nachdem ich endlich Einlaß erhalten habe in das geheimnisvolle Märchenschloß, erblicke ich, verwundert die Gemächer durchstreifend, eine Schatztruhe, deren Inneres wiederum von einem Schloß behütet wird … Im Verhältnis zum Inneren dieser Truhe und zu mir selbst ist alles andere, was sie und mich umgibt und was ich sehe, etwas Äußeres; Äußeres, das vor meinem Hineingehen Inneres war und das ich, in Erinnerung an mein vorheriges Ausgeschlossensein, auch jetzt noch als Inneres bezeichnen darf.

Dinge, wenn ich denn in sie soll eindringen können, müssen natürlich groß genug sein; sie müssen überdies für mich Platz in sich haben; und sie müssen schließlich innen so hohl und licht sein, daß die Distanz und Helligkeit gegeben sind, die ich zum Sehen benötige. In den Berg aus Hirsebrei, durch den ich ins Schlaraffenland gelangt bin, habe ich mich zwar hineingefressen: er war groß und nachgiebig genug. Nur sehen konnte ich darin so wenig wie eine Made im Speck oder ein Taucher im Öltank. Was mir fehlte, waren Abstand und Licht. Und ein Minimum davon brauchen sogar die winzigen Kameras, die wir zum Zwecke der Endoskopie ›minimalinvasiv‹ ins Innere derjenigen Gegenstände hineinmanövrieren, die für uns selbst unzugänglich bleiben müssen, weil wir für sie nicht dünn, nicht lang, nicht biegsam genug sind.

Herausholen

Ich bewege *mich*, nämlich ins Innere hinein: das war das eine. Das andere ist: Ich bewege *es*, das Ding oder doch etwas an ihm, und zwar so, daß das zuvor innen Verborgene nach außen ans Licht kommt, zum Vorschein gebracht wird. Dazu kann ich das Innere einladen oder nötigen, seinen Ort zu verlassen: statt selbst durch eine Öffnung einzudringen, bewege ich, was drinnen ist, dazu, diese Öffnung als Ausgang zu benutzen und durch ihn zu mir nach draußen zu kommen. Ich kann es also herauspressen, -bohren, -schütteln, -gießen, -spülen, gegebenenfalls auch herausbitten und -locken. Und statt des verborgenen Inneren kann ich auch das verbergende Äußere als ganzes bewegen; es nämlich abziehen oder wegschaben, abkratzen oder wegbrechen. Bei entsprechender Biegsamkeit des umschließenden Stoffs kann man auch ans Umstülpen denken und zugleich mit dem Inneren auch die Innenseite nach außen kehren. Den Panzer, die Schale, die Hülse, die Hülle, das Kleid, die Haut, kurzum: die äußere, schützende, bergende und verbergende Schicht – sie gänzlich loszulösen, abzutragen oder umzustülpen heißt nichts anderes, als das unsichtbare Innere zu sichtbarem Äußeren zu machen. Deshalb sind es ganz geläufige Such-Aktivitäten, etwas zu entkleiden, zu enthüllen, zu entblößen, es abzuschälen, auszuwickeln oder freizulegen.

Als nunmehr äußerlich dastehendes oder vorliegendes Ding – natürlich können es auch mehrere sein – ist das ehemals Innere jetzt sichtbar, sichtbar indes mit all den Einschränkungen, die für alles Dinghafte gelten: Es zeigt sich nur aspekthaft, und es hat etwas Unsichtbares an sich, in sich und hinter sich. Ja: auch in sich. Und das führt zu Iterationen: aus dem, was herausgebracht wurde, läßt sich nochmals etwas herausbringen; was nach dem Abschälen bleibt, hat womöglich wieder eine Schale, die sich entfernen läßt. Da gibt es homogene Einschachtelungen, wie wir sie von Zwiebeln oder russischen Puppen kennen: mehrmals steckt Gleiches in Gleichem. Oder heterogenes Ineinander: beim Pfirsich die samtige Haut, das saftige Fleisch, der harte Kern, der ölhaltige Kern des Kerns.

Wie beim Umdrehen ist es auch beim Aufmachen und Einblicknehmen, beim Eindringen und beim Herausbringen wichtig, daß es an dem, was äußerlich sichtbar ist, Anzeichen gibt für das, was im unsichtbaren Inneren zu vermuten oder zu erwarten ist; daß genau jenes Äußere, das wegen seiner Sichtbarkeit anderes verdeckt und verbirgt, doch zugleich durch die Art, wie es sich zeigt, als ein Zeichen fungiert, das auf dieses Unsichtbare verweist. Wir können nicht alles aufbrechen: deshalb ist es nötig, diejenigen Objekte ausfindig zu machen, bei denen Grund zu der Annahme besteht, daß es sich lohnen könnte. Und deshalb ist auch die Fähigkeit, Zeichen zu erkennen und Hinweise zu bemerken, für das Suchen und Finden so überaus wichtig. Ja, oft ist der Zusammenhang zwischen dem sichtbaren Zeichen und dem, worauf es hindeutet, so eng, daß die Suche nach einer Sache bereits mit dem Finden ›ihres‹ Zeichens ans Ziel gelangt.

Ist erst einmal das Finden des Zeichens dem Finden der Sache selbst gleichwertig, dann liegt es auch nahe, das Suchen nicht mehr nur in seiner einfachen Form als leiblich-sinnenhafte Aktivität zu betrachten. Die Suche wird dann zu einem theoretischen und literarischen Versuch, in welchem wir uns gedanklich und imaginativ, mittels sinnvoller Zeichen und anschaulicher Vorstellungen, den Zugang zu einer Sache eröffnen, Einblick in sie gewinnen, in sie eindringen, um das, was für sie wesentlich ist, herauszuarbeiten.

Zur theoretischen Untersuchung einer Sache gehört in aller Regel auch die Suche nach Namen oder Begriffen sowie nach Wörtern und Illustrationen für beide. Aber sie zu finden ist selbst dann, wenn es leicht und schnell geht, seiner inneren Form nach keine unserer ›einfachen Entdeckungen‹. Vielmehr benutzen wir die elementaren Formen des Aufspürens und Ausfindigmachens, um uns nach ihrer Analogie in einer metaphernreichen Sprache solche ›höherstufigen‹ Suchaktivitäten verständlich zu machen. Das Gedächtnis etwa wird dann zu einem Speicher, der in seinem Inneren Namen und Begriffe, Wörter und Bilder vorrätig hält. Und gern tun wir so, als sei die Suche nach ihnen das Bemühen, sie aus diesem Behältnis herauszuholen. Doch was sie wirklich ist, das wissen wir nicht.

Etwas beiseite rücken

Unsichtbares: Dinge haben es an sich, in sich und hinter sich. Jedes Ding verdeckt ein Stück seines Hintergrundes. Und das nicht nebenbei auch, sondern als unmittelbare Konsequenz seiner eigenen Sichtbarkeit. Dieser schlichte Sachverhalt ist für unser gesamtes Verhältnis zur Wirklichkeit von kaum zu überschätzender Bedeutung. »Was steckt dahinter?« Das ist die Grundfrage. Jahrtausende lang war das für uns eine Überlebensfrage: »Was lauert uns auf? Müssen wir fliehen?« Oder aber: »Was verkriecht sich vor uns? Sollen wir's uns greifen?« Dieses primitive Stadium haben wir längst verlassen. Heutzutage glauben wir kaum noch, daß zufällig etwas Sichtbares dasteht, hinter dem etwas Bedrohliches oder Nützliches sein könnte. Unser erster Gedanke ist vielmehr, daß jemand absichtlich etwas sehen läßt, um desto besser etwas anderes dahinter verbergen zu können. Alles Sichtbare wird Vorwand, Vortäuschung, Vorspiegelung. »Was steckt dahinter?« Das hat für uns fast nur noch den Sinn: »Was ist der wahre Grund?«

Und die aussichtsreichste Suchanweisung lautet bekanntlich: *Cherchez la femme!*

Ich habe es hier, zum Glück, nur mit einfachen Verhältnissen und elementaren Sachverhalten zu tun. Und da enthält die Frage »Was steckt dahinter?« eine Handlungsanweisung: Man muß einfach das Ding, das die Sicht versperrt, beiseite rücken, wegstellen, fortschaffen. Dann ist der Blick frei und ungehemmt. – Nun sind indessen manche Dinge so groß, so schwer, so fest im Boden verankert, daß sie sich nicht einfach wegschieben lassen. Wie immer, wenn ich die Dinge nicht bewegen kann, muß ich mich selbst bewegen. Ich gehe um das Haus herum: da sehe ich den Garten.

Iteration auch hier: Dinge, die hinter Dingen versteckt waren, verstellen dann, wenn man sie endlich frei vor sich hat, wiederum ein Stück ihres Hintergrundes. Dinge können in der räumlichen Tiefe gestaffelt sein, und sie sind es meistens auch. Insofern verdeckt das erste Ding nicht nur das zweite hinter ihm, sondern alle, die diesem noch folgen. Und es verdeckt sie nicht bloß; es hält uns auch in Unkenntnis darüber, daß es dies tut. Nie wissen wir, auf wieviel wir noch gefaßt sein müssen. Zuletzt jedoch – das ist natürlich auch schon am Anfang möglich, beim ersten Ding – ist nichts anderes mehr dahinter als das, was kein Ding mehr ist: reiner Hintergrund, unverrückbar. Hintergrund ist, wo die Frage »Was steckt dahinter?« sinnlos wird. Das muß aber noch nicht das Ende allen Suchens bedeuten.

Zeichenartige Verweisungen auch hier: aber doch weitaus weniger deutlich. Negativ hilft zunächst, daß nicht alles hinter allem stecken kann. Um den Elefanten sehen zu können, muß ich die Mücke nicht eigens bitten, doch freundlicherweise beiseite zu fliegen; und einen Kürbis werde ich nicht hinter einem Kieselstein vermuten. Das Sichtbare sagt uns hier nur, was hinter ihm *nicht* zu erwarten ist. Doch jenseits solcher Größenverhältnisse, die vieles ausschließen, gilt eben doch, daß alles hinter allem stecken kann. Deshalb muß man auch auf beinah alles gefaßt sein.

Welche von den sichtbaren Objekten als Zeichen für die unsichtbaren hinter ihnen dienen können: das lehrt allein die Erfahrung. Ich vermute Käfer unter Steinen, Täler hinter Bergen, die Sonne hinter den Wolken, den Mund hinter vorgehaltener Hand. Wo überhaupt beim *räumlichen* Hintereinander das sichtbare Vordere zum positiven Zeichen wird für das unsichtbare Hintere, enthält ein *sachlicher* Zusammenhang zwischen beiden den Grund dafür. Sichtbares, das als Vorder- oder Außenseite auf etwas Unsichtbares *am* oder *im* selben Ding verweist, hat es da viel leichter. Wegen der Selbigkeit des Gegenstandes geht der signitive Hinweis vom sichtbaren Teil sowohl auf das Ganze (*pars pro toto*) als auch auf die unsichtbaren Teile: auf die Rückseite und auf das Innere. Ein *sachlicher* Zusammenhang zwischen den *räumlichen* Partien ist da wegen der Identität des Objekts von vornherein naheliegend. Deshalb sind wir auch überrascht, wenn wir drinnen was ganz anderes vorfinden, als das Äußere suggeriert hatte. Und deshalb läßt sich diese Überraschung auch mit künstlichen Hüllen und Schalen inszenieren und in Wundertüten und Schokoladeneiern kommerzialisieren.

Die Verweisung jedoch zwischen zwei verschiedenen Dingen, von denen das eine zufällig das andere verdeckt, gewinnt meist nur dann positiven Zeichencharakter, wenn eine besondere Sachbeziehung vorliegt. Derlei Beziehungen müssen wir immer erst kennenlernen. Deshalb lehrt uns, wie gesagt, erst die Erfahrung, mit welcher Wahrscheinlichkeit welches Ding hinter welchem Ding steckt. Und dann auch metaphorisch: welche Absicht hinter welcher Handlung und welcher Sinn hinter welchen Worten.

Bei Nacht und Nebel

Was mir als objektiv begegnet, muß kein materielles Ding sein, nicht einmal ein Gegenstand. Objektiv ist vielmehr alles, was sich als von mir unabhängig erweist, was Selbständigkeit demonstriert, was mir nicht einfach zu Willen ist. Und so gibt es objektive Sichtbarkeitshindernisse, die uns Dinge unsichtbar machen, ohne selbst sichtbare Dinge zu sein. Diese Hindernisse sind eher atmosphärischer Natur. Daß ein Ding sich deutlich und prägnant sichtbar abhebt von seinem gleichfalls sichtbaren Grund, erleben wir günstigstenfalls in einer gestalt-theoretischen Schönwetter-Lage. Sie setzt klare Verhältnisse voraus, hellichten Tag. Den haben wir aber bekanntlich nur zeitweise. Schon wenn die Sonne gerade untergegangen ist und der abendliche Schatten über der visuellen Szene liegt, mindert das die Deutlichkeit der Konturen und die Präsenz des Grundes. Dämmerung zieht herauf. Es wird dunkel, ist dunkel. Schließlich stecke ich, bei dichter Bewölkung und Neumond, tief in stockfinstrer *Nacht*. – Ähnliches gibt's auch tagsüber: Wie ein Weichzeichner mildert anfangs ein zarter Hauch die scharfen Umrisse der harten Objekte: es wird diesig; dann ein Dunstschleier vor und über allem; Ding und Grund verschwimmen ineinander im Trüben, ehe zuletzt der dicke *Nebel* alles verschluckt.

Nacht und Nebel: Aktionen geschehen im Verborgenen, Gegenstände und Hintergründe bleiben unsichtbar. Und das heißt optisch: sie existieren nicht. Mitunter haben dichte Rauchwolken, die mich einhüllen, und heftiges Schneegestöber, dem ich ausgesetzt bin, ähnliche Wirkungen. All diese Erscheinungen kommen darin überein: sie sind weder Ding noch Hintergrund für Dinge. Suchen heißt in dieser desolaten Lage optischer Indifferenz vor allem, sich auf andere Sinne oder technische Instrumente verlassen: Ich horche, ob sich irgendwo etwas hören läßt; ich taste mich vorwärts, ob ich irgendwo auf etwas stoße; ich stochere mit der Stange im Nebel herum; wenn's gutgeht habe ich auch eine Halogenlampe oder eine Radaranlage, ein Infrarotsichtgerät oder einen Restlichtverstärker. Soviel zu den Dingen.

Aber was wird aus dem Hintergrund? Da Nacht und Nebel keine Dinge sind, die ich unter Kraftaufwand beiseite rücken oder mit Geschick und ein paar Schritten umgehen könnte, bleibt mir meist nur das Warten: das Warten darauf, daß sich auf natürliche Weise normale, womöglich optimale Seh-Verhältnisse wieder einstellen. Sobald der Nebel sich endlich lichtet oder frühmorgens Eos mit Rosenfingern emporsteigt, vermag auch der Hintergrund sich wieder zu zeigen: nicht von seiner besten Seite – denn Seiten hat er nicht –, aber in seiner besten, nämlich klaren, ungetrübten und zurückweichenden Präsenz. Den Vortritt läßt er den Dingen, die sich dank seiner Sichtbarkeit nun auch selbst wieder zeigen können. Doch dieser ›öffentliche‹ Hintergrund ist nicht der einzige, den wir kennen; wohl aber ist er der eigentliche und letzte, der Hintergrund *par excellence*.

Dinghafte und reine Hintergründe

Hintergrund ist das, was ein Ding zwar, weil es selbst sichtbar ist, stückchen- oder stückweise verdeckt, was aber zugleich kraft seiner Sichtbarkeit dem Ding eine eigene zu haben erlaubt. Unvorstellbar: ein Ding ohne einen Hintergrund! Der Hintergrund wiederum kann selber aus vielerlei verschiedenen Dingen sich aufbauen: sie stehen nebeneinander und hintereinander, stapeln sich aufeinander oder verzahnen sich ineinander. In ihrem Ensemble müssen sie dem einzelnen lediglich gestatten, sich von ihnen abzuheben. Und das tun sie in der Regel auch. Daß ein Hintergrund für Dinge ganz oder teilweise selbst aus Dingen besteht, macht diesen gleichsam unrein. Rein hingegen wäre ein Hintergrund, der gar nichts Dinghaftes mehr an sich oder vor sich hat. Wir brauchen, um ihn herzustellen, bloß alle Dinge, die wir soeben noch sehen, wegzuräumen. Wenigstens in Gedanken.

Den reinen Hintergrund gibt es in drei grundsätzlich verschiedenen Formen: als Wand, als Höhle und als Welt. Ich brauche an eine Wand, eine Tafel, einen Schirm, letztlich an jeden Gegenstand von hinreichend großer Ausdehnung nur so nahe heranzutreten, daß er mein gesamtes Gesichtsfeld ausfüllt: Ist dann auch kein Ding mehr zwischen ihm und mir, so habe ich reinen Hintergrund vor mir. Aber er ist sozusagen nur episodisch so. Indem ich nämlich den Rückzug antrete, wird sehr schnell das, was bislang Hintergrund war, selbst zum Gegenstand, der nun vor einem neuen ›weiteren‹ Hintergrund steht.

Nur in einem rundum abgeschlossenen Raum ist eine Wand, als Teil seiner Umschließung, von einem wesentlich anderen Typus. In einer Höhle ohne Ausgang, einem Zimmer ohne Fenster unterscheiden wir wohl die Wände um uns von der Decke über uns und dem Boden, auf dem wir stehen. Doch sie alle bilden nur verschiedene Partien oder Zonen eines flächigen Ganzen, das selbst Hintergrundcharakter hat und das weder insgesamt noch teilweise dinghaft werden kann. Für eine solche ›Verdinglichung‹ gibt es in dieser idealen optischen Höhle keine Position, von der aus sie möglich wäre. Natürlich können sich, Licht vorausgesetzt, andere Dinge von diesem Hintergrund abheben. Rein wird er indes dadurch, daß wir sie alle wegtun oder wegdenken. Mit meinem Blick und meinem Gesichtsfeld schneide ich gleichsam aus diesem idealen Gesamthintergrund das für mich jeweils reale Segment heraus.

Aus der Tradition des Höhlengleichnisses ist das Problem bekannt, ob und wie ein Höhlenbewohner wissen kann, *was* eine Höhle ist und *daß* er eine bewohnt. Und nicht zufällig ist es dieses Gleichnis selbst, das die Lösung enthält. Wenn es im Innern der Höhle selbst eine ›Höhle‹ gibt – ein umschlossen-abgeschlossenes Behältnis –, dann kann sich durch Analogie und Iteration der Höhlenbewohner selbst als solcher ›outen‹.

Für sein Biotop bedeutet das aber: er kann es gedanklich so betrachten, als ob er außerhalb wäre. Und er kann sich faktisch so verhalten, daß er einen Ausweg findet und schließlich draußen ist: im Freien. Die Höhle wird ihm zur Aushöhlung in einem Berg, das Zimmer zum Raum in einem Gebäude. – Freilich: Berge und Gebäude gehören typischerweise zu den Gegenständen, die wir sehen. Und notwendigerweise gehört zu ihnen wiederum ein Hintergrund, vor dem sie sich sichtbar präsentieren. Dieser Hintergrund aber hat nochmals einen anderen Charakter: er ist nicht eng, sondern weit, ein eher um- denn einschließender Hintergrund; und er ist der letzte Hintergrund, den es gibt, der letzte, den es geben kann.

Der letzte Hintergrund

Natürlich ist auch dieser letzte objektfreie Hintergrund nur näherungsweise, nur mehr oder minder vollkommen zu realisieren; er ist ein Grenzwert. Den Zaun hier mag ich niederreißen, den Baum dort zur Not fällen, doch Bauwerke und erst recht Gebirgsmassive sind nicht so leicht abgetan. Annäherungen an das, was hier ins Auge gefaßt werden soll, finde ich vielleicht beim Durchwandern einer kahlen Steppe oder als Einsiedler in einer flachen Sandwüste. Und natürlich beim Hinausschauen aufs offene Meer.

Wie jeder reine Hintergrund, so ist auch der letzte und eigentliche kein Ding. Man kann ihn nicht umdrehen, um zu betrachten, wie er von hinten aussieht; denn er hat keine Rückseite. Man kann nicht sein Inneres nach außen holen, denn die Differenz von Innen und Außen, von Kern und Schale ist ihm fremd. Und er wird nicht nur von nichts verstellt: er verstellt auch selber nichts, so daß man ihn entweder ein wenig zur Seite rücken oder aber umgehen müßte, um das sehen zu können, was er bislang verdeckt hätte.

Wenn dieser reine Hintergrund kein Ding ist: was ist er dann? Vieles ist er *nicht*, aber was *ist* er? – Die Antwort darauf läßt sich leichter finden, wenn wir auf die schlichte lebensweltliche Erfahrung zurückgreifen: Wie stellen wir uns diesen Hintergrund in unserer natürlichen Wahrnehmung vor? Wie sieht ihn, natürlich idealisierend, unser noch nicht durch Physik aufgeklärtes Auge? Nun, ganz leicht denken wir weg, was noch stört, und ebenso leicht denken wir dazu, was aus dem Ausschnitt, den wir sehen, ein großes Ganzes macht. Und dieses besteht insgesamt aus zwei Teilen: Himmel und Erde. Was uns von Kindesbeinen an vertraut ist, das ist im Prinzip auch richtig: Der Himmel ist oben, die Erde ist unten; er über unserem Kopf, sie unter unseren Füßen. Aber nicht allein *wo* sie sind, sondern auch *wie* sie sind, ist uns völlig geläufig. Dem unbefangenen Betrachter, der sich umschaut, stellt der Himmel sich dar als eine Hemisphäre, ein uns umschließendes Gewölbe von der Gestalt einer überdimensionalen Käseglocke. Die Erde dagegen breitet sich vor uns und um uns aus als eine weite Ebene, offenes Land.

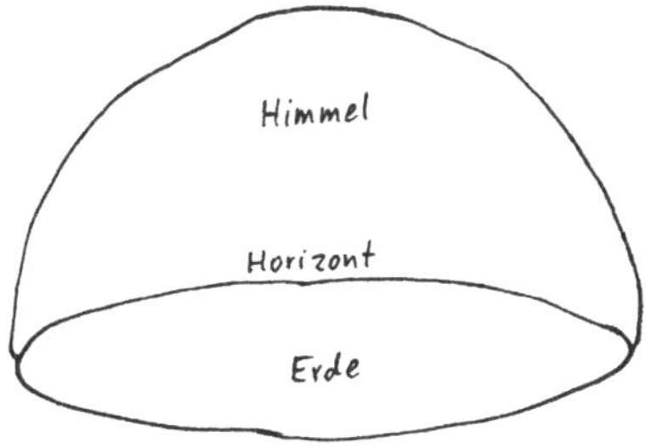

Schema 7: Hemisphäre als Bild der naiven ›Weltanschauung‹

Diese große Welt, wie wir sie als ihre Bewohner von innen mit naivem Blick wahrnehmen, ähnelt einer anderen, kleinen, die von außen zu betrachten wachen Kinderaugen auch dann noch Freude bereitet, wenn der Kopf, zu dem sie gehören, schon voller Wissenschaft steckt. In dem als ›Schneekugel‹ bekannten Spielzeug ist auf einer kleinen runden Platte von der Größe des Handtellers eine

Landschaft oder eine Szene mit Figuren aufgebaut; das Ganze ist überwölbt und verschlossen von einer durchsichtigen Plastik-Halbkugel und gefüllt mit Wasser; in dieser flüssig-durchsichtigen Atmosphäre schweben winzige weiße Flöckchen, die langsam zu Boden sinken; sie können, wenn sie sich gesetzt haben, durch Schütteln erneut aufgewirbelt werden, so daß es aussieht, als ob in dieser Welt *en miniature* ein Schneesturm tobte.

Himmel und Erde

Wo und wie Himmel und Erde sind – daß *er* sich über uns wölbt und *sie*, auf der wir stehen, sich vor uns und um uns ausbreitet –, das bestimmt die eigentümliche Art, wie sie gemeinsame Eigenschaften unter sich aufteilen. Zwei Eigenschaftspaare stehen zur Disposition: einerseits *oben* und *unten*; andererseits *nah* und *fern*. Und so sieht es aus:
– Der Himmel ist (1) stets fern und (2) sowohl oben als auch unten.
– Die Erde ist (1) immer unten und (2) sowohl nah als auch fern.
Welch sonderbar asymmetrische Kombination! Und ich nicht nur in sie einbezogen, sondern ihr Ursprung. Denn was nah und was fern ist, bestimmt der Bezug zu dem *Ort*, an dem ich stehe; und mit meinem aufrechten *Körper* lege ich fest, was oben und was unten ist. Ich zwischen Himmel und Erde: Hier, wo ich bin, ist er oben und sie nah; dort, wo ich nicht bin, sondern nur hinschauen kann, ist er unten und sie fern.

Und so bin ich selbst, kraft meiner leiblichen Anwesenheit, sogar noch der geheime Grund ihres Zusammenkommens. Denn nur weil der stets ferne Himmel doch auch bis nach unten reicht, und nur weil die stets unten liegende Erde sich doch auch bis in weite Fernen erstreckt, sind beide überhaupt erst in der Lage, aneinander zu grenzen. *Er* läßt sich tief zu ihr herab und *sie* kommt ihm weit entgegen: so können sie einander berühren und gemeinsam das bilden, was wir als Horizont kennen. Bei dieser wundersamen Konfiguration versteht man beides gut: wie der Mythos darauf kommen konnte, aus der geschlechtlichen Vereinigung von Uranos, dem Himmel, und Gaia, der Erde, ein weltordnendes Göttergeschlecht hervorgehen zu lassen; und wie ich – ihn über meinem Haupt und sie als Grund unter meinen Füßen – zu der Ehre gelangen konnte, zum transzendentalen Ursprung dessen ernannt zu werden, was in der Welt ›überhaupt‹ gilt und was ›grundlegend‹ ist für sie.

Nun, wir wollen's nicht gar zu metaphysisch treiben! Deshalb zurück zur Beschreibung des reinen Hintergrundes. Er besteht, so haben wir gesehen, aus dem Erdboden und dem Himmelsgewölbe; er ist – für uns, versteht sich – ein zwar nicht flaches, aber flächiges, zweidimensionales Gebilde; und er ist unten eben und oben konkav. Mit seiner Zweidimensionalität gleicht er jener Welt, die uns in einer idealen Seh-Situation gegeben wäre: die Innenseite einer Sphäre, in deren Mitte ein allseitig blickendes Auge alles Sichtbare ständig sieht. Genauer: als schneekugelartige Hemisphäre gleicht der reine Hintergrund der oberen Hälfte jener Welt. – Warum sehe ich, den diese Halbkugel umfängt, nicht alles von ihr? Die einen Gründe, kaum nötig es zu wiederholen, liegen bei mir; sie sind *subjektiv.* Es ist meinem engen Gesichtsfeld zuzuschreiben, daß ich, wie auch immer ich schaue, das Ganze stets nur partiell wahrnehme: nur ein Segment des Himmels, nur einen Abschnitt des Horizonts, nur einen Sektor unserer Erde. Und es ist der Unschärfe meines Fernblicks anzulasten, daß ich alles, was mir nicht nahe liegt – und das ist der Himmel insgesamt, die Erde größtenteils –, auch dann nur unzulänglich sehe, wenn es selbst mir gar nichts vorenthält. Aber das ist noch nicht alles. Himmel und Erde halten vieles verborgen, was zu sehen wir uns bemühen. So enthalten sie, obgleich sie keine Dinge sind, doch *objektive* Gründe dafür, daß wir suchen können und müssen.

Halten wir dieses Ergebnis fest: Die Dinge selbst verhalten sich so, daß durch sie vieles, was grundsätzlich sichtbar ist, uns verborgen bleibt. Suchen in seiner einfachsten Gestalt heißt deshalb: Ich bewege entweder mich oder die Dinge derart, daß solche objektiven Behinderungen der Sichtbarkeit beseitigt werden. Bei der Untersuchung der Formen, die sich dabei ergeben, haben wir nebenher auch lebensweltlich wichtige Übergänge notiert: Anschlußstellen für technische Hilfsmittel und für metaphorische Ausweitungen, die uns theoretische Aktivitäten nach dem Muster elementarer Suchhandlungen verstehen und beschreiben lassen. Thematisch aber stand im Zentrum, daß wir Dinge umdrehen, um sie möglichst allseitig in Augenschein zu nehmen; daß wir in sie hineinschauen oder gar eindringen, um ihr Inneres zu inspizieren, oder dieses Innere nach außen befördern, um es so frei und offen betrachten zu können; schließlich, daß wir Dinge beiseite rücken, um ihren Hintergrund unverstellt sich ausbreiten zu lassen.

Ein Hintergrund kann selbst aus Dingen gebildet oder aber ›gegenstandslos‹ sein, er kann höhlenartig geschlossen oder welthaft umschließend sein. Dieser letztere, zugleich der letzte und eigentliche, gliedert sich nun in Himmel, Horizont und Erde. In den folgenden Kapiteln werde ich nach den Weisen fragen, in denen wir hier Unsichtbares aufspüren und entdecken: Es geht also, natürlich mit bedächt'ger Schnelle, vom Himmel durch die Welt zur Hölle.

3. Kapitel
Himmelserkundung

Nein, das kann in der kleinen Studie dieses Kapitels natürlich gar nicht erst versucht werden: eine philosophische, womöglich noch wissenschaftsgeschichtlich fundierte Gesamtdarstellung des Unternehmens ›Himmelserforschung‹. Für eine Heuristik der Lebenswelt, die vorrangig den einfachen Gestalten des Auf- und Entdeckens nachspürt, ist das aber auch nicht erforderlich. Ihr genügt es vielmehr, den schmalen, noch dazu marginalen Streifen aus diesem großen Ganzen ins Auge zu fassen, der erkennen läßt, wie unsere zölestische Neugierde einerseits in der Lebenswelt verankert, andererseits in der Forschung operationalisiert ist.

Unsere natürliche Anschauung des Himmels und unser schulmäßiges Wissen von ihm schließen sich lebensweltlich zu einer eigentümlichen Sehweise zusammen, für welche es Unsichtbares gibt, das sichtbar zu machen das Ziel von Suchaktivitäten ist. Wichtiger als bei der Betrachtung dessen, wie wir Dinge umdrehen, ausforschen oder wegrücken, sind bei der Beschreibung solcher Aktivitäten die subjektiven Seh- und Bewegungsrestriktionen und, als Konsequenz, die technischen Instrumente ihrer Überwindung.

Dieses 3. Kapitel hat einen vorbereitenden und einen ausführenden Teil. *Zuerst* werde ich mich mit dem lebensweltlichen Verhältnis von Sehen und Wissen beschäftigen und darstellen, wie einerseits die naive Himmelsansicht sich selbst und die Bedingungen von Sichtbarkeit schlechthin gegen das astronomische Wissen behauptet; und wie andererseits doch dieses Wissen lebensweltlich sich durchsetzt in der Begründung eines Bewußtseins der Möglichkeit, neue Entdeckungen am Himmel machen zu können.

Im *zweiten* Teil skizziere ich dann, wie wir dieses Bewußtsein heuristisch verdichten und zu Handlungen ausformen, in denen wir sowohl einzelne ausgesuchte Objekte *unter*suchen als auch den Weltraum insgesamt *durch*suchen. – Wir? Auch wenn der einzelne sich sagen mag: ›Ich tu' doch gar nichts dergleichen‹, so gehört er natürlich indirekt – und sei's nur mittels der Steuern, die er zahlt – mit zu denen, die diese Himmelserkundung betreiben.

Was wir sehen und was wir wissen

Der geläufigste, selbst schon lebensweltliche Topos zur Charakterisierung des Verhältnisses von Wissenschaft und Lebenswelt besagt: Obgleich wir *wissen*, daß die Erde sich um die Sonne dreht, *sehen* wir diese noch immer im Osten auf- und im Westen untergehen. Mit diesem Zwiespalt leben wir. Und wir leben gut mit ihm. Gerade im Verhältnis zum gestirnten Himmel steht das, was wir mit naivem Blick wahrnehmen, mit dem, was uns astronomische Theorien lehren, in Widerstreit – ohne daß uns dies im geringsten beunruhigen würde.

Jedem von uns ist der Große Wagen am klaren Nachthimmel zwar ein seltener Anblick, aber doch ein vertrautes Bild: eine ›Konstellation‹ leuchtender Punkte auf einer dunkelblauen Fläche. So sehen wir ihn. Und so sehen wir alle Sterne: schon recht weit weg, aber wiederum nicht übermäßig weit, und insbesondere: alle etwa gleich weit. – Sonne und Mond sind für unser unbefangenes Auge gar keine Sterne, sondern zwei Scheiben; sie unterscheiden sich deutlich hinsichtlich ihrer Leuchtkraft, kaum jedoch, was ihre Größe und ihre Entfernung von uns angeht. Und wenn sie von Wolken halb verdeckt werden, dann sind ihnen diese fast so nah wie auf Erden ein Schleier dem Gesicht, das hinter ihm gerade noch sichtbar ist.

Was wir nicht *sehen*, aber doch *wissen*: Sonne und Mond ›scheinen‹ nur gleich groß zu sein; tatsächlich aber bringt es der Mond gerade mal auf 0,0000015 % des Sonnenvolumens. Dabei ist die Sonne ja selbst keine sonderlich große Leuchte, verglichen mit den vielen winzigen Pünktchen, die uns nachts glitzern. Aber nicht allein die Differenzen der Volumina entgehen uns; wir sehen nicht einmal – wissen es aber –, daß all diese Lichtspender überhaupt zu dem gehören, was Volumen hat. Wir *wissen*, daß die Himmelskörper *Körper* sind, auch Ansammlungen von Körpern und Wolken aus Gas und Staub, jedenfalls Objekte von oft unvorstellbaren Ausmaßen. Ihre *Größe* also ist das eine.

Ihre *Entfernung* ist das andere. Wir wissen – auch wenn wir es gleichfalls nicht sehen –, daß der Mond um so sehr vieles weiter weg ist von uns als die Wolke, die unmittelbar vor ihm vorüberzuziehen scheint; daß die Sonne ihrerseits so extrem viel weiter weg ist als der Mond. Und doch nehmen sich diese riesigen Distanzen und Distanzdifferenzen noch beinahe wohnlich aus, verglichen mit den unfaßbaren Strecken, die uns von anderen Sternen unserer Milchstraße trennen. Schon da geht es um Größenordnungen, die wir ›astronomisch‹ nennen würden, wenn sie es nicht wären. Erst recht sind uns die Sterne fernerer Galaxien gleich so unheimlich fern, daß viele zu der Zeit, da wir sie sehen, schon längst aufgehört haben zu leuchten: Brauchte doch ihr Licht, um uns zu erreichen, Jahrmillionen, gar Jahrmilliarden, während die Sonne das ihre in rund acht Minuten zu uns schickt und der Mond kaum mehr als eine Sekunde benötigt, es auf uns zu reflektieren. Also auch das wissen wir: Der Himmel ist ein *Raum*, ein Raum von unermeßlicher *Tiefe*.

Eingebildete Unendlichkeit

Doch selbst wenn die gegen den lebensweltlichen Himmelsanblick errungenen Erkenntnisse diesen nicht ändern, so gibt es doch eine Art imaginativer Durchformung dieses Blicks mit Wissensbeständen; eine ›Einbildung‹ des Wissens ins Sehen. Gewiß, manche Sternenfreundin mag sich nicht mit der Behauptung abspeisen lassen, sie sähe nicht, was sie weiß: Sehr wohl, insistiert sie, könne sie der unendlichen Tiefe des Himmels gewahr werden, an der und in die hinein sie sich nicht sattsehen kann. Aber – das muß man ihr nun leider sagen – sie täuscht sich. Was sie nur weiß, imaginiert sie hinzu. Ins Blaue hinein phantasiert sie eine Tiefe, in welche sie dann hineinzuschauen glaubt. Ihre Wahrnehmung ist durchsetzt mit wissensinduzierter Imagination. Lassen wir beiseite, was eine nähere Beschreibung dieser Raumvorstellung leicht dartun könnte, nämlich wie unzulänglich, ja kümmerlich deren noch so große Größe doch bleibt angesichts, nein: eingedenk der wirklichen astronomischen Entfernungen …

Unsere Sternenfreundin ist, was jeder sein sollte: resistent gegen Sprüche von der Sorte »subliminale Infiltration des visuellen Systems durch kognitionsinduzierte Imagination«. Aber bisweilen steckt doch etwas Richtiges dahinter. Und dieses Mal können wir ihr zeigen, können sie erleben lassen, wie unbemerkt sich ihre Einbildungskraft in ihre Wahrnehmung mischt: Wir nehmen sie mit ins Planetarium. Dort wird der Himmel auf Erden reproduziert.

Dazu muß natürlich die Innenseite der Kuppel dem Firmament, so wie wir es sehen, ähnlich sein. Und *wie* ähnlich sie ist, wird in der Vorführung vorgeführt. Es wird allmählich dunkel, und je dunkler es wird, desto deutlicher wird, was der Projektor erzeugt: ein *Bild* des Himmels über uns. Und unsere Begleiterin sieht genau das, was sie oft um Mitternacht unter freiem Himmel auch sieht – die unendliche Weite und Tiefe des Kosmos. Und auch dies stellt sich bei ihr ein: die sanft-wehmütige Stimmung, in welcher sie sich dann dazu geführt sieht, in ihrem Inneren nach jenem ganz Anderen zu suchen, von dem sie nur von ferne ahnt, was es sein könnte. Dieses Gefühl besiegelt ihr die Authentizität ihrer Sicht. – Bis ihr dann, wenn das Licht angeht, mit dem zeitlichen Ende der Vorführung auch die räumliche Endlichkeit dessen, was sie für unendlich gehalten hatte, unabweisbar vor Augen steht.

Es ist nicht einfach Zufall oder Trägheit, gar Dummheit oder Mangel an wissenschaftlicher Bildung, daß wir den Himmel nicht so zu sehen vermögen, wie uns gelehrt wird, daß er sei. Es wäre uns, wenn wir's denn könnten, unerträglich. Wenn wir mit unserem Blick zum Himmel wirklich ins Unendliche, gar die Unendlichkeit sähen, so gäbe es da keinen Hintergrund mehr. Alles wäre und erschiene – in jedem Sinn des Wortes – grundlos. Es *könnte* gar nicht mehr erscheinen. In allen Himmelsrichtungen: nichts als Abgrund. Es müßte uns der Schwindel befallen, von dem wir freilich, wenn wir gut phantasieren, auch schon ein bißchen spüren. Ihn zu vermeiden müßten wir, gesenkten Hauptes, mit den Augen ständig so am Boden haften, wie wir es mit unseren Füßen zumeist tun. Oder uns zurückziehen in jene höhlenartigen Räume, die für alles, was sich uns zeigen will, einen geschlossenen Hintergrund bereitstellen, vor dem es sichtbar werden kann. Zum Glück aber finden wir Halt in der altvertrauten Naivität: Dem Himmel sei Dank, daß er uns tagtäglich wieder als das erscheint, was er nicht ist: als ein Gewölbe.

Die Genesis der kopernikanischen Welt

Daß die Leuchtpunkte der Sternbilder voluminöse Objekte sind und daß das vermeintliche Himmelsgewölbe der dreidimensionale Welt-Raum ist, in welchem sie breit und tief verstreut sich aufhalten: längst trivial gewordene Erkenntnisse. Doch erst mußten sie einmal gewonnen werden und Verbreitung finden: eines so mühsam wie das andere. Warum es so mühsam war, ist uns auch heute noch leicht faßbar: Unser astronomisches Wissen entbehrt der unmittelbaren Evidenz. Wir sehen einfach nicht, daß es sich so verhält, wie uns in der Schule beigebracht wurde. Wider besseres Wissen und trotz bester Absicht sind wir außerstande, den Himmel und die Objekte an ihm so wahrzunehmen, wie sie sind und wie wir wissen, daß sie sind. Über die Störmanöver einer vermeintlich hilfreichen Einbildungskraft hinweg, behauptet sich dauerhaft und hartnäckig die naive lebensweltliche Anschauung.

Die mittelalterliche Sicht des Himmels hatte den großen Vorzug, daß in ihr visuelle Wahrnehmung und wissenschaftliche Erkenntnis weithin zur Deckung kamen. Das ist die Bedeutung von Evidenz. Man schaut hin und sieht, daß es wirklich so ist, wie gesagt wurde, daß es sei. ›Erscheinung‹ und ›Sein‹ stimmen ebenso überein wie die Sicht des Auges und die Einsicht des Verstandes. Kein Wunder also, bei dieser komfortablen Ausgangslage, daß die Entdeckungen, die am Beginn der Neuzeit zu einer neuen Sicht des Himmels führen – und ›Sicht‹ zur Metapher machen –, es so schwer hatten, Eingang zu finden ins menschliche Bewußtsein.

Der Prozeß, den Hans Blumenberg als *Genesis der kopernikanischen Welt* bezeichnet und beschrieben hat, ist ein wissenschafts- und bewußtseinsgeschichtlicher Vorgang, in welchem viele Fäden unterschiedlichster Thematik miteinander verschlungen und verwoben sind. Zu den zentralen Stücken zählt aber zweifellos die Physikalisierung der Astronomie und die Naturalisierung aller Himmelserscheinungen. Im Mittelalter war die Astronomie eine der sieben freien Künste (*artes liberales*); und dort zählte sie wiederum zum Quadrivium, in welchem die mathematischen Wissenschaften versammelt waren; ihre Begleiterinnen waren die Arithmetik als Lehre von den Zahlen, die Geometrie als Lehre von den Größen und die Musik als Lehre von den Proportionen. Erst in der Neuzeit wird die Astronomie zu einer *Natur*wissenschaft. Wurden vorher die Bahnen der Gestirne rein mathematisch konstruiert, so werden nun die Bewegungen der Himmelskörper physikalisch erklärt. Der Himmel gehört zusammen mit der Erde zu der einen großen Natur. Ob dort droben oder hier unten: überall wirken dieselben Kräfte, überall gelten dieselben Gesetze. Und heuristisch bedeutet das: überall muß man damit rechnen, daß grundsätzlich Sichtbares nicht gesehen wird, sondern nur unter bestimmten Bedingungen sich zu zeigen bereit ist oder erst mit Mühe sichtbar gemacht werden muß.

Wenn die Astronomie eine Naturwissenschaft ist, sind alle Gestirne physikalische Objekte. Besonders signifikant ist das aber bei denen, die neu am Himmel erscheinen, wie etwa Kometen oder Supernovae. Die Alternative angesichts des Neuen lautet: Hat Gott es jetzt gerade frisch an den Himmel gesetzt – uns zum Zeichen –, so daß Werden und Sichtbar-Werden, Sein und Erscheinen eins sind? Oder war es bereits vorher längst da, nur – sei's an sich, sei's für uns – bislang unsichtbar? Wunder beiseite, bleibt nur dieses zweite. Was in Erscheinung tritt, sind keine neuen Zeichen, sondern alte Objekte. Für sie gilt im doppelten Sinn des Wortes: Sie erscheinen nur neu, sind es aber nicht. Der Absicherung dieser Einsicht dient sodann die Mühe, zu erkennen, wie denn der Kosmos gebaut sein muß, wenn in ihm überhaupt neue Sichtbarkeiten sollen auftauchen können. Und zu den Resultaten gehört dann auch, daß ständig neue Sterne entstehen, über deren Sichtbarkeit damit aber noch gar nichts ausgemacht ist.

Entdeckung von Entdeckbarkeit

Erst durch die kopernikanische Wende und die Konsequenzen, die sie nach sich zieht, entdecken wir also bislang verborgene Gründe dafür, daß es am Himmel faktisch Unsichtbares gibt, das gleichwohl sichtbar werden oder sichtbar gemacht werden kann. Daß es am Himmel etwas zu entdecken gibt, mußte selbst erst entdeckt werden. Suchen konnte nicht einfach darin bestehen, faktisch Unsichtbares sichtbar zu machen; vielmehr mußte *zuvor* die Möglichkeit, daß da noch etwas zu sehen sein könnte, überhaupt erst aufgezeigt, ›sichtbar gemacht‹ werden. Es gibt eben Entdeckungen, in deren Konsequenz wir fähig werden, neue Begriffe zu bilden von dem, was wir schon denken können, aber noch nicht gesehen haben. Ausgestattet mit solchen Begriffen, können wir uns nun auch daran machen, zu suchen, was sie bezeichnen. Und das ist die neuzeitliche Erkenntnis, der wir unsere neuen Begriffe und Suchmöglichkeiten verdanken: Was als flächig-gewölbter Hintergrund erschien und erscheint, ist in Wahrheit ein unermeßlicher Raum, durchsetzt mit einer Unzahl stellarer Objekte unterschiedlichster Beschaffenheit.

Und wenn die Himmelskörper physische Objekte sind, gilt grundsätzlich für sie, was für ihre kleinen Verwandten, die wir Dinge nennen, auch gilt: Indem sie sich uns zeigen, verbergen sie uns auch etwas. Sie haben Unsichtbares an sich, in sich und hinter sich. Und auch das, was sie uns als sichtbaren Aspekt präsentieren, enthält womöglich noch manches, was wir faktisch nicht sehen, weil wir, gemessen an unserem unscharfen Fernblick, nicht nahe genug dran sind. Und im Welt-Raum selbst müssen wir allerorten damit rechnen, daß manches in ihm Sichtbare entweder von anderem Sichtbaren, das sich vordrängt, verstellt wird oder von uns Sehfähigen wegen unserer eingeengten und stumpfen Optik nicht gesehen wird.

Suchen am Himmel gibt es natürlich auch in einer trivialen Variante, die nebenbei Erwähnung verdient. Die Venus etwa, die ich schon so oft betrachtet habe, suche ich ausfindig zu machen. Ich kenne sie, nicht aber den Ort, an welchem sie sich jetzt gerade befindet. Das ist die Art von Suche, die auch unsere Alltagsroutine auf oft ärgerliche Weise unterbricht: Wo liegt denn wieder der Autoschlüssel? – Finden heißt hier immer: Altbekanntes *wieder*finden: ein Prozeß, der natürlich seine eigene Gestalt und Dynamik hat, auch seine eigenen Formen der Enttäuschung und Erfüllung.

Ganz anders, wenn es nicht um alte Bekannte, sondern um Neues, Ungesehenes, Unbekanntes geht. Habe ich erst einmal die Gestirne als Körper und den Himmel als Raum erkannt, nimmt meine ›neugierige‹ Suchaktivität zwei typische Formen an: einen einzelnen Gegenstand *unter*suchen oder den gesamten Raum *ab*suchen. Um etwas Neues zu entdecken, richte ich mich auf ein bestimmtes Objekt, oder ich durchstreife den ganzen Himmel. Ansprüche im Widerstreit: Konzentration aufs einzelne oder Diffusion des Blicks, um möglichst viel vom großen Ganzen zugleich gegenwärtig zu haben.

Ein Objekt untersuchen

Sofern jeder Himmelskörper ein Körper ist, macht er, wie irdische Körper auch, durch seine Sichtbarkeit anderes unsichtbar. Das gilt selbst dann, wenn die stellaren Objekte – wie meistens – nicht einfach kompakte Makro-Dinge sind, sondern etwa Gaswolken, Teilchenschwaden oder glühende Nebel immensen Ausmaßes. Mit dem also, was ein Himmelskörper, gleich welcher Art, von sich zeigt, verbirgt er zugleich einiges: seine Kehrseite, sein Inneres und das, was sich hinter ihm befindet. Und Suchen geschieht dort oben nach demselben Grundsatz wie hier unten: Sichtbar-Machen. Allerdings unter beträchtlichen Erschwernissen, die mit der Größe, vor allem aber mit der Entfernung des ins Auge gefaßten Körpers verknüpft sind. *Ihn* zu bewegen ist mir unmöglich: ich kann ihn nicht umdrehen, nicht aufschließen, nicht beiseite rücken. *Mich* kann ich zwar bewegen. Aber welche Strecken müßte ich zurücklegen, um auch nur den nächsten Fixstern von hinten betrachten oder in sein so ungemütlich aufgeheiztes Inneres eindringen zu können!

Da ich mit meiner Bewegung nichts ausrichten kann, bleibt mir nur eins: meinen Stern im Auge zu behalten, darauf zu warten, daß *er sich* bewegt, und ihm dabei zuzuschauen, wie er es tut. Habe ich Glück, so sehe ich, wie er sich dreht, sich äußert, sich fortbewegt: ich beobachte Rotation, Eruption, Lokomotion. So beseitigt er selbst die bei ihm gelegenen und insofern objektiven Gründe dafür, daß ich bislang manches Sichtbare nicht sehen konnte.

Teleskope und Sonden

Aber er kann mir auch noch auf andere Weise entgegenkommen. Er bewegt sich auf mich zu. Er rückt unserem Sonnensystem – oder in diesem unserer Erdkugel – so nahe, daß ich auch an seiner mir längst schon zugewandten Seite Neues ausfindig zu machen vermag. Tut er's aber nicht, weiß ich mir trotzdem zu helfen: Ich ziehe ihn heran. Natürlich nicht physisch, sondern nur optisch. Mit dem Teleskop sorge ich dafür, daß mir das Kleine groß und das Ferne nah erscheint: Ersatz dafür, daß ich nicht einfach hingehen kann, um durch solches Nähertreten das auszugleichen, was meiner Fernsicht an Schärfe mangelt. Und selbstredend vermag ich, weil fast alle Sterne so arg weit weg sind, ohne dieses Instrument kaum je etwas von dem zu sehen, was das ferne Objekt durch seine umdrehende, ausbrechende oder abwandernde Bewegung meinem Blick freizugeben geruht.

Ich warte also darauf, daß mein Stern sich selbst bewegt; zudem hole ich ihn teleskopisch näher heran; oder aber, als dritte Möglichkeit: ich delegiere die Bewegung, die mir selbst nicht möglich ist, an andere. Diese mobilen anderen sind die Raumsonden. Statt *mich* zu bewegen, bewege ich *sie*, schicke sie dorthin, wohin zu gelangen mir versagt ist. Sie sollen an meiner Stelle hinfliegen und auskundschaften, was es dort in der Ferne zu sehen gibt. Die Namen, die sie tragen, lassen nicht allein Fernweh, Neugier und Abenteuerlust wach werden; sie laden vielmehr ein zur Identifikation. Wie die Sonden *heißen* und was wir selbst gerne *sein* möchten, das fällt in eins: *Viking* oder *Pioneer*, *Mariner* oder *Observer*, *Voyager* oder *Pathfinder* oder *Global Surveyor*. Als unsere Stellvertreter sind sie ihrerseits ausgerüstet mit Teleskopen oder anderen Instrumenten zur Observation – falls sie landen sollen gar mit Kleinstlabors –, vermöge deren sie uns mit einer Flut von Bildern und Daten versorgen. Ihre *voyage* ist, kosmisch gesehen, zwar bloß ein Kurztrip, unfaßbar weit aber gemessen an irdischen Wegen.

Licht läßt das sehen, woher es kommt. Aber es ›sagt‹ uns auch etwas: Mittels Spektralanalyse schließen wir von der Art des Lichtes, das zu uns gelangt, auf die materielle Zusammensetzung der Quelle, die es abgesandt hat. Viele stellare Objekte senden nicht allein optische, sondern auch – manchmal nur – elektromagnetische Wellen aus. Diese empfangen wir mit Radioteleskopen. Das Signal wird dann zum Indiz, zum Zeichen, aus welchem wir Orte und Eigenschaften auch solcher Objekte erschließen, die wir nicht sehen können. Entdecken heißt hier wie sonst: sich neue Kenntnisse verschaffen, neues Wissen gewinnen. Nur geschieht das in diesen Fällen nicht oder doch nicht allein durch das Sehen.

Einen festen Platz und feste Eigenschaften haben Sterne freilich nur in einer Art Momentaufnahme. Es gibt, wenn man's wörtlich nimmt, keine Fix-Sterne. Alle ändern ihren Ort und ihre Beschaffenheit; sie bewegen sich und sie wandeln sich. Sie haben eine ›Biographie‹. Um diese aufzeichnen zu können, braucht die Astronomie Zeit; viel Zeit; fast unendlich viel Zeit. Als menschliche Veranstaltung aber erfaßt sie in jedem Fall nur einen infinitesimal kleinen Abschnitt aus einem astralen ›Lebenslauf‹. Der Rest ist rechnerische Extrapolation und Ergänzung aus dem Vergleich mit Sternen gleichen ›Geschlechts‹, aber anderer ›Altersstufen‹. Aus der übergroßen Menge der Himmelskörper kann die Astronomie ohnehin nur eine recht begrenzte Zahl ›eindringlich‹ erforschen. Und wiederum nur wenige von ihnen genießen das Privileg, Gegenstand einer Langzeituntersuchung zu sein: sie stehen ständig unter aufmerksamer Beobachtung. Für sie selber ist dieses lange Beobachtetwerden freilich bloß ein kurzer Augenblick.

Bevor wir Sterne *unter*suchen, müssen wir einige *aus*suchen: Welche von allen, die wir kennen, sind denn der Mühe wert, die wir auf sie zu verwenden bereit sind? Um da die richtigen herauszufinden, müßten wir über Kriterien verfügen, die den möglichen Forschungsertrag im voraus abzuschätzen gestatten. Und wir müßten möglichst alle im Auge behalten, um zu prüfen, welche von ihnen jenen Kriterien am besten entsprechen.

Ein Stern aus der Überfülle verdient ob seiner Auffälligkeit noch eine Bemerkung nebenher. Er ist zwar 150 Millionen Kilometer von uns entfernt, gleichwohl können wir uns ohne große Anstrengung um ihn herumbewegen und ihn so von verschiedenen Seiten betrachten, und zwar auch ohne Teleskop. Überdies läßt er durch Eruptionen mitunter äußerlich ein wenig von dem sehen, was vorher in seinem Inneren verborgen war. Er hat aber die Eigenart, daß, wenn er sich zeigt, kein anderer seinesgleichen sich mehr blicken läßt. Denn mit seiner Präsenz macht er alle anderen Sterne unsichtbar. Er beraubt sie des dunklen Hintergrundes, vor dem sie als helle sich abheben könnten: so haben sie keinen ›Grund‹ mehr, sich zu zeigen. Das wäre eine Bosheit erster Güte, wenn dieser Stern nicht durch dieselbe Kraft, die die stellaren Objekte unsichtbar macht, uns die irdischen Dinge sehen ließe. Und umgekehrt: erst wenn, weil er vom Himmel verschwunden ist, hier unten die Dunkelheit alles verschlingt, können dort oben all die anderen Sonnen sich wieder zeigen.

Der Mond aber erweist sich auch in metaphorischer Hinsicht als Abglanz der Sonne: Je voller er wird und je heller er leuchtet, desto mehr ›verdunkelt‹ er die Sterne in *seiner* Nähe, die Dinge in *unserer* Nähe aber erhellt er im gleichen Maße.

Den Weltraum durchsuchen

Ein einzelnes Objekt *auf*suchen und *unter*suchen: das war das eine; den gesamten Weltraum *ab*suchen und *durch*suchen: das ist das andere. Durchsuchen aber wonach? Nach neuen Objekten oder nach neuen Vorkommnissen an alten Objekten, die dann womöglich ihrerseits Gegenstand näherer Untersuchung und Erforschung werden können. Ich müßte somit, wenn ich's denn könnte, zweierlei ständig im Auge behalten: alle Gestirne, falls sich da etwas tut, und allen Raum zwischen ihnen, falls Neues von ihrer Art sich da zeigt.

Daß ich als Himmelsbetrachter mein Gesichtsfeld, das von Natur aus schon eng genug ist, durch die Benutzung eines Fernrohres künstlich noch weiter einenge, verschärft mein subjektives Problem. Um tiefer in den weiten Himmel hineinschauen zu können, muß ich mit einem kleineren Ausschnitt vorlieb nehmen. Mehr sehen – um den Preis, weniger zu sehen. Ob eng oder noch enger, wenig oder noch weniger: das Prinzip, Unsichtbares, nämlich außerhalb des Gesichtsfeldes Gelegenes, sichtbar zu machen, bleibt erhalten: Nacheinander kann ich immer neue Regionen durchstreifen. Doch auch da geschieht ähnliches: Neues sehen – um den Preis, Altes nicht mehr zu sehen. Das jeweils nächste Stück Himmel bekomme ich nur ins Visier, indem ich das gerade vorausgegangene mir wieder entschwinden lasse. Und wie es der Teufel will, leuchtet eine Supernova womöglich an genau der Stelle auf, die zu beobachten ich kürzlich erst aufgehört habe.

Zu mehreren machen wir das besser. Vornehm ausgedrückt: Intersubjektivität kompensiert die Defizite von Subjektivität. Wir machen uns einen Plan und suchen mit System. Wir teilen den Himmel ein – und unter uns auf. *Wir* beobachten ihn. Wir überziehen ihn gleichsam mit einem Gitternetz; wir rastern ihn. Jeder von uns ist dann zuständig für ein bestimmtes Planquadrat. Was ich nicht selbst sehe, sehen andere für mich, muß ich andere für mich sehen lassen. »Ich sehe wenig, aber wir sehen alles.« Jeder von uns muß sich das erste eingestehen und darf sich mit dem zweiten trösten. Und damit der Trost gelingt, muß ich zumindest *wissen*, was die anderen sehen und gesehen haben. Was not tut, ist die Mitteilung der Ergebnisse. Zum einen simultan: als Zeitgenossen tauschen wir uns untereinander aus. Zum anderen sukzessiv: als vergängliche Wesen nehmen wir auf, was die vor uns schon wußten, und geben es, korrigiert und angereichert, weiter an die, die nach uns kommen.

So funktioniert – im Prinzip jedenfalls – Himmelsbeobachtung schon lange. Und noch die moderne Astronomie als arbeitsteilig organisierte Wissenschaft orientiert sich an diesem Muster, auch wenn sie ihre Tätigkeiten an Beobachtungsinstrumente, Aufzeichnungsgeräte und Auswertungsrechner delegiert hat und es den Sternenliebhabern überläßt, nachts selber zum Himmel hochzuschauen. *Sky Patrol* ist der Name eines solchen nicht nur intersubjektiven, sondern internationalen Beobachtungsprojektes, in welchem mehrere Observatorien im Verbund am Himmel patrouillieren, um wenigstens gemeinsam nichts zu verpassen. Observieren heißt eben zu allererst: wach sein und wachsam sein. Da indes die professionelle Astronomie, zumal als Astrophysik, sich überwiegend auf schon bekannte ›interessante‹ Objekte konzentriert, das flächendeckende und tiefdringende Absuchen des unauslotbaren Weltraumes nur nebenher betreibt, muß sie, einer ›törichten Jungfrau‹ gleich, den Ruhm, neu erscheinende Objekte zu entdecken, immer wieder den ›klugen‹ Amateuren überlassen.

Den Himmel auf Erden finden

Auch wenn das Suchen in einem Finden glücklich endet: fast nie kann das, was am Himmel entdeckt wird, dann auch genommen und mitgebracht werden. Daß jemand nach den Sternen greift, kommt zwar des öfteren vor; auch möchte mancher die Sterne vom Himmel holen. Doch dieses Greifen geschieht nicht mit der Hand und das Holen nicht zu Fuß. Abgesehen von etlichen Gesteinsbrocken vom Mond, ist noch nichts vom Himmel geholt worden. Was würden wir darum geben, Materialproben auch nur von den Planeten unseres Sonnensystems zusammentragen zu können!

Und dennoch: es gibt Dinge, die aus dem Weltall von selbst zu uns kommen: Meteorite. Solange sie als Meteore noch am Himmel leuchten, werden sie dort auch gesucht und gefunden: Wir halten nachts Ausschau, freuen uns, wenn sich einer zeigt, und dürfen uns etwas wünschen. Dort hinzugehen, wo sie geblieben sind, sie aufzuspüren, mitzunehmen und zu sammeln: das setzt voraus, daß sie nicht verglüht, sondern verloschen und ›gelandet‹ sind. Dann aber werden sie gerade nicht mehr am Himmel gesucht und gefunden, sondern vom Boden aufgelesen oder aus dem Boden ausgegraben: kleine Sterne uns zu Füßen, winzige Himmelskörper zum Anfassen.

4. Kapitel
Erscheinungen am Horizont

... vom Himmel durch die Welt zur Hölle: Das heißt für die heuristische Durchmusterung dessen, was nicht zu den Objekten zählt, aber den letzten Hintergrund für ihr Sich-Zeigen bereitstellt: Von der Himmelserkundung über die Horizontbetrachtung zur Tiefenbohrung. Den Grund rein als ihn selbst ins Auge zu fassen ist dabei nicht einmal als fiktiver Grenzfall konsequent denkbar. Denn jeder Grund ist Grund nur dadurch, daß er es für etwas ist. Den Hintergrund und seine ›Zonen‹ zum Thema zu machen heißt daher stets und kann nur heißen: darauf zu achten, wie etwas sich an ihm zeigt, von ihm abhebt, aus ihm hervortritt. Und heuristisch gewendet besagt das: die innere Verfassung und äußere Verlaufsform der Handlungen zu beschreiben, kraft deren wir aus solchen Gründen etwas, das wir sehen wollen, uns auch sichtbar machen.

Nach der Studie über die Erkundung des Himmels wende ich mich nun dem zu, wo er die Erde berührt und mit ihr eine gemeinsame Grenze bildet: dem Horizont. – Im *ersten* Teil des Kapitels beschreibe ich, was der Horizont für uns ist und wie an ihm etwas sichtbar wird, indem es auftaucht. Wie sehen wir was vom Horizont und woher kennen wir seinen Verlauf und seine Gestalt? Wie tritt dort in der Ferne etwas Neues in Erscheinung und wie verändert sich mit dieser ersten Erscheinung unsere gesamte Sichtweise? Ich stelle dar, wie es zur Ausbildung der Differenz zwischen Vordergrund und Hintergrund kommt, wie in eins damit neue Verdeckungsverhältnisse und somit neue Unsichtbarkeiten entstehen und wie die aufgetauchte Erscheinung entweder abhebt und aufsteigt oder aber im Näherkommen Realitätscharakter gewinnt.

Der *zweite* Teil des Kapitels befaßt sich dann mit den beiden ›idealtypischen‹ Aktivitäten, kraft deren wir am Horizont etwas sichtbar machen: Horizont*erweiterung* durch Positionserhöhung und Horizont*verschiebung* durch Fortbewegung: Diese letztere leitet über zur Betrachtung dessen, wie wir zuerst *die* Ferne und dann etwas *in* der Ferne suchen. Eine kurze Schlußbemerkung widmet sich noch der Horizontmetapher in der Wahrnehmungsanalyse.

Einen Abschnitt sehen und doch das Ganze kennen

Um einen Horizont haben zu können, darf ich nicht allein Himmelsbetrachter, ich muß auch Erdbewohner sein. Hier muß ich anwesend sein und lebensweltlich um mich blicken: der Himmel als Kuppel über mir und die Erde als Boden unter mir und vor mir. Nur dann sehe ich auch den Horizont, nämlich dort, wo jene beiden Arten von Hintergrund, Kuppel und Boden, einander berühren.

Als zum Himmel gehörig, ist der Horizont wie er: immer *fern*; als zur Erde gehörig, ist er wie sie: immer *unten*. Aber er ist keine Zone, in welcher sie beide sich überlappten, sondern die Grenze, an welcher sie aneinander stoßen. Er ist nicht flächig wie sie, sondern linear. Er beschreibt einen Kreis. Wenn wir es nicht im Geometrie-Unterricht gelernt hätten, wüßten wir es aus der kindlichen Anschauung einer Schneekugel: Wo eine Halbkugel von oben und eine Ebene von unten aufeinander treffen, bildet sich ein Kreis als gemeinsame Grenze.

So gesehen, haben wir indes den Horizont sozusagen vergegenständlicht, ihn dingartig vor uns hingestellt. Er ist aber weder ein Ding, noch etwas an einem Ding; er gehört vielmehr zu dem letzten und eigentlichen Hintergrund, von welchem Dinge sich abheben, wenn wir sie wahrnehmen. Um den Horizont so beschreiben zu können, wie er sich zeigt, betrachten wir uns *in*, und ihn *aus* unserer natürlichen Situation und Position. Dann erst läßt sich die Frage stellen und beantworten: Gibt es am Horizont etwas, das ich faktisch nicht sehe, obgleich ich es grundsätzlich müßte sehen können?

Trivial, ich weiß, doch noch einmal: Es gibt den *subjektiven* Grund dafür, daß ich Sichtbares nicht sehe: die Enge meines Gesichtsfeldes. Ihr ist es zuzuschreiben, daß ich von meinem Horizont, obgleich er ›Gesichtskreis‹ heißt, immer nur einen Abschnitt zu Gesicht bekomme. Und auch diesem Abschnitt sehe ich es nicht an, daß er zu einem Kreis gehört; denn er hat nicht die Form eines Bogens. Nehmen wir zum Vergleich eine Kreissäge. Wenn deren Sägeblatt aus Sicherheitsgründen fast völlig verdeckt ist, so *ersehe* ich doch aus dem kleinen sichtbaren Teil, von welcher Gestalt das Ganze ist. Nicht so beim Horizont. Wenn ich geradeaus schaue, so durchzieht er mein Gesichtsfeld von links nach rechts fast wie eine gerade Linie. Was soll da rund, soll gar kreisrund sein? Dem entspricht, daß die Gesetze der Perspektive dem Zeichner vorschreiben, sein Blatt Papier durch einen waagerechten Strich in zwei Hälften zu teilen und die obere dann mit Wolken zu besetzen, die untere mit Büschen zu bepflanzen.

Schema 8: Horizont im Bild:
Himmel oben, Erde unten

Doch Vorsicht: ganz so geometrisch funktioniert unsere Wahrnehmung nun auch wieder nicht. Die Prinzipien der Perspektive sind ja bekanntlich bloß Regeln für eine künstliche Art, die Wirklichkeit darzustellen, nicht aber Gesetze für unsere natürliche Weise, sie wahrzunehmen. Der Horizont ist nicht wie mit dem Lineal quer durch mein Gesichtsfeld gezogen; vielmehr biegt er sich um eine

Schema 9: Horizontlinie quer durchs Gesichtsfeld;
bildhaft eine extrem flache ›Gaußsche Normalverteilung‹

Nuance gleichsam bauchig von mir weg. Freilich: so sanft gebogen ist seine Linie, so leicht nur gekrümmt, daß ich die Kreisform des Ganzen eher erahne als ersehe oder erschließe. Nein, daß mein Gesichtskreis ein Kreis ist, das *sehe* ich nicht – trotz seines Namens.

Ich *weiß* es aber. Eine Quelle dieses Wissens ist meine Erfahrung beim Mich-Umdrehen. Ich weiß, was es bedeutet, mich auf der

Stelle im Kreis zu drehen; tue ich dies sehenden Auges, so durchzieht die kaum merklich gebogene Horizontlinie kontinuierlich mein Gesichtsfeld und geht am Ende dieser *tour d'horizon* in sich selbst über. Kreis ist hier, was im Durchlaufen mir stets gleich fern bleibt und sich schließt; was, wie ein Ring, nicht Anfang kennt und nicht Ende. Das zweite, was da ins Spiel kommt, ist meine Fähig-

Schema 10:
Bild des Horizonts: Gesichtskreis
mit Standpunkt in Draufsicht

keit, mich gleichsam von oben zu sehen, mein Vermögen, mich selbst und meine Um-Welt aus der Vogelperspektive zu imaginieren. Dieses ›souveräne‹ Können transformiert die Erfahrung, wie beim Mich-Umdrehen jene ferne Grenz-Linie in konstanter Distanz von mir mein Gesichtsfeld durchläuft, zum *Bild* eines Kreises, in dessen Zentrum ich selbst stehe.

Realer und idealer Horizont

Es ist sinnvoll, den jeweils realen Horizont von dem idealen, der ihm stets unsichtbar innewohnt, zu unterscheiden. Und stillschweigend habe ich ständig schon von diesem Unterschied Gebrauch gemacht. Ein Horizont ist immer charakterisiert durch diese beiden Merkmale: Kontur und Weite. Das ist leicht einsehbar: Wo auch immer wir uns im Freien aufhalten: die Physiognomie des Horizonts hängt ab von dem, was sich an ihm befindet. Je nachdem ob wir dort Felsen oder Türme, Hügel oder Hütten, Wälder oder Gewässer sehen, ist der Horizont eher gezackt und eckig oder eher sanft gerundet und leicht geschwungen.

Schema 11: Idealer Horizont (gestrichelt): überformt vom Profil des realen

Und je nachdem, ob wir auf dem Times Square, der Piazza Navona oder dem Berg Sinai um uns blicken, ist die Grenze zwischen dem Himmlischen und dem Irdischen uns näher oder ferner, der Horizont enger oder weiter. Der Tellerrand, über den einer nicht hinauszublicken vermag, ist das sprichwörtliche Pendant einer Hügelkette, die die Sicht dessen, den sie umschließt, einengt und aufs Naheliegende reduziert. Wer so sieht, *ist* beschränkt.

Den idealen Horizont sehen wir nie. Aber wir können uns ihn im realen mitdenken; und wir können einen realen ihm annähern. Ideal wäre die Linie, die den letzten reinen Hintergrund irdischer Wesen durchzieht. Wegen der Gegenstandslosigkeit dieses Grundes ist der ideale Horizont ausgezeichnet durch zwei wesentliche Merkmale: waagrechte Geradlinigkeit und maximale Weite. Kurioserweise kommt der obere Rand der Erde diesem ›Limes‹ dort am

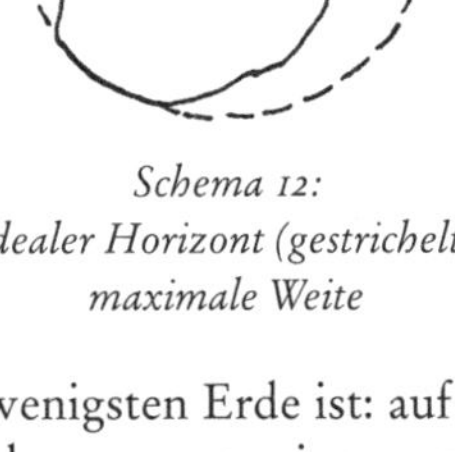

Schema 12: Idealer Horizont (gestrichelt): maximale Weite

nächsten, wo sie am wenigsten Erde ist: auf dem Meer, zumal bei Windstille. Aber als das, was gemeinsam mit dem Himmel den Horizont bildet, umfaßt die Erde natürlich beides: Land und Meer; festen Boden und flüssige Fläche.

Wie eine Erscheinung auftaucht

Wegen der Enge meines Gesichtsfeldes – die von der Enge meines Gesichts*kreises* natürlich total verschieden ist – sehe ich das meiste *von* meinem Horizont nicht. Aber bleibt mir auch *wegen* meines Horizonts etwas verborgen? Gibt es außer jener subjektiv bedingten teilweisen Unsichtbarkeit *des* Horizonts auch objektiv eine *durch* ihn? – Schwerlich. Denn als bloße Linie vermag er nichts zu verdecken, zu verbergen, zu verstellen. Er ist kein Ding, hat keine sichtbare Vorderseite, durch deren Präsentation er mir seine Rückseite, sein Inneres oder das, was sich hinter ihm befindet, vorenthalten würde.

Der Horizont ist nicht selbst *Grund* für Unsichtbares, sondern lediglich *Ort* für dessen Wandel: Dort wird Unsichtbares sichtbar und Sichtbares unsichtbar. Und zwar objektiv, ohne mein Zutun, ohne meine Aktivität. Betrachten wir also zuerst einmal detailliert die besondere Weise, in welcher am Horizont etwas erscheint. Denn aus der Art, wie dort etwas sichtbar wird, ergibt sich beides: wo es als Unsichtbares, als Verborgenes steckte; und wie die Suche nach ihm aussehen kann und muß.

Wegen der Nähe zum Ideal waagrechter Profillosigkeit und maximaler Weite sind dies besonders deutliche Beispiele dafür, wie etwas bislang Unsichtbares vor meinem flächigen Gesamt-Hintergrund am fernen Horizont erscheint: ein Schiff auf hoher See, eine Karavane in der Wüste, ein Hundeschlitten in der Antarktis, Sonne oder Mond an all diesen Orten. – Wenn nun am Horizont etwas auftaucht, so ist es als ob eine unsichtbare Hand diese Linie auf einem kurzen Stück der Länge nach aufschlitzte, um durch diesen ganz schmalen Spalt etwas, das anfangs fast völlig flächig erscheint, in unsere Welt hereinzulassen.

Daß dergestalt etwas am Horizont sichtbar wird, ist ein Phänomen, welches drei wesentliche Züge aufweist. Da ist *erstens* die Richtung, in die sich das Neue bewegt und in die sich zu bewegen sein Sichtbar-Werden ausmacht: Es steigt auf, es kommt empor, es wächst gleichsam heraus aus der schmalen Fuge zwischen Uranos und Gaia. Die Bewegung des Erscheinens geht hier immer von unten nach oben, immer aufwärts. Das Bild des Auftauchens gibt unsere natürliche Erfahrung sehr genau wieder. Auch wenn ich *weiß*, daß ein Schiff, dessen Aufbauten an der Grenze zwischen

Wasser und Himmel sichtbar werden, sich mir nähert, so *sieht* es doch so *aus*, als ob es, fast wie ein U-Boot – nur langsamer –, aus der Tiefe des Meeres nach oben käme.

Die Metapher des Auftauchens bringt bereits den *zweiten* Zug mit zur Sprache: Was da kommt, kommt leicht; es braucht sich nicht mühsam ächzend durchzuquetschen, sondern kann ganz zwanglos hereingleiten in die Welt des Sichtbaren. Es wird aus dem Verborgenen weder von unten hinausgepreßt noch von oben herausgehievt, muß sich auch nicht selbst hocharbeiten oder emporziehen. Auftauchen geschieht; und es geschieht reibungslos, geräuschlos, gewaltlos; *a smooth and easy transition*. Wenn wir sagen, daß etwas am Horizont erscheint, dann ist damit neben der Plötzlichkeit des allerersten Moments vor allem die sacht-allmähliche Weise, weiter sichtbar zu werden, zum Ausdruck gebracht. Denn Erscheinen ist ein sanftes, natürliches und unangestrengtes Sichtbar-Werden.

Das Erscheinen hat nicht nur eine Richtung, nämlich aufwärts; und es hat nicht nur eine besondere Weise zu geschehen, nämlich leicht; vielmehr charakterisiert es, *drittens*, auch das, was durch es sichtbar wird. Daß das Neue *erscheint*, ist selbst dessen wesentlichstes Merkmal. Es erscheint nicht bloß, es *ist* Erscheinung. Es *kommt* leicht und es *ist* leicht. Es bewegt sich ohne Kraft und es stößt nirgends an. Wer es sieht, weiß anfangs nicht so recht: Schwebt es vor ihm in der Ferne oder schwebt es ihm bloß von ferne vor? Was derart erscheint, ist also auf eigentümliche Weise unwirklich, irreal; sachlich wie räumlich ist es ›fern von‹ harter und schwerer, von plastischer und kraftvoller Körperlichkeit. So jedenfalls, wenn ich nicht frage, was es selbst ist, sondern nur beschreibe, wie es ›mir vorkommt‹.

Wie ein Teil des Hintergrundes zum Vordergrund wird

Es kann nun aber nicht etwas auftauchen und dann einfach so da sein, als sei nichts weiter geschehen. Was neu am Horizont erscheint, verändert ›zutiefst‹ und ›gründlich‹ das Feld, in welchem es sich befindet: Es entsteht die Differenz von Hintergrund und Vordergrund und mit ihr eine Staffelung in räumlicher Tiefe. Diese

Stufung macht dann einsichtig, daß das neu Aufgetauchte, das nun etwas verdeckt, auch selbst verdeckt wird oder verdeckt worden war.

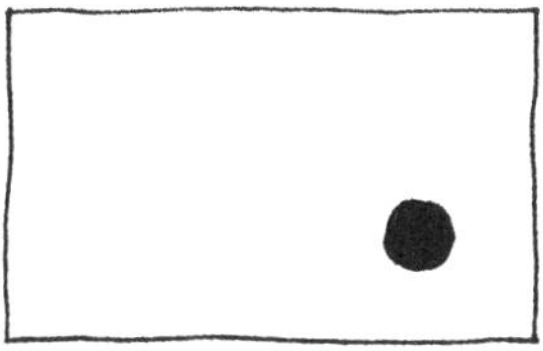

Schema 13:
Abhebung: schwarze Figur ›vor‹
weißem Grund

Beginnen wir, zum Vergleich, mit dem einfachsten Schema der Gestaltwahrnehmung: ein schwarzer Fleck auf weißem Papier. Wir *wissen* zwar, daß beide, das Schwarze und das Weiß, sich in ein und derselben Ebene befinden; aber wir *sehen* etwas anderes: nämlich daß der Fleck sich *auf* der weißen Fläche befindet, diese hingegen sich *unter* oder *hinter* dem Fleck ausbreitet. Terminologisch gefaßt heißt das: die Fläche ist der Grund, vor dem der Fleck sich als Figur ›abhebt‹. Die zum Begriff gewordene Metapher des Sich-Abhebens trägt dem Rechnung, daß hier eine Differenz von hinten und vorn sich dem wahrnehmenden Auge aufdrängt. Natürlich kann man das auch kippen lassen: eine weiße Wand mit einem Loch darin: dann ist das Schwarz hinten und das Weiße vorn.

Wie verhält sich nun der Horizont zum reinen Hintergrund? Natürlich läßt eine Darstellung wie die in *Schema 8* (S. 82) unterschiedliche Deutungen zu. Auch die: jetzt ist es eben nicht ein Fleck, der sich abhebt, sondern ein Strich. Fast als ob ein Faden vor einer weißen Wand aufgespannt wäre. Doch dies ist lediglich ein Effekt der schematisch-bildhaften Illustration. Diese hat hier indes die suggestive Aufgabe, die Phantasie bei der Erzeugung und Erhaltung einer Vorstellung dessen, wie der Horizont sich in der Wahrnehmung selbst zeigen müßte, zu unterstützen. Folgt man der gleichsam rhetorischen Funktion der schematischen Darstellung, dann ist es nicht so schwer zu sehen, daß der Horizont sich *nicht* als Linie abhebt. Horizont und Hintergrund verhalten sich *nicht* wie Figur und Grund zueinander.

Um es positiv zu wenden: Der Horizont teilt zwar den Hintergrund, aber er fügt sich dabei ein in das, was er gliedert. Er ist zugleich Teiler und Teil des Grundes. Er gliedert ihn in oben und unten: auch ein Gestalt-Kontrast, aber von ganz anderem Typus als die Abhebung. Vor allem kann beim Oben-Unten-Gegensatz die lineare waagrechte Mitte selbst mit zu dem flächigen Ganzen gehören, das der reine Hintergrund ist. *Grund* aber ist er nicht wegen des Horizonts *in* ihm, sondern wegen möglicher Gegenstände *vor* ihm. – Diese nicht ganz einfachen Unterschiede in der Weise, wie wir optisch wahrnehmen, muß man sich klar gemacht haben, um verstehen zu können, was es bedeutet, daß der Horizont der *Ort* ist, an dem *etwas* auftaucht – und sogleich sich auch abhebt.

Wenn mir jemand unter dem Türschlitz hindurch einen Brief hereinschiebt, so verdeckt dieser ein Stück des Bodens und nichts von der Tür. Beim Auftauchen am Horizont verhält es sich genau umgekehrt. Alles, was dort sichtbar wird, schiebt sich am Anfang ausschließlich vor den Himmel, nie vor die Erde; zuerst verdeckt es immer etwas von ihm, niemals etwas von ihr. Damit führt die neue Erscheinung eine weitere Gliederung ein: Teilte der leere Horizont den noch gegenstandslosen Grund in Himmel-oben und Erde-unten, so gliedert ihn das auftauchende Neue in Himmel-hinten und Erde-vorn. Denn was am Horizont emporsteigt, hat zu Beginn alles Himmlische hinter sich, alles Irdische vor sich.

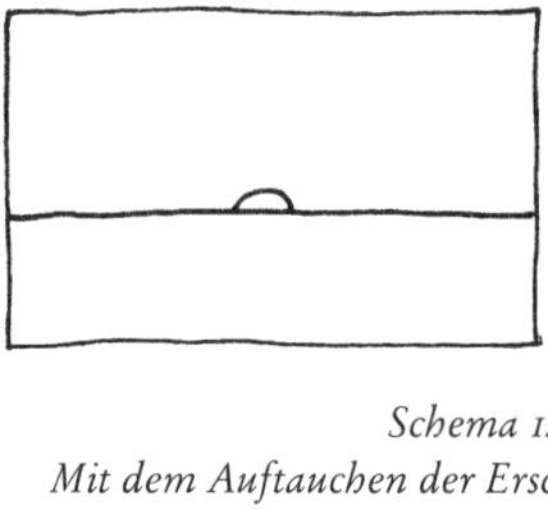

Himmel hinten

Erde vorn

Schema 14:
Mit dem Auftauchen der Erscheinung gliedert sich der Grund in Hintergrund und Vordergrund

Mit der Unterscheidung ›zwischen‹ dem, was eine Erscheinung vor sich, und dem, was sie hinter sich hat, ändert sich auch der Sinn des Wortes »Hintergrund«. Was am Horizont als Erstes auftaucht, ist nicht einfach nur das Zweite, das sich abhebt; vielmehr ist es sogleich das Dritte, das dazwischen steht. Vergleichen wir's mit dem schwarzen Fleck auf weißem Papier: Er hob sich ab, das Weiß blieb hinten. Für diesen ›einfachen‹ Fall gilt: »Grund = Hintergrund«. Beim Auftauchen am Horizont hingegen ist das Verhältnis von Vorn und Hinten doppelt: Die neue Erscheinung ist zwar vorn und der Himmel hinten: sie hebt sich ab von ihm; aber sie ist ihrerseits hinten und die Erde vorn. Daß etwas am Horizont auftaucht, führt eine räumliche Stufung ein. In dieser Staffelung ist nun der Himmel Hintergrund, die Erde Vordergrund. Anders formuliert: Indem der Gesamthintergrund aufhört, rein zu sein, scheidet sich sein unterer Teil als Vordergrund von ihm ab. Für den Blick auf etwas, das in der Ferne auftaucht, gilt deshalb die neue Gleichung: »Grund=Hintergrund+Vordergrund«.

Was auftaucht, verdeckt und wird verdeckt

Die neue Differenz zwischen Hintergrund und Vordergrund hat Folgen für die Art, wie wir in unserer lebensweltlichen Erfahrung das auffassen, was da am Horizont erscheint. Wie die Erscheinung im Auftauchen ein Stück des Himmels verdeckt, der *hinter* ihr ist, so wird durch das, was *vor* ihr ist, wiederum der noch nicht erschienene Teil ihrer selbst verdeckt. Denn was ich sehe, wenn es dort in der Ferne so leicht emporsteigt, das fasse ich auf nach der wichtigsten Auffassungsform, die es überhaupt gibt: *pars pro toto*. Ich nehme es als etwas Ganzes, das sich mir anfangs nur teilweise zeigt, von dem aber *peu à peu* immer mehr sichtbar wird und sichtbar werden wird. Ich ›ergänze‹ also das Schon-Sichtbare um das Noch-Unsichtbare, weil jenes auf dieses signitiv verweist; weil das, was bereits gegenwärtig ist, als eine Art Zeichen dafür fungiert, daß gleich noch mehr zum Vorschein kommen wird, das mit ihm zu *einem* Ganzen gehört.

Auftauchen heißt nicht entstehen, sondern sichtbar werden. Die soeben erst zum Vordergrund gewordene Erde gerät damit unversehens in die Rolle der Verdeckerin: sie ist – ob Land, ob Meer – der *objektive* Grund dafür, daß etwas grundsätzlich Sichtbares, das bereits ganz und fertig existiert, faktisch bloß partiell zu sehen ist. Was auftaucht, verdeckt und wird verdeckt: es verstellt mir ein Fleckchen Himmel und wird selbst von der Erde verborgen. Doch die Verhältnisse wandeln sich stetig im Prozeß des Emporkommens: Je weniger es noch von der Erde verdeckt wird, desto mehr vom Himmel verdeckt es nun selbst.

Von der Erde verdeckt werden heißt hier nicht, daß wir den Globus als ein ungeheuer großes Ding vor Augen hätten – gar noch getragen von dem Riesen Atlas –, so daß diese Kugel, wie jedes Ding, etwas hinter sich hätte. In der Physik ausgedehnter Körper ist das zwar richtig, aber es beschreibt bloß das, was wir *wissen*, nicht das, was wir *sehen*, wenn etwas auftaucht. – Und selbstverständlich heißt hier *von* der Erde *ver*deckt werden nicht etwa, *mit* Erde *be*deckt sein! Was derart verdeckt wird, das ist weder im Boden verscharrt noch unter der Erde begraben, weder unters Wasser getaucht noch in einem See versenkt. Dies sind Vorstellungen, die nur für die Erde in unserer Nähe Sinn haben.

Abheben oder Herkommen

Aber die Erde ist nah *und* fern. Und der Horizont ist ihr fernster Teil. Was dort *von* ihr verdeckt ist, das ist *hinter* ihr, *hinter* dem Horizont als der irdischen Sichtbarkeitsgrenze. Für meine natürliche Wahrnehmung erscheint der Boden, der hier unter mir und bei mir doch so platt und eben anfängt, weiter draußen leicht hochgezogen, und je weiter draußen desto mehr. Es ist, als würde die Erde von mir aus und zum Horizont hin sanft ansteigen, so daß, was dort erscheint, wie hinter dem äußersten oberen Rand einer auf mich zulaufenden schiefen Ebene emporkommt.

Wann ist der Vorgang des Auftauchens abgeschlossen? Sobald die Erscheinung *ganz* zu sehen ist: der Mond in seinem vollen Umfang, das Schiff von der Mastspitze bis zur Wasserlinie, das Kamel, in meinem Fernglas, vom Kopf bis zu den Füßen. Und wie geht es

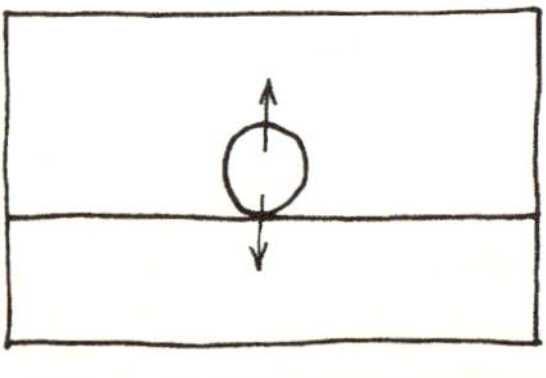

Schema 15: Kritischer Zustand: abheben oder herkommen?

nach dem Auftauchen weiter? Die Erscheinungen müssen sich – es sei denn sie möchten dort am Rand verharren – nun entscheiden, was ihnen lieber ist: abheben oder herkommen. Wollen sie weiter aufsteigen und mir dabei fernbleiben? Oder wollen sie sich eher, von Wasser oder Boden getragen, vorwärtsbewegen und mir dabei näherkommen? – Die einen setzen ihren steilen Aufstieg stetig fort, die anderen beginnen mit ihrem flachen Abstieg. Zum Himmel gehören fortan die einen und bleiben mir ferne wie er. Der Erde verhaftet, wie ich, sind die andern. Herkommen können sie zu mir und sind mir am Ende zum Greifen nah.

Schema 16:
Entweder himmlischer Aufstieg oder irdisches Näherkommen

Was in der geographischen Realität *eine* stetige Bewegung des Näherkommens ist, das teilt sich für mich, den erdverbundenen Zuschauer, in *zwei* extrem verschiedene Phasen: ein Auf und ein Ab. *Zuerst* kommt hinterm Horizont etwas hoch; fast entgeht mir, daß es mir zugleich näherkommt: so sehr okkupiert der Aufstieg, steil und leicht, meine Aufmerksamkeit. *Dann* die Wende: was vollständig erschienen ist, wandert derart zu mir her, daß es zugleich vom erhöhten Rand meines Gesichtskreises, der mein Gesichtsfeld waagrecht durchzieht, allmählich herunterzukommen scheint.

Neue Verdeckungen, wandernde Grenze, realistische Nähe

Mit dieser Wende vom senkrechten Aufstieg zum flachen Abstieg ändern sich auch die Verdeckungsverhältnisse. *Vorher*, also während die Erscheinung im Auftauchen begriffen ist, wird sie von der Erde verdeckt: zuerst total, dann partiell, zuletzt gar nicht mehr. *Nachher* rächt sich die Erscheinung und verdeckt nun – je näher sie mir kommt, desto mehr – ein Stück der Erde. Diese, die bislang ganz Vordergrund war, wird jetzt, Schritt für Schritt, ein stetig wachsender Teil des Hintergrundes. Bestand in der Phase des Auftauchens der Hintergrund aus dem Himmel allein, so nunmehr aus ihm und dem Streifen Erde, den das, was sich mir nähert, bereits hinter sich gelassen hat.

Mit zwei Grenzlinien haben wir es hier zu tun: eine sichtbare zwischen Himmel und Erde; eine bloß gedachte zwischen Hinter- und Vordergrund. *Vorher*, beim Auftauchen des Neuen, decken sich beide Grenzen: was erscheint, hat den Himmel hinter und die

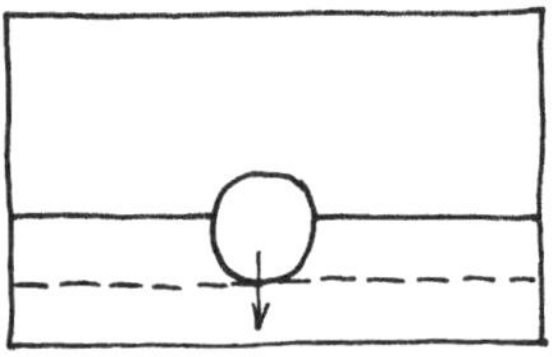

Schema 17: Trennung zwischen bleibendem Horizont und näherrückender ›Grundlinie‹ (gestrichelt)

Erde vor sich. *Nachher* aber lösen sich beide Linien von einander. Der Horizont scheint sich im Rücken dessen, was sich mir nähert, nach oben zu verschieben, während die Grenze zwischen Hinter- und Vordergrund mit nach unten wandert: her zu mir.

Je mehr die anfangs ferne Erscheinung die Erde als ihren Hintergrund gewinnt, desto erdhafter wird sie selber: dichter, schwerer, wirklicher. Das zeigt sich schon an der Weise, wie sie sich bewegt. Je näher die Sache mir kommt, desto mehr verliert ihr weiteres Näherkommen die frühere Leichtigkeit und Natürlichkeit. Die Bewegung braucht nun zunehmend Kraft, sei's Schub, sei's Zug; sie wirkt angestrengt und mühsam; sie ist meist geräuschvoll, geschieht oft ruckartig oder schubweise. Wenn das, was uns schon zum Greifen nahe ist, auch jetzt noch schwebend leicht dahingleitet, sind wir verwundert, erstaunt, ungläubig: Handelt es sich um einen Spuk, ein Phantom, ein Zauberstück, ein technisches Wunderwerk?

Damit haben wir auch schon die Quintessenz im Erdhaft-Werden der Erscheinung: sie konkretisiert und materialisiert sich zum wirklichen handfesten Ding: plastisch, kompakt und solide. Natürlich weiß ich, daß es auch am Horizont schon so war; richtig sehen aber tu ich's erst jetzt. Die Berührung dient dann nur noch der Vergewisserung: was ich sehe, ist real. – Mond und Sonne aber, für die das Auftauchen am Horizont nicht eine Phase im Herkommen, sondern im Aufgehen ist, behalten ihren Erscheinungscharakter: Wir sehen sie, wider besseres Wissen, nicht als voluminöse Himmelskörper, sondern als flache Scheiben.

*

Die Art, wie etwas dazu gelangt, sich mir zu zeigen, bestimmt auch die Weise, wie es gesucht sein will. Ich kann zwar auch warten: Hier, wo ich bin, ausharrend, halte ich beharrlich Ausschau, ob und bis es sich zeigt. Aktiv suchend indes, bewege ich mich; und durch meine Bewegung suche ich Verhältnisse zu schaffen, unter welchen die gesuchte Sache nicht umhin kann, sich zu zeigen. Für das, was – vielleicht – hinterm Horizont verborgen ist, heißt das: Wenn *es* sich nicht bewegt, um aufzutauchen, bewege *ich* mich, um Bedingungen entstehen zu lassen, unter denen es dazu befähigt oder genötigt wird. Genau zwei ›reine‹ Bewegungsformen gibt es da: Erstens *vertikal*: Ich erhöhe meine Position. Zweitens *horizontal*: ich nähere mich an. Wenn *es* nicht aufsteigt, steige *ich* auf. Und: wenn *es* nicht *her*kommt, gehe *ich hin*. Wie ehedem der Prophet zum Berg.

Horizonterweiterung

Die vertikale Bewegung fängt klein an: Ich stelle mich auf die Zehenspitzen, auf einen Schemel, auf einen Hocker. Aber dabei muß es nicht bleiben. Ich klettere einen Baum hoch, besteige einen Wachtturm, erklimme eine Felsspitze; ich steige noch weiter auf mit etwas anderem, das aufsteigt: eine Montgolfiere oder ähnliches Fluggerät; ich delegiere meine Positionserhöhung an einen Beobachtungsballon oder einen Erdsatelliten. Mit dieser steilen Karriere ändern sich natürlich ständig der Radius und die Lineatur meines Gesichtskreises.

Welche Kontur mein Horizont aufweist und wie nahe er mir ist, hängt, wie wir gesehen haben, auch ab von dem landschaftlichen Ambiente, in welchem ich mich aufhalte. Befinde ich mich in einer Senke, einem Talkessel, einer Schlucht oder Straßenschlucht, so ist mein Horizont enger oder gar völlig eng, und er hat – je nachdem – ein welliges oder buckliges, zackiges oder kantiges Profil. Indem ich nun aufsteige, sinkt diese Grenze herab. Und hinter und über ihr taucht etwas Neues auf.

Während ich zum Beispiel den Glockenturm des Doms inmitten der Stadt besteige, sehe ich allmählich hinter den Hausdächern, die bislang meinem Horizont ihre und seine Konturen gaben, etwas auftauchen, das zuvor unsichtbar war: etwas, das ich – *pars pro toto* – als die Wipfel von Bäumen, die Spitzen von Türmen oder die Gipfel von Bergen auffasse. Nach und nach erscheint zu dem zuerst hervorragenden Teil auch das Ganze, zu dem er gehört, und dann zu dem Ganzen auch der Boden, in dem es wurzelt, auf dem es steht oder über dem es sich erhebt. Schließlich habe ich dort in der Ferne einen neuen Horizont: nicht mehr die eckig ein- und ausgeschnittene Oberkante der Dachreihe nahe vor mir, sondern weit hinter ihr die anmutig geschwungene Silhouette einer Hügelkette.

Führt die Treppe im Glockenturm mich noch weiter nach oben, so wiederholt sich dieser Vorgang. Hinter der Hügelkette erscheinen wiederum zuerst die hervorstechenden Teile dessen, was bislang gänzlich hinter ihr verborgen war; dann zeigt sich dieses Verborgene selbst und ganz, und schließlich auch sein tragender Grund, nämlich jenes Stück neue Erde, zu dem es gehört. Ob dieser Grund nun ein Gebirge ist oder eine Tiefebene oder ein Ozean: er ist in jedem Falle optisch höher als die Hügelkette vor ihm; und weil *er* nun mit seiner besonderen Form an den Himmel grenzt, gibt er meinem wiederum ferner gerückten Horizont seine neue Kontur.

Um zu sehen, ob hinter dem Horizont etwas verborgen ist, habe ich also nicht gewartet, bis es emporkommt – denn vielleicht kommt es nie –, sondern habe meine Warte erhöht, um, wenn da überhaupt etwas ist, es auch sehen zu können. Doch indem ich das tue, geschieht zweierlei zugleich: Neues taucht auf *und* mein Horizont verändert sich. Wenn hingegen eine Erscheinung auftaucht und mir näherkommt, *bleibt* mein Horizont, wo und wie er war.

Schema 18:
Neue Horizonte beim Aufstieg:
Häuser, Hügel hinter Häusern,
Meer hinter Hügeln

Dieser Unterschied macht deutlich, daß mein Aufstieg *nur scheinbar* ein Äquivalent des Emporkommens einer mir näherrückenden Erscheinung ist. Während ich *wirklich* hochsteige, taucht sie nur *metaphorisch* auf. Indem *sie* sich mir nähert – ich bleibe dabei, wo ich bin –, sieht es anfangs so aus, als ob sie emporkäme. Indem *ich* emporsteige – sie bewegt sich dabei gar nicht –, sieht es zwar gleichfalls so aus, als ob sie am Horizont auftauchte. Jetzt aber *bleibt* sie überdies dort, wo sie war: fern von mir. Ich kann da weiterklettern, so hoch ich will: an ihren optischen Aufstieg schließt sich keine zweite Phase an, in welcher sie mir wirklich näherkäme, um zuletzt hier zu sein, wo ich bin. Ein wachsendes Quentchen Realität gewinnt sie gleichwohl, weil, indem ich weitersteige, mein sich vergrößernder Horizont immer weiter hinter ihr liegt und sie mir, relativ zu ihm, näherrückt.

In welche Himmelsrichtung auch immer ich schaue, während ich stets neue Höhen erklimme: Daß dabei vor meinen Augen die Grenzlinie zwischen Himmel und Erde gleichsam von mir wegwandert und stufenweise höhersteigt, dieser Vorgang bleibt immer der gleiche. Deshalb weiß ich auch, wiewohl ich nicht radial rundum schauen kann, daß mein Horizont immer höhere und weitere Kreise zieht und dabei immer andere Konturen gewinnt. Je höher ich steige, desto weiter wird mein Horizont. Landschaftlich gilt das immer, gesellschaftlich nicht.

Schema 19:
Konzentrische ›reale‹ Gesichtskreise:
Horizonterweiterung durch
Positionserhöhung

Der optische und der heuristische Vorgang, daß der Radius meines Gesichtskreises wächst und daß bislang Ungesehenes auftaucht und sichtbar wird: das sind natürlich nicht zwei separate Prozesse. Vielmehr gehört das zweite in das erste hinein. Nach meinem Aufstieg vermag ich eben deshalb etwas Neues zu sehen, weil dieses, das vorher außerhalb meines Horizonts lag, sich nun innerhalb seiner befindet.

Horizontverschiebung

Doch Horizont*erweiterung* durch *vertikale* Selbstbewegung ist nur die eine Weise, etwas sichtbar zu machen. Die andere ist Horizont*verschiebung* durch *horizontale* Fortbewegung. Besser in die Ferne *sehen* ist das eine, gleich in die Ferne *gehen* das andere.

»Land in Sicht!«, ruft auf der *Mayflower* der Matrose oben im

Mastkorb; die unten an Deck müssen sich noch ein wenig gedulden, ehe auch sie es sehen können. Der Dreimaster segelt in die Richtung, in welcher es liegt: das von oben schon gesichtete, von unten aber noch nicht gesehene Land. Bei auflandigem Wind erscheint es alsbald ganz weit vor dem Bug: erst bewaldete Anhöhen, dann der Landsockel, schließlich der Küstenstreifen. Indem sich die Seeleute dem Land von Ferne nähern, taucht es vor ihren Augen am Horizont auf.

Das Sich-Näher-Kommen allein ist entscheidend. Egal, ob ich mich bewege oder die Sache sich bewegt: sie ist es, die auftaucht, wenn der Abstand zwischen uns sich verringert. Insofern ist *meine* Bewegung hier ein wahres Äquivalent der *ihren*. Und doch ist *eines* grundlegend anders: Kommt sie zu mir, bleibt mein Horizont, wo und wie er war. Gehe ich zu ihr, so gerät er mit mir in Bewegung. Beim Hingehen aber erweitert sich mein Horizont nicht, er verschiebt sich nur; er wandert mit mir mit. Mein Aufstieg vergrößert den Radius meines Gesichtskreises, mein Fortschritt verrückt nur dessen Mittelpunkt. Denn dieser Punkt ist immer dort, wo ich selber bin.

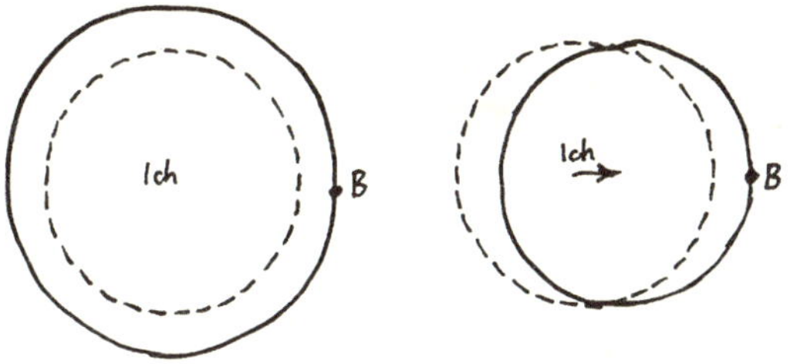

Schema 20:
B in den Blick bekommen: Alter Horizont (gestrichelt) und neuer Horizont: erweitert beim Aufstieg (links), verschoben beim Fortschritt (rechts)

Alter und neuer Horizont: Beim Hochsteigen sind das zwei *kon*zentrische Kreise: identischer Mittelpunkt, unterschiedliche Radien. Beim Vorangehen sind es zwei *ex*zentrische Kreise: verschiedene Mittelpunkte, gleiche Radien; dies jedenfalls, sofern wir die Gestaltungskraft des je anderen Geländes, in das ich gelange, beiseite lassen.

Die mit meinem Voranschreiten vollzogene Verschiebung meines Gesichts*kreises* wartet nun mit einer Eigentümlichkeit auf, die uns von der Verschiebung unseres Gesichts*feldes* her vertraut ist: Um Neues sehen zu können, muß ich Altes dahingeben. Wenn etwas von außen in mein Gesichtsfeld gelangt oder nach außen aus ihm verschwindet, so geht das indes immer nur seitwärts: links oder rechts, oben oder unten: Es ist der – selbst nicht sichtbare – Rand, an dem Neues sichtbar und Altes unsichtbar wird. Anders bei der Horizontverschiebung: Neues kommt von vorn, hinten verschwindet Altes. Indem ich gehe, gelangt etwas, das vorher außerhalb meines Horizonts lag, in ihn hinein: ich sehe es nun. Hinter meinem Rücken aber ist es umgekehrt; was ich vorher, sowie ich mich umdrehte, noch sehen konnte, ist alsbald unsichtbar geworden.

Wer sucht, weiß noch nicht, wo das ist, was er sucht. Deshalb streut er seinen Blick. Er muß möglichst schnell möglichst viele Stellen ins Auge fassen – Grenzwert: alle zugleich –, um auch *die* dabei zu haben, an der sich befindet, was er zu finden hofft. Horizont*erweiterung* ist deshalb fast immer verknüpft mit Rundblick: in alle Richtungen ausspähen, wenigstens nacheinander. Wo steckt, wo taucht auf, was ich haben will? Woher naht Rettung, woher Gefahr?

Daß die Horizont*verschiebung* da ungleich schwieriger ist, hat einen einfachen Grund: Es ist leicht, binnen kürzester Zeit in viele Richtungen zu schauen, gehen jedoch kann ich nur in eine. Welche aber soll ich wählen, welchen Weg einschlagen? Wer sucht, sucht immer etwas, das mehr oder weniger bestimmt, präziser oder vager umschrieben ist. Und mit diesem Konzept, diesem Begriff muß er hier entscheiden, in welche Richtung er am besten gehen soll, um dorthin zu gelangen, wo das, was er sucht, dann zu sehen ist.

In die Ferne

Horizontverschiebung geschieht auf Schritt und Tritt. Zumal in unebenem Gelände lassen wir da rasch unseren ›alten‹ Horizont ganz zurück, erst recht, wenn wir weite Strecken zurücklegen, gar in die Ferne ziehen. Wenn solches Gehen oder Fahren Teil einer Suche ist, dann zielt sie nicht unmittelbar auf eine bestimmte

Sache, sondern zuerst einmal auf den Platz, die Gegend, den Landstrich, wo sie sein könnte. Zuerst also suche ich nach einem *Ort*, dann dort nach der *Sache*. Wie wir Orte finden und Wege zu ihnen: das ist ein eigenes großes Thema; hier interessiert nur, wie – noch ohne Karte, Kompaß und Uhr – der Blick zum Horizont hilft, den rechten Weg einzuschlagen.

Eine Sache in der Ferne suchen heißt zunächst und zumeist, ein Zeichen suchen, das in die Richtung weist, in der das Gesuchte gelegen sein könnte. Das Zeichen hilft, aus der Überfülle möglicher Richtungen die hoffentlich richtige auszuwählen. Und natürlich ist Horizonterweiterung durch Positionserhöhung ein probates Mittel, solche Zeichen ausfindig zu machen. Ich steige den Hügel hinauf und blicke um mich: Ah, dort: Wetterhahn auf Turmspitze, und nun *pars pro toto*: Vermutlich gehört die Spitze zum Turm, der Turm zur Kirche und die Kirche zu dem Dorf, das ich suche. Das andere Mittel zur Zeichenfindung ist der wiederholte Probelauf, die kleine versuchsweise Horizontverschiebung. Wenn wir viele sind, gruppieren wir uns zu Spähtrupps oder lassen Kundschafter ausschwärmen. Bin ich allein, tue ich in längerer Zeit nacheinander, was wir gemeinsam in kürzerer zugleich erledigen.

Zeichen, die auf etwas in der Ferne verweisen, brauchen natürlich nicht selber fern zu sein; es genügt, daß sie sichtbar sind. Zwar sind der Wetterhahn dort drüben oder die bewaldeten Anhöhen, die der Matrose erspäht, selbst so weit weg wie das, was sie ankündigen. Es geht aber auch anders: hier ein Fluß, dort, wo er herkommt, die Quelle; hier eine Spur im Sand, dort, wo sie hinführt, eine Oase in der Wüste. Oft haben wir einen ganzen Komplex verschiedenster Zeichen, die alle sorgfältig sortiert und gewichtet, interpretiert und eingeordnet sein wollen, ehe sie erkennen lassen, wohin sich zu wenden erfolgversprechend ist. Oft auch müssen unterwegs noch neue Zeichen ausfindig gemacht und die alten im Lichte der neuen korrigiert, uminterpretiert oder anders taxiert werden. Ums Kap der Guten Hoffnung nach Indien zu segeln oder die Nord-West-Passage zu finden, Amerika zu entdecken oder den Südpol zu erreichen: alles sehr fern, aber damit, bloß einmal Ausschau zu halten, war es nicht getan.

Das war bekanntlich die Leistung der großen Entdecker: Sie verstanden es, sich – zu Lande wie zu Wasser – so auf der Erde zu bewegen, daß sie noch nie gesehene ferne ›Erdteile‹ erstmals sehen, betreten, durchqueren konnten. Auch wenn wir unter diesen Erdteilen nicht allein die Kontinente verstehen wollen, sondern auch kleinere Inseln und Halbinseln, Länder und Landstriche: selbst dann konnten die Entdecker das Entdeckte nicht einpacken und mitnehmen. Sie konnten es nicht heimholen, es nicht mitbringen. Wie die Himmelskörper, obgleich diese noch unvergleichlich viel größer sind, liegen auch diese Teile unserer Erde weit jenseits aller Dinglichkeit. Das gilt erst recht, wenn es sich bei den Entdeckungen um Meere oder Seen handelte, oder um ›Seeteile‹ wie etwa Buchten oder Untiefen, Durchfahrten oder Strömungen. Was vom Entdeckten und Gefundenen sich mitbringen ließ und was mitgebracht wurde, das waren Land- und Seekarten, Stiche und Zeichnungen, Wegbeschreibungen und Landschaftsschilderungen, Reiseberichte und Tagebücher.

Anders wird die Sachlage erst, wenn wir ›Erdteil‹ ganz wörtlich nehmen: materielles Objekt, das auf der Erde vorkommt, physischer Körper, der zu unserem Globus gehört. Da gibt es dann genug der Teile und Stücke, die das Format beweglicher Dinge haben und deshalb nicht allein gesehen, sondern auch genommen, mitgenommen, heimgebracht werden können. Statt ›Erdteil‹ geographisch zu verstehen, fassen wir es geologisch auf, näherhin mineralogisch und petrologisch; dann auch biologisch, näherhin botanisch und zoologisch; schließlich auch kulturell, näherhin technisch und ästhetisch.

Den Entdeckern folgten die Eroberer, den Eroberern die Ausbeuter. So kamen denn im ›Zeitalter der Entdeckungen‹, vor allem aber danach, in der Zeit des Imperialismus und Kolonialismus, Dinge jeglicher Art aus fernen Ländern ins alte Europa. Typischerweise in zwei Sorten: Brauchbares und Sehenswertes. Gold und Silber, Kartoffeln und Kautschuk, ›Südfrüchte‹ und ›Kolonialwaren‹ – alles Dinge, die man verzehren oder benutzen, verarbeiten oder ausmünzen konnte. Andererseits all die sonderbaren und fremdartigen Dinge, all die kuriosen und exotischen Objekte, die anfangs Eingang fanden in die Kunst- und Wunderkammern von

Fürsten und Gelehrten, später dann systematisch geordnet in den großen naturhistorischen Museen der europäischen Haupt- und Hafenstädte ausgestellt wurden und werden.

Für die Systematik des Suchens ist jedoch festzuhalten, daß es zweierlei ist: ferne Länder suchen und *in* fernen Ländern *etwas* suchen. Im Erfolgsfalle: Hinfinden und Auffinden. Australien zu entdecken ist das eine, dort dann auf das Känguruh oder den Bumerang zu stoßen das andere. Für den, der bereits in der Ferne *ist*, sind eben die Dinge dort jetzt *nah*. Und das Suchen nach ihnen vollzieht sich in denselben Formen wie alles Suchen, bei dem wir das Gesuchte, wenn wir es glücklich erblickt haben, entweder sogleich oder doch nach ein paar Schritten auch berühren oder ergreifen können.

*

Exkurs: ›Horizontintentionalität‹

Der Horizont zieht sich nicht nur als eine Linie quer durch den letzten Hintergrund. Als Grenze, an welcher bislang Unsichtbares neu erscheint, verweist er vielmehr, wie unbestimmt auch immer, auf dieses. Selbst sichtbar, wird er zum Zeichen für Unsichtbares. Und er enthält zugleich eine Anweisung zum Sichtbarmachen: »Geh hin!« Wohl verschiebt sich durchs Vorwärtsschreiten der Horizont; doch die frische Erinnerung hält uns noch präsent, wo er zuvor verlaufen ist. Und vermöge dieser Erinnerung bemerken wir eben, daß das, was wir jetzt sehen, etwas ist, was wir zuvor noch nicht sehen konnten, worauf wir aber signitiv verwiesen worden waren. Wer diese Art des Sichtbarwerdens kennt – und wir alle tun's –, verfügt über das, was Edmund Husserl »Horizontintentionalität« genannt hat.

Neben dem wörtlichen Gebrauch dieses Begriffs gibt es dann aber auch einen metaphorischen. So kann immer dort von Horizontintentionalität gesprochen werden, wo nicht der Horizont selbst, sondern irgendeine andere Art von Grenze dergestalt zwischen zweien liegt, daß ein entsprechender signitiver Verweisungszusammenhang besteht: Was soeben unmittelbar wahrgenommen wird, verweist auf das, was zwar noch nicht wahrgenommen wird, aber gleich werden könnte. Auf solche Weise grenzt etwa der äußere Rand der Vorderseite eines Dinges an dessen Rückseite, aber auch an jenes Stück des Hintergrundes, das das Ding dadurch, daß es sich selbst zeigt, verdeckt. Und das gilt nicht allein fürs Optische. Auch das erste Stück eines angefangenen Satzes verweist, wo es abbricht, auf...

Der großen Anweisung »Geh hin!« entsprechen somit zwei kleine: »Dreh es um!« und »Rück es beiseite!« Das Drehen bringt zur Erscheinung, was dem Ding selbst eigen, das Schieben, was ihm fremd ist. Sofern die eine Vorderseite auf beides verweist, kann man sagen, daß sie sowohl einen Innen- als auch einen Außenhorizont hat.

Aber beide Ausdrücke – Metaphern, wohlgemerkt – haben auch noch eine zweite Bedeutung. Sie bezieht sich nicht auf die Verweisung ›Sichtbares zu Unsichtbarem‹, sondern auf diese: ›Gesehenes zu Mitgesehenem‹. Der Horizont kommt dieser Art, ihn gleichnishaft zu verwenden, dadurch entgegen, daß er ja auch eine Grenze zwischen zweien ist, die zugleich gesehen werden: Erde und Himmel. Aber wie die Erdoberfläche, die sich vor mir und rings um mich ausbreitet, *innerhalb* meines Horizonts liegt, so der Himmel *außerhalb*. Er gehört, wiewohl sichtbar, nicht zum Inneren meines Gesichtskreises. Doch das Innere verweist auf das Äußere so ähnlich wie das Erste auf das Zweite, wie das Zentrum auf die Peripherie. Es gibt einen Vorrang in der Verweisungsrichtung, den – trotz Wechselseitigkeit – der ›irdische‹ Gesichtskreis vor dem ›ätherischen‹ Himmel hat. Ihm entspricht bei der gegenständlichen Wahrnehmung der Vorrang des Dinges vor seiner Umgebung. Typischerweise sind beide sichtbar, dem Ding aber gehört unser Augenmerk, während die Umgebung nur auch mit da ist und nebenher mitgesehen wird. Und doch gehen von dem Ding, das im Zentrum unserer Aufmerksamkeit steht, zeichenartige, ›signitive‹ Verweise aus auf nahe- oder näherliegende andere mögliche Zentren, denen die Aufmerksamkeit sich zuwenden könnte. Auch insofern also hat der wahrgenommene Gegenstand einen Außenhorizont.

Und dieses Verhältnis zwischen dem Inneren und dem Äußeren wiederholt sich ›im Inneren‹: Die mir insgesamt sichtbare Vorderseite eines Dinges enthält in der Regel Stellen, Flecke, Formen, die mir ins Auge springen. Ihnen schenke ich meine Aufmerksamkeit. Aber nicht bedingungslos. Vielmehr gilt auch hier, daß das Sichtbare, welches mein Thema ist, nicht isoliert dasteht, sondern auf die auch sichtbare, nun aber zum Binnenbestand der Vorderseite selbst gehörige Umgebung verweist. Sie wird so selbst zum Inbegriff möglicher Zentren meiner aufmerksamen Zuwendung. Indem also die Erscheinung in ihrem Inneren sich gliedert zwischen dem aufmerksam Gesehenen und dem nebenbei Mitgesehenen, das eigens entdeckt werden kann, hat sie in einem nochmals anderen Sinn des Wortes einen Innenhorizont.

	zum Unsichtbaren	zum Mitgesehenen
Innenhorizont	Rückseite als ganze	Teile der Vorderseite
Außenhorizont	verdeckter Hintergrund	umgebender Hintergrund

Schema 21: Worauf der metaphorische Horizont in der Dingwahrnehmung verweist

Nur nebenbei: Ich meine nicht, daß in der Phänomenologie der Terminus ›Horizontintentionalität‹ immer in dieser oder in jener Bedeutung verwendet worden wäre. Im Gegenteil: manches Durcheinander wäre uns erspart geblieben, wenn der eine oder die andere sich einmal die Zeit genommen hätte, den realen und in ihm den idealen Horizont in Augenschein zu nehmen und zu beschreiben, um dann den zunächst vagen Begriff präzise zu fassen nach Maßgabe der Anschauung des ihm zugrundeliegenden Phänomens.

Das wäre indes nur der erste Schritt gewesen. Der zweite hätte dann darin bestehen müssen, die Übertragung verständlich zu machen: also darzutun, wie das, was sich da zwischen Himmel und Erde abspielt, mit hinübergenommen werden kann in die Analyse von Bewußtseinsfunktionen, um dort als Metapher heuristische, deskriptive und rhetorische Dienste zu leisten.

5. Kapitel
Graben

Gründe, warum wir etwas, das wir sehen oder ergreifen möchten, nicht sogleich auch vor Augen und zur Hand haben, sind teils subjektiv, teils objektiv. Die Fassungskraft, das Unterscheidungsvermögen und die Stetigkeit unseres Blicks lassen zu wünschen übrig. Andererseits liegt es an den Objekten und den objektiven Verhältnissen, daß uns vieles verborgen ist und eigens gesucht werden muß. Sie zu studieren war die Aufgabe der letzten Kapitel. Dabei stellte sich immer wieder heraus, daß die sorgsame Ablösung der objektiven Anteile von den subjektiven – ohnehin nur methodisch und darstellerisch begründet – zuweilen künstliche Schnitte erfordern würde, die ich um der Sache willen lieber unterlassen habe. Trotzdem bleibt natürlich das thematische Programm unangetastet. Und das heißt: Bevor ich mich den subjektiven Gründen fürs Verborgensein und fürs Suchenmüssen zuwende, muß erst der ›objektive Diskurs‹ abgeschlossen werden.

Ich habe zuerst auseinandergelegt, wie wir beim Suchen dingartige und dingabhängige Verdeckungen und Verstellungen beseitigen. Dann bin ich von den Dingen zu dem übergegangen, was der zurückhaltende und deshalb leicht übersehene Grund ist, ohne den wir sie überhaupt nicht zu sehen vermöchten: der Hintergrund. Und der letzte und eigentliche Hintergrund – bestehend aus dem Himmelsgewölbe, dem Horizont und dem Erdboden – ist in sich selbst so konstituiert, daß an ihm oder in ihm oder aus ihm bislang Unsichtbares zur Erscheinung kommen oder gebracht werden kann. Dieses letztere zu versuchen heißt: suchen, es erfolgreich tun: finden.

Himmelserkundung und Horizonterschließung, obgleich beides ›hintergründige‹ Suchaktivitäten, sind charakterisiert durch *toto coelo* verschiedene Entdeckungsstile und Vorgehensweisen. Und das gilt nochmals für die ›Erdkunde‹, mit der ich mich im folgenden Kapitel befasse. Drei Fragen sind es, denen ich dabei nacheinander nachgehe: (1) Was ist der Erdboden und wie ist er dazu gekommen, uns etwas zu verbergen? (2) Welche erdhaften Vorgänge bewirken, daß ehedem Verdecktes von selbst zum Vorschein kommt oder durch Zeichen auf sich aufmerksam macht? (3) Welches sind die Kunstgriffe, mittels deren wir selbst solche Zeichen provozieren, und die Tätigkeiten, kraft deren wir, den signitiven Verweisungen folgend, Unterirdisches ans Tageslicht bringen? – Gelegentlich nehme ich bei der Beantwortung dieser Fragen Bezug auf die Erdgeschichte und die Archäologie, die Gesteinskunde und den Bergbau. Doch was aus diesen Gebieten erwähnt wird, gehört fast durchweg zur ›Allgemeinbildung‹, allenfalls punktuell zum fachlichen Anfängerwissen.

Die Erde als Boden

›Die Erde‹: ein Wort von beachtlicher Mehrdeutigkeit! So heißt der Globus, der als kugelförmiges Gestirn im Weltraum kreist; so heißt von den vier Elementen der Alten das feste und schwere, auch der nährende Stoff, den wir portionsweise in Blumentöpfen vorfinden; und so heißt schließlich auch der Grund und Boden, auf dem wir stehen und gehen. Die Erde als Boden: das ist die vielleicht wichtigste Domäne unseres Suchens – und das wichtigste Hindernis dazu.

Die Erde, als Globus, läßt sich natürlich auch als ein sehr, sehr großes Objekt betrachten. *Wirklich* so betrachten, also mit den Augen anschauen, können wir dieses Objekt indes allenfalls als Astronauten, Mondbewohner oder Marsmenschen. So gesehen – aus solcher Ferne –, zeigt sich die Erde aspekthaft einseitig; sie hat Unsichtbares an sich, in sich und hinter sich: ihre Rückseite, ihr Inneres und ein rundes Stück vom Himmel. Ich selbst aber, als Erdenwesen, bin nicht einfach ein bißchen näher dran; vielmehr bin ich ihr so nah, bin so eng mit ihr verbunden, ja verhaftet, daß alle Verhältnisse sich wesentlich ändern. Wenn ich den Kopf senke und die Erde zu meinen Füßen betrachte, dann *weiß* ich zwar, daß sie mir den Blick auf vieles verstellt: Magma, Australien und zuweilen Frau Luna. Doch für meine lebensweltliche Sicht von Grund und Boden ist dieses Schulwissen ohne Bedeutung. Und für mein Suchen erst recht.

Die Erde als Planet ist kein Ding, schon wegen ihrer schieren Größe. Aber die Erde als der feste Grund unter unseren Füßen ist auch kein Ding. Unser Boden hat, erstens, *keine Rückseite*: Es ist unsinnig, um ihn herumgehen, unsinnig auch, ihn umdrehen zu wollen, um dadurch sehen zu können, wie er von hinten aussieht. Er hat kein Hinten: deshalb kann er dort auch nicht aussehen.

Der Boden hat, zweitens, *kein Inneres*. Zwar reden wir davon, daß etwas *im* Erdboden vergraben oder verborgen ist. Und für dieses Darin-Sein gibt es sogar eine genaue Entsprechung in der Art, wie etwas sich im Innern eines Dinges befindet. Ob etwas in einer Kapsel, einer Schale oder ob es in der Erde, im Boden ist: stets hat es allseitig um sich herum das, von dem es umschlossen und eingeschlossen wird. Doch schon die Auswege sind wesentlich verschieden. Den Apfel kann der Wurm, so er will, in *allen* Richtungen verlassen, die Erde aber nur in *eine*; um ans Licht der Welt zu gelangen, muß er einmal nach *draußen*, das andere Mal nach *oben*. Und was uns wegen seiner Sichtbarkeit das Eingeschlossene unsichtbar macht, ist einmal das Äußere, das andere Mal das Oberste. Unser Erdboden hat also Inneres nicht als Kern, sondern allenfalls als Tiefe.

Und er hat, drittens, *keinen Hintergrund*. Nichts ist hinter ihm, was durch ihn unserem Blick verstellt wäre. Es ist unsinnig, den Boden ein Stückchen zur Seite rücken zu wollen, um auf solche Weise sichtbar zu machen, was bislang verborgen gewesen wäre, weil er davor gestanden oder darauf gelegen hätte. Erde, wie wir sie auf die Schippe nehmen, können wir zwar auf etwas werfen: dann liegt es darunter und sie darauf. Aber diese Erde ist eben nicht der Boden; auch dann nicht, wenn er aus ihr besteht. Und offenkundig gehört der Boden auch nicht zu den Dingen, die uns bisweilen die Sicht auf den Himmel an einer Stelle ein wenig versperren. Denn der Himmel fängt ja dort erst an, wo die Erde aufhört: am Horizont.

Der Boden in unserer Nähe

Anders als der Horizont, ist die Grenze, an welcher die Nähe aufhört und die Ferne anfängt, keine sichtbare Linie, ja nicht einmal eine bloß gedachte. Denn sie ist unbestimmt und vage und variiert zum Beispiel mit subjektiven Handlungsabsichten, objektiven Geländeformationen und kulturellen Raumsegmentierungen. Doch diese Unbestimmtheit macht sie noch längst nicht sinnlos und mindert nicht den Gebrauchswert, den sie für uns hat.

Blicken wir also auf den Boden in unserer Nähe. Da liegen allerlei Dinge, die sich von ihm abheben und die wir von ihm aufheben. Hier zu suchen heißt: wir durchstreifen mit unserem Blick systematisch das gesamte Areal. Wir lassen unser Gesichtsfeld wandern, um auf diese Weise im zeitlichen Nacheinander seine ›räumliche‹ Enge zu überwinden. Allenfalls ist bei der Suche in meiner Nähe neben dieser Enge noch ein weiterer *subjektiver* Grund dafür zu beachten, der mir etwas unsichtbar machen könnte: mein eigener Leib, hier vertreten vor allem durch meine Füße. Kann ich womöglich, was ich suche, nicht sehen, weil ich draufstehe? Was mir ganz nah ist, wird mir eben oft durch Teile meines eigenen Körpers verdeckt.

Aber derselbe Boden, der uns eine Sache sehen läßt, indem er ihr Gelegenheit gibt, sich von ihm abzuheben, kann sie uns auch verbergen, indem er sie nicht *auf* sich trägt, sondern *in* sich birgt. Er ist nicht bloß Hintergrund, sondern auch Untergrund. Obgleich selbst kein Ding, fungiert er doch als *objektive* Bedingung dafür, daß etwas unsichtbar ist.

Oberfläche und Tiefe

Der Boden hat Oberfläche und Tiefe; die Oberfläche ist sichtbar und macht unsichtbar; und sie macht unsichtbar gerade durch ihre eigene Sichtbarkeit. Die Tiefe mit allem, was sie birgt, ist das, was wegen der Oberfläche unserem Blick entzogen ist. Ein Gewässer hingegen – wenn wir's uns um des idealtypischen Kontrastes willen absolut klar und vollkommen lichtdurchlässig vorstellen – hat zwar auch Oberfläche und Tiefe, aber diese wird von jener nicht verdeckt.

So ergeht es uns also mit unserem Grund und Boden: Etwas *auf* ihm suchen heißt, ihn *ab*suchen; etwas *in* ihm suchen heißt, ihn *unter*suchen. Ob oberflächlich oder unterirdisch: in jedem Falle besteht das Suchen im Sichtbarmachen. Die verschiedenen Weisen, etwas sichtbar zu machen, hängen indes davon ab, wie und warum die unsichtbaren Objekte unsichtbar sind oder geworden sind. Was also haben die im Boden liegenden Dinge nicht allein räumlich über sich, sondern zudem zeitlich hinter sich, so daß wir sie eben deswegen nicht einfach sehen können, sondern mühsam suchen müssen?

Versinken oder verdeckt werden

Wenn wir nicht gar zu weit in die Erdgeschichte zurückgehen und nicht gar zu tief in die Erdkruste hineinbohren, wenn wir uns also auf die lebensweltlich-heuristische Dimension der Erde beschränken, so lassen sich genau zwei Prozesse benennen – ein vertikaler und ein horizontaler –, auf Grund deren etwas ehedem Sichtbares jetzt faktisch unsichtbar ist: entweder es ist versunken oder es wurde verdeckt. Im ersten Falle bewegt sich eine *Sache* derart nach unten, daß sie hinterher Erde über sich und um sich hat. Im zweiten Falle bewegt sich *Erde* so, daß sie auf und über einer Sache zu liegen kommt. Es ist, wie wenn etwas unter Wasser gelangt: entweder es taucht ab oder es wird überflutet.

Wer oder was durch die Erdoberfläche hindurch sich nach unten bewegt, benutzt diese, um sich nach dieser Bewegung von keinem Blick mehr treffen zu lassen. Das geschieht, wenn Flüssigkeiten versickern oder feste Körper in sandigem, sumpfigem oder morastigem Boden versinken. Manches dagegen wird unter die Erde gebracht: Eier von Käfern, Nüsse von Eichhörnchen, Leichen von Totengräbern; auch von einem Baum *in spe* die Wurzeln, die er schlägt. Andere wiederum sind aktiv und graben sich selber in die Tiefe: die Eidechse verschwindet in ihrem Loch und das Kaninchen flüchtet in seinen Bau. Sofern die Erde sich nicht von selbst hinter dem, was in sie dringt, schließt, wird es unsichtbar, wenn sein unterirdischer Gang schräg oder tief genug ist. Besser, wenn nichts mehr auf das Verschwundene verweist: dann ist es wie vom Erdboden verschluckt. Und natürlich gibt es eine Unzahl von ein-, mehr- und vielzelligen Lebewesen, deren evolutionäre Vorfahren es einstmals vorgezogen haben, nach dem Sich-Eingraben fortan auch eingegraben zu bleiben, so daß ihre Nachfahren bis heute ständig in einer Welt leben, in der sie zwar nichts sehen können, dafür aber auch selbst nie gesehen werden.

Daß etwas senkrecht im Boden versinkt oder versenkt wird, sich vergräbt oder vergraben wird: das ist ein Prozeß, den wir immer wieder beobachten können. Der andere Prozeß, in welchem sich nicht das bewegt, was selbst unsichtbar *wird*, sondern das, was anderes unsichtbar *macht*, ist meist von solcher Langsamkeit, daß wir gar nicht bemerken, daß er stattfindet. Neben der vertikalen Versenkung, der tiefgehenden Eingrabung gibt es aber auch die horizontale Überlagerung, die flächige Verdeckung. Durch sie gerät Erde unter die Erde und mit ihr das, was auf ihr sich befand.

Sedimentierung

Was sich Erdhaftes unter der Erdoberfläche befindet und von ihr verdeckt wird, ist zumeist keine homogene Masse, sondern hat einen typischen, nämlich schichtenartigen Aufbau. Damit dieser sich bilden kann, ist anfangs eine gewisse Unebenheit erforderlich; es muß sich im Zuge der allmählichen Abkühlung der ursprünglich glühend-flüssigen Erdmasse eine geologische Niveaudifferenz ergeben haben, ein Unterschied von höher und tiefer gelegenen Massen von erstarrtem ›Urgestein‹; also Gebirgsmassive und Geländemulden, Felswände und Abgründe, Höhenzüge und Tiefebenen. Unter der ständigen Einwirkung von Hitze und Kälte, Wind und Wasser verwittert das Gestein: es zerbricht, zerbröckelt, zerbröselt. Das weiter oben gelegene kommt – oft in mehreren Stufen – nach unten, und zwar in allen erdenklichen Formen und Größen: das reicht vom kompakten Felsbrocken über die handlich zugeschliffenen Kieselsteine bis zum feinsten Quarzsand. Herabgerollt, herabgeschwemmt, herabgeweht, aber auch angereichert mit den Überresten von Pflanzen und Tieren, lagert es sich in den Niederungen ab, häufig auch auf dem Grund und als der Grund von stehenden oder fließenden Gewässern, die sich dort bilden.

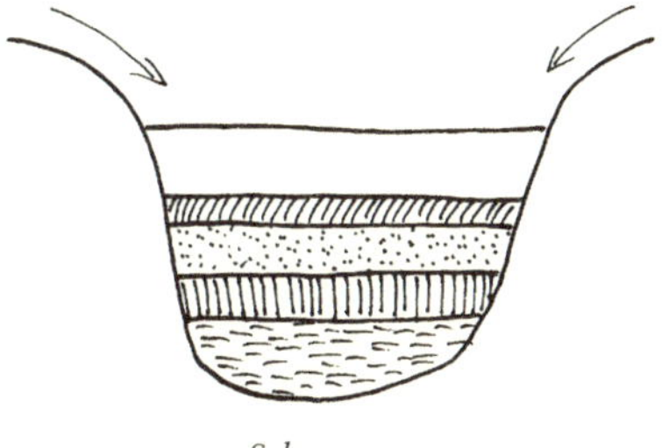

Schema 22:
Schichtenbildung durch Sedimentierung

Bekanntlich nennen die Geologen den Vorgang, den ich hier bloß grob skizziere, Sedimentierung. Sie geschieht von oben nach unten und doch zugleich von unten nach oben. Denn zum einen lagert sich etwas ab, setzt sich etwas ab, schlägt sich etwas nieder: es kommt aus größerer Höhe herab. Gerade dadurch aber, daß, wenn sich etwas abgelagert hat, wiederum weiteres sich darauf ablagert, wächst allmählich und schichtenweise das Sediment von unten nach oben: es wird immer dicker und höher. Das Material der Unterschicht kann von dem, was über ihr ist und von ihr getragen wird, so unter Druck gesetzt werden, daß es sich verfestigt, sich solidarisiert; es wird zusammengepreßt zu Sedimentgestein. Die für diese Unterdrückung verantwortlichen Oberschichten bleiben dagegen locker gefügt – bis auch sie irgendwann unter der Last dessen, was auch ihnen auferlegt wird, versteinern.

Aber vergessen wir nicht: das jetzt Untere ist nur das ehemals Obere. Die Geschichte der Erde stellt sich kalauernd dar als ein ›Geschichte‹, als eine Vielzahl übereinanderliegender Lagen: das Frühere weiter unten, das Spätere weiter oben. Das zeitliche Nacheinander bleibt erhalten in einem räumlichen Übereinander. Was sich als Ereignisfolge erzählen läßt, läßt sich auch als Schichtenaufbau anschauen: durch einen stratigraphischen Querschnitt. Ständig findet mit der Ablagerung auch Verdeckung statt: Jede neue Schicht verdeckt zweierlei: zum einen diejenige zuletzt noch sichtbare Schicht, die just dadurch zur alten wird, wie auch diese selbst, als sie neu war, sich über eine gelegt hat, die dadurch zur alten wurde. Zum andern wird aber auch all das mitverdeckt, was sich *auf* der jeweils alten Schicht befand, als diese noch Oberfläche war. Was auch immer auf dem Erdboden lag oder liegt: irgendwann wurde oder wird es überlagert, verschüttet, zugeweht. Und zuletzt wächst Gras drüber. Da sich die Biographie unseres Planeten, mit dessen äußerstem Rand wir es hier zu tun haben, nach Jahrmilliarden bemißt, nimmt es nicht wunder, daß in der Erde so vieles und so viel ›Verschiedenes‹ eingeschlossen ist.

Neben dem ganz allmählichen Prozeß der erosionsbedingten Sedimentbildung gibt es auch plötzliche Ereignisse, die Verdeckungen zur Folge haben. Ein riesiger Meteorit stürzt vom Himmel und reißt einen tiefen Krater in die Erdoberfläche; dabei wird mächtiges Gestein emporgeschleudert, bewachsenes Erdreich hochgeworfen und viel Staub aufgewirbelt: Stoff genug, um weite Landstriche zuzudecken. Ein Vulkan bricht aus: glühende Lava wälzt sich übers Gelände und heißer Aschenregen senkt sich todbringend auf alles herab: Material genug, um ein lebendiges Pompeji schlagartig in einen Bestandteil der geologischen Unterschicht zu verwandeln.

Die Erde hatte und hat ein sehr bewegtes Leben, nur ist das unsere so kurz, daß wir das ihre nicht bemerken. Tektonische Brüche und Verschiebungen, Auffaltungen und Absenkungen lassen uns heute auf Bergen versteinerte Muscheln finden und unter dem Grund von Seen Reste von Bergechsen. Diese Dynamik hat auch zur Folge, daß mächtige Sedimente mit vielen Lagen schräg oder senkrecht dastehen oder gar, nach Revolutionen, umgekehrt daliegen, die unteren Schichten obenauf. Unter den vielfältigen Prozessen, die dieses Leben ausmachen, ist die langwierige Sedimentbildung der langweiligste – aber heuristisch der ein- und aufschlußreichste.

Wieder zum Vorschein kommen

Sich unter der Oberfläche des Erdbodens zu befinden heißt, wegen ihrer Sichtbarkeit und Undurchsichtigkeit selbst in Unsichtbarkeit gehalten zu werden. Wie kommt uns das Unterirdisch-Unsichtbare dennoch vor Augen? Nun, genau so wie in unserem Seelenleben das Verdrängte und Verschüttete auch wieder hochkommt: Entweder steigt es von selbst wieder aus dem Unterbewußtsein auf – im Traum nämlich –, oder es wird durch die Psychoanalyse mit viel Aufwand an Zeit und Mühe nach oben gebracht. Was der Unterwelt der psychischen Innenwelt recht ist, ist der der physischen Außenwelt billig. Das Verdeckt-Unsichtbare läßt entweder sich *von selbst* sehen; oder es wird *von uns* genötigt, sich sehen zu lassen.

Der erste Fall ist für uns der leichtere. Wir brauchen keine Kraft aufzubieten, keine Gewalt anzuwenden; wir müssen bloß schauen, allenfalls dabei noch gehen. Denn unser Suchen beschränkt sich da aufs Absuchen der Oberfläche. Daß sich etwas sehen läßt, heißt hier: es kommt an die Oberfläche. Und wie es zwei typische Arten des Verschwindens im Boden gibt – senkrechtes Versinken und horizontales Verdecktwerden –, so auch zwei Arten, wieder oder erstmals zu erscheinen. Wie etwas von unten nach oben kommt, das können wir beobachten: Ratten huschen aus ihren Löchern und Schildkröten kriechen aus ihren Höhlen; Pilze schießen aus dem Boden und die Spitzen von Tulpenblättern durchstoßen, von ihrer Zwiebel getrieben, im Frühling die dünne Schneedecke. Unbelebtes, wenn es denn hochkommt, folgt nicht eigenem Trieb, sondern fremdem Druck: dann quillt Wasser, oder Dämpfe steigen auf. Was also durch seine Aufwärtsbewegung *selbst* sichtbar *wird*, ist das eine.

Was durch seine Seitwärtsbewegung *anderes* sichtbar *macht*, ist das andere. – »Und sie bewegt sich doch!« Das gilt, wie wir gesehen haben, auch für die Erde als Boden. Und damit das von ihm Verdeckte wieder an die Oberfläche kommt oder zur Oberfläche wird, geschieht, schematisch betrachtet, zweierlei: zuerst werden Sedimentschichten, oft hunderte, ja tausende von Metern dick, emporgehoben; anschließend sind sie nun ihrerseits der Verwitterung ausgesetzt: was sich nach und nach abgesetzt und verfestigt hatte, wird jetzt wiederum weggeweht, weggespült, weggeschwemmt. Die alten Oberflächen und die Dinge, die ehedem auf ihnen lagen, treten sukzessive wieder zutage.

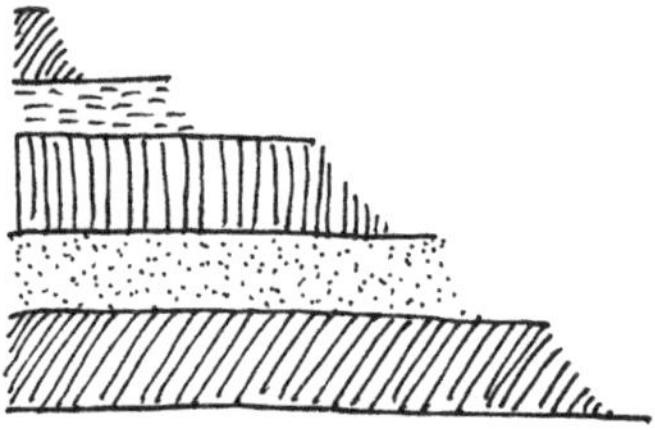

Schema 23:
Terrassenförmige Bruchkante
läßt Schichten zutage treten

Besonders ›aufschlußreich‹ sind dabei geologische Formationen, wo das, was emporgehoben wurde, abgebrochen ist, so daß man die Schichten im Querschnitt vor sich sieht; wenn die Bruchkante überdies nicht senkrecht, sondern schräg verläuft, so werden an ihr größere Stücke zahlreicher Oberflächen, die sich terrassenförmig abstufen, gleichzeitig sichtbar. Nicht zufällig ist das ostafrikanische Grabensystem des Rift Valley – bekannt sind vor allem die Afar-Senke und die Olduwai-Schlucht – das paläontologisch ergiebigste Gebiet, das wir kennen. Denn das Aufbrechen der tektonischen Platte Afrikas hat dort in Millionen von Jahren immer wieder Risse entstehen lassen, von welchen etliche die Vorteile von Quer- und Längsschnitten vereinen.

Ein fast unglaublicher Glücksfall ist es, daß gerade dort, wo der Mensch biologisch seinen Anfang nahm, geologisch so günstige Bedingungen herrschen, die ihn von seinem Anfang viel mehr wissen lassen, als er nach geophysikalischen Wahrscheinlichkeiten erwarten durfte. Wären Gottesbeweise nicht so völlig aus der Mode, so ließe sich einer an die Tatsache knüpfen, daß ausgerechnet in diesem Gebiet auch noch klimatische Verhältnisse und vulkanische Aktivitäten so zusammenwirkten, daß wir nicht nur metaphorische, sondern auch – in Laetoli in Tansania – reale Spuren, nämlich die Fußabdrücke unserer aufrecht gehenden Vorfahren finden konnten.

Wo anfangen?

Warum aber wurde jenes Gebiet, in welchem ohnehin so leicht etwas zu finden war, zum bevorzugten Gebiet angestrengter und anstrengender Suchaktivitäten? Jeder *gold rush* lehrt: zu suchen lohnt sich vor allem dort, wo bereits etwas gefunden wurde. Der Initialfund hat Signalcharakter. Wo etwas sich freiwillig gezeigt hat, kann man, so die Hoffnung, weiteres nötigen, sich gleichfalls zu zeigen – sofern es dies nicht ohnehin tut. Der leichte Fund bezeichnet den Ort, an dem mit Kraft und Gerät, mit Arbeit und Technik weiterzusuchen sich sehr wohl bezahlt machen könnte.

Als Inbegriff der Aktivitäten, durch die Unsichtbares sichtbar wird, hat das Suchen immer ein Anfangsproblem. Optimal wäre die Suche, die – mit Vorbedacht, nicht zufällig – genau dort beginnt, wo die gesuchte Sache sich befindet. Um aber dort beginnen zu können, müßte die Suche zuvor schon beendet oder gar nicht erst nötig sein, weil der Sucher schon wissen müßte, wo das ist, was er sucht. Wenn er's aber nicht weiß – und nur dann ist Suchen überhaupt möglich –, könnte er kaum anders als hoffnungslos anfangen, wenn es nicht Mittel gäbe, das Gebiet, in dem zu suchen sich lohnt, einzugrenzen oder die Zahl der Plätze, die zu inspizieren Erfolg verspricht, auf menschlich Machbares zu reduzieren.

Das wichtigste dieser Mittel ist das Zeichen: es ist sichtbar und weist hin auf Unsichtbares. Und wie bei den Dingen das, was man von ihnen sieht, Hinweise gibt auf das, was Unsichtbares an, in oder hinter ihnen sein könnte: so gibt auch der Boden an seiner Oberfläche Hinweise auf das, was er in seiner Tiefe vielleicht verbirgt. Wäre der Boden vollkommen eben und völlig einfarbig, gleichmäßig kalt und gänzlich geruchlos, läge nichts auf ihm und ragte aus ihm nichts hervor: wir hätten keinen Anhaltspunkt, auch nur zu vermuten, was wo in ihm sich befinden könnte.

Irdische Zeichen weisen in die Ferne oder in die Tiefe

Zeichen auf der Erde, die auf Unsichtbares verweisen, können den, der ihnen zu folgen bereit ist, in zwei verschiedene Richtungen schicken: horizontal in die Ferne und vertikal in die Tiefe. Typisch für die erste Art von Zeichen ist die Spur. Etwas, das jetzt abwesend ist, war ehemals hier, hat sich dann entfernt und dabei den Boden so verändert, daß der Weg, den es eingeschlagen hat, noch ersichtlich ist. Zumeist geschieht dies unabsichtlich, indem Eindrücke hinterlassen werden; aber in Märchenwäldern werden, vor allem von Geschwistern, auch Steinchen oder Brotkrumen absichtlich gestreut. Und über die mannigfachen Techniken, unvermeidliche Spuren geschickt wieder zu verwischen, hat uns der amerikanische Western nicht minder aufgeklärt als über die vornehmlich indianische Kunst, Fährten zu lesen: aus den sichtbaren Spuren zu ersehen, welches nicht sichtbare Wesen sich wann wie schnell wohin davongemacht hat. *Solchen* Spuren folgend, bleiben wir oberflächlich.

Daneben gibt es andere Zeichen, die zwar auch am Boden sichtbar sind, deren unsichtbares ›Signifikat‹ aber nicht oberflächlich-fern ist, sondern unterirdisch-nah. Nah ist es uns, weil wir nicht von hier weggehen müssen, um es aufzusuchen, und weil die Tiefen, in denen das für uns Erreichbare steckt, sich bei weitem nicht messen können mit den Distanzen, die wir auf dem Boden laufend oder fahrend zurücklegen.

Von den ›tiefweisenden‹ Zeichen, die wir zu unseren Füßen vorfinden, funktionieren die einen nach der Figur *pars pro toto*. Weil diese grünen Blätter hier Teil eines Kartoffelstrauches sind, sind sie auch Indiz für Knollen unter der Erde. Ein Goldfleck auf steinigem Grund ist vielleicht der sichtbare Anfang einer tief ins Innere reichenden Ader. Eine im Acker hochgepflügte Münze ist womöglich Teil eines Schatzes, den im Dreißigjährigen Krieg jemand vergraben hat, und der Schatz Teil einer Ansiedlung, die damals dem Erdboden gleichgemacht wurde.

Andere derartige Zeichen beruhen auf *Kausalität*: Was man an der Oberfläche sieht, läßt sich auffassen als Wirkung, zu welcher eine Ursache gehört, die unten verborgen ist. So verrät dieser Maulwurfshügel hier die Aktivität dessen und somit den, der ihn aufgeworfen hat. Und auch wenn ein Dolmengrab und ein Troja sich nicht selbst bedecken, so sind sie doch der Grund dafür, daß dort im Gelände eine sonderbare Erhebung oder ein auffälliger *Tell* sich bemerkbar machen. Ein noch so unscheinbar-flacher Erdwall wird uns doch zum Indiz, sofern er sich nur lang genug hinzieht: War hier vor Zeiten einmal eine Mauer errichtet, eine Schanze aufgeschüttet, eine Straße befestigt worden? – Und umgekehrt: Ist diese ins Auge fallende Delle, Mulde, Absenkung der natürlich verschüttete Zugang zu einer Höhle oder hat da ehedem jemand einen Schacht ausgehoben, eine Kaverne angelegt, einen Brunnen gegraben? Und könnte nicht eine langgezogene leichte Vertiefung das sein, was von einem alten Kanal oder einem ehemaligen Schützengraben heute noch zu sehen ist?

Aber selbst wenn das, was unter der Oberfläche liegt, auf ihr weder Erhebungen noch Vertiefungen bewirkt, kann es sich kausal doch noch bemerkbar machen. Pflanzen zum Beispiel, die im Erdreich mit ihren Wurzeln auf Mauerreste stoßen, wachsen schlechter als ihresgleichen außen herum. Das fällt auf – zumal dann, wenn etwa ein Weizenfeld, von oben betrachtet, wie von einer Linie durchzogen oder von einem Rechteck durchbrochen scheint. Neugierig macht uns auch, wenn an einer Stelle der Schnee so viel schneller schmilzt oder der regennasse Boden hier so viel schneller trocknet und nach dem Trocknen anders reißt als in der unmittelbaren Umgebung. Alles Dinge, die zum archäologischen ABC gehören.

Zeichen suchen und provozieren

Nicht immer, aber häufig müssen die Zeichen, die uns beim Suchen helfen, ihrerseits gesucht werden. Und wie? – Nun, da *sie* jedenfalls sichtbar sind, liegt es an *uns*, wenn wir sie faktisch nicht sehen. Suchen heißt dann, wie üblich, den Blick systematisch über das Areal streifen zu lassen ... Gerade bei dem, was in der Erde verborgen ist, greifen wir aber, wenn wir auf Zeichen aus sind, noch zu ganz anderen Maßnahmen – Maßnahmen, die nicht zufällig denen ähneln, die wir aus der medizinischen Diagnostik kennen. Ob Leib oder Erde: oft fehlen oberflächlich sichtbare Symptome ganz, oft sind sie nicht zahlreich genug, oft nicht eindeutig genug. Dann provozieren wir das Verborgene zur Zeichengebung. Beim Unterirdischen stellen wir technische Bedingungen her, unter denen es – wenn es denn da ist – nicht umhin kann, zur Ursache eines Zeichens zu werden, von dem aus wir dann auf das Vorhandensein und den Ort der Ursache zu schließen imstande sind. Wir machen uns zunutze, daß manches, anders als Licht, in die Tiefe zu dringen vermag: seismische Erschütterungen, akustische Signale, elektromagnetische Wellen. Wie Fragen senden wir sie aus und erstellen dann aus dem, was zurückkommt, ein Antwortregister, das uns sagt, was wo da unten zu finden sein dürfte: Erdöllager oder Steinkohlenflöze, Hohlräume oder Tontöpfe mit Golddukaten. Jeder Schatzsucher kennt ein solches Zeichenprovokations- und -rezeptionsgerät: den Metalldetektor. Bei den meisten dieser Instrumente wissen wir, *wie* sie funktionieren – bei Wünschelruten nur, *daß*.

Das Zeichen suchen wir natürlich nur, um mittels seiner die dazugehörige Sache zu finden. Und wenn beide eng genug zusammenhängen, haben wir zugleich mit ihm auch sie selbst gefunden: wir kennen, selbst wenn wir sie noch nicht sehen, den Ort, an welchem sie ist. Andernfalls dürfen wir diesen Ort und sie selbst an ihm mit unterschiedlichen Graden von Gewißheit annehmen, erwarten, vermuten. Sicheres Wissen aber ist dann, wenn es ums Haben geht, nicht viel mehr wert als begründetes Hoffen oder mutiges Raten. Denn das Wissen-wo reicht nicht aus. Ich muß vielmehr das Gefundene *selbst* sehen und es *so* sehen, daß ich es auch nehmen kann. Eine derartige Sichtbarkeit verschaffen wir den unterirdischen Dingen, indem wir sie ausgraben.

Vertikales Bohren

Die Unsichtbarkeit des Unterirdischen hat, wie wir gesehen haben, zwei typische Entstehungsformen: etwas versinkt im Erdboden, wird vergraben, beerdigt, verkriecht sich; oder eine neue Schicht be- und verdeckt die alte und alles auf ihr. Analog gibt es zwei typische Formen des Grabens: das vertikale Bohren von Löchern und das horizontale Abtragen von Schichten. Die Holzbearbeitung liefert uns dafür ein verkleinertes anschauliches Modell: Wir können mit dem Bohrer in die Tiefe vordringen oder aber mit dem Hobel dünne Späne abheben. Für die im Boden verborgene Sache, die ausgegraben wird, heißt das: sie wird entweder nach dem Bohren herausgeholt oder durchs Abtragen freigelegt.

Obgleich sogar Blicke und Fragen bohrend sein können, dient doch längst nicht alles Bohren dem Suchen. Einmal will man etwas in der Versenkung verschwinden lassen, ein anderes Mal selbst in den Untergrund gehen. Ob nun aber jemand ein Loch bohrt, weil er etwas oder sich selber in der Tiefe verbergen will oder weil er in ihr nach etwas sucht, das er haben möchte: In jedem Falle darf dort, wo vorher ›Erde‹ war, hinterher keine mehr sein. Und ob hinein oder heraus: in jedem Falle muß verhindert werden, daß die Grabung zur Sisyphosgrabung verkommt: Ausgehobenes Erdreich und ausgebrochenes Gestein müssen weggeschafft werden, damit sie nicht ständig wieder dorthin zurückfallen, von wo sie hergekommen sind. Eventuell muß zudem das gebohrte Loch mit einem Stahlrohr ausgekleidet, der abgeteufte Schacht mit einer Betonschicht verschalt werden, damit nicht ständig von allen Seiten Material sich löst und herabfällt. Je tiefer man kommt, desto mehr.

Wie groß und wie tief das Bohrloch sein muß, hängt natürlich ab von der Art des gesuchten Objekts und dem Ort, an dem es vermutet wird. Und entsprechend unterschiedlich sind auch die Grabwerkzeuge. Um an Engerlinge oder Schwarzwurzeln heranzukommen, genügt dem Wildbeuter sein Grabstock. Der Archäologe wie auch seine Feinde, der Grabräuber und der Schatzgräber, kommen meist mit Schaufel und Spaten ganz gut zurecht. Suchen wir aber in großer Tiefe nach Wasser oder Öl, Silber oder Uran, dann sind spezielle und technisch raffinierte Bohrvorrichtungen vonnöten.

Dann die Unsichtbarkeit dessen, wohinein der Spaten sticht und der Stock sich stemmt, der Meißel stößt und der Bohrer sich frißt! Nicht nur, daß man ob der Undurchsichtigkeit des Untergrundes nicht sieht, wohin man bohrt, oft sieht man auch nicht, wohin man schon gebohrt hat, weil das Loch, solange gebohrt wird, ständig ausgefüllt bleibt: vom Bohrwerkzeug selbst. Da sieht man nicht mal mehr Zeichen, geschweige denn Sachen. Und wenn man sie spürt, ist's vielleicht schon zu spät.

Fördern und bergen

Es droht also Schaden. Zum einen für das Werkzeug, das benutzt wird: es verkantet und verbiegt sich, es bleibt stecken und zerbricht, es dreht durch und schmilzt in der Reibungshitze. Zum anderen für die Sache, um derentwillen man gräbt. Doch nicht für jede Sache. Zu manchem graben wir – ökonomisch interessiert – uns vor, um es zu *fördern*. ›Sachen‹ wie Kohle oder Öl, Erze oder Salze zählen meist selbst zu den Schichten, aus denen der Untergrund sich aufbaut. Abbau unter Tage geschieht deshalb, indem vom senkrechten Schacht aus waagrechte Stollen vorgetrieben werden. Was förderungswürdig ist, erleidet kaum Schaden, wenn es vom Bohrwerkzeug zerstört wird: gehört doch das Zerbrechen und Zerkleinern häufig selbst als ein Arbeitsgang zum Förderprozeß dazu.

Zu manch anderem graben wir – theoretisch interessiert – uns vor, um es zu *bergen*. Da geht es nicht um Bodenschätze, sondern um Schätze im Boden; sie werden nicht gefördert, sondern gehoben. Und alles kommt darauf an, sie unbeschädigt zu *erhalten*. Schlimm ist es immer – obzwar einmal weniger, einmal mehr –, wenn beim Ausgraben die geliebte Tulpenzwiebel durchschnitten, der mykenische Steinkrug zerbrochen oder der fossile Unterkiefer zertrümmert wird. Hinterher tadeln uns die beschädigten Objekte dafür, daß wir vorher nicht vorsichtiger zu ihnen vorgestoßen sind – obwohl wir es doch kaum konnten.

Nicht immer graben wir nach unterirdischen *Lagen* allein aus ökonomisch-konsumtivem Interesse, und nach den in ihnen eingeschlossenen *Objekten* nicht immer nur aus theoretisch-konservativen Gründen. Einerseits richtet sich ja das Sehen-Wollen des Wissenschaftlers – sei er nun Petrologe, Mineraloge oder Geohistoriker – gerade auch auf die übereinanderliegenden Schichten. Ökonomisch desinteressiert, gilt seine Neugier sowohl ›wertlosem‹ Quarz oder Kalkstein als auch ›wertvollem‹ Anthrazit oder Marmor. Und er läßt nach dergleichen bohren: Bohrkerne können ihm vieles erzählen. Da er aber nicht nach Verarbeitung und Verbrauch fragt, sind für ihn all diese Materialien gleich wertvoll: als Gegenstände und Mittel der Erkenntnis. Insofern hat er ein fast ästhetisches Verhältnis zu all dem, was als Teil tiefliegender Schichten zu ihm gelangt ist.

Wenn wir in der Tiefe verborgene Objekte um der Anschauung willen ausgraben, ist es mit dem Auffinden nicht getan. Denn zuweilen stellt sich heraus, daß das, was wir bergen wollen, um es betrachten zu können, als unterirdischer Einschluß von Humus umhüllt oder von Mineralien ummantelt, wenn nicht gar durchsetzt ist. Dann muß es, sowie wir uns zu ihm vorgebohrt haben, mühsam, sorgfältig, behutsam aus dem, worin es eingelassen ist, herausgeschält und losgelöst werden. Das ist in der Tiefe meist ein schwieriges Unterfangen. Deshalb holen wir lieber unseren Fund samt dem, worin er festsitzt, nach oben, um ihn hier bequemer und besser freilegen zu können.

Horizontales Abtragen

Graben: vertikal und horizontal. Da das Bohren zwar nicht die einzige, aber die pointierteste Weise ist, senkrecht in den Untergrund einzudringen, darf es hier, mangels besserer Kandidaten, den Namengeber für diese erste Gestalt des Grabens spielen. Die zweite hingegen besteht im sukzessiven Abtragen von Schichten, wie sie sich vornehmlich im Prozeß der Sedimentierung übereinanderlegen.

Das gibt es sowohl im Bergbau wie in der Archäologie: vom Boden abgetragen werden Materialschichten, welche diejenigen tieferliegenden Schichten überlagern, denen unser ökonomisches oder theoretisches Interesse gilt. Tagebau beginnt mit dem Abräumen des Abraums. Schichten aus Erde und Gestein, unter denen die wertvolle Kohle liegt, müssen zuerst beiseite geschafft werden. Das Resultat besteht darin, daß etwas, das *früher* einmal an der Oberfläche war, *jetzt* wieder an der Oberfläche ist, wie zusammengepreßt und verkohlt auch immer: langdauernde Unterdrückung bleibt eben nicht ohne Folgen.

Auch die Archäologie führt Grabungen aus, bei denen bedekkende Schichten abgetragen werden. Lagerstätten und Siedlungsplätze, Wehrburgen und Tempelanlagen, Königspaläste und ganze Städte. Ähnlich schürfend, obgleich nicht immer so großflächig, graben mitunter auch Mineralogen, Paläontologen, Biologen. Sie alle sind interessiert an der *Erhaltung* dessen, wonach sie suchen: seltene Kristalle müssen unzerkratzt, Fossilien unbeschädigt, Statuen unversehrt und Würmer sogar lebendig bleiben. Hauptproblem ist dabei, daß man wegen der Undurchsichtigkeit der bedekkenden Lage meist nicht weiß, wie dick sie ist. Wähnt man das Gesuchte noch weit unten, so ist es womöglich, kaum daß man angefangen hat, schon von der Baggerschaufel oder vom Bulldozer entzweit, zertrümmert, zermalmt. Vermutet man es gleich unter der Oberfläche, so kann man eventuell jahrelang mit dem Schäufelchen, der Spachtel oder dem Fingernagel schürfen und scharren, schaben und kratzen, ehe etwas zum Vorschein kommt – wenn überhaupt. Wir können eben nicht im ursprünglichen, sondern nur im abgeleiteten Sinn des Wortes ›vorsichtig‹ graben.

Eine Schicht abzutragen heißt auch immer, die darunterliegende zur neuen Oberfläche zu machen. Sie nun ihrerseits sorgfältig nach Zeichen abzusuchen: das gehört mit zu der Vorsicht, die der an Erhaltung interessierte Ausgräber walten lassen muß. All dies nützt ihm freilich gar nichts, wenn bei einer Siedlung oder einer Burg, deren Anfänge im frühen Neolithikum liegen, nicht weit unter der Oberfläche zahlreiche Schichten übereinander liegen, von denen *jede* erhaltenswert ist, weil jede von einer bestimmten Epoche Zeugnis gibt. Manche ›versunkene‹ Kultur, manche ›untergegangene‹ Stadt muß für immer unterirdisch-unsichtbar bleiben, weil der Preis *ihrer* Freilegung die Zerstörung dessen wäre, was später über ihr errichtet worden ist. Ganz zu schweigen von den Kniffligkeiten, die der Archäologe dem Umstand verdankt, daß sich die Grenzen zwischen den Schichten verwischen, weil das Jüngere nicht nur *auf*, sondern auch *aus* den Trümmern des Alten erbaut wurde. Oft kann nicht einmal die oberste Schicht entfernt werden, weil sich dort bewohnte Häuser, belebte Plätze und befahrene Straßen befinden. Nur sporadisch und episodisch sind dann Notgrabungen möglich, wenn beim Neubau von Häusern

Keller ausgehoben oder beim Verlegen von Leitungen tiefe Gräben gezogen werden und die Bauarbeiter dabei auf etwas archäologisch Auffälliges ›stoßen‹.

Herausarbeiten

Wenn wir um der Anschauung oder der Erkenntnis willen eine Schicht freilegen, interessiert uns in der Regel nicht sie selbst, sondern das, was in ihr eingeschlossen ist. Sowie wir sie erreicht haben, hört deshalb das Abtragen von verdeckenden Schichten auf; und es beginnt die Freilegung dessen, was noch eingelassen oder eingelagert ist in die Schicht, deren Oberfläche jetzt *die* Oberfläche, unser Boden, geworden ist. Mauerreste, versteinerte Ammoniten, ein Zebraskelett: was auch immer in der nunmehr obersten Lage eingeschlossen ist, muß aus ihr befreit werden, muß herausgearbeitet werden aus dem es umgebenden, bisweilen gar durchdringenden Material. Oft eine Arbeit, die der des Bildhauers gleicht, nur daß der Ausgräber nicht ein neues Werk frei gestaltet, sondern nur ›hervorbringt‹, was es bereits gibt; von vornherein muß er sich dabei leiten lassen von der Gestalt, die er doch erst im nachhinein genau kennt: wenn er sie freigelegt hat. In diesem Sinne ist auch das Präparat eines Archäopteryx ein wahres Kunstwerk!

Aber auch *nur* in diesem Sinne. Das Herausarbeiten eines Fossils aus dem Gestein, in welchem es noch unsichtbar eingeschlossen ist, kann ja in der Tat als ein Muster für *all* unsere Erkenntnisprozesse dienen. Dabei steht das künstlerisch-entwerfende Moment, ohne das hier nichts gelingen kann, doch stets unter der Kontrolle und Anleitung der ›Sache selbst‹. Das wird gern von denen vergessen, die es lieber nicht so genau nehmen und flugs Finden mit Erfinden gleichsetzen.

Kontinuum des Grabens

Zwei Gestalten des Grabens: dem vertikalen Bohren von Löchern steht gegenüber das horizontale Abtragen von Schichten. Doch genau betrachtet sind beide nur die Endpunkte eines Kontinuums. Denn immer geht es beim Graben um zweierlei zugleich: Durchs

Beiseiteräumen der jeweils obersten Lage in die Tiefe zu gelangen. Unter sonst gleichen Bedingungen gilt da die Regel: Je größer die abgeräumte Fläche, desto geringer die erreichte Tiefe. Und umgekehrt. Das Bohren eines Loches ist also nur ein Extremfall: Während die alte Oberfläche fast gänzlich intakt bleibt, werden an genau einer Stelle sehr schnell hintereinander zahlreiche Schichten beseitigt – freilich solche von nur geringer Ausdehnung; was da weggeschafft wird, gleicht zuvor einem in die Tiefe reichenden Stapel von Platten oder Scheibchen, die, wenn sie dicker sind, sich zu hohen Zylindern auswachsen können. Insofern ist Bohren ein Schichtabtragen auf engstem Raum. Da es also ein Kontinuum der Grabungsaktivitäten gibt – vom Schürfen: breit und flach, bis zum Bohren: eng und tief –, gibt es auch Übergänge zwischen den Resultaten: das weitläufige Becken, die geräumige Grube, der schmale Schacht, die kleine Öffnung, der winzige Einstich.

Probebohrung

Da das Bohren ein Abtragen *en miniature* ist, eignet es sich auch vor dem eigentlichen, nämlich extensiven Abtragen zur Zeichengewinnung: als Probebohrung. An einer kleineren Stelle in größere Tiefe dringen heißt: in Erfahrung bringen, ob überhaupt das Gesuchte hier zu finden ist, und aus dem nacheinander nach oben geförderten Gestein ›ablesen‹, welche Schichten gegebenenfalls nacheinander abzutragen wären. In weichen Grund lassen sich überdies Sonden einbringen, die Material nicht nach oben schaffen, sondern zur Seite drücken, bis sie, informativ, auf Widerstand stoßen: so wie nach dem Niedergang einer Lawine im Schnee nach Verschütteten gesucht und dann auch gegraben wird. – Und natürlich kann eine kleine Bohrung auch der signitiven und technischen Vorbereitung einer großen dienen.

Jede Probebohrung, egal ob materialfördernd oder nur sondierend, ist eine ›Stichprobe‹. Wenn wir davon mehrere systematisch über ein größeres Areal verteilen, ergeben sich dort, wo unterirdisch der senkrechte Bohrer eine waagerechte Schicht durchstößt, bezeichnende Stichpunkte, aus denen sich wie aus *pixels* ein dreidimensionales Bild des Untergrundes erstellen läßt. Es ist um so genauer, je dichter diese Punkte beieinanderliegen. ›Versuchsweise‹ bohren wir also, um, auch ohne aufwendig abtragen zu müssen, dennoch herausfinden zu können, wie es unter uns aussieht. Und das schließt ein: um wissen zu können, wo zu graben sich lohnt.

Tiefsinn

Nicht alles, von dem wir wissen, wo es ist, graben wir auch aus. Wie bei jeglicher Art des Suchens, gibt es auch beim Graben den Grenzfall: schon gefunden und doch nicht gesehen haben. Dann sind entweder andere Sinne am Werk – ich habe etwas erspürt, ertastet –, oder aber die Zeichen, die ich habe, sind so eng mit dem gesuchten Objekt verbunden, daß *sie* zu haben mir dasselbe bedeutet wie *es* zu haben. Recht glücklich aber sind wir mit dieser Lösung nicht. Und es müssen gute Gründe für sie namhaft gemacht werden, damit wir bereit sind, uns mit ihr zufriedenzugeben. Und oft gibt es diese Gründe natürlich. Doch der Ehrgeiz des Gräbers ist es, *Aus*gräber zu sein, etwas aus der Tiefe zum Vorschein zu bringen. Es soll zuletzt offen zutage liegen. Was vorher unten in Hülle war, soll nachher oben ohne sein.

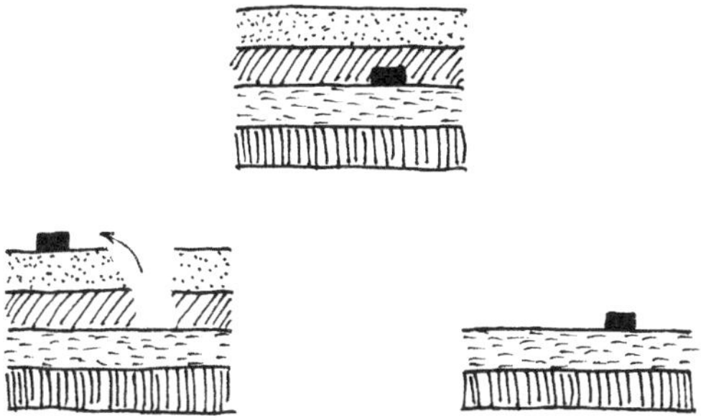

Schema 24:
Einschlußweise Verborgenes bergen oder freilegen:
Sichtbarmachen durch Herstellung einer neuen oder
Rückgewinnung der alten Oberfläche

Wohl braucht, wer gräbt, auch Tiefsinn; aber nur, um Verborgenes ans Licht zu bringen und es dann klar und deutlich sehen zu lassen. Deshalb besteht alles Ausgraben – wie alles Beschreiben auch – in der Herstellung von Oberflächlichkeit. Die verborgene Sache wird sichtbar, indem sie einen Boden bekommt, auf dem sie liegt; entweder einen neuen, wenn sie aus der Tiefe heraufgeholt wird; oder ihren alten, indem dieser, mit ihr zusammen freigelegt, wieder wird, was er dereinst war: Oberfläche. Hatte vor der Ausgrabung der Boden die Sache verdeckt, so ist er danach, ob neu oder alt, der Grund, auf dem die ausgegrabene Sache nun liegt, und der Hintergrund, der sie sichtbar macht, indem er ihr gestattet, sich von ihm abzuheben. Erzeugung von Oberflächlichkeit heißt auch Bereitstellung eines Hintergrundes und somit Herstellung von Sichtbarkeit. Und auf *sie* kommt es beim Suchen zuletzt an.

6. Kapitel
Selbstführung zum Sehenkönnen

Objektive Sichtverdeckungen und subjektive Sehbehinderungen habe ich einander gegenübergestellt. Und ich habe auseinandergelegt, auf welche Weise Dinge selbst, aber auch das, was sie um sich und hinter sich haben, dafür verantwortlich sind, daß so vieles, das grundsätzlich sichtbar ist, uns verborgen bleibt. Das macht unser Suchen zwar erst möglich, aber, wenn wir etwas Bestimmtes sehen oder haben wollen, auch nötig. Finden gelingt, wo etwas, dessen Namen oder Begriff wir kennen, uns zu Gesicht kommt und als Gesuchtes erkannt wird. Deshalb besteht – wenn nicht ausschließlich, so doch vorrangig – das Suchen in der Herstellung von Sichtbarkeit, und es zu beschreiben heißt einerseits darstellen, wie wir objektive Gründe der faktischen Unsichtbarkeit ausschalten.

Andererseits aber auch: zeigen, wie wir subjektive Beschränkungen unseres Sehenkönnens mindern. Wir haben ein enges Gesichtsfeld, einen unscharfen Fernblick, ein sprunghaftes Augenmerk. – Das vorliegende Kapitel beschäftigt sich hauptsächlich mit diesem dritten Defizit. *Zuerst* aber gehe ich der Frage nach, in welchem Sinne unser Wahrnehmen ein Geschehnis oder eine Handlung ist, um dann darzutun, wie unsere Suchaktivität sich bemüht, jenes Geschehnis herbeizuführen. Und ich erinnere an meine bisher verstreuten Bemerkungen über die Enge und Unschärfe unseres ›Gesichts‹, um, mehr resümierend als explizierend, auf unsere Handlungen zur Reduktion und Kompensation dieser Defizite einzugehen.

Im *Mittelstück* der Überlegungen dieses Kapitels versuche ich dann, unseren unsteten Blick dingfest zu machen: Er ist es, der unserem Suchen den ärgsten Kummer bereitet, weil er uns vieles übersehen läßt. Ich möchte herausarbeiten, wie sich diese Sprunghaftigkeit aus dem Zusammenspiel beider ergibt: der Binnenstruktur unseres Gesichtsfeldes und der Art, wie objektive Vorkommnisse sich in ihm bemerkbar machen. Ein Exkurs über die jägerischen Aktivitäten unserer evolutionären Vorfahren kann vielleicht anschaulich erläutern, warum das so ist.

Das *Schlußstück* studiert dann einige unserer Bemühungen, den ›wilden‹ Blick zu domestizieren und zu disziplinieren. Denn so müssen wir schauen, wenn wir beim Suchen erfolgreich sein wollen: sorgfältig, gründlich, stetig. Übung und Erfahrung aber befähigen uns schließlich dazu, unseren Blickstrahl so zu führen, daß er das Gesuchte trifft, ohne unsere Suche zu sehr mit der Befürchtung zu belasten, wir könnten es ›zwischendurch‹ übersprungen haben.

Wahrnehmung als subjektives Geschehnis und passives Erlebnis

Viele Dinge passieren einfach. Die Sonne geht auf, ein Reifen platzt, es schneit. Daß etwas so kommt und da ist und abläuft: das gibt es nicht nur ›objektiv‹ in der Wirklichkeit, sondern auch ›subjektiv‹ bei mir. Ich *sehe* einen Regenbogen, ich *höre* den Knall, ich *rieche* angebrannte Milch. So sehen, daß mir etwas ins Auge fällt, so hören, daß etwas an mein Ohr dringt, so riechen, daß mir etwas in die Nase steigt, aber auch einen Rempler spüren und die Kühle empfinden: das sind subjektive Ereignisse oder, wenn sie andauern, subjektive Geschehnisse.

Ich bin indes nicht nur die Stätte, *an der* es geschieht, sondern auch derjenige, *dem* es geschieht: Indem ich auf solche Weise wahrnehme, widerfährt mir etwas, stößt mir etwas zu. Ich tue nichts; Wahrnehmung geschieht, und zwar mir.

Ich bin passiv, während es mir geschieht. Doch trotz meiner Passivität bin ich selbst nicht unbeteiligt am Zustandekommen solcher Wahrnehmungsereignisse oder -geschehnisse oder -erlebnisse. Denn ich bin empfänglich für sie. Diese Empfänglichkeit macht einen wesentlichen Zug meiner leiblichen Existenz aus. Das Licht der Welt zu erblicken heißt die Augen aufzutun. Und die Augen aufzutun heißt sich auszusetzen, sich hinzugeben, sich bestimmen zu lassen. Indem ich schaue, liefere ich mich dem aus, was in meinem Gesichtsfeld vorkommt. Ohren auch nur zu haben und somit hören zu können heißt, den eigenen Zustand bestimmen lassen zu müssen von Geräuschen, die kommen und gehen, wie sie wollen. Zu spüren, wie kühl es hier ist, und zu riechen, wie es hier riecht: das sind Erlebnisse, die sich einfach einstellen, die unversehens da sind. Ohne meine unwillentliche, unabsichtliche und thematisch offene Empfänglichkeit aber könnten auch sie nicht da sein. Und sie könnten nicht *meine* sein.

Auch was dann geschieht, ist noch etwas, das mir und mit mir *geschieht*: es gesellen sich Gefühle hinzu. Diese affektiven Regungen variieren nach Art und Stärke mit den Inhalten der Wahrnehmung, machen beide, die Inhalte und das Wahrnehmungserlebnis selbst, angenehm oder unangenehm. Oft sind diese Gefühle so rasch da und mit den wahrgenommenen Inhalten so innig verschmolzen, daß zwischen beiden kaum zu unterscheiden ist. Es riecht nicht zuerst faulig und etwas später auch noch unangenehm. Wenn mir kalt ist, so nehme ich nicht zunächst die Kälte wahr, um dann hinterher zu frieren. Vorkommen kann das aber auch.

Beenden oder Dauernlassen

An das gefühlsgefärbte Wahrnehmungsereignis kann sich aktives Verhalten anknüpfen: Ich ergreife das Ding, esse es auf oder werfe es weg... Möglich sind indes auch Stellungnahmen und Handlungen, die sich nicht auf das wahrgenommene Objekt, sondern auf das subjektive Wahrnehmungsereignis selbst beziehen, dieses Erlebnis nun bejahen oder verneinen, sein Dasein billigen oder mißbilligen. Das Ereignis enthält eine Aufforderung zu einer Entscheidung: es bestehen zu lassen oder es zu beenden.

Betrachten wir zuerst die Ablehnung. Sie zeigt sich in einer Handlung, die das Wahrnehmungserlebnis beendet. Ich wende den Kopf ab, ich schließe die Augen, ich halte mir die Nase oder die Ohren zu, ich ziehe meine Hand zurück. Das sind Maßnahmen, die es den wirklichen Gegenständen und Ereignissen, ohne an ihnen selbst etwas zu verändern, dennoch verwehren, fortan Thema meines Wahrnehmens zu sein. Absichtlich beende ich meine unabsichtliche Empfänglichkeit und in eins damit die durch sie mir bislang widerfahrenen Erlebnisse. Diese Empfänglichkeit in allen ihren Dimensionen ganz und auf Dauer zu beenden heißt nichts anderes, als sich das Leben zu nehmen: ›Selbstentleibung‹.

Handlungen haben indes die Eigenart, auch durch Nichtstun ausgeführt werden zu können. Wer wegen unterlassener Hilfeleistung vor Gericht steht, kann nicht vorbringen, er habe doch gar nichts getan: denn eben dies ist die Handlung, wegen der er sich hier zu verantworten hat. In diese Kategorie des Unterlassens, des Zulassens, des Duldens gehört auch die erste Form, in der Wahrnehmung zur Handlung wird: die Bejahung und das absichtliche Dauernlassen des Erlebnisablaufs. Den Regenbogen sehe ich nicht mehr nur, ich will ihn jetzt auch sehen. Was ich anfangs zufällig hörte und mir dann angenehm zu hören war, das will ich nun hören und so höre ich es mir weiterhin an: im doppelten Sinn des Wortes lasse ich es mir gefallen. Wohlgemerkt: nicht den Regenbogen lasse ich andauern – das tut er von selbst –, sondern mein Sehen, das ich auch beenden könnte.

Daß Wahrnehmungen stets auch als Handlungen vollzogen werden können, ist jedem aus dem Alltag vertraut. Jemanden zufällig in einer peinlichen Situation zu erblicken, konstituiert ganz plötzlich eine Entscheidungssituation. ›Augenblicklich‹ muß ich wählen: den Blick abwenden oder dort lassen? Und beide, das Beenden und das Dauernlassen, sind zurechenbare Handlungen, die auch moralischer Bewertung unterliegen.

Gelegentlich entschuldige ich mich bei einem anderen für einen Blick oder eine Berührung, obgleich ich nichts davon wollte und tat: Ich war selbst nur passiv erlebendes Subjekt meines Sehens und Spürens. Ich weiß aber, daß der, der von mir visuell oder taktil ›berührt‹ wurde, glauben konnte, ich hätte dies absichtlich getan. Die Entschuldigungsformel wehrt denn auch die mögliche Fehldeutung des anderen ab: »Entschuldigung, war keine Absicht!« Insofern besteht die Entschuldigung in der Versicherung, daß sie nicht nötig gewesen wäre.

Erhalten und Herbeiführen

Nahe verwandt mit dem Geschehenlassen dessen, was mir geschieht, als der ersten Form, in der meine Wahrnehmung Handlungscharakter gewinnt, ist eine zweite: die Erhaltung des subjektiven Geschehnisses, wenn es denn von selbst zu enden droht. Ich unterlasse nicht nur die Beendigung, sondern tue etwas für den Fortbestand: die Dauer ist meine Leistung. Beispielsweise verfolge ich den wahrgenommenen Gegenstand, wenn er sich zu entfernen droht: ich schiele nach ihm, ich wende meinen Kopf, ich gehe hinterher. Nicht um den Gegenstand im Sein zu erhalten, sondern meine Wahrnehmung seiner. Beide Wahrnehmungshandlungen, das Dauernlassen und das Erhalten, nehmen nicht unmittelbar Bezug auf das wahrgenommene Objekt, sondern zunächst auf das subjektiv-passive Erlebnis und durch dieses dann auch auf jenes. Das bedeutet für die Wahrnehmung als Handlung: sie trägt immer in sich einen passiv-ereignishaften Kern, der gleichfalls Wahrnehmung heißt. Diesen Kern gibt es, zumindest *in statu nascendi*, auch ohne seine handlungsartige Einfassung und Überformung, nicht aber umgekehrt. Die Frage, ob Wahrnehmung uns geschieht oder von uns vollzogen wird, findet somit diese Antwort: sie geschieht uns immer, und überdies vollziehen wir sie meistens.

Handlungen, die ich bisher betrachtet habe, waren bezogen auf Wahrnehmungsereignisse, die schon da waren, Wahrnehmungsgeschehnisse, die bereits liefen. Aber es gibt nun auch Handlungen, die solche subjektiven Geschehnisse nicht etwa abbrechen oder dauern lassen oder erhalten, sondern überhaupt erst zustande bringen. Und das Suchen ist der Prototyp einer solchen Handlung. Es ist ein Handeln, das an sein Ziel kommt – und zum Finden wird –, indem es dem suchenden Subjekt eine passiv-erlebte Wahrnehmung verschafft, die das Gesuchte zum Gegenstand hat. Sie nun ihrerseits zu beenden oder geschehen zu lassen oder zu erhalten: das kann sich anschließen. Doch ohne den Ereignischarakter der Wahrnehmung versteht man nicht recht, warum so etwas wie Glück zum Finden gehört.

Handlungen müssen zwar nicht, können aber sich in leiblichen Aktivitäten realisieren. Und meine Körperbewegungen können wiederum andere Körper bewegen. Ich kann Dinge umdrehen, aufmachen, beiseite schieben; ich kann sie herbeischaffen, aufdekken, ausgraben. Dabei sind meine Handlungen immer Verrichtungen: die Objekte und objektiven Verhältnisse ändere ich. Und zwar verändere ich sie so, daß, und solange, bis diejenige visuelle Wahrnehmung sich einstellt, in der mir die gesuchte Sache gegenwärtig ist. Infolge meines Tuns geschieht es mir, daß ich sehe, und zwar das, was ich sehen wollte. Unschwer zu erkennen: Objektive Gründe, die dafür verantwortlich sind, daß ich, was ich suche, nicht sogleich auch vor Augen habe, werden auf diese Weise beseitigt oder unwirksam gemacht.

Meine Körperbewegungen können aber auch die Dinge ganz unangetastet lassen: Ich bringe dann lediglich mich selbst in eine Position, in der mir sichtbar wird, was mir zuvor unsichtbar war. Im wesentlichen besteht diese Selbstbewegung darin, den eigenen

Leib als ganzen und die leiblichen Sinnesorgane im einzelnen heuristisch sinnvoll zu positionieren. Es müssen mir infolge dieser selbstgesteuerten, selbststeuernden und dabei doch sachbezogenen Handlungen Wahrnehmungserlebnisse entstehen, in denen ich sehe, was ich sehen wollte. Im Ergebnis – dem Dasein des subjektiv erlebten Geschehnisses – ist also zwischen meiner *auch* sachbewegenden und meiner *nur* mich selbst bewegenden Suchtätigkeit kein Unterschied. Und häufig genug erbringen wir Handlungen dieses und jenes Typs in *einem* Vollzug: *uno actu*.

Enges Gesichtsfeld

Die Selbststeuerung des eigenen Leibes als eines beweglich-empfänglichen Wahrnehmungsorgans ist heuristisch vielleicht dort am wichtigsten, wo sie uns dabei hilft, mit der Enge unseres Gesichtsfeldes zu Rande zu kommen. Diese Enge ist ja einer der subjektiven Gründe dafür, daß wir befähigt, aber auch genötigt sind, uns auf die Suche zu machen. Trotzdem war bei der Beschreibung, wie wir objektive Sehhindernisse beseitigen, von ihr bereits mehrfach die Rede. Vor allem deshalb, weil Maßnahmen, sie zu überwinden, häufig mit Suchhandlungen, die an Objekten Veränderungen vornehmen, gemeinsam auftreten. Dann aber auch, weil großflächige oder weitgespannte objektive Gegebenheiten wie der Himmel und der Horizont sich manipulativ-entdeckerischen Eingriffen entziehen.

Was außerhalb meines Gesichtsfeldes liegt, sehe ich nicht: es ist nicht Gegenstand eines visuellen Wahrnehmungsgeschehens. Doch ich vermag dieses Unsichtbare mir leicht sichtbar zu machen. Ich schiele nach links oder rechts, nach oben oder unten; ich wende oder hebe oder senke den Kopf; ich bücke mich oder drehe mich um; ich mache mich auf den Weg und gehe dahin oder dorthin. Durch Augen-, Kopf- und Körperbewegung verschiebe ich mein Gesichtsfeld. So kommen immer andere Weltausschnitte innerhalb seiner Grenzen zu liegen. Hätte ich unendlich viel Zeit, so könnte ich alles, was wegen der Enge meines Gesichtsfeldes unsichtbar ist, mir nach und nach sichtbar machen. Allerdings jeweils nur für eine kurze Weile; dann muß ich das, was ich gerade gesehen habe, wieder in die Unsichtbarkeit entlassen: zugunsten von Neuem. Ob ich will oder nicht: nur indem ich, was ich habe, dahingebe, vermag ich in meinem Gesichtsfeld Platz zu schaffen für bislang noch Ungesehenes. Ich kann nicht alles festhalten, aber es doch nacheinander durchziehen lassen.

Ich habe indes nicht den Ehrgeiz, alles zu sehen, sondern die Absicht, eins oder einiges zu finden: Dinge, die mir namentlich oder begrifflich bekannt sind. Wegen der Knappheit der Zeit und der unendlichen Größe der Welt ist es zuallererst nötig, das Gebiet abzustecken, innerhalb dessen überhaupt die Chance besteht, daß mir etwas von dem zu Gesicht kommt, worauf ich es abgesehen habe. Zumeist ist es zweckmäßig, der Festlegung eines Terrains ihren provisorischen Charakter zu belassen, weil oft erst die Verteilung der Fundstellen oder das Sich-Verdichten von Indizien nachträglich Hinweise darauf geben, wo zu suchen erfolgversprechend sein könnte oder wo es zu unterlassen kraft- und zeitsparend erscheint. In jedem Falle ist dieses Umgrenzen eine pragmatische Angelegenheit, Sache vernünftigen Abschätzens und Einschätzens. Ich brauche dazu Erfahrung und Wissen – auch das anderer –, brauche Mut zur Vermutung und ein Quentchen Glück.

Nach dieser Abgrenzung aber brauche ich etwas ganz anderes: systematische Übersicht und geometrische Sorgfalt. Ich muß methodisch vorgehen, um auch wirklich alles, was innerhalb des Suchgebietes, aber außerhalb meines Gesichtsfeldes ist, einmal *in* dieses zu bringen. Mein Gesichtsfeld ähnelt dabei dem ›Sucher‹ einer Kamera; indem ich in planmäßiger Bewegung das gesamte Suchfeld überstreife, schaue ich ›flächendeckend‹, Abschnitt für

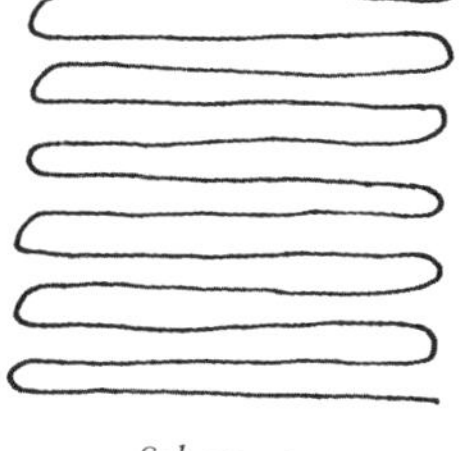

Schema 25:
Der Sucher als scanner*:*
systematisches Durchsuchen
eines Gebietes

Abschnitt nacheinander durchmusternd. Wie ein Streiflicht, wie *Das Streiflicht* suche ich alles ab, um ja nichts auszulassen, was aufzugreifen oder aufzuspießen sich lohnt. Auf dem Flohmarkt nicht jeden Stand wenigstens eines Blickes gewürdigt zu haben oder im Antiquariat nicht jedes einzelne Regalbrett aufmerksam durchgegangen zu sein: das hinterläßt das unbehagliche, bisweilen sogar quälende Gefühl, man könnte etwas Wichtiges, Bedeutendes, Großartiges übersehen haben – obwohl man eigens da war und gesucht hat. Ich muß also – eine Art unpolizeilicher Streifendienst – das gesamte Terrain mit offenen Augen abschreiten, es gleichsam lückenlos optisch abtasten, es scannen. Und zwar nicht allein um zu finden, was da ist – wenn denn etwas da ist –, sondern gleichermaßen um sicher sein zu können, daß mir nichts entgangen ist. Daß, wenn ich nichts gefunden habe, auch nichts zu finden war.

Den Mangel an Weite des Gesichtsfeldes auszugleichen, läge es nahe, Abstand zu nehmen und aus der Distanz das gesamte Suchgebiet auf einmal zu überblicken. Das können wir zwar und tun es bisweilen, eventuell mit Hilfe von Gerüsten oder Flugzeugen. Aber der Gewinn ist meistens gering. Denn sogleich macht sich das zweite große Defizit bemerkbar.

Unscharfer Fernblick

Suchen heißt zum einen, den Blick derart wandern lassen, daß schließlich das Gesuchte sich in dem Wirklichkeitsausschnitt befindet, dessen Grenzen durch das Gesichtsfeld bestimmt sind. Zuweilen ist das Suchen damit am Ziel: Ich sehe nun, was mir zuvor unsichtbar war. Doch es kann auch anders kommen. Und einer der Gründe dafür, daß ich etwas, das mir doch schon gegenwärtig ist, dennoch nicht sehe, ist die Distanz, die mich von ihm trennt – und es von mir. Sei es ein Ding, sei's eine unscheinbare Eigenschaft, die es hat, sei's ein winziger Teil, der zu ihm gehört: manches finden wir eben erst bei näherem Hinsehen.

Abstand überhaupt, egal ob klein oder groß, kann ich nur haben, weil ich als wahrnehmendes Wesen zugleich körperlich unter den wahrgenommenen Dingen anwesend bin. Und nur weil wir dank unserer Beweglichkeit diesen Abstand zu verkleinern und zu vergrößern imstande sind, kann es für mich dieses fundamental welthafte – und Gott vorenthaltene – Erlebnis geben: An bereits Gesehenem sehe ich beim Näherkommen noch mehr und beim Abstandnehmen wieder weniger. Grundsätzlich sichtbar war das zuvor oder ist das danach Unsichtbare schon; aber ich war bislang oder bin nunmehr zu weit weg, um es auch faktisch sehen zu können.

Indem ich näher herantrete, sehe ich indes nicht allein mehr, sondern zugleich weniger. Denn alles, was sich an der Peripherie meines Gesichtsfeldes aufhielt, wandert aus und liegt fortan außerhalb. Und umgekehrt: zurücktretend entferne ich mich von etwas und sehe damit von diesem weniger, doch mehr von den anderen: von allen Seiten her werden sie neu sichtbar. Suchen kann deshalb *beide* Formen annehmen: Annäherung *und* Distanzierung. Was ich, nähertretend, an Feinheiten und Kleinigkeiten, an Details und Nuancen neu entdecke, zahle ich mit dem Verlust an Kontext und Umgebung. Und je mehr ich, zurückweichend, mit dem Objekt auch dessen Position, dessen Situation, dessen Umfeld ins Auge fasse, desto weniger genau, weniger differenziert, weniger scharf sehe ich die Sache selbst. Solche Distanzierung bringt somit keinen Gewinn an optischer Tiefenschärfe, sondern ist, wie gesagt, bloß eine weitere Weise, dem Mangel eines engen Gesichtsfeldes ein wenig abzuhelfen.

Für die Annäherung gibt es zwei Grenzen: eine mechanische und eine optische. Die Berührung, gar der Zusammenstoß zwischen Auge und Sache beendet das Sehen überhaupt, und bisweilen schlagartig. Aber auch ohne daß es gleich hart auf hart geht, kommt es vor, daß man der Sache zu nahe tritt. Denn die beste Sicht auf sie hat man eben nicht im letzten Augenblick vor dem Zusammenprall. Vielmehr gibt es zu dem, was man sehen will, eine Distanz, aus der es am günstigsten, am deutlichsten zu sehen ist. Sie zu finden ist oft nicht leicht. Und wir suchen sie, justieren unsere Sicht, indem wir mehrmals heran- und zurücktreten, bis wir das richtige Maß ermittelt haben.

Die Entdeckung, die wir natürlich immer schon gemacht haben, daß nämlich Annäherung ein Verfahren ist, Unsichtbares sichtbar werden zu lassen, kennt bekanntlich auch technische Extrapolationen. Manches muß man eben mit der Lupe suchen; Mikroskop und Teleskop sind Instrumente, mit deren Hilfe wir das Nähertreten über die Grenzen hinaus fortsetzen, die uns organisch oder motorisch gesetzt sind. Sie helfen uns auch dort noch weiter, wo näher hinzugehen uns optisch nichts nützt oder körperlich nicht möglich ist.

Zwei subjektive Gründe für Unsichtbarkeit: Mein Gesichtsfeld ist eng; mein Fernblick ist stumpf. Subjektiv sind diese Gründe – meine Defizite – auch dann, wenn die Dinge selbst in der Lage sind, sie unwirksam zu machen. Denn dergleichen trägt sich ja mitunter zu: Ich blicke unbewegt geradeaus, Dinge aber, mir gewogen, ›demonstrieren‹: sie ziehen entweder an mir vorüber oder kommen mir näher. Doch was sie beheben, sind nicht *ihre* Mängel, sondern *meine*. Diese habe ich freilich nur in Bezug auf sie und in meiner Beziehung zu ihnen. Gegenstandsbeziehung kommt eben nicht nachträglich zu mir hinzu, sondern ist ein wesentlicher Bestandteil meiner selbst. Subjektiv sein heißt immer auch Objektbezug haben.

*

Ich komme damit zum zweiten Abschnitt dieses Kapitels: Es geht um unser sprunghaftes Augenmerk: neben dem engen Gesichtsfeld und dem unscharfen Fernblick ein dritter subjektiver Grund dafür, daß wir vieles, was wir sehen wollen, doch nicht sehen und deshalb danach suchen müssen.

Nur dies vorab noch einmal zur Verdeutlichung: nicht mit dem, was der Psychologe oder der Physiologe in seinem Labor feststellt, beschäftige ich mich hier, sondern mit dem, was jedem bei aufmerksamer Selbstwahrnehmung zugänglich ist. Also auch nicht mit jenen unwillkürlichen *und* unmerklichen schnellen Bewegungen, die unser Auge etwa viermal in der Sekunde vollzieht, sondern mit den teils unwillkürlichen, teils willkürlichen, meist unbemerkten – aber grundsätzlich doch bemerkbaren Sprungbewegungen, die jeder beim Beobachten seiner Umgebung oder auch beim Lesen ausführt. Wir tasten eben nicht Buchstabe für Buchstabe stetig ab, um daraus – und wär's auch noch so schnell – das gedruckte Wort aufzubauen, sondern wir hüpfen von Wort zu Wort, oft von einem Wortkomplex zum andern, und eilen so von Stelle zu Stelle: an jeder eine winzige Weile innehaltend, dazwischen aber: flugs hinweg.

Ich sehe auch die Aufgabe philosophischer Wahrnehmungsanalyse nicht darin, die Konsequenzen aus dem zu ziehen, was uns die psychologischen und physiologischen Forschungen an Erkenntnissen liefern; so sehr es heuristisch nützlich ist, diese zu kennen. Eher ist es umgekehrt: Der philosophische ›Diskurs‹ hat, in ihrer leiblichen Ausprägung und lebensweltlichen Einbettung, diejenigen Phänomene umsichtig und genau zu beschreiben, welche die empirische Forschung uns dann bitteschön kausal erklären und quantitativ aufschlüsseln möge. Angesichts des Umstandes, daß dort die Erzeugung von Hypothesen – nicht ihre Prüfung – oft noch durch Berufung auf ein ›intuitives Wissen‹ oder einen ›Stand der Forschung‹ geschieht, zu deutsch: durch naive Naturwüchsigkeit und szientistischen Inzest, ist das philosophische Ansinnen vielleicht nicht gar so arrogant, wie es zunächst den Anschein hat. Daß eine methodisch-empirische Bearbeitung, die es natürlich nie geben wird, Unzulänglichkeiten und Fehler der philosophischen Deskription an den Tag brächte, wäre natürlich nicht zu befürchten – sondern zu erhoffen.

Mühe und Geduld

Wir neigen zum Übersehen; wir sind nicht aufmerksam genug. Daher der paradoxe Befund: Obwohl wir etwas sehen, sehen wir es nicht; es kommt zwar in meinem Gesichtsfeld vor, aber ich bemerke es nicht. Noch schlimmer: Ich weiß auch nichts davon, daß ich es übersehen habe; ich bemerke nicht, daß ich es nicht bemerke. So ist all mein Suchen begleitet von der Vermutung, der Befürchtung, dem Verdacht, ich könnte das Gesuchte gesehen *und* übersehen haben.

Jeder kennt das als Zuschauer und Täter: Wer erfolglos sucht, wird alsbald etwas unruhig, sodann kribbelig, ärgerlich, hektisch – und steuert zielstrebig auf den Punkt zu, an dem er vor Wut explodiert oder in Verzweiflung kollabiert. Wichtiger vielleicht als der Anteil, den die Enttäuschung des Nicht-Findens daran hat, ist der vom Suchenden gegen sich selbst gerichtete Verdacht und Vorwurf, nicht aufmerksam genug geschaut zu haben. Und nicht wissen zu können, ob der Verdacht begründet ist, steigert die Gereiztheit zusätzlich. Deshalb kennen wir diese beiden typischen

Such-Fälle: etwas *verzweifelt* suchen oder etwas *geduldig* suchen. Genauer müßte es heißen: beim Suchen *an sich selbst* verzweifeln oder *mit sich selbst* Geduld haben. Unsere Natur treibt uns zu jenem Äußersten – manchen auch sein Naturell –, unsere Moral hingegen gebietet uns, Fassung zu bewahren und uns in Geduld zu üben. Schon das macht das Suchen oft so anstrengend.

An unseren Kräften zehrt und an unseren Nerven zerrt des weiteren das, was wir leisten müssen, um die Gefahr des Übersehens zu verringern. Suchen heißt eben nicht allein, etwas im Gesichtsfeld präsent zu haben, sondern es auch zu bemerken. Welches ist die besondere Weise, in welcher schon Gesehenes doch nicht gesehen wird? Und wie wird dieses bloß beiläufig Mitgesehene zum doch Bemerkten, und das Bemerkte zum eigentlich Wahrgenommenen? Und warum kostet uns das so viel Kraft? Warum ist das Suchen, das auch hier ein Sichtbar-Machen ist – wenn auch von schon Gesehenem –, so *mühsam*? Vorweg gesagt: Wir sind zu sprunghaft und müssen uns zu mehr Stetigkeit zwingen. Und wir sind zu passiv und müssen uns dazu aufraffen, mehr selbst zu bestimmen, was zu geschehen hat. Doch bevor ich im Schlußabschnitt dieses Kapitels auf diese Selbstführungs- und Selbstbestimmungsleistungen eingehe: hier zunächst die Beschreibung, wo, wohin und warum wir mit unserem Augenmerk springen.

Auffälligkeitsrelief

Menschliches Sehen hat eine komplizierte Binnenstruktur, in welcher das, *was* ich sehe, und die Weise, *wie* ich es sehe, zusammenspielen und sich ineinander verschränken. Unser Gesichtsfeld ist dicht bevölkert von Farben und Formen, von Hellem und Dunklem, von Konturen und Bewegungen. Sie schließen sich zusammen zur uns vertrauten dinglichen Welt: verschiedenartigste Dinge, die auf vielgestaltige Weise andere ihresgleichen neben sich und um sich und vor und hinter sich haben. Diese Gliederung ist aber stets überlagert von einer anderen: So manches hebt sich ab, während anderes unscheinbar bleibt; einiges davon tut sich noch deutlicher hervor, drängt sich auf; und hin und wieder springt etwas geradezu ins Auge. Oft ist es etwas Helles, während alles andere dunkel bleibt, oft etwas Bewegtes, während alles andere ruht. Das fällt auf. Vor dem Hintergrund des Gewohnten das Überraschende; vor dem Üblichen das Wunderliche; vor dem Häufigen das Seltene; und vor dem Vertrauten das Seltsame. Kurzum: Was wir sehen, hat eine Art Auffälligkeitsrelief.

Das Auffällige fällt aber nicht bloß auf, es zieht auch an. Es wirbt um meine Zuwendung. Sticht nicht allein eines hervor, sondern mehreres zugleich, so entsteht Attraktivitätskonkurrenz: sie alle rivalisieren um den Gewinn meiner Aufmerksamkeit; jedes möchte, daß ich sie ihm schenke. Das Auffällige ruft also dem Auge gleichsam zu: »Schau mich an!« Es will gesehen werden. – Aber *wird* es denn nicht längst gesehen? Wie könnte es hervorstechen unter allem, was ich gerade sehe, wenn es nicht selbst dazugehörte? Was also will es noch mehr?

Zentrum und Peripherie des Gesichtsfeldes

Dinge, wenn sie denn schon sprechen können, wissen auch einiges. Sie kennen uns und unsere Art zu schauen. Sie könnten uns nicht bitten, uns ihnen zu widmen, wenn sie nicht wüßten, was wir schon untersucht haben: daß unser Blick ein Kompromiß ist zwischen zwei Extremwerten: dem totalen *Rund*blick, mit welchem wir in *alle* Richtungen *zugleich* schauen könnten, und dem zielstrebigen *Pfeil*blick, der uns darauf beschränken würde, visuell in nur *eine* Richtung und auf nur *einen* Punkt zu zielen. Wir schauen indes weder radial-allseitig noch speerförmig-pointierend. Das legte den Vergleich mit dem Scheinwerfer nahe: er strahlt, aber nicht sonnig-allseitig; er hat eine Richtung, aber trifft nicht auf einen Punkt. Vielmehr erhellt er eine gewisse Fläche. Und so ähnlich sehe ich die Welt im Ausschnitt. Was diesen Ausschnitt umgrenzt, ist mein Gesichtsfeld: eng, aber nicht punktuell; ausgedehnt, aber nicht grenzenlos.

Unsichtbar ist für mich, was außerhalb, sichtbar, was innerhalb meines Gesichtsfeldes liegt. Doch als Kompromiß zwischen globaler Rundschau und spitzem Pfeilblick ist das Gesichtsfeld auch noch *in sich selbst* – und nur darum geht es jetzt – durch diese Grenzziehung zwischen Sichtbarem und Unsichtbarem bestimmt. Das Sichtbare, das, was faktisch *in* meinem Gesichtsfeld liegt, gliedert sich noch einmal in das, was mit Aufmerksamkeit bedacht wird, und das, was zwar auch mit da ist, aber nicht eigens Beachtung findet. Was etwa in einem Augenblick rein optisch geschieht, wenn ich lese – also abgesehen vom Sinnverständnis –, ist, daß ich eine bestimmte Buchstabenkonfiguration namens Wort momentan deutlich wahrnehme, während ich die Wörter, die um dieses eine herum vorkommen, zwar auch noch sehe, aber schon nicht mehr so deutlich. Und meinen Daumen am Rand der Seite pflege ich als Leser genauso zu ignorieren wie den Aschenbecher, der zur Hälfte hinter dem Buch vorschaut. Und überhaupt alles drumherum.

Etwas zu sehen bedeutet somit stets zweierlei: Zum einen, auf etwas Einzelnes konzentriert sein, es in den Mittelpunkt der optischen Aufmerksamkeit stellen, ihm sein Augenmerk widmen. Zum anderen aber, mitsehen, was daneben liegt, was von jenem Mittelpunkt ein wenig oder weiter oder ganz weit entfernt ist. Unser Gesichtsfeld gliedert sich also nach Zentrum und Peripherie; es

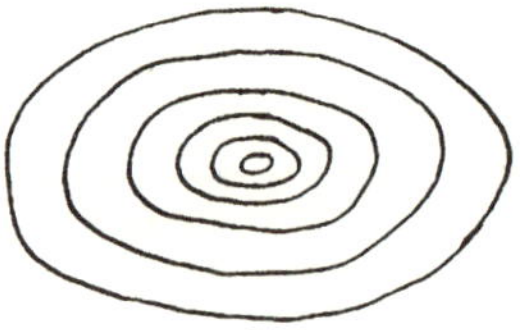

Schema 26:
Konzentrisches Gesichtsfeld:
zentral klar und deutlich,
peripher verschwommen

ist gleichsam durchzogen von konzentrischen Kreisen, deren Mittelpunkt dadurch ausgezeichnet ist, daß in ihm unsere Aufmerksamkeit sich bündelt, verdichtet, konzentriert. Indem wir auf das zielen, was in diesem Punkt sich befindet, haben wir in der Tat den Pfeilblick: er ist die zentrale Achse unseres Sehens.

Allerdings: wegen seiner in sich konzentrisch abgestuften Optik gleicht unser Auge einem Scheinwerfer gerade *nicht* und unser Gesichtsfeld auch *nicht* dem Sucher einer Kamera. Denn der Lichtstrahl beleuchtet alles, was er erhellt, gleichermaßen; und im Rechteck des Fotoapparates ist alles, was es umrahmt, gleichberechtigt präsent. In unserem Blick aber gibt es Bevorzugung durch Beachtung und Zurücksetzung durch Nichtbeachtung. Es versteht sich fast von selbst: Sobald wir unser Sehen nicht *mit* jenen Geräten theoretisch *vergleichen*, sondern sie *zum* Sehen praktisch *benutzen*, setzt sich natürlich innerhalb des durch Lichtgewährung oder Umgebungsausblendung bestimmten Wirklichkeitsausschnitts, da er nun wahrgenommen wird, die konzentrische Aufmerksamkeitsstruktur durch. Das Resultat kennt man aus ›naiven‹ Fotographien: Wer eine *Person* aufnehmen will statt ein *Bild* von ihr, der achtet auf *sie* in der Wirklichkeit, nicht auf *es* im Rahmen. Und so sieht es dann im Album aus: Kopf in der Mitte, Füße abgeschnitten.

Unmerkliches Verschwinden am Rande

Es sondert sich also, wenn wir die Augen auftun, das eigentlich Gesehene von dem nur Mitgesehenen: das eine im Zentrum klar und deutlich, das andere in der Peripherie unklar und verschwommen – und zwar um so mehr, je näher es am Rande zu liegen kommt. Alles aber in stetigem Übergang von innen nach außen. Was im Gesichtsfeld an Brüchen und Kontrasten, Grenzlinien und Schnittkanten vorkommt, gehört samt und sonders zu seinen Inhalten, nie zu seiner Struktur. Nichts ist in ihr diskret, alles kontinuierlich. Das trifft sogar zu für Mitte und Rand. Das Zentrum optimalen Sehens ist kein geometrischer Punkt, sondern eine winzige ovale Stelle mit fließenden Grenzen. Das braucht uns nicht zu verbieten, dennoch von einem Punkt zu sprechen; denn auch die Mitte einer Zielscheibe und das Loch, das ein Pfeil dort markiert, haben eine gewisse Extension. – Überdies ähnelt der äußerste Rand unseres Gesichtsfeldes keineswegs einem Fensterrahmen oder einer Sichtblende; er ist vielmehr derart verschwommen, daß wir unfähig sind, ihn zu sehen. Wir bemerken zwar, daß es da seitwärts eine Zone gibt, an der wir gerade noch etwas sehen; und wir merken zudem, daß wir noch weiter seit- und rückwärts nichts mehr sehen. Die Grenze jedoch, an welcher das Gerade-noch-Sehen endet und das Nicht-mehr-Sehen beginnt, entzieht sich unserer Wahrnehmung. Das Sehen hört ganz allmählich auf und das Gesehene wird blaß und konturlos: eine *perceptio obscura et confusa*. Unmerkliches Verschwinden.

Das ist nicht zufällig so; es muß so sein. Den Grund dafür kann man daraus entnehmen, daß uns ein naheliegender Trost für die Enge unseres Gesichtsfeldes versagt geblieben ist und versagt bleiben mußte. Hätte uns, wenn wir schon nicht allseitig sehen können, nicht wenigstens die Gabe zuteil werden können, *all* das Wenige, das wir zu sehen vermögen, völlig klar und deutlich zu sehen? Auf das extensive ›Ideal‹ der totalen Rundschau hätten wir zur Not noch verzichtet, wenn wir entschädigt worden wären mit dem intensiven, daß wir *alle* Inhalte unseres begrenzten Gesichtsfeldes mit der gleichen Aufmerksamkeit betrachten und beachten könnten wie faktisch die in der Mitte. Gesuchtes wäre, sowie es sich im Gesichtsfeld befindet, auch schon gefunden. *Über*sicht schlösse ein Über*sehen* aus.

Das intensive Gegen-Ideal ist uns wohlvertraut. Wer gedankenversunken vor sich hinglotzt, geistesabwesend ins Leere oder tagträumend in die Ferne blickt, der schaut dezentral-zerstreut. Er sieht alles so, wie es sonst nur in Randnähe aussieht. Und wenn schon die Mitte so diffus werden kann wie die Peripherie – könnte dann nicht auch der Rand so deutlich werden wie das Zentrum?

Das wäre schön gewesen: *Ein* Blick auf eine bedruckte Seite hätte genügt, um *alle* Wörter auf ihr zur Kenntnis zu nehmen und mit ihnen alles um sie herum. Alles – bis hin zum Äußersten. Die Grenze meines Gesichtsfeldes müßte ich dann mit derselben Deutlichkeit wahrnehmen können. Ich würde sie so sehen, wie ich sie sähe, wenn sie im Zentrum meiner Aufmerksamkeit läge: wie ein zugeschnittener Rahmen oder eine feste Kante. Mit ihr sähe ich jedoch – und das ist ruinös – beides zugleich: je ein Stück dessen, was innerhalb *und* was außerhalb liegt. So ähnlich wie man beim Blick durch ein Mikroskop, ein Fernrohr, eine Kamera immer auch ein Stück des Sichtrahmens mitsieht. Freilich: was ich so sehen würde, könnte eben nicht mehr die Grenze zwischen Sichtbarem und Unsichtbarem sein: es wäre die zwischen zweien, die gleichermaßen sichtbar sind. Wer fähig wäre, allem zugleich seine höchste Aufmerksamkeit zu widmen, der könnte kein begrenztes Gesichtsfeld haben. Das extensive Rundschau- und das intensive Aufmerksamkeitsideal sind letztlich ein und dasselbe. Für uns heißt das: Die ›äußere‹ Enge unseres Gesichtsfeldes und die ›innere‹ konzentrisch-graduelle Verminderung unserer Aufmerksamkeit machen zusammen die eine wesenhafte Struktur unserer visuellen Wahrnehmung aus.

Halten wir also fest: Es liegt an der konzentrischen Binnenstruktur unseres Gesichtsfeldes, daß wir mehreres zugleich und doch auf sehr unterschiedliche Weise sehen: das eine zentral – und darauf sind wir ›konzentriert‹ –, das andere peripher: wir bekommen es nebenbei mit. Der breite Ring, der das Zentrum umgibt, ist das Gebiet, in welchem die nur mitgesehenen Inhalte ihren eigenen Unterschied ins Spiel bringen: Manches fällt auf und macht sich bemerkbar, anderes bleibt unmerklich und unbemerkt – Auffälligkeitsrelief. Ich lese zwar gerade; dennoch entgeht es mir nicht, daß ein Marienkäfer am Rand meines Aschenbechers entlangkrabbelt: jener rot und bewegt, dieser, um des Kontrastes willen, grau und in Ruhe. Das Tierchen fällt mir auf, kein Wunder. Während *eines* den Vorzug meiner Aufmerksamkeit genießt, kann sich *einiges* bemerkbar machen, weil ich *vieles* zugleich wahrnehme.

Und alles, was auffällt, ist sofort auch Einladung, Anreiz, Verlockung zum Hinblicken. Das heißt indes *eo ipso*: Störung der Konzentration. Stets möglich und oft wirklich ist, daß mehreres zugleich auffällig wird und untereinander konkurriert um meine Zuwendung. In diesen Wettbewerb derer, die alle angeschaut sein wollen, treten bisweilen auch noch Anreize anderer Art ein: ich höre ein Rascheln im Papierkorb, mein Ellbogen juckt mich, es riecht nach angebrannter Milch ...

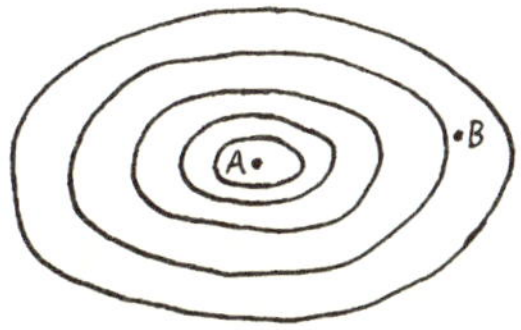

Schema 27:
Noch auf A konzentriert,
B aber ist schon mitgesehen und
überdies auffällig und attraktiv

Ein spannungsreicher, aber statischer Zustand: mein Gesichtsfeld als konzentrisches Koordinatensystem und darin eingetragen die attraktiven Objekte und, als Vektoren, die attrahierenden Kräfte.

Was ereignet sich, wenn ich eine dieser Kräfte sich auswirken lasse? Was läuft ab, wenn ich die Gunst meiner Aufmerksamkeit dem Objekt, das sie bisher hatte, entziehe, und sie dem schenke, das mich am dringlichsten darum gebeten hat? Dynamik: das Zentrum

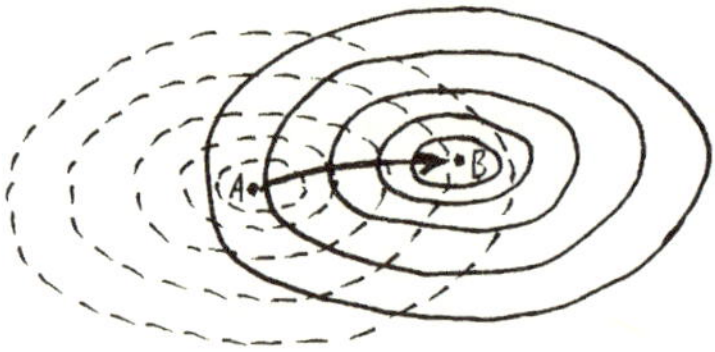

Schema 28:
Sprung von A nach B: neue Konzentration

meines Gesichtsfeldes springt; es springt hin zu der Stelle, von welcher die Einladung und Anlockung kam. So kommt beides zur Deckung: das objektiv Auffälligste und das subjektiv Deutlichste. Jetzt stört das attraktive Neue meine Konzentration nicht mehr, denn auf es selbst ist sie nun ja gerichtet.

Sprunghaftes Augenmerk

Meistens verschiebt sich bei der Zuwendung zu etwas Neuem auch der Rand des Gesichtsfeldes und somit dieses selbst als ganzes. Wichtiger aber ist hier die *Art*, wie das Zentrum seinen Ort verändert: Dies geschieht im Sprung. Vom Alten zum Neuen geht es nicht mit einer allmählichen gemächlichen Hinwendung, sondern mit einem Zuck: abrupt und plötzlich. Im Nu bin ich da. Die Spitze meines Blickpfeils gleitet nicht; vielmehr springt sie von Punkt zu Punkt. Und so geht das ständig. Denn nicht lange hält sich das Auge an einer Stelle auf. Immer neue Reize locken es an, und so hüpft es oft munter von hier nach dort und von dort nach da: ein wild zuckendes und trotzdem kaum je bemerktes Hin und Her und Kreuz und Quer. – Wer's existential-analytisch haben will: Neugierig verfallen wir Uneigentlichen dem ›Unverweilen‹ und der ›Zerstreuung‹.

Ruckartig also gelange ich von einem zum andern. Doch ist dieses *Über*springen immer auch Über*springen*: was dazwischenliegt, entgeht mir. Gar zu schnell gehe ich darüber hinweg. Und deshalb ist das Über*springen* immer auch ein Über*sehen*. Es gibt für uns kein lückenloses optisches Abtasten: so weit trägt die Analogie von Sehsinn und Tastsinn nicht. Und wie mein Auge schon wegen der Binnenstruktur seines Gesichtsfeldes dem Suchscheinwerfer nicht gleicht, so außerdem nicht wegen der sprunghaften Bewegung seines Zentrums. Das Streiflicht ist nur ein stetiger Läufer, ich aber bin überdies ein optischer Springer.

Daß unser Auge, als Sehorgan, sich nie selbst sieht – allenfalls Bilder von sich im Spiegel –, hat sein Pendant darin, daß wir unser Sehen, als Tätigkeit, kaum je bemerken, geschweige denn beachten, wiewohl wir uns beim Sehen einschlußweise stets darüber im klaren sind, daß wir sehen und nicht etwa träumen. Selbst dann aber, wenn wir unser Sehen beachten, beobachten, gar untersuchen, selbst dann bereitet uns die Plötzlichkeit, mit der es springt, weitere Schwierigkeiten. Denn ihretwegen fällt es uns so schwer, diese drei Weisen und Stadien des Sehens auseinanderzuhalten: das bloß unvermerkte Mitsehen des Unscheinbaren, das schon beiläufige Bemerken von Auffälligem und das endlich aufmerksame Erfassen derjenigen aufgefallenen Sache, auf die wir uns nun visuell konzentrieren.

Exkurs: Sehweise und Selbsterkenntnis eines Jagdtieres

(1) *Jägerblick und Jagdgeschick.* – Mein unstetes und stets sprungbereites Auge macht mir klar: Ich bin ein Jagdtier. Die Tiere, denen ich nach dem Leben trachte, um mir ihr Fett und ihr Eiweiß einzuverleiben, sind natürlich darauf bedacht, sich mir nicht zu zeigen: entweder tief oder oberflächlich fügen sie sich in ihre Umgebung ein. Sie sind entweder verdeckt, versteckt, vergraben, kommen also in meinem Gesichtsfeld nicht vor. Oder sie sind darin zugegen, und ich sehe sie trotzdem nicht, weil sie sich mit ihrer Farbe und Gestalt ihrem Unter- oder Hintergrund so anpassen, als wären sie ein Teil von ihm: Da sie nicht gewillt sind, sich abzuheben, bin ich nicht fähig, sie wahrzunehmen.

Entscheidend für den *hunter* ist: Bewegung fällt auf. Sie kann auf doppelte Weise sichtbar machen. Was verborgen war, kommt durch sie vielleicht hervor oder heraus. Und weil es sich beim Herauskommen bewegt, fällt es mir in dem Augenblick, da es in mein Gesichtsfeld gerät, auch sofort auf. Anderes Getier, das gar nicht verborgen war, aber wegen seiner Tarnfarbe von mir übersehen wurde, lenkt, sowie es sich regt, sogleich auch mein Augenmerk auf sich; vorausgesetzt, daß genügend Ruhe da ist, von der die Bewegung sich abheben kann. Man sieht: Innerhalb des wahrgenommenen Wirklichkeitssektors mit dem Auge – und dann auch zu Fuß – springen zu können, ist von unschätzbarem Vorteil. Hätte ich wohl jemals einen Bissen Fleisch zwischen die Zähne bekommen, wenn ich das Zentrum meiner Aufmerksamkeit zu dem, was sich da am Rande meines Gesichtsfeldes rührt, erst allmählich und mühsam und schwerfällig hätte hinschleppen müssen? Nein, blitzschnell werfe ich meinen Blick dorthin – und meinen Speer gleich hinterher.

Das also ist es, was dem Jäger nützt und was er ausnützt: Bewegung fällt auf; immer optisch, oft auch akustisch. Beim Aufspüren von Jagdbeute kann der Jäger sein Suchen darauf beschränken, seinen Blick schweifen zu lassen; er legt sich auf die Lauer und wartet, bis sich etwas sichtbar oder hörbar abhebt. Denn das, wonach er Ausschau hält, wird von selbst aktiv und dadurch attraktiv.

Jedes Tier *muß* sich bewegen; zwar nicht ständig, aber doch immer wieder. Der Grund dafür: Nahrung, egal ob pflanzlich oder tierisch, pflegt im Raume verteilt und verstreut zu sein. Ein Lebewesen, das durchs Fressen seinen Stoffwechsel besorgt, muß sich in aller Regel bewegen, um an den Platz zu gelangen, wo es etwas zu fressen gibt. Und so macht es sich bemerkbar, meldet sich, verrät sich. Wer fressen will, muß dazu das Risiko eingehen, selbst gefressen zu werden. Natürlich können Tiere die Wahrscheinlichkeit, entdeckt und erlegt zu werden, verringern. Sie reduzieren ihre Sichtbarkeit, indem sie sich vorzugsweise im Dunkeln bewegen: durch unterirdische Gänge oder bei mondloser Nacht oder im finsteren Walde. Sie reduzieren ihre Auffälligkeit, indem sie ›stillstehen‹: reglos und leise. Aber das sind eben nur unzulängliche Schutzmaßnahmen, ein Risiko zu vermindern, das einzugehen für sie unvermeidbar ist.

Bewegung, das weiß ich als Jäger, fällt auf. Deshalb suche ich meinem Jagdglück auf die Sprünge zu helfen, indem ich nicht passiv warte, bis etwas sich freundlicherweise zu regen geruht; nein, ich werde selbst aktiv und versuche, das irgendwo vermutete mobile Proteinpaket zur Selbstbewegung zu provozieren. Wenn ich einmal, ungern zwar, Sexualität beiseite lasse, wollen Tiere vornehmlich zweierlei: einerseits fressen, andererseits nicht gefressen werden. Deshalb lege ich einerseits einen Köder aus und locke sie an; andererseits klopfe ich auf den Busch und scheuche sie auf. So mache ich mir ihre beiden ›Motive‹, sich zu bewegen, zunutze, um sie – *corriger la fortune* – dazu zu bringen, sich mir zu zeigen: herauszukommen und aufzufallen. Daß ich den Fuchs, den ich *her*locke, nicht sogleich wieder *weg*jage, auch die Antilope, die ich *auf*scheuche, damit nicht zugleich *ver*scheuche, das gehört dann ebenso zu meiner Kunst als Jäger wie das Geschick, das, was ich erblickt habe, nun auch einzufangen oder zur Strecke zu bringen. Daß ich dies nicht allein, sondern gemeinsam mit anderen tue, wird man später als eine der bedeutendsten Leistungen auf meinem Weg zur Kultur betrachten.

(2) *Selbsterkenntnis eines Raubtiers.* – Bewegung fällt auf. Mit diesem Wissen erweitert sich auch meine Selbsterkenntnis. Als Jäger, das weiß ich, bin ich ja selbst ein Tier, das sich bewegt, weil es Nahrung sucht. Ich bin selbst ein Tier, das, Sex beiseite, zweierlei will: fressen und nicht gefressen werden. Auch ich *muß* mich bewegen; zwar nicht ständig, aber doch immer wieder. Denn auch meine Nahrung, egal ob pflanzlich oder tierisch, pflegt im Raume verteilt und zerstreut zu sein. Als Wildbeuter bewege ich mich und mache mich dadurch auffällig, optisch wie akustisch; ich verrate mich. Meine Bewegung ist, wie ich weiß, eine unfreiwillige Einladung oder Aufforderung, mich wahrzunehmen, gerichtet sowohl an die Fluchttiere, die ich fressen will, als auch an die Jagdtiere, die mich fressen wollen. Daß, als Konsequenz meiner Auffälligkeit, jene vor mir fliehen können oder ich vor diesen fliehen muß, ist meiner Kalorienbilanz natürlich abträglich: dort kein Gewinn, hier sogar Verlust.

Als Tier unter Tieren verhalte ich mich wie sie auch: Ich tue alles, um nicht bemerkt zu werden. Bewegungsreduktion – das ist die Devise. Ich bleibe, wenn möglich, in meinem Versteck und rühre mich nicht. Hellwach und doch mucksmäuschenstill liege ich auf der Lauer. Oder ich pirsche mich an: geduckt, langsam und leise. Meine Selbsterkenntnis – »Bewegung macht mich auffällig« – ist zudem Ursprung defensiver Textilproduktion und aggressiver Waffentechnik. Hab' ich kein Tarnkleid, mach' ich mir eins. Auf Beute aus, gehe ich nicht selbst hin, sondern lasse die anderen kommen: Als gewitzter Fallensteller warte ich geruhsam ab, bis mir ein Vogel auf den Leim oder ein Fisch ins Netz geht, bis mir ein Warzenschwein in die Grube fällt oder ein Marder in der ausgelegten Fußangel hängen bleibt. Das Hingehen erspare ich mir auch, wenn ich stellvertretend etwas hinschicke und dabei selbst in Deckung bleibe. Ich schleudere einen Bumerang, werfe einen Speer, schieße einen Pfeil ab. So kann ich aus der Ferne in der Ferne wirken, ohne das Risiko eingehen zu müssen, beim Hingehen bemerkt zu werden.

Bewegungsreduktion tut aber aus beiden Gründen not: Ich bin nicht allein als Jagdtier nicht schnell genug, sondern überdies als Fluchttier zu langsam, um mir Auffälligkeit leisten zu können. Ehe ich mich's versehe, sind andere schon dabei, ihre Kalorienbilanz aufzubessern – auf meine Kosten und mit mir als Kost. Für das Wolfsrudel, das mich gerade verspeist, bin ich, anders als das Reh letzte Woche, kein erjagtes, sondern ein gefundenes Fressen. So langsam war ich. Die Moral daraus für das kulturfähige Raubtier: Wer langsam ist, muß gerissen sein, um nicht selbst gerissen zu werden.

*

Gegen das Übersehen: Disziplin und Gründlichkeit

Im Schlußabschnitt dieses Kapitels möchte ich nun ein paar Beobachtungen dazu anstellen, wie wir unsere optische Sprunghaftigkeit unter Kontrolle bekommen: fähig werden zur Selbstbestimmung unseres Sehens und zur Selbstführung unseres Blicks. – Das also war der Ablauf: Zuerst fällt etwas auf, dann zieht es meinen Blick an, schließlich schaue ich hin. Plötzlich und sprunghaft geschieht diese Zuwendung des Augenmerks. Daß mein Blick so flink, mein Auge so schnell ist, kommt mir als Jäger zugute. Etwas, das mir durch Bewegung auffällt, könnte sich mir durch dieselbe Bewegung sogleich entziehen, wenn ich nicht fähig wäre, es sofort ins Auge zu fassen und den Blick an es zu heften. Doch längst bin ich nicht mehr als Wildbeuter wie wild hinter dem Wild her. Ich brauche mein ›Gesicht‹ zumeist für andere Dinge, etwa auch zum Suchen. Und nur selten und eher zufällig ist das Gesuchte auch in Bewegung. Mitunter – aber das ist ein glückliches Zusammentreffen – ist und wird das Gesuchte dennoch auffällig, etwa dank seiner Helligkeit, seiner Farbe, seiner Gestalt. Dahin springt mein Blick gern und leicht. Weiße Gänseblümchen auf der grünen Wiese zu suchen oder rote Johannisbeeren an ihrem Strauch: ein Vergnügen! Suchen ist hier Zerstreuung und dient ihr. Andererseits: Wer hat schon Lust, in der Bibliothek ein Buch mit dunkelblauem Rücken zu suchen oder unter dreiblättrigen Kleeblättern die vierblättrigen? Das ist schwer, das macht Mühe, das kostet Nerven.

Zu suchen, was *nicht* auffällt und deshalb allzu leicht übersprungen und übersehen wird, erfordert Disziplin. Einmal *negativ*: Nicht jeder Einladung folgen und nicht jeder Versuchung erliegen, nicht von jedem Blickfang den eigenen Blick fangen und nicht von jeder Attraktiven sich hinreißen lassen. Disziplin als Zurückhaltung. Daß ich hier willentlich überhaupt etwas ausrichten kann, liegt natürlich daran, daß zuvor schon ich selber es war, der sich an- und hinziehen läßt. Über die notwendige Passivität hinaus, die stets zum Kernbestand meines Wahrnehmungserlebnisses gehört, lasse ich auch dort noch, wo ich handeln könnte, etwas mit mir geschehen. Ich lasse mich gehen und ziehen. Damit soll es nun ein Ende haben. Ich lasse es nicht länger zu, daß meine Aufmerksamkeit bloß passiver und willenloser Spielball von Kräften ist, die sich zufällig in meinem Gesichtsfeld tummeln.

Suchen kann aber natürlich nicht darin bestehen, daß ich wie gebannt auf *eines* blicke, unabgelenkt und unablenkbar. Vielmehr muß ich nun meine durch Zurückhaltung errungene Unabhängigkeit sinnvoll nutzen. Ich muß – das ist Disziplin *positiv* – meinen Blick willentlich so bewegen, daß mein Augenmerk auch dem sich zuwendet, was ich, mich ziehen lassend, übersehen hätte. Disziplin hat zum Ziel, keine Lücken entstehen zu lassen. Jedes einzelne, wie unscheinbar es auch sein mag, ist gesondert ins Auge zu fassen. Mein Blickzentrum kontinuierlich gleiten zu lassen gelingt mir zwar nicht. Aber ich vermag mich diesem Ideal der Stetigkeit doch anzunähern, indem ich statt großer Sprünge kleine Schritte mache. Wenn Springen schon unvermeidbar ist, so läßt sich das Risiko, das Gesuchte zu überspringen, doch mindern, indem ich immer kür-

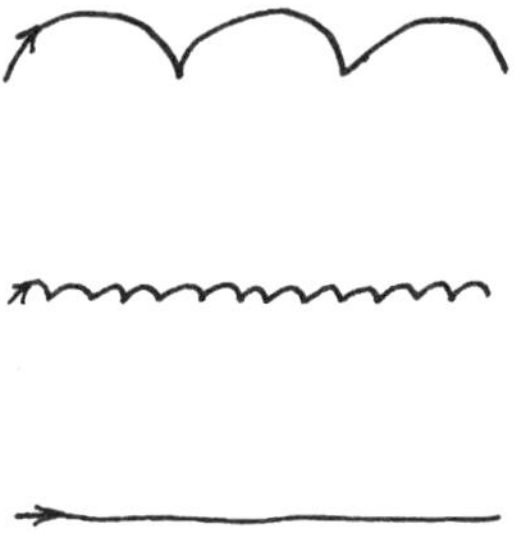

Schema 29:
Große Sprünge, kleine Schritte,
kontinuierliches Gleiten

zer springe und zuletzt nur schreite. Ich suche die Lücken durch ihre Verkleinerung zum Verschwinden zu bringen. Je besser mir das gelingt – und *ganz* gelingt es mir nie –, desto mehr verdient mein Suchen das Prädikat *gründlich*.

Sind wir überhaupt fähig, unser leichtfüßiges Augenmerk so streng an die Kandare zu nehmen und so eng zu führen? Unser Zutrauen dazu ist jedenfalls nicht sonderlich ausgeprägt. Sonst wäre nie einer von uns auf den Gedanken gekommen, nach einer erfolglosen Suche noch einmal von vorne anzufangen. Die Vermutung, die uns leitet, wenn wir eine Suche wiederholen, besagt: Es besteht eine gewisse Wahrscheinlichkeit, daß beim zweiten Durchgang das Zentrum unserer Aufmerksamkeit auch an Stellen, vielleicht sogar an *den* Stellen haltmacht, die es zuvor übersprungen hatte. Und natürlich gilt der alte Spruch, daß vier Augen mehr sehen als

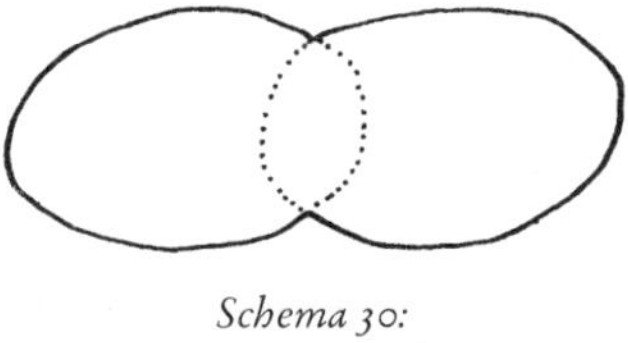

Schema 30:
Gemeinsam suchen:
vier Augen, zwei Gesichtsfelder,
größerer Wirklichkeitsausschnitt

zwei, nicht bloß extensiv, indem der eine sein enges Gesichtsfeld mit dem des andern so zusammenschließt, als ob sie ein gemeinsames größeres hätten. Er gilt auch intensiv: es ist sinnvoll, statt etwas zweimal allein, es einmal zu zweit zu suchen. Unsere Gesichtsfelder bleiben zwar verschieden, denn jeder hat stets allein sein eigenes; wir sind aber fähig, durch sie *denselben* Wirklichkeitsausschnitt zu umgrenzen. Nur wenn in diesem Sektor jeder von uns beiden mit seinem je eigenen Aufmerksamkeitszentrum

Schema 31:
Alleine oder zu zweien suchen:
große Sprünge mit dem Effekt
kleinerer Schritte

verschieden springt, kann es besser sein, einmal gemeinsam zu suchen statt zweimal allein. Ob so oder so: jedenfalls wird der Mißerfolg um so erträglicher, je besser die Vermutung begründet ist, daß er nicht der Nachlässigkeit des Suchenden zuzuschreiben ist, sondern der Abwesenheit des Gesuchten.

Visuelle Selbstbestimmung

Nur ganz selten gehen wir beim Suchen so diszipliniert vor, daß wir Stück für Stück für Stück alles einzeln nacheinander anschauen. Wohl ist dieses langwierige und langweilige Vorgehen hier und da unvermeidbar. Doch meistens liegt die Weise, wie wir faktisch suchen, in der Mitte zwischen den beiden Bewegungsarten unseres Aufmerksamkeitszentrums: Weder lassen wir dieses so wild und zügellos umherhüpfen, wie die zufälligen Auffälligkeiten uns auffordern, noch sind wir so pedantisch und kleinkariert, wie die rigide Disziplin des Nichts-Auslassens uns vorschreibt. Wir haben, zum Glück, nicht nur die Wahl zwischen einer fremdbestimmten Passivität, in der wir schnell springen, aber fast alles übersehen, und einer kontrollierten Aktivität, kraft deren uns fast nichts entgeht, die uns aber so fürchterlich langsam macht. Wie gelingt es uns, unser Suchen zu beschleunigen, ohne in Kauf nehmen zu müssen, daß die Gefahr, etwas zu übersehen, im gleichen Maße wächst?

Bin ich beim Schauen *passiv*, so liefere ich mich dem aus, was in meinem Gesichtsfeld gleichsam am lautesten schreit. Fremdbestimmung: Mein Augenmerk bewegt sich, *weil* es gezogen wird und *wohin* es gezogen wird. Ruckartig reißt das Auffälligste es zu sich hin. Mit Disziplin gebiete ich dem Einhalt, um dann in Freiheit *aktiv* zu werden. Selbstbestimmung: Mein Augenmerk bewegt sich, *weil* ich will und *wohin* ich will. Spontan springt es hin. Nur: warum und wohin soll ich wollen?

Bin ich auf der Suche nach etwas, so scheint diese Frage schon beantwortet. Ich will ja sehen, was ich suche. Ich *will* etwas, und ich *weiß*, was ich will; ich habe Absicht und Begriff. Freilich: *Kann* ich auch, was ich will? Müßte ich nicht schon gefunden haben, was ich suche, um ihm meine Aufmerksamkeit zuwenden zu können? Oder muß ich, da ich nicht weiß wohin, doch wieder die ganze Serie des Vorliegenden optisch abarbeiten und mich, so öde es ist, allem einzeln nacheinander widmen? Der Ausweg aus diesem Dilemma: Ich muß – und ich kann – Umstände herstellen, unter welchen mir gerade das auffällig wird, was ich suche. Ich lasse mein Augenmerk anziehen von und hinziehen zu dem, das *mir* seine Auffälligkeit verdankt. Es gibt eine umwegige Selbstbestimmung, eine autonome Passivität des Erblickens: Während ich etwas mit mir geschehen lasse, bin ich doch selbst der Autor und Regisseur dessen, was mir da geschieht. Indem ich selbst etwas zu etwas Auffälligem mache, bringe ich es dazu, mit mir das zu tun, was ich selbst will. So führe ich indirekt meinen Blick doch selbst.

Uns auffällige Gestalten

Alles Auffällige ist eben nicht *an sich* auffällig, sondern *für uns*, ja mehr noch: *durch uns*. Wenngleich nicht durch uns *allein*. Das Auffälligkeitsrelief, mit dem die Wirklichkeit sich uns darstellt und mit dem sie unser Augenmerk durch Anziehung zu dirigieren sucht, ist stets auch unser eigenes Werk. Denn unser Blick ist durchformt von Wahrnehmungsgewohnheiten und Auffassungspräferenzen, die uns für das eine empfänglich machen und für das andere stumpf bleiben lassen. Wir können nicht nur willentlich bestimmen, wem wir unsere Aufmerksamkeit widmen; wir können zuvor schon und indirekt mitbestimmen, was überhaupt auffällig werden und um unsere Aufmerksamkeit werben darf.

*Mit*bestimmen. Auf objektive Differenzen, vorgegebene Kontraste, sich einstellende Abhebungen sind und bleiben wir angewiesen. Wenn zum Beispiel *alles* sich bewegt, kann uns Bewegung nicht auffallen, wenn *alles* glänzt, nicht der Glanz. Wenn aber genug Ruhe da ist, vermag Bewegung sich abzuheben, und Glanz bei ausreichender Mattigkeit. Aber auch das Umgekehrte wäre möglich: ein ruhender Fleck im chaotischen Gewirr würde sich ebenso abheben wie eine matte Stelle umgeben von flimmernder Helligkeit, beide freilich minder deutlich. Indes springt nicht alles, was sich abhebt, auch gleich ins Auge. Es ist ja noch immer ein Unterschied zwischen dem bloß Abgehobenen und dem überdies Auffälligen. Und einiges von dem, was durch Kontrast sich bemerkbar macht, fällt nur deshalb auf, weil genau dieser Kontrast – nicht jeder – für uns bedeutsam ist und durch uns Verstärkung erfährt.

Uns verdankt etwa auch die Bewegung ihre Auffälligkeit, ja ihre alarmierende Vordringlichkeit. Denn daß etwas sich bewegt, während sein Umfeld in Ruhe verharrt, würde uns nicht oder doch nicht *so* auffallen, wenn Bewegung für uns nicht von ›Bedeutung‹ wäre: wichtig und sinnhaltig. Bewegung, evolutionär betrachtet, ist belangvoll für unser Überleben-Können und ausgestattet mit einem verstehbaren Inhalt: Was sich bewegt, ist zumeist etwas Gefährliches, etwas Bedrohliches oder etwas Erjagbares, das den Hunger stillt. So sind bereits bei der naturwüchsigen Ausbildung unserer Wahrnehmungsgewohnheiten Begriffe im Spiel. Wir, zumal als Tiere, brauchen uns diese Begriffe nicht ausdrücklich zu Bewußtsein zu bringen, um dennoch durch sie unsere Empfänglichkeit prägen zu lassen. Wäre Bewegung für uns ohne Bedeutung, könnten wir sie zwar auch sehen und unser Augenmerk auf sie richten, aber sie würde uns nicht gar so dringlich dazu auffordern; sie müßte nicht gänzlich stumm sein, aber ihre Stimme wäre eher einladend als alarmierend; sehr viel leiser und dezenter, als sie faktisch ist.

Sehen lernen

Sehen müssen wir, obgleich wir es ›natürlich‹ schon können, stets noch lernen. Beim Sehen – wie sonst auch – kommt Kultur zustande, indem wir Prozesse, die von Natur aus ablaufen, gleichsam in die Hand nehmen, um sie dorthin zu führen, wohin sie von selbst nie gekommen wären. Um unauffällige Differenzen zu auffälligen zu machen und kontrastarme Abhebungen mit einem höheren Maß an Attraktivität auszustatten, brauchen wir vor allem Begriffe und Übung. Und Übung verlangt, wie jeder weiß, Disziplin. Wir fangen deshalb mit kleinen Schritten an, fassen alles einzelne, wie unscheinbar es auch sein mag, genau ins Auge und prüfen, ob es zu dem gehört, was wir suchen. Ob also seine Anschauung dem Begriff ›entspricht‹, der die Suche anleitet; ob es Bedeutung für uns hat.

Wenn wir auf diese Weise einmal, und erst recht, wenn wir öfter gefunden haben, wonach wir gesucht hatten, lernen wir zugleich weiteres kennen: zum einen, Teile oder Eigenschaften der gesuchten Dinge, die an ihnen und für uns als prominente Merkmale, distinktive Kennzeichen oder signifikante Markierungen dienen können; zum anderen die eigentümlichen Umgebungen, die typischen Lagen, die charakteristischen Konstellationen, in welche das Gesuchte eingefügt zu sein pflegt. Unter der Anleitung von Begriffen und kraft disziplinierter Suche bilden sich somit Muster, Schemata und Gestalten heraus: Figuren, auf die wir fortan ›ansprechen‹, weil sie uns, den Geübten, auffallen, sobald sie sich im Gesichtsfeld zeigen.

Finden mit geübtem Auge

Was wir beim Erlernen unserer Handgriffe erfahren, gilt auch für unsere Seh- und Suchhandlungen: Etwas gekonnt zu haben fördert das Können. *Nothing succeeds like success.* Wahrnehmungsgewohnheiten – sowohl die Präzision, mit der wir etwas sehen, als auch zuvor schon die Leichtigkeit, mit der es uns auffällt – werden ausgebildet durch Übung. Dabei ist die *Aus*übung einer Tätigkeit zugleich *Ein*übung in sie. Wir gewinnen Routine; Können wird selbstverständlich. Unser Auge wird so trainiert, daß auch der kleine Unterschied, ohne daß er größer würde, eher auffällt. Wir brauchen nicht mehr mühsam und pedantisch den Maßstab des Begriffs an jede einzelne Erscheinung zu halten, weil uns kraft unserer Sensibilität für die Gestalt nun ›von selbst‹ auffällt, was ihm entspricht. Das erleichtert und beschleunigt unser Suchen. Im Vertrauen auf unser geschultes Auge, unseren Kennerblick, springen wir auf das, was unsere Aufmerksamkeit anzieht, ohne zu große Sorge haben zu müssen, das Gesuchte dabei zu überspringen und zu übersehen.

So entwickelt, wer häufig Gleichartiges sucht, eine besondere visuelle Empfänglichkeit für das, was er sucht. Er hat einen Blick dafür. Die Art seines Könnens teilt er mit allen, die im Umgang mit bestimmten Sachen Erfahrung gewonnen haben und zu Experten geworden sind. Ich bin, wie jeder von uns, umgeben von Leuten, die – vermöge ihrer erlernten Profession und der darin wichtigen Begriffe – vieles besser und schneller entdecken als ich. Ob der Arzt mein Röntgenbild betrachtet oder der Autohändler meinen alten Peugeot: sofort fällt ihnen vieles auf, was mir mangels Übung entgeht. Und oft bleibe ich auch dann noch blind dafür, wenn sie mich durchs Hinzeigen eigens darauf aufmerksam machen. Aber so hat natürlich jeder von uns seine Spezialgebiete, auf denen er dieses oder jenes schneller als andere zu bemerken vermag; und so kann auch jeder von uns die Aufmerksamkeit anderer so zu lenken suchen, daß auch diese, seinen Hinweisen und Beschreibungen folgend, das erkennen, was er zuvor schon herausgefunden hat.

Zweiter Teil
Selbstverständliche Ortskenntnis, mühsame Orientierung

Im *Ersten Teil* dieses Buches haben wir betrachtet, wie wir nach Gegenständen suchen und nach Zeichen, die auf sie verweisen. Zuweilen war das Gesuchte weiter von uns entfernt. Dann schloß das Suchen der Sache eine Suche nach dem Weg zu ihr ein. Im *Zweiten* und *Dritten Teil* meiner Überlegungen wird nun die Suche nach Stellen und nach Wegen, die zu ihnen führen, unser Thema sein. Beides gibt es natürlich: Entweder ich will hinkommen, bloß um *selbst* dort zu sein; oder ich suche einen Platz auf, weil ich dort *etwas* sehen, haben, mitnehmen möchte. Was indes gleich bleibt, ist, daß ich jetzt *hier* bin, aber *dort* sein will und deshalb den *Weg* dorthin beschreite. Und darauf konzentriere ich mich in den folgenden Studien.

Mich zurechtfinden ist für mich ganz leicht und problemlos, wenn ich mich innerhalb meiner vertrauten lebensweltlichen Sphäre bewege. Hier kenne ich mich aus. Draußen aber habe ich oft einige Mühe, zu wissen, wo ich bin, und meistens noch größere, einen entfernteren Ort aufzufinden. Selbstlokalisierung und Wegsuche sind dann häufig schwierige und umständliche Unternehmungen, die wir oft nur mit instrumenteller Unterstützung zum Erfolg führen können. – Die fünf Kapitel dieses *Zweiten Teils* werden die Alternative von selbstverständlicher Ortskenntnis und mühsamer Orientierung, von leichtem Hinfinden drinnen und schwieriger Wegsuche draußen entfalten. Dabei wird sich zeigen, daß wir selbst diese Schwierigkeiten nur mehr schlecht als recht zu bewältigen vermögen und deshalb ihre Bewältigung zunehmend an technische Systeme delegieren.

Im *7. Kapitel* gelangt in Grundzügen eine *elementare Topik* zur Darstellung: eine Theorie der Beziehungen zwischen Gegenständen und Stellen, die leer oder von jenen besetzt sein können; eine Theorie auch der Weise, wie Stellen in ihren Kontext eingebettet und untereinander durch Wege verbunden sind. Ordnung, darauf läuft es hinaus, läßt sich dann bestimmen als eine feste Beziehung zwischen Gegenständen und Stellen einerseits und zwischen diesen Stellen selbst in einem stabilen System andererseits.

Daß eine solche Ordnung besteht und ich sie kenne und in ihr lebe, ist die Grundlage dessen, was das *8. Kapitel* entfaltet: *Sich-*

Auskennen in vertrauter Umgebung. Meine lebensweltliche Eigenheitssphäre, wohlgeordnet von mir und für mich, ist durchzogen von signitiven intentionalen Verweisungen. Sie laufen zum einen dort zusammen, wo ich selber bin, indem die Dinge von ihrem Platz aus sich mir an meinem Platz mit gerade diesem und keinem anderen Anblick zeigen: Präsenzbewußtsein samt Orientierung wird mir auf diese Weise zuteil. Zum andern aber führen mir die zeichenartigen Verweisungen Auge, Hand und Fuß so unmerklich, daß mein Handeln hier meist routinemäßig abläuft, keines Nachdenkens und Wollens bedarf. Hinfinden: kein Problem.

Was aber, wenn wir uns außerhalb unserer heimischen Umgebung zurechtfinden, wenn wir gar einen fernerliegenden Ort erreichen wollen? Wir verschaffen uns erst einmal einen Überblick. Wie wir das tun, stellt das *9. Kapitel* dar: *Von der Vogelperspektive zur Kartographie.* Es untersucht unsere eigentümliche Fähigkeit, das aus der Froschperspektive nacheinander Gesehene so darzustellen, als ob wir es insgesamt zugleich von weit oben überschauen würden. Diesem Überblickswissen verleihen wir Objektivität und intersubjektive Verfügbarkeit, indem wir es in Gestalt von Plänen und Karten ›realisieren‹. Eingetragen in diese Zeichnungen werden aber auch als intersubjektiv verstehbare Zeichen die Namen von Ortschaften und Straßen, Plätzen und Wegen.

Das *10. Kapitel: Umständliche Selbstlokalisierung* fragt dann, wie wir unser Überblickswissen dazu benutzen, um uns in unbekannter Umgebung zurechtzufinden. Zuallererst muß ich wissen, wo ich hier überhaupt bin und wie meine Stellung relativ zu der Wirklichkeit rings um mich ist. Ich finde das eine heraus mit Hilfe der Namen, die eine schriftliche Doppelexistenz haben: auf dem Papier und auf Ortstafeln und Straßenschildern. Und ich finde, meine Selbstlokalisierung ergänzend und vollendend, das andere heraus, indem ich mein Überblickswissen und meine leibliche Ausrichtung mit den Richtungen koordiniere, die die Wirklichkeit selbst mir vorgibt. In dieser Koordination besteht meine Orientierung. ›Umständlich‹ heißt diese Leistung wegen der Indirektheit, mit der sie erbracht wird, und wegen der Umstände, in denen sie stattfindet und in die ich mich einordne.

Was ich, wenn ich weiß, wo ich bin, noch tun muß, um meinen Weg zu dem Platz zu finden, an dem ich sein möchte: das beschreibt dann das *11. und letzte Kapitel* dieses Teils: *Wegsuche,*

Wegbeschreibung und Routenplanung. Es beginnt mit der Praxis, einen neuen Weg erstmals zu bahnen, und der, in einem Netz gebahnter und kartierter Wege den eigenen zu finden. Dieses Finden hat seine Theorie: Auf der Karte verschaffen wir uns einen simultanen Überblick, der dann aber transformiert wird in eine Abfolge von Beschreibungen der Wegstücke in ihrem zeitlichen Nacheinander. Schließlich zeige ich noch, wie wir mittels digitaler Karten unsere Computer in die Lage versetzen, uns diese Mühen abzunehmen und unsere Routenplanung für uns zu erledigen.

7. Kapitel
Elementare Topik

»Wo ist der Kellerschlüssel?« So kann man jemanden fragen. Man kann indes in dieser Frage auch allein der eigenen Suchaktivität sprachlichen Ausdruck verleihen. Und dann ist daran leicht zu ersehen, daß, wer hier sucht, vertraut ist mit dem Unterschied und der Beziehung zwischen einer Sache (»der Kellerschlüssel«) und dem Ort, an dem sie sich befindet (»wo«). Da dieses Wissen sich nicht auf einen bestimmten Ort und eine bestimmte Sache beschränkt, sondern ganz formal die Beziehung zwischen Örtern und Sachen überhaupt zum Thema hat; und da der Ort, der Platz, die Stelle im Griechischen *topos* heißt, kann man dieses Wissen ganz allgemein in die Formel »Wo ist x?« fassen und es ein *formal-topisches* Wissen nennen.

Um die Entfaltung eines heuristisch bedeutsamen Ausschnittes aus diesem Wissen geht es mir im vorliegenden Kapitel. Es gliedert sich in zwei Teile: einen ›genetischen‹ und einen ›pragmatischen‹. Im *ersten* Teil stelle ich den Prozeß dar, durch den wir überhaupt dazu gelangt sind, Stellen von Dingen zu unterscheiden. Dabei wird sich zeigen, daß sich in eins mit den Stellen auch die Umgebungen rings um sie und die Wege zwischen ihnen ergeben und wie allenthalben die Rückbeziehung auf Dinge erhalten bleibt. Im *zweiten* Teil untersuche ich dann, wie wir Stellen als einzelne abgrenzen, markieren, identifizierbar machen. Dabei können sich dinghafte Ab- und Umgrenzungen zu Behältnissen verdichten und verfestigen und sich ineinander verschachteln. Besonders, aber nicht ausschließlich sind es immobile Behältnisse vom Typus Haus, die durch ihre Bodenständigkeit ganzen Stellensystemen ihre Festigkeit verleihen.

Inventur topischer Fragen

Zu einer Theorie lebensweltlichen Suchens und Findens gehört also, wenigstens ausschnitthaft, auch eine *Topik*, eine ›Lehre von den Örtern‹, eine ›Theorie der Stätten‹. In dieser ›Stellenkunde‹ gelangt unser formal-topisches Wissen zu systematischer Entfaltung. Lassen wir rasch die Fragen, die in ihr zu beantworten sind, Revue passieren, um einschätzen zu können, wie das Segment lokalisiert ist, das uns weiter interessieren wird. Wie kommen wir überhaupt dazu, zu unterscheiden zwischen Plätzen und dem, was sich an ihnen befindet? In welcher Beziehung stehen Stellen und die zu ihnen gehörenden Stellenbesetzer? Wie verhalten sich ehemalige und gegenwärtige und mögliche zukünftige Stellenbesetzer zueinander? Und wie verhalten sie alle sich zu der Stelle, auf die sich zu beziehen sie untereinander verbindet? Was ist ein Platzhalter und welche Beziehung hat er zu dem Platz, den er hält, und zu jenem Abwesenden, für welches er ›seinen‹ Platz hält und freihält? Wie machen wir Plätze identifizierbar, benennbar, auffindbar? Wie können wir Stellen verändern, ohne daß sie aufhören, dieselben zu sein, die sie bislang waren?

Und dann Stellen in Relation zueinander: Wie kommt es, daß Stellen sich nebeneinander, übereinander, hintereinander, ineinander befinden können? Wie kommt es, daß sie untereinander durch Wege verbunden sein können, gar verbindbar sein müssen? Warum darf eine Vielzahl von Stellen nicht wild durcheinanderpurzeln in einem chaotischen Drunter und Drüber, sondern muß sich zusammenfügen zu einer beharrenden, allenfalls partiell und allmählich sich verändernden Ordnung? Gibt es, iterativ, für die Wanderung, Verschiebung, Verlagerung von Stellen wiederum eine zugrundeliegende Ordnung, eine topische Substruktur, deren feste Stellen sich zu den nun bewegten so ähnlich verhalten wie diese ehemals festen Stellen zu ›ihren‹ ehemals bewegten Gegenständen?

Und in welcher Beziehung stehen Stellen, die nicht allein verschieden, sondern verschieden*artig* sind, ihrer Art nach zueinander: die Stelle, an der's mich juckt, und die, an welcher der Bus hält? Die, für welche meine Firma einen Mitarbeiter sucht, und die, die ich aus der Bibel zitiere? Die, für welche in einer algebraischen Formel das x steht, und die, deren Lage in einem Koordinatensystem durch Zahlenwerte bestimmt ist? Herrscht da Metaphorik oder Deduktion, Analogie oder Äquivokation?

Allein an dieser Fragenliste sieht man, was alles es jenseits von Spezialdisziplinen wie der rhetorischen Topik, der mathematischen Topologie und der literaturhistorischen Toposforschung zu ›erörtern‹ gibt, wenn unser formal-topisches Wissen von seinen elementaren Grundlagen her entfaltet werden soll. Ganz am Anfang aber steht, daß jeder, der dieses Wissen hat, grundsätzlich den Unterschied zwischen Gegenständen und Stellen kennt; und daß er weiß, daß Gegenstände sich an bestimmten Stellen aufhalten und daß Stellen von bestimmten Gegenständen besetzt sein können, aber nicht müssen. Dieses formal-topische Wissen ist konstitutiv für das Suchenkönnen überhaupt. Außerdem aber ist es dasjenige Wissen, das uns vorrangig leitet, wenn wir nicht einfach nach Dingen suchen, sondern nach Stellen: sei's weil bestimmte Dinge dort sein könnten, sei's weil wir selber dort sein möchten. Dieses Stellenwissen erweitert sich zum Wegewissen, sowie es uns darum geht, von hier aufzubrechen, um dort hinzufinden.

Anfängliche Indifferenz

Wie kommt es, daß wir in der Lage sind, zwischen Plätzen und Dingen zu unterscheiden? Von welchem Zustand aus, in dem wir dies noch nicht konnten, und auf welche Weise, deren wir uns nicht recht entsinnen, sind wir ›ursprünglich‹ zu dieser uns längst selbstverständlich gewordenen Differenz gelangt? Diese Frage läßt sich beantworten mit einem Stückchen genetischer Phänomenologie, das gegen Mißverständnisse abzusichern freilich eine fünfzigseitige Fußnote erfordern würde. Sie müßte insbesondere dartun, daß es an der Schwierigkeit der Erschließung solcher Anfänge überhaupt liegt, wenn die im Modus der Fiktion sich haltenden Beschreibungen auf Schritt und Tritt ins Zirkuläre abzudriften drohen – und das leider nicht bloß sprachlich –, und daß dem eine Zeitlang entgegenzuwirken vielleicht schon das Äußerste dessen darstellt, was da theoretisch möglich ist. Doch all das schenke ich mir hier und beginne *stante pede* mit dem Schwierigsten: mit dem Anfangszustand der Indifferenz, in welchem wir weder Stellen noch Dinge kannten, mit einem ›prälokalen‹ und ›irrealen‹ Ensemble von Gegebenem. Wir tun demnach so, als gäbe es da anfangs einen Zustand, in welchem wir schon gegliedertes Ausgebreitetsein sähen, aber noch keine umgrenzten Stellen zu identifizieren vermöchten, und in welchem wir schon viel Verschiedenes wahrnähmen, aber noch keine isolierten Dinge hätten. Der Anfang ist sozusagen stellenlos und ungegenständlich. Und negativ ist die Indifferenz, die ihn charakterisiert, weil in ihm *weder* dieses *noch* jenes schon gegeben ist.

Als Modell für das, was sich jeder direkten Beschreibung entzieht, nehmen wir einfach ein Blatt kariertes Papier, wie wir es aus einem Rechenheft oder einem Briefblock kennen. Dieses Karo-Papier betrachten wir nun als Kipp-Figur. Solche Figuren können für uns nur deshalb als Vexierbilder fungieren, weil wir uns bei dem Hin und Her zweier visueller Auffassungen stets dessen bewußt sind, daß wir ein und dasselbe graphische Gebilde präsent haben. Die Ambiguität in der Wahrnehmung wird erlebt vor dem Hintergrund gewußter Identität.

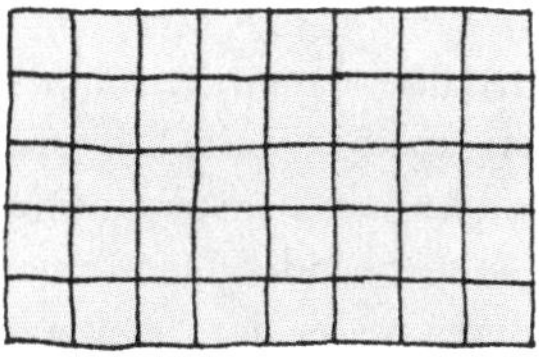

Schema 32:
Anfängliche Indifferenz:
weder Dinge noch Stellen

So ähnlich läßt sich auch schlichtes Karo-Papier auf zwei verschiedene Weisen betrachten. *Entweder* sehen wir ein geordnetes System von *Stellen*. Wir nehmen quadratische Kästchen wahr, die voneinander abgegrenzt sind. Leer wie sie sind, warten sie gleichsam darauf, mit etwas besetzt, belegt, ausgefüllt zu werden, beispielsweise mit Ziffern oder Farbtupfern, mit Reiskörnern oder Stecknadelköpfen. *Oder* wir sehen eine geordnete Ansammlung von *Dingen*: lauter kleine, flache, quadratische Papierstückchen, lückenlos waagrecht und senkrecht nebeneinander gereiht. Die sichtbaren Linien präsentieren sich uns als die Grenzen, an denen die Flachdinge einander berühren. Wer noch ein wenig Phantasie in seinen Blick hineinzulegen vermag, kann sich auch vorstellen, daß er die pedantisch akkurat aneinandergelegten Papierquadrate durch kräftiges Pusten leicht durcheinanderwirbeln könnte.

Keine Frage: es gibt neben diesen beiden Auffassungsweisen noch weitere. Doch für die hier anstehende Aufgabe, den Anfangszustand zu illustrieren, sind sie nicht ergiebig. Für uns ist hier nur wichtig, daß wir das eine Identische, das beiden Auffassungsweisen zugrunde liegt, als das begreifen, was *weder* das eine *noch* das andere ist. Vornehm ausgedrückt, kommt es auf die negative Indifferenz an: keins von beiden (*ne utrum*) zu sein. Denn gerade deswegen kann das Karo-Blatt, obgleich als Blatt Papier selbst ein Ding, doch modellhaft jenen ›neutralen‹ Zustand veranschaulichen, in welchem es den Unterschied zwischen Stellen und Dingen noch nicht gibt.

Die erste Leerstelle, der erste Gegenstand und die erste Umgebung

Daß es bei diesem Zustand anfänglicher Ununterschiedenheit nicht bleibt, dafür sorgt ein Faktor, der Differenzen aufbrechen läßt: eine erste Bewegung. Freilich: sie ist so ›utopisch‹ und ›irreal‹ wie der Zustand selbst, den sie beendet. Denn eine Fortbewegung ohne eine Stelle, von der, und eine, zu der sie hingeht, und ohne ein Objekt, das sich bewegt, und ohne einen Weg, den es durchläuft: das ist nicht so leicht vorstellbar. Aber zum Glück haben wir ja als Anschauungskrücke unser kariertes Blatt Papier! Wie nimmt sich eine solche Bewegung nun in unserem Modell aus?

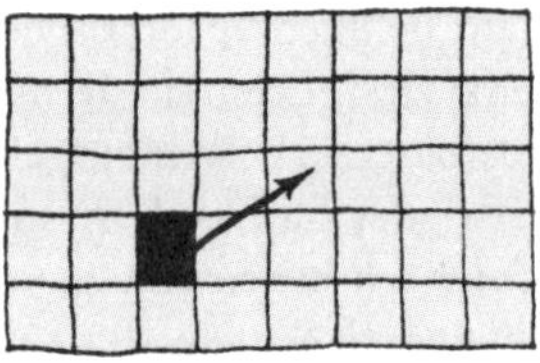

Schema 33: Erste Bewegung

Nun, eines der Quadrate setzt sich in Bewegung. Die Folge: aus eins wird zwei. Denn in dem Karo-Muster entsteht eine Lücke, ein Loch, eine leere Stelle. In eins damit aber verliert, indem es sich bewegt, das zuvor indifferente Quadrat seinen irrealen Charakter und wird dinghaft, substantiell, objektiv. Die erste Leerstelle und der erste Gegenstand entstehen zugleich: *sie* als das, was bleibt, *er* als das, was sich bewegt. Kraft einer ursprünglichen Bewegung

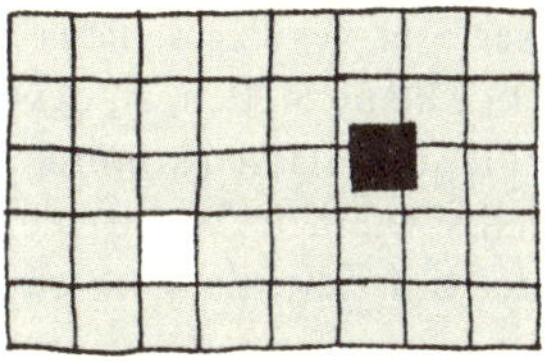

Schema 34:
Stelle und Ding in statu nascendi

formt sich im Utopischen ein *topos*, und im Irrealen konsolidiert sich eine *res*.

Die Differenz, die hier Platz greift und real wird, ist indes eine, die sich zugleich auch ›flächig‹ zeigt: Das anfängliche indifferente Ensemble von Gegebenem teilt sich auf in die eine leere Stelle und alles andere rings um sie. Vorher herrschten egalitäre Verhältnisse: eins war wie das andere, keins bevorzugt oder benachteiligt; es gab keinen Unterschied zwischen dem, was umgeben wird, und dem, was umgibt. Erst indem die erste Bewegung anhebt, gewinnt das unbewegte Rest-Ensemble einen neuen Charakter: Fortan ist es die Umgebung eines leeren Platzes. Darauf, daß sie dies als indifferentes Ensemble nur *in statu nascendi* sein kann, gleichsam in einem deskriptiven Augenblick ohne alle Dauer, komme ich gleich noch zurück.

Unser alltäglicher Eleatismus

Daß eine leere Stelle etwas um sich herum braucht, um sein zu können, was sie ist, macht auf ein weiteres Erfordernis aufmerksam, das zugleich mit der ursprünglichen Bewegung erfüllt ist, ohne daß – höchst bezeichnend – dies eigens bemerkt werden würde. Wir benötigen nicht allein Bewegung, sondern auch, relativ zu ihr, Beharrung, Trägheit, Immobilität. Wenn *nichts* vom indifferent Gegebenen sich bewegte, könnte es keine Leerstelle geben. Wenn hingegen alles zugleich sich bewegte, gäbe es keine Umgebung für sie – und somit auch sie selbst nicht. Anders gesagt: die eleatische und die heraklitische Philosophie sind gleichermaßen utopisch.

»Das Seinde ist, und das Nichtseiende ist nicht.« Auf die Topik bezogen, würde dieser Satz des Parmenides besagen, daß es bloß Gegenstände gäbe, aber keine Stellen, an denen sie sich befänden, und erst recht keine, die sie verlassen könnten. Doch das ›Nichtseiende‹ *ist* eben auch, selbst wenn die Weise, wie es existiert – etwa als leerer Platz –, von der des ›Seienden‹ wesentlich verschieden ist. Das ›Seiende‹ aber – im einfachsten Fall die uns vertrauten Dinge – ist seinerseits etwas, das sich erst formt und festigt im Augenblick seiner Absonderung von dem, was es im Zuge dieser Absonderung zum ›Nichtseienden‹ werden läßt.

Sogleich mit der ersten Differenz entsteht auch Ungleichheit, Zurücksetzung, Nichtbeachtung, Existenzverneinung. Was sich bewegt, zieht unsere Aufmerksamkeit auf sich und mit sich; das Verharrende, Zurückbleibende indes tritt nicht einfach in den Hintergrund, es *wird* zum Hintergrund. Dinge, zumal bewegte, zeigen sich, tun sich hervor, drängen sich gar auf; Stellen hingegen sind, rein als sie selbst, völlig unscheinbar; da wir sie zumeist nicht einmal bemerken, scheinen sie überhaupt nicht zu existieren. Darin hat unsere ›Toposvergessenheit‹ ihren Grund. Das aber ist die Tragik des ›Dialektikers‹ Heraklit, daß es gerade die Dinge als bewegte sind, die uns zu Substanzliebhabern und Seinsfreunden werden lassen, zu den Eleaten, die wir alltäglich sind.

Der erste Weg und die zweite Stelle

Es ist und bleibt wahr: Eine Bewegung ohne einen Gegenstand, der sich bewegt, und ohne Stellen, an denen er vorher war und nachher ist, kann es nicht geben. Aber das ist noch nicht das Ende alles Denkbaren. Denn die ursprüngliche Bewegung läßt, indem sie sich vollzieht, aus dem anfänglich Gegebenen selbst das hervorgehen, was sie braucht, um sich vollziehen zu können. Sie verschafft sich ihren Startplatz, bildet sich ihr Objekt, bahnt sich ihren Weg und vollendet diesen an einem Platz, den sie konstituiert, indem ihr Objekt ihn besetzt. Sie gelangt an ihr Ende und läßt ›Seiendes‹ und ›Nichtseiendes‹ geschieden zurück: einerseits den Gegenstand, andererseits zwei Stellen und den Weg als Verbindung zwischen ihnen.

Nicht beliebig tauchen *ex nihilo* zwei Stellen auf; vielmehr bringt die erste Bewegung sie am Anfang und am Ende ihres Verlaufs aus der Indifferenz des Weder-Noch hervor: eine freie Stelle, die indes durchs Freiwerden erst entstanden ist, und eine besetzte Stelle, die durchs Besetztwerden erst den Charakter einer Stelle gewinnt. Den ersten Weg aber bringt sie hervor als Bahn, die das erste Ding durchläuft, und als die Verbindung, die zwischen den ersten Stellen besteht. Weil Bahn und Verbindung, ist der Weg nie und nimmer einfach eine Serie von Stellen, die im Verlaufe einer Bewegung nacheinander eingenommen und wieder verlassen würden. Ihn dennoch so aufzufassen heißt, die ›Gleichursprünglichkeit‹ des Weges mit Stelle, Ding und Umgebung zu verkennen. Und es heißt weiter, den Eleaten das Instrument zur Entfaltung ihrer Paradoxien an die Hand zu geben.

Zu den Selbstverständlichkeiten, die diese phänomenologische ›Entstehungsgeschichte‹ verständlich machen soll, gehört eben auch die, daß ein Weg das ist, was zwei Stellen miteinander verknüpft, und daß es zur Grundverfassung von Stellen gehört, durch Wege miteinander verbunden werden zu können. Es ist also keineswegs so, daß es Stellen, Plätze oder Orte zunächst einmal schon gäbe und sie sich dann gewissermaßen nachträglich und glücklicherweise als geeignet erwiesen, Wege bei ihnen beginnen oder enden zu lassen. Nein, als Ausgangs- oder Endpunkte für Bahnen dienen zu können, auf denen Bewegungen ablaufen, ist aufgrund ihrer Genese für sie so wesentlich wie für uns – trivial.

Da wir unser lebensweltliches formal-topisches Wissen einer Bewegung verdanken, die Dinge und Stellen trennt und Stellen durch Wege verbindet, gehört zu ihm auch das Wissen von dieser Asymmetrie: Es muß mehr Stellen geben als Gegenstände für sie. Das ist die ›Reise nach Jerusalem‹ in umgekehrter Gestalt. Bei diesem Spiel gibt es immer eine Person mehr, als Stühle vorhanden sind. Derartiges mag im sozialen Leben häufiger vorkommen. In der noch nicht von gesellschaftlichem Sinn durchformten Dimension unserer Wirklichkeit aber muß es mehr Plätze geben als Dinge. Wären alle Stellen von Dingen besetzt: wohin sollte ein Ding, das sich bewegen will, denn gehen? Wenn alles voll wäre, könnte nichts sich bewegen. Alles wäre gleichsam fest verstopft und auf ewig starr.

Die Differenz im Ganzen:
Stellen im Hintergrund, Dinge im Vordergrund

Ist erst einmal, dank der ursprünglichen Bewegung, die Differenz aufgebrochen zwischen Stelle und Gegenstand, so bleibt das für das Ensemble des anfänglich indifferent Gegebenen nicht gleichgültig. Und zwar nicht allein deshalb, weil es sich unversehens als erste Umgebung der ersten Leerstelle wiederfindet. Vielmehr verliert es insgesamt den Weder-noch-Charakter, den es *in statu nascendi* noch haben konnte und den wir ihm für einen deskriptiven Augenblick belassen hatten. Im Modell des karierten Blatt Papiers

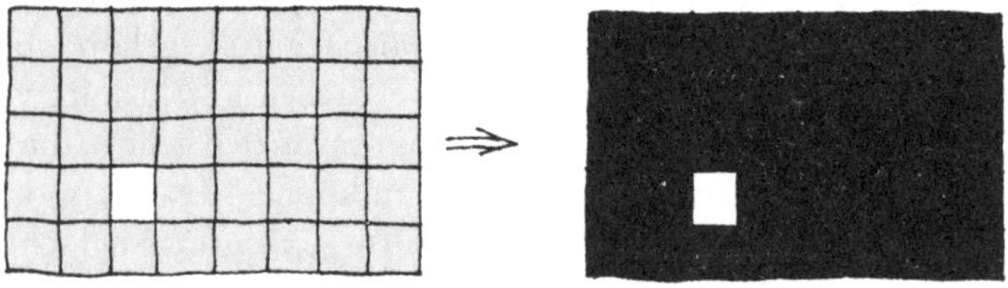

Schema 35: Leerstelle in dinghafter Umgebung

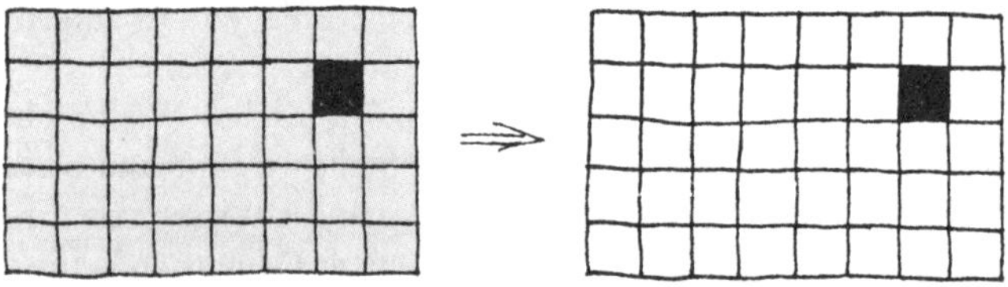

Schema 36: Ding in System von Leerstellen

ist das leicht zu ersehen: Faßt man die leere Stelle ins Auge, so zeigt sich alles andere außen herum fast dingartig fest: eher Wand mit Loch denn graphisches Gitternetz. Achtet man hingegen auf das an seinem neuen Platz angelangte und seßhaft gewordene Quadrat, so hält sich das Gesamtmuster darunter stellenhaft zurück.

Für die elementare Topik bedeutet das: In Bezug auf die erste *Leerstelle* avanciert das Rest-Ensemble zu einer Ansammlung von Dingen, die diese Stelle umgrenzen und ihren Umriß bestimmen. Und umgekehrt: in Bezug auf das erste *Ding* reduziert sich das Rest-Ensemble auf ein System von Stellen, von denen jenes Ding nunmehr eine besetzt. Wenn es jetzt bereits gestattet ist, vom Begriff der Stelle metaphorischen Gebrauch zu machen, um eine Substitution zu beschreiben, so könnte man sagen: Insgesamt ›tritt an die Stelle‹ des Grau-in-Grau der negativen Indifferenz das Schwarz-Weiß der Disjunktion von Stellen und Dingen.

Dinge heben sich ab, Stellen treten zurück. Aufs Ganze gesehen heißt das: Das ehemals indifferente Ensemble dissoziiert sich in einen stellenartigen Hintergrund, vor oder über dem sich Dinge befinden, und einen dinglichen Vordergrund, hinter oder unter dem sich jene Leere ausbreitet, von welcher er uns durch eine Lücke in sich einen Ausschnitt sichtbar macht; eine Unterschicht der Stellen und Wege und eine Oberschicht der Gegenstände und der gegenständlichen Umgebungen. Gestalttheoretisch verhalten sich die Stellen zu den Dingen, die sich an ihnen aufhalten, wie der Grund zu den Figuren, die sich von ihm abheben; und das gilt selbst dann, wenn das Gefüge der Dinge so dicht ist, daß eine Leerstelle isoliert und vereinzelt dazwischen erscheint: auffällig wird sie wohl, aber was man da als sie oder von ihr sieht, liegt dennoch weiter zurück als das, was als Umgebung für die Formung des auffälligen Umrisses verantwortlich ist.

Stufen der Auffälligkeit

Die erste Stelle wird zur Stelle, indem sie frei, die zweite, indem sie besetzt wird. Die erste wird markiert durch ihren Umriß, die zweite durch ihren Inhalt. Allerdings: wenn das Wissen von der Differenz zwischen Stellen und Gegenständen erst einmal zur Grundausstattung unseres lebensweltlichen Bewußtseins geworden ist, dann gibt es zwischen den ohnehin leicht übersehenen oder gar völlig vergessenen Stellen doch noch Unterschiede in der Fähigkeit aufzufallen.

(1) Am unscheinbarsten und wahrlich nahe dem Nichts ist eine leere Stelle, die keinen Rahmen, keinen Rand, keine Umgrenzung um sich hat, durch welche sie erkennbar wäre. Allenfalls kann die Erinnerung an ihr ehemaliges Besetzt- oder Umschlossensein den Mangel an Sichtbarkeit prekär und kurzzeitig ausgleichen.

(2) Schon deutlicher hebt sich eine besetzte Stelle hervor, weil jedes Ding immer auch auf die Stelle verweist, die es innehat. Doch diese

Schema 37: Leere Stelle ohne Umrandung

signitive Funktion ist konstitutiv schwach. Und der Grund dafür ist einfach: Wenn eine Stelle von einem Gegenstand eingenommen und ausgefüllt wird, so zieht dieser, wenn er sie nicht ohnehin gänzlich verdeckt, alle Aufmerksamkeit auf sich. Verstärkt aber wird die Unscheinbarkeit dieser Stelle noch, weil ihre Besetzung immer auch eine Wiederannäherung an den anfänglichen Zustand der Indifferenz bedeutet: der *horror vacui* als Sehnsucht nach Restitution des verlorenen Anfangs.
(3) Eine leere Stelle wiederum, die eine von ihr selbst deutlich verschiedene Umgebung um sich hat, gewinnt durch den Kontrast zu dieser eine scharfe Kontur, einen prägnanten Umriß: Solche Stellen können ins Auge springen, als ob sie selbst auffällige Dinge wären.
(4) Einem solchen Ding verdankt schließlich eine von ihm besetzte Stelle dann einen Höchstwert an Bemerkbarkeit, wenn es dazu dient oder gar eigens dazu hingesetzt wurde, unser Augenmerk auf ›seine‹ Stelle zu lenken. Das Ding hat dann nicht nur nebenher eine signitive Funktion, sondern avanciert ausdrücklich zum Symbol, und die Stelle, auf die es verweist, partizipiert an seiner Auffälligkeit.

Schema 38:
Dingbesetzte, umrissene und symbolbesetzte Stelle

Halten wir also diese Stufenfolge fest: (1) die randlose Leerstelle, (2) die dingbesetzte Stelle, (3) die umrissene Leerstelle, (4) die symbolbesetzte Stelle.

Wie stets bei der Ausbildung unseres lebensweltlichen Wissens, kommt es auch bei der elementartopischen Differenzierung zu Generalisierung und Habitualisierung: Nicht etwa fallweise hin und wieder, sondern immer und überall leben wir mit dem Unterschied von Stellen und Sachen. Und dazu bedarf es keiner angestrengten Aufmerksamkeit, keiner mühsamen Reflexion, keiner methodischen Disziplinierung. Vielmehr durchformt diese Differenz als inneres Strukturmoment alle unsere Wahrnehmungen und unser gesamtes Verhalten. Daß sie so zu den Selbstverständlichkeiten unserer alltäglichen Lebenswelt gehört, macht uns zugleich zu jener Vergeßlichkeit geneigt, in der wir angesichts der Aufdringlichkeit und Vordringlichkeit der Dinge die Stellen und Stätten gerne im Hintergrund des Unbeachteten belassen. An sie zu erinnern und sie zum Thema zu machen ist, im Gegenzug, Sache einer phänomenologischen Aufklärung, die uns das Selbstverständliche zum Verständnis zu bringen sucht.

*

Halten wir kurz inne. Bisher habe ich in dieser deskriptiven Studie genetische Vorgänge dargestellt: ›primitive‹ Prozesse, in denen etwas entsteht, sich ausformt, sich differenziert. Wichtigster Unterschied war der zwischen Stellen und Dingen. Aber er kann, wie sich gezeigt hat, nicht allein auftreten. Vielmehr ergibt sich in eins mit ihm der Unterschied zwischen einer Umgebung und dem, was von ihr umgeben wird. Weiterhin ist wegen der ›ursprünglichen Bewegung‹ zweierlei sogleich mit da: eine besetzte Stelle, an welcher das erste Ding, soeben dieses geworden, sich nunmehr aufhält, und ein Weg, den es zurückgelegt hat und welcher die leere und die besetzte Stelle miteinander verbindet. Und schließlich: da Dinge sich abheben und Stellen zurücktreten, ergibt sich mit ihnen auch eine Differenz von Vorder- und Hintergrund.

Im folgenden wende ich mich zwar kaum minder elementaren, aber doch eher pragmatischen Fragen zu: Was geschieht nun weiter mit dem, was da entstanden ist? Stellen bleiben zwar mein Thema, aber wichtig wird nun, wie sie sich zueinander verhalten und zu Dingen, sofern diese nicht primär als Stellen*besetzer*, sondern als Stellen*anzeiger* fungieren. Und sie tun das, indem sie entweder einschlußweise signitiv oder ausdrücklich symbolisch auf Stellen verweisen oder hinweisen, um sie unterscheidbar, erkennbar, identifizierbar zu machen.

Stellen als einzelne und im System

Stellen werden uns auch weiterhin in ihrer Doppelrolle beschäftigen: einerseits als umrissene, umgebene, umschriebene einzelne, die markiert und erkannt, verlassen oder erreicht sein wollen; andererseits als Teile eines topischen, ja topologischen Gesamtsystems, in welchem jeder einzelnen ihre Identität und Auffindbarkeit, allen gemeinsam aber ihre Einbindung und Anordnung gesichert ist. Daß dieses System, um leisten zu können, was von ihm verlangt wird, wiederum des Anhalts bei Dingen oder Dingkomplexen bedarf, ist vielleicht nur ein ferner Nachklang der gemeinsamen Herkunft von Stellen und Dingen aus einer anfänglichen Indifferenz.

Natürlich ist das Karo-Muster mit seiner gleichmäßigen Verteilung gleichgroßer Quadrate schon in der modellhaften Veranschaulichung nur ein Beispiel für das, was ein Stellensystem sein kann. Nicht auf die besondere Größe und Gestalt der Stellen und nicht auf ihre eigene Art, sich aneinander zu fügen, kommt es an bei dieser topischen Grundlage, sondern allein auf die Stabilität der Lage, die die Stellen, egal welchen Zuschnitts, relativ zueinander einnehmen.

Wie dann in unserer Lebenswelt solche Systeme aussehen, ergibt sich ›zunächst und zumeist‹ naturwüchsig daraus, daß wir Gegenstände hinreichend lange so und so arrangieren und daß wir durch sie, durch ihr Arrangement und durch dessen Dauer Stellen samt ihrer Anordnung entstehen lassen. Mannigfaltige Gestalten und verwinkelte, ja labyrinthische ›Zusammenstellungen‹ sind dabei nicht nur denkbar, sondern wirklich. Anders wenn dieses System nicht nebenbei sich einstellt, sondern mit Sinn und Verstand von uns etabliert wird. Diese Tätigkeit ist die Planung, und ihr Resultat ein Plan. Und da ist es dann allerdings kein Zufall, daß wir bevorzugt Muster von der Art des Karos zugrundelegen, sie dann auch ›beziffern‹ und so als Koordinatensysteme berechenbar machen.

Die Leerstelle in ihrer Umgebung

Die neue Leerstelle bleibt dem, was die erste Bewegung zugleich mit ihr hat entstehen lassen, weiterhin verbunden. Denn sie hat – wie später alle anderen ihresgleichen – ihren eigenen Charakter: ihre besondere Größe und ihre typischen Konturen. Bestimmt aber werden Format und Umriß des freien Platzes durch das, was ihn freigemacht und damit überhaupt gemacht hat. Die Leerstelle ist eben genau die Stelle, an welcher, ehe sie zu dieser wurde, das erste Ding, ehe es zu diesem wurde, sich aufgehalten hat. Für dieses Ding noch zu passen, es wieder aufnehmen zu können, ihm weiterhin angemessen zu sein: das charakterisiert diese Stelle wesentlich.

Und dergestalt charakterisiert zu sein bleibt allen Stellen auch dann als Erbe ihrer ursprünglichen Entstehung, wenn sie im Einzelfall ganz anders zustande gekommen sind. Wer oder was eine Stelle bislang besetzt hielt, gibt, wenn er oder es geht, grundsätzlich das Maß vor, dem der mögliche Nachfolger oder Ersatz gerecht werden muß. Um dieses Maß anlegen zu können, brauchen wir aber nicht ständig nach dem zu schielen, was durch seinen Weggang die Vakanz erzeugt hat. Denn die Lücke, die es hinterläßt, bleibt ja als das, wofür die neue Umgebung Umgebung ist, in dieser Umgebung selbst gegenwärtig. Weil das, was jetzt weg ist, gleichsam seinen Umriß zurückgelassen hat, weil es diesen leeren *typos* zum konstitutiven Bestandteil der neu entstandenen Umgebung hat werden lassen, enthält diese nun selbst das Maß, an welchem sich messen lassen muß, was diese Lücke schließen, dieses Loch ausfüllen, diese Stelle einnehmen soll oder möchte.

Schema 39:
Einen bleibenden Eindruck hinterlassen

Der *typos* wird zum *topos*. Daß auf diese Weise ein Maß vorgegeben ist, ist der Normalfall. Dieses Maß ist aber kein absolutes. Vielmehr lassen sich Stellen, weil sie durch ihre Umgebung ›definiert‹ werden, verändern, indem man diese verändert, zum Beispiel im

Hinblick auf eine bislang noch sperrige oder übergroße Neubesetzung. Das erfordert dann komplizierte, anstrengende und begründungsbedürftige Maßnahmen, die vakante Stelle einzuengen, auszuweiten oder umzuformen.

Stellenmarkierungen

Für den Rand, den Umriß, die Grenze einer leeren Stelle gilt, was für alle Grenzen gilt: sie gehören sowohl zum einen wie zum andern. Wenn man aus einer enggefügten Ansammlung von Dingen eines wegnimmt, so bilden die umgebenden Dinge die Grenze des nunmehr freien Platzes. Er ist das, was sie zwischen sich haben. Freilich: auch ohne ihn wären sie da, wo sie sind. Daß sie ihm seine Grenze verschaffen und erhalten, hat mit dem Grund, warum sie da sind, gar nichts zu tun. Gemeinsam einen Platz umgrenzen: das zählt zu dem, was Dinge, sofern sie überhaupt etwas tun, von sich aus bloß zufällig tun.

Grundsätzlich aber haben sie sich damit als zur Grenzkonstitution fähig erwiesen. Und das nützen wir aus, indem wir sie bisweilen so behandeln, daß sie müssen, was sie können. Absichtlich *legen* wir Dinge dergestalt, daß sie nicht umhin können, eine Stelle zu umreißen. Noch mehr: absichtlich *erzeugen* wir Dinge, die so eigentümlich gebaut sind, daß sie einen leeren Platz umschließen.

Was damit endet, daß manche Dinge ganz im Dienste der Stellenerhaltung stehen, beginnt damit, daß die Natur nicht überall leicht beeindruckbar oder dicht gepackt ist. Nicht immer ist eine Sache, die ihren Platz verläßt, so auf ihm gelagert oder in ihn eingelassen, daß nach ihrem Weggang dort, wo sie war, ein Fleck, ein Abdruck, ein Umriß zurückbliebe: kein *typos*, der zum *topos* würde. Allein in der Erinnerung eines Beobachters – somit unzuverlässig und kurzzeitig – könnte der Platz als Platz bestehen bleiben. Wie verschaffen wir solchen spurlos verlassenen Plätzen Dauer über längere Zeit? Wie sichern wir ihnen Erkennbarkeit für jedermann?

Nun, bekanntlich benutzen wir Dinge, die man sehen kann, um Stellen zu kennzeichnen, die man sonst nicht sehen könnte. Wir greifen zurück auf sichtbaren Stoff, auf auffälliges Material, das wegen seiner Auffälligkeit und Dauer-Haftigkeit geeignet ist, Unsichtbarem über längere Zeit hinweg Sichtbarkeit zu verleihen. Durch einen Punkt, ein Kreuzchen oder ein Kreuz markieren wir kleinere Stellen, größere Plätze hingegen durch einen Umriß, einen Rand, einen Kreis. So können wir einem freien Platz durch Besetzung oder Umrahmung die Dauer verschaffen, die ihm ›sein‹ Ding, als es ihn freigemacht hat, nicht zu geben vermochte.

Doch die Entdeckung unserer Fähigkeit, künstlich zu erzeugen, was sich naturhaft nicht ergeben wollte, hat Folgen: Wir verstehen es fortan, durch derartige Markierungen dort Stellen zu schaffen, wo zuvor niemals etwas war, wo aber etwas sein oder geschehen oder getan werden könnte. Das ist *in nuce* der Übergang von der Natur zur Kultur, ohne daß viel von Vernunft und Freiheit und Kreativität geredet werden muß. Was die Natur mitunter nicht tut – einen Umriß hinterlassen –, das ergänzen wir zuweilen nach ihrem Vorbild; dann aber führen wir, was wir beim Ergänzen als Nachahmer von ihr gelernt haben, selbsttätig fort, nunmehr ohne Rückhalt bei ihr, aber auch ohne Einschränkung durch sie.

Mit Bleistift kreuzt der Tischler auf dem Balken die Stelle an, an der er den Bohrer ansetzen muß; mit Sägemehl bestreut der Platzwart das Grasbüschel, das eben dadurch zum Elfmeterpunkt wird. Mit Kreide ziehen Kinder auf dem Asphalt einen Strich um den Platz, den sie als Verkäufer auf dem Flohmarkt für sich beanspruchen; mit Bändern sichert die Polizei den Tatort oder die Unfallstelle, um bei ihren Ermittlungen nicht gestört zu werden. Ob Kohlestift oder Tafelkreide, ob Dispersionsfarbe oder Plastikband: immer ist, was da zur Anwendung kommt, stofflich-dinghaft; es hat Volumen und Gewicht; wir können es sehen und anfassen.

Und doch kommt es uns dabei gerade auf die Dingartigkeit am wenigsten an. Volumen und Gewicht suchen wir möglichst gering zu halten. Alles steht vielmehr im Dienste dauerhafter Wahrnehmbarkeit. Die Markierung soll gesehen und verstanden werden. Wir haben es offenkundig zu tun mit *symbolischen* Stellenbesetzungen, mit *symbolischen* Platzumgrenzungen. Dinghaft sind sie nur aus Not: weil sie sonst nicht wüßten, woher sie ihre Sichtbarkeit beziehen sollten.

Dann aber können wir punktuellen Örtern und ausgedehnteren Stätten auch noch auf substantiellere Weise eine Dauer verleihen, die von subjektiver Erinnerung unabhängig ist. Am Katastrophenort steht ein Gedenkstein, am Sammelplatz die Regimentsfahne, an der Haltestelle die Metallstange mit dem H-Schild. Aber während bei diesen einnehmenden Stellenmarkierungen trotz ihrer offenkundigen Dinghaftigkeit die symbolische Funktion noch dominiert, gewinnen Umrisse, wenn sie selbst dinghaft, ja zu Dingen werden, leicht einen anderen Charakter. Sie können sich verstärken und verfestigen und so zu Behältnissen werden, zu Dingen also, die wesentlich dazu bestimmt sind, etwas in sich aufzunehmen.

Betrachten wir die Plätze: der Sitzplatz wird zum Stuhl, der Stellplatz zur Garage, der Liegeplatz zum Bootshaus. Betrachten wir die Stätten: die Schlafstätte wird zum Bett, die Ruhestätte zum Grab, die Gaststätte zur Kneipe. Betrachten wir die Stellen: die Haltestelle wird zum Wartehäuschen, die Beschwerdestelle zum Büroraum und die Verkaufsstelle zum Laden. Indem also Plätze, Stätten und Stellen eine materiell-dingliche Einfassung oder Umschließung erhalten, entstehen – im weitesten Sinn des Wortes – Behältnisse. Unsere Welt ist voll davon, ja besteht zu einem erheblichen Teil aus ihnen: Häuser und Hallen, Stuben und Speicher, Schränke und Kommoden, Schachteln und Schubladen ... Als Leerstellen, die sie sind, müssen diese Dinge, die sie auch sind, innen hohl sein. Was jene Stellen besetzt oder besetzen könnte, was jene Plätze ausfüllt oder ausfüllen könnte, das muß auch in diesen Behältnissen Raum finden, in diese *container* hineinpassen.

Behältnisse dienen zwar in aller Regel auch als Symbole: wer sie sieht, kann erkennen, daß hier der Platz für etwas ist. So sichern sie diesem Platz seine Dauer. Doch darüber hinaus gewähren sie dem, was ihn einzunehmen bestimmt ist, auch Umhüllung, Einfassung, Schutz. Nicht immer, aber sehr häufig schützt die Umhüllung auch und gerade vor Blicken. Dann kann, wer eine Sache sucht, in Schwierigkeiten geraten: Womöglich hat er die Stelle, wo das Gesuchte sich befindet, gefunden; da sie aber den Charakter eines Behältnisses hat, das die Sache vor ihm verbirgt, weiß er nicht, daß es selbst schon die gesuchte Stelle mit der gesuchten Sache ist. Allerdings geht es bisweilen auch umgekehrt: da Behältnisse dem, was in ihnen sein soll, angemessen sein müssen, geben Gestalt, Format, Größe, Material oft erste Anzeichen, vorläufige Anhaltspunkte für ihren möglichen Inhalt. Und eventuell auch für ihren unmöglichen Inhalt: Man sieht zuweilen schon von außen, was sich in ihnen auf jeden Fall *nicht* befinden kann.

Einschachtelung

Wir haben gesehen: Zur Minimalausstattung eines leeren Platzes gehören Größe und Form. Und in seiner luftigsten Gestalt besteht er, mangels *typos*, allein in meiner Erinnerung, daß da etwas war, was nun nicht mehr da ist. Objektive Dauer und intersubjektive Erkennbarkeit verschaffen wir ihm am besten durch Verdinglichung seiner Grenzen. Das Resultat ist das Behältnis: Raum für ein Ding – und doch selber eins.

In dieser stabilen Form haben für uns Plätze all das, was wir an Dingen auch sonst schätzen. So weisen sie zahlreiche Eigenschaften auf, durch die wir sie gut beschreiben, leicht erkennen und sinnvoll einteilen können. Das schlägt sich auch in den Begriffen nieder, die wir für ›bloße‹ Plätze einerseits, für dinghafte Behältnisse andererseits zur Verfügung haben. »Stelle«, »Fleck«, »Ort«, »Stätte«, »Platz«: wie geht diese Reihe weiter? Na gut, zwei, drei Begriffe fallen uns da zur Not noch ein. Doch nahezu beliebig fortsetzbar ist die Liste von Behältnissen: »Dose« und »Tube«, »Sarg« und »Faß«, »Kiste« und »Kasten«, »Hütte« und »Haus« ... Und nur der Dinghaftigkeit ihrer Form verdanken es die *bewegten* Plätze vom Typus Wagen und Karre, Boot und Bahre, daß wir sie trotz und während ihrer Bewegung zu identifizieren vermögen. Wie sollte man von einem leeren Platz, dessen Grenzen nicht einmal symbolisch markiert sind, wissen, wo er ist, wenn er sich bewegt? Ein solcher *topos* – und da kommt Freude auf in Elea – verflüchtigt sich samt seiner Bewegung in nichts.

Behältnisse sind Orte, die, weil sie zugleich Dinge sind, sich ihrerseits an bestimmten Orten befinden. Und selbstverständlich lassen sich auch diese von Behältnissen besetzten Orte wiederum verdinglichen. Unsere ›materielle Kultur‹ besteht zu einem beträchtlichen Teil aus solchen ineinander oder aneinander gefügten ›Gehäusen‹, und 98 % unserer Lebenszeit verbringen wir, Haustiere die wir sind, in ihnen. Durch sie werden – wichtig für unser Finden und Zurechtfinden – die vielgestaltigen Verhältnisse, in welchen Plätze zueinander stehen können, sichtbar und greifbar. Daß zum Beispiel ein Smaragd in einer Fassung an einem Ring in einem Etui in einem Fach in einer Kommode in einem Schlafzimmer in einem Wohnhaus zu finden ist: solche Einschachtelungsverhältnisse sind in unserer lebensweltlichen Wirklichkeit nicht die Ausnahme, sondern die Regel.

Bodenständigkeit

Nicht formal topisch, aber lebensweltlich heuristisch wichtiger als solche Iterationen – obgleich oft einhergehend mit ihnen – sind Verhältnisse, durch welche dinggewordene Stellen gleichsam geerdet werden. In unserer Alltagswirklichkeit befinden sich Stellen und Plätze für Gegenstände unterschiedlichster Art meistens im Inneren von Bauwerken. Ein Gebäude ist eine Art Gesamt-Behälter: durch ihn wird alles in ihm zu dem, was er selber ist: ortsfest, bodenständig, erdverbunden. Bauwerke sind Immobilien im wahren Sinn des Wortes. Das, worauf sie sich befinden, ist ihr Grund-Stück: jener Teil des Bodens, den sie mit ihrem Grundriß als ihren Platz markieren und selbst dauerhaft besetzen. Mit ihrer Immobilität leisten sie einen wesentlichen Beitrag zu derjenigen Ordnung, ohne welche wir eine lebensweltliche Wirklichkeit nicht hätten ausbilden und erhalten können. Ja sogar die geographische Weltordnung als ganze gründet sich darauf, daß die Sternwarte in Greenwich dort, wo sie ist, auch bleibt.

Ordnung besteht bekanntlich aus zwei Komponenten. Zum einen gehört zu ihr eine konstante Beziehung zwischen Dingen und Stellen. Jedes Kaufhaus, jedes Büro, jeder Haushalt lebt davon, daß man weiß, was wo ist oder doch hingehört. Die zweite Komponente, vermöge deren die Ordnung erst als ganze begründet und befestigt wird, besteht darin, daß die relative Lage der Stellen zueinander – und somit auch die der Dinge, die sich an ihnen befinden – entweder konstant bleibt oder sich allenfalls teilweise oder langsam ändert. Strukturbildend ist dabei alles, was auf seinem Grund unverrückbar feststeht, was mit dem Boden verhaftet ist, ihn bedeckt oder durchzieht, was in die Erde eingelassen, eingesenkt, eingewurzelt ist. Denn all das tut sich schwer, seinen Platz zu verlassen; und diese Plätze bilden samt dem und kraft dessen, was sie besetzt, ein stabiles Gefüge, das gleichsam den Stellenplan abgibt für alle anderen Plätze und Dinge von geringerer Beharrungskraft.

Von den Dingen und Stellen, die *nicht* an ihrem Ort verharren, werden uns auf dem weiteren Weg unserer Überlegungen vor allem zwei begleiten: Das eine Ding bin ich selbst als leibhaftes Wesen; das andere ist ein Behältnis, in dem ich des öfteren bin und das so beweglich ist, wie ich selbst es bin, ja das meine Beweglichkeit noch steigert: das mobile Gehäuse namens Auto. Klar, daß mit dieser unserer Mobilität dann auch Wege mehr Aufmerksamkeit von uns verlangen. – Zunächst aber verweile ich noch ›bei mir‹, im Inneren dessen, was mich umgibt, umhegt, umhüllt und dabei bleibt, wo und wie es ist.

8. Kapitel
Sich-Auskennen in vertrauter Umgebung

Die elementare Topik hat uns zweierlei vor Augen geführt: zum einen ›genetisch‹, wie Dinge und Stellen, indem sie sich voneinander scheiden, auch erst entstehen, wie Stellen je einzeln um sich ihre Umgebung und gemeinsam zwischen sich ihre Wege haben; zum andern ›pragmatisch‹, wie Dinge auf ›ihre‹ Stellen verweisen, sei es unscheinbar signitiv oder auffällig symbolisch; wie auf diese Weise Stellen unterscheidbar, erkennbar und wiedererkennbar werden; wie sie sich ineinander verschachteln, wie sie sich zusammenordnen zu einem Stellensystem und wie dieses topische Ganze bodenständig wird.

Für wen, also vor wessen Auge, und *durch* wen, also von wessen Hand, geschieht all dies? Zu den beschriebenen Prozessen gehört ein Subjekt, das ihnen nicht einfach gegenübersteht; vielmehr ist ständig indirekt von ihm die Rede: von dem, was es wissen und können muß, um überhaupt zum Suchen in der Lage zu sein. Gleichwohl muß dieses Subjekt selbst noch eigens zum Thema werden. Denn wenn ich nicht nach *Dingen*, sondern nach *Stellen* suche, dann vor allem nach solchen, zu denen ich selbst gelangen möchte, auf Wegen, die ich selbst ausfindig machen und beschreiben muß und die an der Stelle, wo ich gerade bin, ihren Anfang haben: hier.

»Wo bin ich?« Diese Frage läßt sich objektiv und subjektiv verstehen. Im ersten Falle ist sie bloß eine von vielen möglichen Ausfüllungen des »x« in der Frage »Wo ist x?« Ich kann mich selbst wie ein Ding betrachten und mit einer Ortsangabe antworten, die andere, welche mich suchen, instand setzt, mich zu finden. Diese objektive Art zu wissen, wo ich bin, ist indes verschieden von der subjektiven: Ich bin mir meiner Gegenwart bewußt. Ich weiß, wie ich im Raum, der mich umgibt, mit meinem Leib situiert, mit meinen Sinnen ausgerichtet, mit meinen Bewegungstendenzen orientiert bin. Hier: das ist für mich nicht der Ort, wo andere mich finden können, sondern der, von dem ich selbst ausgehe als jemand, der einen Weg sucht zu der Stelle, an die er gelangen möchte. Oft genug geht freilich die objektive Ortsbestimmung mit ins subjektive Präsenzbewußtsein ein; und immer wieder muß das subjektivleibgebundene Wissen von der eigenen Anwesenheit objektiv und damit intersubjektiv verstehbar gemacht werden.

Präsenzbewußtsein gibt es in zwei verschiedenen Formen: entweder stellt es sich von selbst ein, ist einfach da; oder es muß eigens erarbeitet werden und ergibt sich dann als Resultat mühsamer Selbstlokalisierung. Das leichte und selbstverständliche Präsenzbewußtsein haben wir in unserer vertrauten lebensweltlichen Umgebung: hier kennen wir uns aus; außerhalb ihrer aber sind wir genötigt, einiges zu tun, um uns ein Wissen davon, wo wir sind, zu verschaffen. – Mit diesen Bemühungen werden sich spätere Überlegungen beschäftigen. Hier im vorliegenden Kapitel untersuche ich, wie uns lebensweltlich das Wissen, wo wir sind, zuteil wird, aber auch, was es bedeutet, wenn es uns verlorengeht.

Daraus ergibt sich auch die Gliederung der folgenden Erwägungen. Ihr *erster* Abschnitt legt dar, wie die eine Stelle, die ich »hier« nenne, näherhin charakterisiert ist und wie eine andere Stelle mir zum ständigen Bezugspunkt und zur Keimzelle meiner subjektiven Lebenswelt wird. Im *zweiten* Abschnitt analysiere ich dann die innere Verfassung dieser vertrauten Umgebung: Aus der Art, wie meine Dinge sich mir hier zeigen, erwächst mir wie von selbst mein Präsenzbewußtsein und meine Orientierung. Aber auch die Formen, in denen beides nicht zustande kommt oder sich auflöst, werden von daher verständlich. Indem ich nicht mehr weiß, was wo ist, weiß ich auch nicht mehr, wo ich selber bin. Und dann sind Selbstlokalisierung und umsichtige Orientierung Leistungen, die ich erbringen muß. – Doch *vorab* wende ich mich kurz einem alle weiteren Überlegungen begleitenden Motiv zu, das theologisch aussieht, aber einen phänomenologischen Sinn hat: der Allgegenwart. Denn Omnipräsenz ist das, dessen Nichtbesitz wir mit unserem selbstverständlichen Präsenzbewußtsein und unserer angestrengten Selbstlokalisierung auszugleichen versuchen.

Intentionalität statt Allgegenwart

Der biblische Gott, so wird uns erzählt, mußte im Paradies nach seinen Geschöpfen suchen. Er wußte nicht, wo sie sind. Der Gartenherr *kann* also suchen und, gegebenen Falls, *muß* er es auch. Die noch frischen Sünder verstecken sich vor ihm, weil sie ihn kommen hören. »Da vernahmen sie das Geräusch Gottes des Herrn, der im Garten beim Windhauch des Tages einherging. Und es versteckten sich der Mann und sein Weib vor dem Angesichte Gottes des Herrn mitten unter den Bäumen des Gartens.« Gott *geht* durchs Paradies, und zwar so geräuschvoll, daß man, noch ehe er da ist, Gelegenheit hat, sich zu verbergen. Es dauert eine ganze Weile, bis er sich von dort, wo er war, dahin bewegt hat, wo er die vermuten mußte, deren Aufenthaltsort ihm unbekannt war.

Diese Mühe erspart die Theologie dem, dessen Wort auszulegen und dessen Wesen darzustellen sie sich vorgenommen hat. In seinem Mittelalter ist Gott nicht allein allwissend, er ist auch allgegenwärtig. Und das schließt ein: er kann nirgends hingehen. Er ist unfähig, einen Platz zu verlassen und sich dann von diesem immer weiter zu entfernen; und er ist unfähig, sich einer bestimmten Stelle stetig anzunähern und sie zuletzt auch einzunehmen. Wer überall schon ist, braucht nirgends hin – und kann es auch nicht.

»Wo ist x?« Was auch immer das x sein mag, nach dem Gott fragt: es ist jedenfalls genau dort, wo er selber auch ist, und er hat es immer schon in seinem Besitz. Das ist theologisch heikel; und deshalb lauten die Metaphern der Omnipräsenz etwa so: Gott berührt jedes Ding unmittelbar, Gott hält alles fest in seiner Hand. Es sind bildhafte Redeweisen, welche mit ihrer taktil-manuellen Ausrichtung die Differenz zwischen Halter und Gehaltenem retten und damit vor allem eins verhindern sollen: daß dieser Gott mit allen Stellen, an denen er ist, und mit allen Dingen, die sich dort befinden, zusammenfällt. Wer an die Allgegenwart glaubt, muß ständig gegen eine Neigung zum Pantheismus anarbeiten: Wenn Gott alle Plätze besetzt und alle Dinge besitzt, dann liegt schon ganz nahe, daß Gott alles *ist*, daß er und die Welt eins sind.

Für uns ist hier nur wichtig: wir sind nicht so, nicht *sicut Deus*. Jeder von uns kann sich sagen: Ich bin hier anwesend und von dort abwesend: Ich befinde mich hier an einer ganz bestimmten Stelle und nicht zugleich auch an anderen Stellen, geschweige denn an allen anderen. Sie verlören ohne meine Absenz von ihnen ja auch den Charakter, andere zu sein: sie alle und alles an ihnen wäre hier.

Und dennoch bin ich nicht allein und ausschließlich *hier*, sondern außerdem und einschlußweise auch überall *dort*. Allerdings: mein Dortsein ist nicht real, sondern intentional. Ich reiche mit meinem Raumbewußtsein und meiner Ortskenntnis dort hin:

horizonthaft-intentional. Und bisweilen will ich auch dort hin gelangen auf Wegen, die mich von hier nach dort führen: willentlich-intentional. Immer ist da Intentionalität eine Form, hier und doch nicht allein hier zu sein, eine Form auch, dort zu sein, ohne dabei göttliche Allgegenwart zu erlangen.

Allerdings ist Intentionalität nicht universal-diffus, sondern kennt deutliche Abstufungen. So ist etwa mein eigener Körper dadurch ausgezeichnet, daß reale und intentionale Präsenz eins werden. Ich bin wirklich, wo er ist. Die mir vertraute lebensweltliche Umgebung ist charakterisiert durch die Selbstverständlichkeit, mit der ich weiß, was in ihr wo ist, und die Leichtigkeit, mit der ich hier alles finde und überall hinfinde. Außerhalb dieser Vertrautheitssphäre aber kenne ich mich bloß mehr oder weniger gut aus und muß mit unterschiedlich großer Mühe Dinge suchen und mich orientieren.

Göttliche Komik

Eine winzige Kleinigkeit habe ich natürlich trotzdem mit dem allgegenwärtigen Gott gemein: Präsenz. Ich bin, obgleich nicht überall, immerhin auch wo. Und da kann ich *gelegentlich* in dieselbe peinliche Lage geraten, in der der Herr, ob er will oder nicht, *ständig* ist. Und so sieht diese eigentümliche Situation für mich aus: Während ich *etwas* suche, ist dieses doch schon genau da, wo *ich* selber bin. Das, was ich *dort* vermute und wonach ich Ausschau halte, ist längst *hier*. Ich stehe darauf, ich sitze darauf, ich habe es an mir, bei mir, in mir.

Was sich an dem Platz befindet, den ich selber besetzt habe und halte, das ›besitze‹ ich – sei's im wörtlichen, sei's im rechtlichen Sinne. Und umgekehrt: was ich nicht besitze – obgleich es mein Eigentum sein kann –, ist entfernt von mir. Will ich es in meinen Besitz bringen, muß ich die Stelle aufsuchen, an welcher es sich befindet. Das bedeutet aber auch umgekehrt: Wer etwas schon hat, braucht nicht mehr danach zu suchen; wenn er's trotzdem tut – weil er nicht weiß, daß er es schon hat –, gibt er eine komische Figur ab: Ich suche die Tablette, die ich längst schon resorbiere, den Brief, auf dem ich versehentlich sitze, das Feuerzeug, das ich in blinder Gewohnheit bereits eingesteckt habe ... »Ach, da hab ich's ja!« Das ist nicht der Ausruf eines glücklichen Finders, sondern der eines Toren, der soeben seiner Torheit innewurde. Er faßt sich an den Kopf, schüttelt denselben und kommt, wenn andere ihn gesehen haben, rasch ihrem Urteil zuvor: »Bin ich blöd!« Wenn etwas schon da ist, wo ich selber bin – und bei Gott gilt das für alles –, so mache ich beim Finden allenfalls die Entdeckung, daß ich nicht danach hätte zu suchen brauchen. Komisch ist, daß ich es trotzdem tat.

Was aber hält der mittelalterliche Gott der Allgegenwart von dem alttestamentlichen Sucher, der da empört-beleidigt ruft: »Adam, wo bist du?«

Hier ist mein Platz

Das hat uns, neben anderem, die elementare Topik gelehrt: Es gibt einen wesentlichen Unterschied zwischen Stellen und Dingen; und diese besetzen immer notwendig eine von jenen. – Was aber ist mit mir? Ich bin doch auch an einer Stelle, nehme auch einen Platz ein. Aber welchen? Ist es der, wo sich jenes von Haut und Haar umgebene Fleisch- und Knochenbündel befindet, mit dem ich zufällig von Geburt an identisch bin?

Ganz allgemein, aber auch topisch als Platzinhaber bin ich für mich kein physisches Objekt, sondern erlebe mich als jener wahrnehmend-handelnde Körper, der in einer liebenswerten, aber auch etwas altbackenen Sprache ›Leib‹ genannt wird. So bin ich an meinem Ort auf eine ganz andere Weise gegenwärtig als Dinge an ihrem: sie schlicht topisch, ich topologisch. Ich, an meiner Stelle präsent, *weiß*, daß ich leibhaft an ihr bin, und mein Wissen von dieser Art der Anwesenheit an ihr bleibt für sie selbst nicht ohne Bedeutung. Und diese Bedeutung reflektiert sich wiederum in meinem leiblichen Präsenzbewußtsein. Deshalb ist es ein und dasselbe, dieses Bewußtsein, das ich habe, theoretisch zu entfalten und jene Stelle, an der ich bin, deskriptiv zu charakterisieren.

Daß mein Präsenzbewußtsein leibgebunden ist, besagt keineswegs, daß so etwas wie Selbstbeobachtung erforderlich wäre, um es haben zu können. Ganz im Gegenteil. Der Leib, in dem und als der ich lebe, hat die Eigenart, ›zunächst und zumeist‹ nicht Thema meiner Aufmerksamkeit zu sein. Das, womit und als was ich präsent bin, ist mir selbst am wenigsten präsent. Nicht ihm und nicht mir gilt natürlicherweise mein Interesse, sondern vielem anderen um mich herum: den Dingen da und den Personen dort, jenen Sachverhalten und diesen Tatsachen, plötzlichen Ereignissen und sonderbaren Vorgängen ... Unbeachtet, wie mein belebt-lebendiger Körper normalerweise ist, bin ich mir seiner doch bewußt als das, was ich selbst bin und was zu sein es mir ermöglicht, aber auch auferlegt, eine Stelle einzunehmen, einen Platz zu besetzen.

Meine Stelle ist also wesentlich anders als alle anderen. Stellen für Dinge sind einander ebenbürtig, meine aber ist durch meine Anwesenheit ›ausgezeichnet‹. Nicht nur in dem dinglichen Sinn, daß ich, indem ich sie mit mir selbst besetze, sie für jedermann signitiv bezeichne und als diese und keine andere erkennbar mache. Vielmehr ist sie darüber hinaus durch mich qualifiziert und privilegiert. Das manifestiert sich am deutlichsten durch den Titel, den ich ihr verleihe: sie heißt »hier«. Ursprünglich und im strengen Sinne ist dies der Name einzig und allein für diesen einen, diesen meinen Platz; alle anderen Weisen, das Wörtchen »hier« zu verwenden, leiten sich von dieser ausgezeichneten ab.

Hier: statische Charakteristik

(1) *Singular und Plural.* Wie zu meinem Präsenzbewußtsein ein Wissen gehört von der Differenz zwischen dem Ort meiner Gegenwart und allem, wovon ich abwesend bin, so gehört zur Auszeichnung meiner Stelle auch ihre Singularität. Sie ist einzig. »Hier« heißt nur *ein* Ort, alle anderen Orte, Örter und Ortschaften heißen »dort«. Numerisch verhalten sich »hier« und »dort« zueinander wie Singular und Plural.

(2) *Zentrum und Peripherie.* Und topographisch bilden sie die Figur von Zentrum und Peripherie. Hier ist die Mitte, Stellen hingegen, die ich »dort« nenne, sind alle um diese Mitte und mich selbst herum gelagert. Und zwar in gestuften Abständen. Einige grenzen an den Platz, den ich innehabe, andere sind ihm und mir noch nahe, wieder andere weiter weg oder schon ganz in der Ferne. Zu letzteren, auch das weiß ich, gelange ich stets nur im Durchgang durch die, die mir näher und nah sind.

(3) *Variable Umgrenzung.* Gelegentlich kommt es wohl vor, daß

Stellen so deutlich markiert sind, als wären sie aus ihrer Umgebung herausgestanzt. Aber im Alltag sind topische Umgrenzungen oft perzeptiv unscharf und zumeist pragmatisch variabel. Und doch übertrifft meine eigene Stelle mit ihrer Variabilität alle anderen Stellen bei weitem. Örtliche Gegebenheiten und kulturelle Vorgaben, soziale Regelungen und subjektive Einschätzungen bestimmen sehr viel stärker mit, wo jeweils die Grenze meines Platzes verläuft, wie eng oder weit der Radius meiner Stelle jeweils ist. Und selbstverständlich kann es enorme Differenzen geben zwischen meiner topischen Selbsteinschätzung und dem, wo und mit welcher Extension andere mich sehen, taxieren und lokalisieren.
(4) *Innen und außen.* Wenn die Mitte, an der ich bin und die durch mich Mitte ist, nicht nur zeichenhaft, sondern auch dinglich umgrenzt ist, wenn also die Markierung der Stelle, die ich einnehme, die Gestalt eines Behältnisses annimmt, so bin ich *in* ihm, alles andere ist draußen. Mein Aufenthaltsort wird zum Innenraum. Seine Grenze kann verschiedenes sein: den ›Grenzfall‹ der Haut beiseite, bleiben meine Kleidung, mein Auto, mein Zelt, mein Haus, mein umzäuntes ›Anwesen‹ ... Auch hier gilt: ursprünglich im Inneren bin nur ich selbst; anderes, das sich in seinem ›Gehäuse‹ so aufhält wie ich mich in meinem, darf – eben deshalb – abgeleiteterweise ›darin‹ heißen.

Zwischen Anzug und Auto auf der einen, Haus und Hof auf der anderen Seite verläuft die Trennlinie, die die Mobilien von den Immobilien scheidet. Seit unserem Seßhaftwerden in der neolithischen Revolution ist das Haus der Prototyp geruhsamen Hierseins. Die stoischen Philosophen haben das griechische Wort *oikos*, Haus, benutzt, um von einem Prozeß der *oikeiosis* zu sprechen: einer Abgrenzung von Innen und Außen und einem Sich-Einnisten, einem Heimischwerden in der Welt durch die Stabilisierung dieser Grenze und die wohnliche Ausgestaltung der ›Eigenheitssphäre‹. Der Ort meiner Gegenwart ist aber nicht allein statisch, er ist auch dynamisch qualifiziert: Ausgangspunkt für Bewegung, erweist er sich zuletzt selbst als bewegt.

(5) *Ausgangspunkt für Wege*. Die Umschreibung und Abgrenzung meiner Stelle kann zur Abschließung und Einkapselung forciert werden. Was sich dann ergibt, ist die ›sich in sich verhausende Subjektivität‹. Doch dies gehört zu den späten Ausgestaltungen und Umbildungen dessen, was die Stelle namens »hier« beinhaltet. Und in ihrer ursprünglichen Form ist dieser Ort, an dem ich bin, zugleich der Ausgangspunkt für alle Wege, die ich gehe. Hier und dort: das ist wie Start und Ziel. Ich habe genau einen Ausgangspunkt, und er ist mir durch meine Präsenz vorgegeben, ich kann ihn nicht wählen. Doch die Richtungen, die ich nehmen, die Stellen, zu den ich hinwollen kann: sie sind viele und ihre Wahl steht mir grundsätzlich frei. Hier, heißt das auch, ist die Stelle, zu welcher ich niemals *hin*gehen kann. Alle Wege führen mich nur *weg* von ihr – so ähnlich wie, wer sich genau am Südpol befindet, nur *eine* Richtung einschlagen kann: nach Norden.
(6) *›Nullpunkt der Orientierung‹*. Weil der Ort, der hier ist, durch die Präsenz meines Leibes an ihm ausgezeichnet ist, hat er selbst eine leibartige Verfassung. Von ihm gehen nicht nur – wie Strahlen von der Sonne – radial allseitig die mir möglichen Wege weg; vielmehr weisen sie und ihre Richtungen eine Gliederung auf, die ich mit meinem Körperbau festlege. Ich habe eine linke und eine rechte Hand, habe Gesicht und Gesäß, habe Kopf und Fuß. Meine leibliche Organisation bestimmt für mich selbst, für meinen Platz und für dessen Umgebung, was links und was rechts ist, was vorn und was hinten, was oben und was unten. Ich bin gleichsam der Ursprung eines Koordinatensystems, dessen drei Achsen durch mich hindurchgehen und sich ›hier‹ schneiden. In der Phänomenologie wird deshalb der Leib auch als ›Nullpunkt der Orientierung‹ bezeichnet.
(7) *Sicht von oben*. Zu meinem Präsenzbewußtsein gehört überdies eine eigentümliche Weise, fiktiv mich weit nach oben zu versetzen und von dort auf mich selbst, meinen Platz und dessen räumliche Position gleichsam herabzuschauen. Jeder, der die bisherigen Beschreibungen der Struktur des Ortes meiner Anwesenheit nachvollzogen hat, kann leicht zweierlei einsehen: daß er – methodische Trivialität – sich stets selbst als denjenigen begreift, von dem hier die Rede ist; und daß die dargestellten Formen und Gestalten zu

einem erheblichen Teil von einer Warte aus beschrieben sind, die dem, der beschreibt, und dem, der versteht, eine Art Blick von oben gestattet. Wie vage und unausdrücklich auch immer, ist sich doch jeder von uns seiner Anwesenheit auch so bewußt, als ob er sich aus der Vogelperspektive wahrnähme. Das aber ist nicht bloß eine Bedingung für die Beschreibung, sondern ein wesentlicher Bestandteil der beschriebenen Sache selbst: ein Umstand, der bislang von der Philosophie, selbst der phänomenologischen, kaum zur Kenntnis genommen, geschweige denn angemessen untersucht worden ist.
(8) *Mobilität*. Verlasse ich meinen Platz, so ist er, ach, mein Platz schon nicht mehr. Vielmehr gewinnt ein neuer, sowie ich ihn einnehme, das Privileg, nun meiner zu sein und »hier« heißen zu dürfen. Und zu müssen! Obwohl *dort* hinzugehen die einzige Richtung ist, die mir überhaupt offensteht, komme ich niemals dort an. Kaum bin ich dort, bin ich auch schon wieder, wo ich ›ständig‹ bin: hier. Zenon läßt grüßen! – Und trotzdem: gerade meine Sicht *quasi* von oben legt mir nahe, mich und meine Stelle hier als zusammengehörige Einheit zu betrachten, zu welcher es ein zugrundeliegendes Stellensystem gibt, dem sie selbst nicht angehört. Das unterste und beharrlichste System, das sich mir da anbietet, ist der Erdboden selbst mit seiner vielgestaltigen natürlichen und künstlichen Aufteilung und Gliederung. Auf ihm, über ihn hinweg und relativ zu ihm bewege ich mich und bewegt *eo ipso* meine Stelle sich zusammen mit meinem Leib. Wo auch immer ich hingehe: der Ausgangspunkt all meiner Wege und Nullpunkt meiner Orientierung, mein singuläres, zentrales und variabel umgrenztes Hier ist so mit meiner leiblichen Präsenz verschmolzen, daß es mich überall hin begleitet.

Keimzelle der Lebenswelt

Daß ich, mich bewegend, einen Platz freigemacht und einen anderen eingenommen habe, weiß ich erst, ja ergibt sich erst aus meiner noch frischen oder reproduktiven Erinnerung. Ich bin jetzt hier, entsinne mich aber dessen, zuvor dort gewesen zu sein. Diesen ›hinter mir‹ liegenden Platz vermag ich mit unterschiedlicher Dauer und Nachdrücklichkeit festzuhalten: in Gedanken, durch

Symbole, als Heimstätte. Indem ich in meinem Bewußtsein das Possessivpronomen »mein« mit ihm verbinde und diese Verbindung in meinem Gedächtnis aufbewahre, kann ich von mir behaupten, meinen Platz verlassen zu haben. Auf ähnliche Weise gelingt es mir vielleicht, durch eine sichtbare Markierung, ein Namensschild oder einen Platzhalter diese Stelle länger für mich zu reservieren: unabhängig von meiner Erinnerung und zugleich, wenn's gutgeht, intersubjektiv respektiert.

»Mein Platz« bedeutet dann fortan zweierlei: der, den ich jetzt wirklich besetze, und der, den ich mir, während ich weg bin, symbolisch freihalte und an den jederzeit zurückzukehren ich das Recht oder die Pflicht, die Chance oder die Sehnsucht habe. Dieses Freihalten gibt es entweder episodisch als Reservierung wie im Restaurant oder im Zug; oder permanent als Aneignung: Nie im Leben soll ein anderer diesen Platz als seinen in Anspruch nehmen dürfen. Ein solcher zweiter Platz, der mein erster war und der nun, da ich woanders bin, doch meiner noch ist und meiner auch bleibt: ein solcher Platz dort ist anfänglich die Keimzelle und wird später der Dreh- und Angelpunkt meiner Lebenswelt. Auf sie muß ich mich beziehen, wenn ich verstehen will, warum normalerweise mein implizites Wissen über den Ort, wo ich bin, viel mehr umfaßt als jene formale Struktur, die sich aus der Explikation meines Bewußtseins, *hier* zu sein, ergibt.

»Wo bin ich?« In dieser Frage steckt ein Wissen und ein Nicht-Wissen. Ich weiß, *daß* ich wo bin. Und ich weiß nicht, *wo* ich bin. Mein Wissen besagt: Ich bin *hier*, an dem einen zentralen Ort, der umgeben ist von vielen anderen Örtern, die alle *dort* sind und über Wege vom Zentrum her erreicht werden können: eine formal-topische Konfiguration. Wo aber ist diese Mitte, an der ich gerade bin? Um dies zu bestimmen, bedarf es, wie gleich zu zeigen sein wird, material-dinghafter Festlegungen. Für die Ausbildung meines Präsenzbewußtseins brauche ich Anhalt bei und Rückhalt in bestimmten Gegenständen. Ich muß rekurrieren auf gewisse Dinge, die nicht nur, wie alle, Stellen besetzen, sondern die zudem, wie wenige, mir vertraut sind. Ohne Gegenstände und ihre Beharrungskraft, ohne Gedächtnis und Gewohnheit gibt es keine vollgültige Antwort auf die Frage, wo ich bin. »Hier« – das ist zu wenig.

Falsch ist es zwar nicht, aber doch recht abstrakt gedacht und bloß formal beschrieben, wenn gesagt wird, ich mit meinem Leib sei der Mittelpunkt meiner Welt, der ›Nullpunkt der Orientierung‹. Alle Wege liefen zusammen hier bei mir, und hier von mir gingen sie alle auch aus. Sehr schön, hat aber mit unserer konkreten lebensweltlichen Erfahrung noch herzlich wenig zu tun. Nein, immer schon haben und brauchen wir, um unser Leben leben zu können, einen Platz, der unsere Mitte auch dann noch ist, wenn wir von ihm – und von ihr – abwesend sind. Und das nicht erst seit wir vor Jahrtausenden seßhaft wurden; auch als nomadische Jäger und Sammler, die wir Jahrmillionen hindurch waren, kannten wir unser *camp* als Ausgangs- und Rückkehrpunkt all unserer Jagd- und Beutezüge. Es tut meinem Bewußtsein, daß ich immer *hier* bin, keinen Abbruch, wenn ich überdies weiß, daß es *dort* einen anderen Ort gibt, der meine Orientierung trägt und dem ich es verdanke, daß ich weiß, wo ich bin.

Indem ich von einem Platz oft genug ausgehe und zu ihm oft genug zurückkehre, indem ich wichtige Tätigkeiten dort ausübe und wertvolle Sachen dort aufbewahre, indem ich lange genug dort verweile und mit anderen, die mir lieb sind, dort beisammen bin: durch all dieses und durch weiteres von dieser Art wird eben dieser Platz zur Stätte meines Heimischwerdens in der Welt, zum Ort meines Mich-Einnistens in der Wirklichkeit, meiner *oikeiosis*. Er wird zu einem Zentrum für mich, und zwar zusammen mit dem, was sich an ihm und um ihn herum befindet. Ich bin *hier*, er ist *dort*: und trotzdem ist *er* meine Mitte. Wo auch immer ich sein mag: er steht fest und formt sich aus zu meiner gewohnten, bewohnten Wirklichkeit.

Ich und was mich ›gewöhnlich‹ umgibt: wir kennen uns, wir passen zu einander, wir sind miteinander verzahnt. Nirgends gibt es einen Bruch zwischen mir, meinem lebendigen Leib und meiner lebensweltlichen Wirklichkeit. Wenn ich weg war und zurückkomme, nehmen meine Sachen mich freundlich in Empfang und begrüßen mich wie alte Bekannte einen alten Bekannten. Bin ich da, so laden die Dinge beizeiten mich ein, das zu tun, was ich ohnehin soeben vorhatte. So umsichtig lenken sie meine Schritte und so sacht führen sie mir die Hand, daß ich, ohne es recht zu merken, bereits vollbringe, was zu wollen ich gerade erst im Begriffe war; und das so völlig leicht und doch mit sicherem Erfolg. Alles fügt sich mir und zu mir. Gerade daraus aber erwächst diesem Platz und allem an ihm ein eigener Charakter: Vertrautheit.

Polyzentrik

Näherungsweise lassen sich wohl konzentrische Kreise denken, welche von innen nach außen ein Vertrautheitsgefälle beschreiben: meine Wohnung, mein Haus, meine Straße, mein Viertel, meine Stadt. Doch dieses abstrakte Schema von Nähe und Ferne ist *in concreto* vielfach durchbrochen von Buchten und Zungen, von Schneisen und Bahnen, ist vielenorts überlagert von Flecken und Zonen, die alle eine unterschiedliche Vertrautheitsdichte aufweisen.

Meine lebensweltliche Wirklichkeit ist, obgleich meine Mitte, doch keineswegs geometrisch-radial verfaßt. Doch damit nicht genug: sie kann außerdem durchaus polyzentrisch sein und ist es häufig auch. Mein Arbeitsplatz etwa kann mir genauso bedeutsam, ja lieb sein wie mein Wohnraum. Und wie dieser ist auch er umgeben von Wegen und Plätzen, von Dingen und Personen, die an der Vertrautheit, die er für mich hat, in unterschiedlicher Valenz mitwirken und teilhaben. Gewiß, Vertrautheit hat eine andere Färbung je nachdem, ob sie auf Funktionalität oder auf Intimität, auf effektvollem Wirken oder auf gemächlichem Dasein beruht. Aber wo sie sich entsprechend verdichtet, bildet sie gleichwohl ein Zentrum aus. Und so fühlt sich denn der eine gleichermaßen ›heimisch‹ in der Anlage des Tennisclubs, dessen Präsident er seit drei Jahrzehnten ist, und der andere in seinem Ferienhaus, das ihm, weil er jeden Urlaub dort verbringt, zur ›zweiten Heimat‹ geworden ist. Man sieht, daß wir mit historisch und kulturell höchst unterschiedlichen Ausgestaltungen unserer lebensweltlichen Polyzentrik rechnen müssen.

Vertrautheitszentren unterschiedlicher Valenz und Färbung stehen nicht als Inseln, getrennt von einander, im Raume. Vielmehr verknüpfen sie sich untereinander: räumlich durch gebahnte Wege und bekannte Straßen, praktisch durch gewohnte Gänge und übliche Fahrten. Und zusammen bilden sie meine lebensweltliche Wirklichkeit mit ihrem vielleicht zweipoligen oder netzartigen oder vielfingrig ausgespreizten Grundriß. Auch wenn meine Wirklichkeit sich als ganze noch so ungeometrisch ausnimmt, auch wenn sie in ihrer Binnengliederung stellenweise labyrinthisch und wirr anmutet: mir jedenfalls ist sie ein wohlgeordnetes und weithin stabiles System.

Es gibt darin eine zwar nicht unabänderliche, aber doch langfristig-treue Beziehung zwischen den Stellen und ihren Dingen. Und nicht auf ewig unverrückbar, aber doch für menschliche Verhältnisse dauerhaft fest sind die Lagebeziehungen der Stellen untereinander. Jedes Ding hat da seinen *topos oikeios*, seinen angestammten Platz. Dort gehört es hin und dort ist es, wenn nicht immer, so doch meistens. Und jeder Platz hat, weil von seinen gewohnten Nachbarn umgeben, seinerseits eine feste Position in einem weitgehend stabilen Kontext, den freilich die Dinge – zumal die von der Art der Behältnisse – wesentlich mitbestimmen und erkennbar machen.

Sich auskennen – und doch suchen müssen

In meiner Lebenswelt weiß ich von allem, wo es ist. Ich kenne die Dinge und ihre Plätze. Und ›topisch‹ gewendet heißt das: Ich kenne die Ordnung der Plätze, weiß, wo sie liegen und auf welchem Wege ich sie erreiche. Diese Art von Wissen meine ich, wenn ich sage: »Da kenne ich mich aus.« Und das ist fast synonym mit: »Hier bin ich zu Hause.« Weil ich hier stets weiß, was wo ist, komme ich auch nie in die Verlegenheit, etwas suchen zu müssen.

Na ja, fast nie. Zuweilen aber doch. Denn manchmal kann sehr wohl sein, was nicht sein darf: etwas ist nicht an seinem Platz. Dann, das ist wahr, muß ich es suchen. Doch es ist eine Suche, die es ›eigentlich‹ gar nicht geben dürfte. Das kann man leicht ablesen an der unterschiedlichen affektiven Haltung, mit welcher wir innerhalb und mit welcher wir außerhalb der uns vertrauten Wirklichkeit suchen. Betrachten wir zu diesem Zweck die Art und die Richtung der Gefühle, die in folgender aufsteigenden Reihe von Äußerungen Laut werden und laut werden, Äußerungen, die, in Auswahl oder gebündelt, jeder schon gehört und fast jeder schon von sich gegeben hat:

(1) »Oha, die Schere ist nicht in der Schublade!«

(2) »Immer muß ich die Schere extra suchen!«

(3) »Wo steckt bloß diese Scheiß-Schere wieder!«

(4) »Wo hab ich Idiot nur das letzte Mal diese verfluchte Schere hingelegt?«

Die Suche hebt an (1) mit der Verwunderung darüber, daß etwas nicht da ist, wo es sein müßte; sie setzt sich fort (2) mit der Verärgerung darüber, überhaupt nötig geworden zu sein; sie steigert sich (3) zur Beschimpfung der Sache, die so boshaft war, sich zu verstecken; und sie gipfelt (4) in Selbstvorwürfen, sofern man nicht andere Adressaten zur Verfügung hat, die sich regelmäßig darüber freuen, die Rolle des Idioten, der schuld hat, übernehmen zu dürfen.

Die Suche nach Dingen außerhalb der mir vertrauten Umgebung hat einen wesentlich anderen Charakter. Ich suche zum Beispiel als Kunde im Laden ein Paar Schuhe, als Sammler auf dem Flohmarkt alte Spiele, als Hobbykoch im Wald frische Pilze. Nicht im Traum (oder vielleicht nur da) würde es mir einfallen, zu unterstellen, daß das, wonach ich Ausschau halte, mir eigentlich sofort vorliegen oder zur Hand sein müßte. Ich hatte nie etwas anderes erwartet, als danach suchen zu müssen, und sehe keinen Grund, mich nun, wo ich's muß, darüber zu echauffieren, daß ich es muß. Auch verfluche ich nicht das Abwesende wegen seiner Abwesenheit und gebe niemandem eine Schuld an ihr. – Nicht, daß ich suchen muß, schafft mir ›draußen‹ Verdruß, sondern allenfalls, daß ich nach langer Zeit noch nichts gefunden habe.

Und so ähnlich wie die Charaktere des Suchens unterscheiden sich auch die Formen, in denen es Erfolg hat: Finden heißt das eine Mal, das, was ich bereits kenne, wiederfinden, das andere Mal: das, was ich noch nicht kenne, entdecken, es erstmals ausfindig machen. Mit dem Wiederfinden stellt sich eine Ordnung, die gestört war, wieder her, mit dem Entdecken aber tritt etwas Neues ins Bewußtsein.

*

Ich *bin* ein Zentrum und ich *habe* eins. Das eine trägt den Namen ›hier‹ und begleitet mich leibhaftig überall hin. Das andere ist meine Lebenswelt und verharrt als der *topos oikeios*, von dem ich ausgehe und zu dem ich wieder zurückkehre. Aber dieser lebensweltlich vertraute Ort hat nicht nur seine wie auch immer geformte Ausdehnung, sondern auch seine eigene innere Verfassung. Er ist besetzt mit einem Gefüge aus Dingen und Stellen, die derart aufeinander und auf mich selbst verweisen, daß mir daraus mein Präsenzbewußtsein zuwächst. Es gibt verschiedene Formen, wie dieser Verweisungszusammenhang gar nicht erst zustande kommt oder fragmentarisch bleibt, wie er zerstört oder absichtlich verlassen wird – oder zufällig verlorengeht. Diesen Formen entsprechen verschiedene Weisen der Orientierungslosigkeit. Sie alle aber ziehen das Erfordernis aktiver Selbstlokalisierung nach sich.

Wie weiß ich, wo ich bin?

Beides verhält sich in meinem lebensweltlichen Dasein komplementär zueinander: zu wissen, was wo ist, und zu wissen, wo ich bin. Der Selbstverständlichkeit des einen Wissens entspricht die Reflexionslosigkeit des anderen. Ich muß, wenn ich hier ›bei mir‹ wissen will, wo ich bin, mich nicht erst umsehen und nicht eigens über mich nachdenken. Denn ich weiß es ›von selbst‹.

Die Weise, in welcher ich dies weiß, unterscheidet sich freilich deutlich von der des rein formalen Präsenzbewußtseins, hier zu sein. Ich weiß nun nicht bloß trivialerweise, daß ich *hier* bin, sondern überdies, *wo* ich bin, welches also der Platz ist, der dank meiner Präsenz an ihm gerade jetzt das Privileg hat, »hier« heißen zu dürfen, und wie der Kontext gestaltet ist, der ihn umgibt. Ich weiß, wo ich bin, weil ich vertraut bin mit diesem Platz und mit dem, was außer mir noch hier ist; und mit den weiteren Plätzen und Dingen, die mich hier umgeben; und mit der Lage meines Platzes samt seiner Umgebung und mittels ihrer in meiner systematischen lebensweltlichen Wirklichkeit, meinem *oikos*. Zusammengehalten aber wird dieses Ganze, das mir meine Orientierung gewährt, durch vielfältige zeichenhafte Verweisungen. Wie aber kommen diese Verweisungen zustande? Wie verlaufen sie? Wie erbringen sie ihre Leistung, mir ständig Orientierung zuteil werden zu lassen?

Dinge als signitive Verweise

Schon die feste Beziehung zwischen Stellen und Dingen läßt diese zu Zeichen für jene werden. Zuweilen machen wir von dieser zeichenhaften Beziehung auch ausdrücklichen Gebrauch. Wir identifizieren Stellen, indem wir die Namen der Dinge nennen, die sich dort befinden, egal ob es nun ›einfache‹ Dinge sind oder platzgewährende Dinge von der Art der Behältnisse. Wo-Fragen, die sich ja nach dem Aufenthalts*ort* von etwas erkundigen, beantworten wir typischerweise so: »auf dem Kühlschrank«, »in der Schreibtischschublade«, »unterm Küchentisch« ... Wir nennen, ›anstelle‹ des Ortes, ein wohlbekanntes Ding und eine räumliche Position im Verhältnis zu ihm.

Aber auch ohne diese Ausdrücklichkeit und vor ihr verweisen die Dinge als Zeichen auf ihre Plätze und auf deren Kontext und, vermittelt durch ihn, auf das Ganze, zu dem sie gehören. Dabei fungieren die Dinge nicht als Symbole, die es eigens zu erkennen gilt, sondern, viel unscheinbarer, als signitive Verweise, denen wir folgen, ohne es zu bemerken, und die uns instruieren, ohne dafür besondere Beachtung zu verlangen. Daß mir die Dinge – außer den wenigen, denen ich mich gerade aufmerksam zuwende – ohnehin nur flüchtig, schemenhaft, andeutungsweise gegenwärtig sind, das erleichtert es ihnen, sich auf ihre signitive Funktion zu beschränken. Ihre Bereitschaft, jederzeit sofort fest und voll und ganz für mich da zu sein, wird durch diese Zurückhaltung nicht nur nicht beeinträchtigt, sondern gehört selbst mit zu dem, was da zeichenhaft angezeigt wird. Alles also, was ich hier nebenher mitbekomme und beiläufig wahrnehme, gewinnt für mich unausdrücklichen Zeichencharakter. Und wenn ich hier immer mühelos und wie von selbst weiß, wo ich bin, dann verdanke ich es dem statischen Gefüge der mir vertrauten Dinge, die bei mir und um mich sind und die mir ständig, auch wenn ich umhergehe, meine jeweilige Stelle im Stellenganzen meiner lebensweltlichen Wirklichkeit anzeigen.

Die Fähigkeit, mir etwas anzuzeigen, haben die Dinge nicht an sich, sondern durch mich. Und ich selbst bin es denn auch, worauf sie von Anfang an zurückzeigen, bildhaft gesprochen: zurückblicken. Denn immer wenn ich der Dinge um mich gewahr werde, bestimmt die Perspektive, aus der ich sie sehe, den Anblick, den sie mir bieten. Dieser ist die Vorderseite, die sie mir zuwenden; ich sehe sie stets *en face*. Ich lege durch meinen Platz und durch meinen Blickwinkel fest, was an ihnen zur Vorder- und was zur Rückseite wird. Gleichwohl sind beide Seiten natürlich nicht meine, sondern ihre.

Gewiß, manche Dinge haben auch ohne betrachtet zu werden Vorder- und Rückseite. Denken wir an Schränke und Bücher, Uhren und Häuser. Aber sie haben nicht die Macht, mir die Sicht, die sie für mich vorgesehen haben, auch aufzuzwingen. Ich hingegen habe die Macht, ihre ›Rückseite an sich‹ zu ihrer ›Vorderseite für mich‹ zu machen. Ich drehe den Wecker um: Nun sehe ich ihn zwar ›von hinten‹, aber die Ansicht, die mir zu zeigen ich ihn genötigt habe, wird wegen dieses Mir-Zeigens zur Vorderansicht: Sie ist die Vorderseite nicht des Dinges selbst, sondern des wahrgenommenen Dinges. Meistens vermeiden wir, als Klügere, diesen Machtkampf mit den Dingen und lassen die Seite, die sie uns von sich aus zeigen wollen, uns auch zugewandt sein.

Wenn ich die Dinge um mich herum wahrnehme, so stehe ich ihnen, den wahrgenommenen, also immer *face to face* gegenüber. Ich sehe sie so, wie sie, von mir genötigt, sich mir darstellen müs-

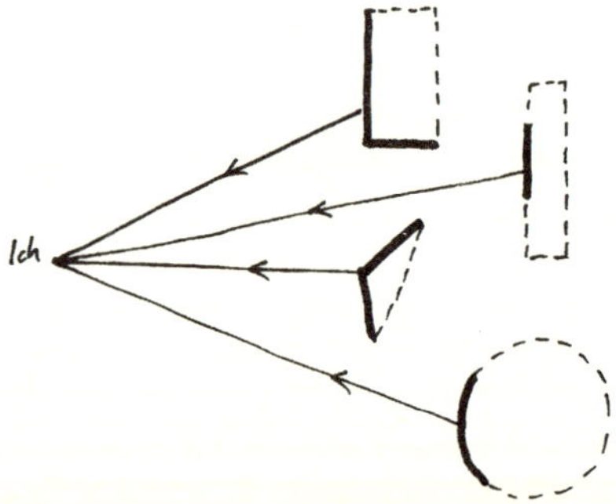

Schema 40: Konvergenz der Aspekte

sen: unabdingbar von vorn, frontal. Und gerade dadurch, daß mein Platz ihre Art, sich mir zu zeigen, bestimmt, lokalisieren sie mich, und ich mich mittels ihrer. Es ist, als ob sie, von mir dazu aufgefordert, ihre Blicke auf mich richteten, um mir zu zeigen, daß die Stelle, an der diese alle zusammenlaufen, die ist, an der ich selber bin. Diese Konvergenz allein genügt indes noch nicht, mich konkret wissen zu lassen, wo ich bin. Ich muß den Anblick, der mir geboten wird, auch als Anblick *von etwas* auffassen, ihn also nicht nur egozentrisch als Blick auf mich, sondern auch zentrifugal als Zeichen für anderes verstehen. Und zuerst verweist mich die mir sichtbare Vorderseite auf die mir unsichtbare Rückseite und mit dieser auf das Objekt selbst, zu dem sie beide gehören. So wohlbekannt und altvertraut sind mir die Dinge in meiner lebensweltlichen Umgebung, daß ich ganz mühelos und unvermerkt den Schritt von der mir dargebotenen Ansicht zum Gegenstand als ganzem vollziehe. Nicht Aspekte nehme ich wahr, sondern Dinge, ›meine‹ Dinge.

Und sie verweisen mich signitiv wiederum auf zweierlei: auf die Stellen, an denen sie selbst sich befinden, und auf die anderen Dinge meiner Lebenswelt, auf Dinge also, die ich von hier aus entweder bloß partiell oder gar nicht sehe, die ich aber gleichfalls längst kenne und die mir gleichfalls als Zeichen für die Plätze dienen, an denen sie sich aufhalten. Da ich aus gewohntem Umgang bestens vertraut bin mit all diesen Dingen, folge ich jener Fülle von Verweisen immer sofort, ohne es absichtlich tun zu müssen, ja ohne es auch nur zu bemerken: *a smooth and easy transition*. Damit aber ist mir horizonthaft meine Lebenswelt als ganze bewußt; und die Aspekte, die mir die mich unmittelbar umgebenden Dinge von sich zeigen, schließen sich zusammen zu einem Gesamtaspekt. In ihm zeigt sich mir meine lebensweltliche Sphäre zwar nicht ganz, aber doch als ganze.

Zweierlei ist also nötig, damit meine Selbstlokalisierung mir in jedem Augenblick ohne alle Mühe gelingt, ja unvermerkt zuteil wird: Erstens muß ich direkt-perzeptiv einige, indirekt-signitiv alle anderen Dinge, die zu meiner Lebenswelt gehören, mitsamt ihren Stellen präsent haben; und zweitens müssen die Dinge, die mich unmittelbar umgeben, mir Anblicke bieten, die ich als Blicke auf mich aufzufassen vermag und die mir den Ort, an welchem sie alle zusammentreffen, als meinen bezeichnen. Mich gleichsam aspekthaft anzublicken: das können die Dinge zwar nicht ohne mich, aber zu wissen, wo ich bin, das kann ich wiederum nicht ohne sie.

Lebensweltliches Körperschema

Wir haben gesehen: Nicht gleich in *der* Welt, aber zumindest in *meiner* Welt weiß ich, wo ich bin, weil die mir bekannten Dinge hier, die mir *vis-à-vis* gegenüberstehen, zuerst mittels ihrer Aspekte auf mich und auf sich selber und dann auch auf ihre angestammten Plätze zeigen; und weil sie mich zugleich signitiv weiterleiten zu anderen Dingen, die mir mit ihren Stellen gleichfalls bekannt sind und mit denen sie sich letztlich zusammenschließen zu meiner mir vertrauten Wirklichkeit. In ihr weiß ich, wo ich bin, indem ich weiß, wo in ihr ich bin.

Ja noch mehr: Weil der Anblick, den dieselben Dinge mir bieten, ein anderer ist je nach der Richtung, aus der ich auf sie blicke; und weil zudem dieser Anblick sich kontinuierlich wandelt, sowie und so wie ich mich bewege: deswegen ›sagen‹ mir die Dinge immer auch, wie ich zu ihnen stehe, wie sich meine Stellung ihnen gegenüber ändert und wohin ich in meiner Lebenswelt gehe.

Hier muß ich mich nicht orientieren, ich *bin* orientiert. Wenn ich das mich ständig ›ortende‹ Zusammenspiel zwischen meiner unthematischen Wahrnehmung der Dinge und ihrer unauffälligen signitiven Funktion terminologisch fassen wollte, würde ich von einem *lebensweltlichen Körperschema* sprechen. In der Gestalttheorie, wo man auch dann ›Körper‹ sagt, wenn man den Leib meint, ist ›Körperschema‹ der Titel für etwas, das uns bestens vertraut und doch schwer faßbar ist, für ein eigentümliches Wissen vom eigenen Körper. Meines Körpers kann ich ja, wie jeder weiß, auf vielfältige Weise gewahr sein. Ich schaue mich im Spiegel an; oder ich betrachte, betaste, belausche mich: ich sehe meine Füße, berühre mein Ohr, höre mein Atmen … Dabei werde ich mir immer – ganz oder teilweise – selbst zum Thema; auf mich selbst richtet sich meine Aufmerksamkeit, meine Neugier, meine Erkundungsaktivität.

Mit dem Begriff des Körperschemas aber verbindet sich eine ganz andere Weise, vom eigenen Körper *alias* Leib etwas zu wissen. Dieses Wissen ist seinem Inhalt nach positional, seiner Form nach unthematisch, reflexionslos. Zum einen also: Ich bin vertraut mit meinem Körper in seiner Stellung und Haltung, seiner ›Positur‹: Ich weiß immer, wo und in welcher Stellung meine Hände und meine Füße, mein Kopf und mein Hinterteil sich gerade aufhalten, wie sie in ihrem Verhältnis zu einander und zu dem Leibganzen, dem sie angehören, stehen und sich bewegen. Positional bewußt ist mir aber auch dieses Ganze selbst: Ich weiß, ob ich sitze oder stehe und ob ich dabei aufrecht oder gebeugt oder zusammengesunken bin; ich weiß, wenn ich liege, ob ich ausgestreckt auf dem Rücken oder zusammengerollt auf der Seite liege; und wenn ich mich bewege – an Ort und Stelle oder fortschreitend –, so begleitet mich stets ein Wissen von der Weise, wie ich es tue, und von der Haltung, die ich dabei einnehme.

Eigentümlich aber ist die Weise, wie ich dieses Wissen habe, seine Form: Ich habe es ohne alle Reflexionsakrobatik und Innenschau. Weder sein Inhalt – mein Körper in Position – noch es selbst sind Thema meines Bewußtseins, Gegenstand meiner Zuwendung. Im Gegenteil: ständig bin ich davon abgewandt; im Hintergrund meiner Aufmerksamkeit ist es immer mit da: ein selbstverständliches, all meine Bewegungen begleitendes, unreflektiertes Wissen.

Dieses positionale und unthematische Wissen Körper*schema* zu nennen – im Englischen *body image* – ist nicht ohne Risiko. Denn zwei Schritte, die in die Irre führen können, sind da bereits getan: zum einen die gegenständliche Auffassung eines ungegenständlichen Wissens, zum anderen die ›bildhafte‹ Darstellung seines erlebten Inhalts. Wenn man vergißt, daß ›Schema‹ hier eine Metapher, daß ›Bild‹ hier selbst ein Bild ist, dann ist der dritte Schritt nicht mehr weit: das Körperschema so aufzufassen, als sei es ein Strichmännchen, eine Aktskizze oder ein Modell des menschlichen Skeletts. – So aber war's beileibe nicht gemeint.

Natürlich verfüge ich auch in meiner Lebenswelt über dieses unreflektierte Wissen von der Lage und Stellung meines Körpers und seiner Glieder. Aber in ihr gibt es doch, als Analogon zu diesem innenleiblichen Körperschema und als dessen Erweiterung und Ergänzung, noch ein eigenes lebensweltliches. In meiner vertrauten Umgebung und mittels ihrer weiß ich immer, wo in ihr ich mich gerade befinde, wie ich in ihr ausgerichtet bin und wohin ich mich soeben begebe: ein reflexionsloses und intuitives Wissen, das ich dem unmittelbaren ›Anblick‹ der Dinge und ihren signitiven

Verweisungen verdanke. Wie mir innenleiblich mein Körper bewußt ist als gerade so positioniertes Ganzes mit Teilen, so ist mir lebensweltlich dieses leibliche Ganze wiederum bewußt als gerade so situierter und orientierter Bezugspunkt meiner mir bekannten und gewohnten Umgebung. Sowie ich mich in ihr aufhalte, weiß ich ganz selbstverständlich beides: *wie* und *wo* meine Position ist. Mein innenleibliches und mein lebensweltliches Körperschema schließen sich zu einer Einheit zusammen. Die mir vertraute Wirklichkeit ist mir gleichsam ein unbeweglicher zweiter Körper, dessen signitiv konstituiertes Schema darin besteht, meinen beweglichen ersten Körper ständig wissen zu lassen, wo er ist, und somit mich, wo ich bin.

Omnipräsenz-Ersatz und ›Widerlegung des Idealismus‹

Mein lebensweltliches Körperschema gewährt mir eine Art Omnipräsenz-Ersatz. Während ich in meinem leiblichen Körper selbst so gegenwärtig bin wie der pantheistische Gott in seiner Welt – nämlich überall –, ist meine leibhafte Anwesenheit in meiner Lebenswelt nicht mehr, aber auch nicht weniger als ein Abglanz solcher Allgegenwart. Es ist natürlich richtig, daß ich hier nicht überall zugleich gegenwärtig bin. Doch ich bin mit allem so vertraut, daß ich von jeder Stelle aus alle anderen Stellen und alles an ihnen und das Ganze, das sie ausmachen, stets implizit präsent habe. Wo ich nicht unmittelbar gegenwärtig bin, dort reiche ich dennoch hin kraft signitiver Vermittlung, ›horizonthaft‹ intentional. Überall präsent sein oder alles präsent haben: dieser kleine Unterschied zwischen göttlicher Allgegenwart und menschlicher Vertrautheit macht, daß ich in meiner lebensweltlichen Wirklichkeit doch gelegentlich etwas verlegen kann und es dann suchen muß; und er macht, daß ich überhaupt wissen kann und hier auch tatsächlich immer weiß, wo ich bin.

Es könnte sogar jemand auf die Idee kommen, diesen Unterschied zwischen Omnipräsenz und All-Vertrautheit zu einer Widerlegung des metaphysischen Idealismus zu benutzen. Wer einen Idealismus vertritt – eine Art Pantheismus auf eigene Faust –, hält diese Behauptung für wahr: »Es gibt keine Wirklichkeit außer mir;

alles existiert nur in meinem Bewußtsein.« Ich brauche, um diese Behauptung zu widerlegen, nur auf mein Präsenzbewußtsein zurückzugreifen. Wenn ich mein konkretes Wissen von meinem gegenwärtigen Platz verstehe als ein »empirisch bestimmtes Bewußtsein meines eigenen Daseins« und dabei im Auge behalte, daß ich dieses lebensweltliche Wissen den Dingen, die mich umgeben, zu verdanken habe, dann kann ich umgekehrt auch behaupten: »Das bloße, aber empirisch bestimmte Bewußtsein meines eigenen Daseins beweiset das Dasein der Gegenstände im Raum außer mir.« Daraus, daß ich weiß, wo ich bin, folgt, daß es selbständige Dinge gibt, die beharren und nicht in den ständigen Wandel meines Bewußtseins mit hineingezogen werden.

Gegenstandslos in Nacht und Nebel

Da der Zusammenhang zwischen der Perspektive, aus der ich die Dinge sehe, und dem Anblick, den sie mir bieten, den Kernbestand meiner ›passiven‹ Selbstlokalisierung bildet, geht fast jedes Situationsbewußtsein schon ein kleines Stückchen über das rein formale Wissen, daß ich hier bin, hinaus. Dazu brauche ich mich also nicht in der mir vertrauten Wirklichkeit aufzuhalten. Dinge, die mich umgeben, sagen mir durch ihren Anblick immer, wo inmitten ihrer ich bin. Was aber geschieht, wenn ich ›draußen‹ auf Dinge treffe, die ich nicht kenne? Wenn ich gar, was mir begegnet, nicht einmal seiner Art nach einzuordnen imstande bin? Nun, der Übergang von der mir dargebotenen Ansicht zum Gegenstand als ganzem wird unsicher, stockend, riskant, mißlingt womöglich ganz. Ich weiß nicht, wovon der Aspekt Aspekt ist. Zwar umgeben mich Dinge: aber was für welche?

Und erst recht ist, sobald ich mich außerhalb meiner eigenen Lebenswelt bewege, der weitere dinghafte Kontext, in dem die Dinge dort stehen, mir zumeist unbekannt. Mein Präsenzbewußtsein sagt mir zwar, wo inmitten der Dinge ich bin; aber je weniger ich weiß, welche Dinge es sind und von welchen weiteren Dingen sie umgeben werden, desto schwieriger wird es, den signitiven Hinweisen ihrer Aspekte zu folgen. Ich fühle mich dann von den Dingen eher umstellt als umgeben, eher feindlich umzingelt als behutsam gelenkt und sanft geführt. Je nach Bekanntheitsgrad habe ich dann allenfalls eine schwache Ahnung oder eine vage Vermutung, wo ich sein könnte, weiß es ungefähr, der Art oder dem Typus nach. Am wenigsten aber weiß ich, wo ich bin, wenn, was mich umgibt, überhaupt nicht dinghaft ist: eine Situation, in der die Differenz von Aspekt und Objekt gar nicht erst aufkommt und in der es deshalb auch keinerlei Verweisungen gibt: weder her zu mir noch hin zu anderem. So zum Beispiel in dunkler Nacht oder in einer geschlossenen Höhle, im dichten Nebel, im finstren Walde oder auf hoher See.

Interner Ordnungsschwund

Daß wir nicht einmal mehr Dinge um uns herum wahrnehmen, ist natürlich eine Extremsituation. In ihr sind wir selten. Aber nicht deshalb, weil es so wenig Gelegenheit für sie gäbe: schließlich wird es ja Tag für Tag wieder Nacht. Doch wissend, was Gegenstandslosigkeit für uns bedeutet – nicht nur Orientierungsverlust, sondern Angst –, tun wir alles, um sie zu vermeiden. Gar nicht erst hingehen oder aber für Beleuchtung sorgen sind solche Maßnahmen.

Aber es gibt andere Weisen des Orientierungsverlustes. Die mir bekannten Gegenstände meiner ›heimischen‹ Umgebung sind alle noch da, aber plötzlich völlig anders arrangiert. Das kann ganz klein anfangen. Da ist etwa meine Küche, mein Hobbykeller, mein Büro, mein Schreibtisch, meine Festplatte, mein Kleiderschrank. Gelegentlich passieren damit, wie jeder weiß, ganz schlimme Dinge. Wohlmeinende Mütter oder Freunde, Mitbewohner oder Arbeitskollegen, Ehepartner oder Altenpfleger fühlen sich eines Tages bemüßigt, endlich einmal, während ich weg bin, richtig Ordnung zu schaffen. Das Durcheinander, das vorher hier herrschte, konnte man ja wirklich nicht mehr mit ansehen! Ich komme zurück; alles ist aufgeräumt. Nur ich bin es nicht.

Wenn eine solche Umstellung nicht bloß ein Segment, sondern das Ganze meines *oikos* betrifft; wenn überdies statt meiner alten Dinge lauter neue da sind; und wenn ein solcher Wandel mir tagtäglich zugemutet wird – dann ist in der Tat alles verrückt und zum Verrücktwerden. Dinge sind zwar weiterhin da, aber sie gehen nicht in eine Ordnung ein, die mich dank ihrer relativen Stabilität stets wissen lassen könnte, wo in ihr ich bin.

So selbstverständlich wie das Wissen, wo ich bin, sich einstellt, laufen in meiner Lebenswelt meine Handlungen ab. Es herrscht ›Zweckmäßigkeit ohne Zweck‹. Ich stehe nicht etwa auf, um in die Küche zu gehen, um dort Wasser heiß zu machen, um damit Kaffee aufzubrühen... An die Stelle des finalen Um-zu tritt vielmehr das serielle Und: Ich stehe auf und gehe in die Küche und mache Wasser heiß und... Mit meinen Handlungen verfolge ich keinen Zweck, alles geschieht routinemäßig und fast wie von selbst.

Das beharrliche Gefüge der vertrauten Dinge und der dauerhafte Grundriß, den sie festlegen, hält für mich Stellen bereit, die ich bevorzugt einnehme, und bietet mir Wege an, die ich gewohnheitsmäßig durchlaufe. Wie ich typischerweise – weil eine Ordnung herrscht, die ich kenne – hier nicht nach Dingen zu suchen brauche, sondern sie mir einfach nehmen kann: so brauche ich auch nicht nach Wegen Ausschau zu halten, die mich zu einem Ziel führen; ja nicht einmal Ziele brauche ich zu haben, weil die vorhandenen Wege mich von selbst geleiten, wohin ich wollen würde, wenn Wollen hier nötig wäre.

›Draußen‹ jedoch ist das anders. Zunächst einmal tritt Fremdheit an die Stelle von Vertrautheit. Der Grund ist eine Diskrepanz, mangelnde Passung zwischen mir und dem, was mich umgibt. Meine gewohnte Lebenswelt besteht ja gleichsam aus zwei ineinandergreifenden Hälften: einer dinghaft-ortsfesten und einer ichhaft-mobilen. Und letztere, die subjektiv-leibliche Dimension meiner Welt, ist mir ständig gegenwärtig in sinnvollen Wissensbeständen und aufgespeicherten Gedächtnisbildern, in erworbenen Wahrnehmungsschemata und eingefahrenen Gewohnheiten. Zu all dem fehlt mir ›draußen‹ der dingliche Widerpart: die mir entsprechende und mich ansprechende, mich lokalisierende und meine Bewegungen führende Umgebung. Ich muß, heißt das, mich selbst orientieren, muß mich dessen vergewissern, wo ich bin, mich entscheiden, wo ich hinwill...

Zumeist aber ist die Fremdheit doch temperiert und domestiziert durch wohlbekannte Arten von Gegenständen und Typen von Anblicken. Wo auch immer ich hinkommen mag: fast immer ist mir die Umgebung, in der ich mich vorfinde, wenigstens in

Grundzügen bekannt. Die Natur zeigt sich in Gestalt von Himmel und Wolken, Wäldern und Wiesen, Seen und Bergen... Und was Menschen geformt und gebaut haben, erkenne ich wieder als Wege und Felder, Häuser und Straßen, Türme und Ortschaften... Das Grundproblem aber bleibt: Die einzelnen Dinge in ihrer individuellen Eigenheit selbst sind mir ebenso unbekannt und fremd wie ihr Arrangement im Ganzen der Umgebung, zu der sie sich zusammenschließen. Deshalb bleibt auch Orientierung als Aufgabe, die bewältigt sein will: Selbstlokalisierung und Wegfindung.

Der orientierungslose Finder

Auf elementare Weise bemühen wir uns, unserem Aufenthaltsort in der Ferne alles Befremdliche zu nehmen, indem wir eine Beziehung herstellen oder aufrechterhalten zu unserem ›heimatlichen‹ Ausgangspunkt: Selbstlokalisierung im Unvertrauten durch Rückbindung ans Vertraute. Es ist, als ob unsere Lebenswelt einen langen Krakenarm ganz weit hinausstreckte und wir, ihn als Weg benutzend, sie nie verlassen hätten. Betrachten wir, um die Eigenart dieses Versuchs besser zu verstehen, zuerst Formen, in denen er mißlang.

Wer sucht, bewegt sich meistens außerhalb des engeren Kreises seiner gewohnten Umgebung. Und da ist es – vor allem in den hinter uns liegenden Jahrhunderttausenden ohne Straßen und Straßenkarten – durchaus wahrscheinlich und deshalb gar nicht so selten, daß einer in die Situation gerät, eins zu verlieren und eins zu finden: Er verliert seinen Weg und er findet die Sache. Er weiß nicht mehr, wo er ist, aber er hat, was er wollte.

Insbesondere wenn das, was gesucht wurde, ein bestimmter Ort ist oder ein Ding, das mit einem solchen Ort untrennbar verbunden ist, mißlingt die Suche trotz des Findens! Ich bin zwar an der Stelle angelangt, zu der ich wollte, ich sehe zwar den Gegenstand, auf den ich aus war, aber trotzdem weiß ich weder wo sie, noch wo er ist. Und zwar, weil ich nicht weiß, wo ich selber bin. Wäre ich über Mobiltelefon mit jemandem verbunden: ich könnte zwar behaupten, das Gesuchte gefunden zu haben, wäre aber unfähig, ihm mitzuteilen, wo es ist. »Hier«, ja – aber das besagt eben über den Ort nichts weiter, als daß ich gerade an ihm anwesend bin. Und so wie ich die Frage, wo ich bin, mir selbst zu beantworten suche, indem ich die Verbindung zu meiner gewohnten Alltagswirklichkeit wieder herstelle, so lokalisiere ich, wenn's gutgeht, meinen Fund nachträglich, indem ich mir den Weg *zurück*, so ich ihn denn finde, genau einpräge.

Was Orientierungsverlust bedeutet, zeigt sich vielleicht am deutlichsten bei der Suche nach Personen, die ihrerseits schon nicht mehr wissen, wo sie sind, weil sie in einem ›unwegsamen‹ Gebiet sich verlaufen, verstiegen, verfranzt haben, verloren und verschollen sind, *cast away*: Kletterer im Gebirge, Schiffbrüchige auf See, Neugierige im verwirrenden Geäder unterirdischer Höhlen. Sie zu finden wird für den, der sie gefunden hat, dann zum Fiasko, wenn er selbst nicht mehr weiß, wo er ist. Statt zum Retter zu werden, erhöht er die Zahl der Verlorenen. Diese aber, die für einen Augenblick glauben durften, gefunden zu sein und zurückkehren zu können, werden sich für die Enttäuschung, die er ihnen bereitet, zu bedanken wissen.

Selbstlokalisierung durch Rückbindung

Wir kennen die Namen der berühmten Seefahrer, die zu Entdekkern ganzer Erdteile, entlegener Inseln oder wichtiger Passagen geworden sind. Was wir hingegen nicht kennen, sind die Namen all derer, die – wie wir meist nicht wissen, aber mit guten Gründen vermuten – schon *vorher* dort hingelangt waren, die als erste alles gesehen haben, die dann aber ertrunken oder verhungert sind, erschlagen oder gefressen wurden. Sie kamen nicht zurück. Einen Ort entdecken heißt nicht einfach, als erster dort ankommen, sondern zwischen dem neuen Ort und der alten Heimat eine Verbindung erstmals herstellen und dauerhaft sichern. Daß wir die Namen der Entdecker kennen, oft sogar das, was sie entdeckt haben, nach ihnen benennen, hat also wesentlich mit der von ihnen gewahrten oder erneuerten Rückbindung zu tun: damit, daß die Entdeckung eines Ortes sich erst mit der gesicherten Möglichkeit, ihn wiederzufinden, vollendet.

Wissen, wo etwas ist, heißt: es wiederfinden können, den Weg kennen, der zu ihm hinführt. Die Lage eines Ortes ist mir nicht schon dann bekannt, wenn ich dort einmal war, sondern erst wenn ich ihn anzubinden vermag an das Netz meiner Wege, in dem und auf denen ich mich mit schlafwandlerischer Sicherheit bewege, und an meine lebensweltliche Wirklichkeit, deren Plätze und Dinge durch diese Wege verbunden und erreichbar sind. Erst indem ich auf diese Weise selbst wieder weiß, wo ich bin, weiß ich auch, wo das ist, was ich gefunden habe. Andernfalls wäre ich zwar dort gewesen, hätte es zwar gesehen; aber den Weg zu ihm nicht mehr zu wissen heißt: es wieder verloren und das Finden nicht zur Vollendung gebracht zu haben.

Ein Weg, den ich nicht irgendwann einmal zurücklege, um ihn sogleich zu vergessen, sondern den ich mir markiere, um ihn jederzeit wiederzufinden: ein solcher Weg bekommt Dauer. Von meiner subjektiven Erinnerung unabhängig, gewinnt er objektiven Bestand. Ein solcher Weg, heißt das, ist erkennbar und begehbar für jedermann. Wäre Theseus dem Minotauros zum Opfer gefallen: dank Ariadne hätte danach ein jeder das Labyrinth betreten und hinfinden können zu der Stelle, an der's geschah. Und wieder zurück! Also: ein markierter, gar befestigter Weg ist nicht länger bloß *meiner*, er wird *unserer*; gebahnt *von mir*, ist er doch, sowie es ihn gibt, ein Weg *für uns*. Und dies gilt wechsel- und allseitig: Als *unsere* Wege sind die der anderen grundsätzlich auch *meine*; zwar außerhalb meiner Lebenswelt, aber für mich da.

Überall wie zu Hause

Selbstlokalisierung durch Rückbindung ans Vertraute: das ist eine gleichsam punktuell-einfädige Unternehmung, in der eine Idee, ein Prinzip darinsteckt: Könnten nicht *alle* Wege, die ich gehe, so sein, daß ich auf ihnen die Sphäre meiner Lebenswelt gar nicht verlasse? Könnte sie, polyzentrisch ohnehin, nicht die Gestalt eines Netzes annehmen, in dem ich mich so bewegen könnte, als ob ich zu Hause wäre? *Oikeiosis* wäre dann nicht länger ein stellenbezogenes Sich-Niederlassen, ein ortsgebundenes Sich-Einrichten und Heimischwerden. Vielmehr wäre die Welt als ganze zum *oikos* geworden.

Und diese ›Domestikation‹ des Globus ist ja in der Tat in vollem Gange. Von meiner Wohnungstür aus habe ich direkten Zugang zu einem Straßen- und indirekt zu einem Schienennetz, durch welche mir fast jeder Winkel der Erdoberfläche erreichbar ist. Hindernisse gibt es nicht mehr; denn Straßen und Schienen führen hin zu andersgearteten Wegen: Wasserstraßen, Schiffsrouten, Luftkorridore, durch welche diverse Kanal-, See- und Flughäfen kreuz und quer miteinander verknüpft sind.

Doch dieses lokale und regionale, nationale und schließlich globale Netzwerk von Wegen hat allenfalls in winzigen Segmenten lebensweltlichen Charakter für mich. Das merke ich vor allem daran, daß mir fast überall Selbstlokalisierung und Wegfindung nicht einfach selbstverständlich zuteil, sondern als Leistung abverlangt wird. Freilich: an der Art, wie ich diese Leistung erbringe, und an den intellektuellen und instrumentellen Mitteln, die sie uns zuerst erleichtern und schließlich abnehmen, ist doch die Idee ablesbar, die uns da leitet: uns so auszukennen und zurechtzufinden, als ob die Welt unsere Lebenswelt wäre.

Ein erster großer Schritt, zu dem wir nicht zufällig schon vor Jahrtausenden angesetzt haben, besteht darin, uns eine Übersicht zu verschaffen und diese dann zu einem objektiven und für jedermann brauchbaren Instrument auszuarbeiten: Wir machen uns Karten und Pläne. Wie wir sie machen und wie wir sie dann benutzen, um uns mit ihnen zu orientieren: das will ich in den folgenden Kapiteln zeigen. In ihnen geht es deshalb zuerst (9. Kapitel) um den Übergang *von der Vogelperspektive zur Kartographie*, dann (10. Kapitel) um *umständliche Selbstlokalisierung* im Unbekannten und schließlich (11. Kapitel) um *Wegsuche, Wegbeschreibung und Routenplanung*. Im Dritten Teil des Buches untersuche ich dann die höchst aufwendigen technischen Anstrengungen, kraft deren wir der Realisierung dieser Idee noch näher kommen: uns überall so auszukennen und zurechtzufinden wie daheim.

9. Kapitel
Von der Vogelperspektive zur Kartographie

Wie orientiere ich mich außerhalb der Sphäre, in welcher ich mich vermöge meines innenleiblichen und lebensweltlichen Körperschemas nicht zu orientieren brauche? Welche Fähigkeiten muß ich mitbringen, welche Maßnahmen ergreifen, welche Hilfsmittel benutzen, um ›dort draußen‹ stets oder wieder zu wissen, wo ich bin? Wie konkretisiere ich mein bloß formales Wissen, jetzt gerade *hier* zu sein, zu jenem kontextuellen Wissen, welches den Ort, an dem ich bin, heuristisch sinnvoll in Beziehung setzt zu seiner Umgebung, zu jenem hinter mir liegenden Ort, von dem ich ausging, und zu dem vor mir liegenden Ort, den ich suche?

In den Beschreibungen dieses Kapitels stelle ich *zunächst* diejenigen Fähigkeiten und Leistungen dar, vermöge deren wir uns unser wichtigstes Orientierungsinstrument erarbeiten. Dieses ist, wie jeder weiß, die Übersicht. Und sie hat zwei verschiedene Existenzweisen: es gibt sie als Vorstellung ›im Kopf‹ und als Plan auf Papier. Meine *weiteren* Erwägungen erinnern sodann daran, wie wir jenes geistige Konzept in die graphische Form umsetzen und ihm so reale und objektive Gestalt geben: an das *mapping*. *Abschließend* mache ich einige Notizen zu einem zweiten wohlbekannten Orientierungsmittel: den Namen für Stellen und Wege. Indem sie als schriftliche Symbole Eingang finden in Karten und Pläne, machen sie diese erst zu volltauglichen Instrumenten des Sich-Zurechtfindens. – Die voraussetzungsreiche und oft umständliche Anwendung dieser Instrumente wird dann erst Thema der beiden nachfolgenden Kapitel sein, die sich mit der umsichtigen Selbstlokalisierung und der aktiven Wegfindung beschäftigen.

Wissen von Wegen in Netzen

Wege existieren nicht einfach, sondern wir haben ein Wissen von ihnen. Selbst die, die wir noch nie in Augenschein genommen haben, sind uns in ihrer grundsätzlichen Gestalt und in ihren typischen Zusammenhängen bekannt. »Alle Wege führen nach Rom.« Wir wissen, was das bedeutet; wir wissen aber auch, daß von den

Wegen in der Umgebung einer jeden Stadt diese dasselbe für sich behaupten kann. ›Ortschaften‹ haben meistens die Eigenheit, Straßen sternförmig von sich wegzuschicken und bei sich zusammenzuziehen. Und auch das ist uns klar: Die Stadt *ist* nicht bloß ein Zentrum, sie *hat* auch eines. In der ›Stadtmitte‹ laufen die innerstädtischen Straßen zusammen und von ihr gehen sie aus in alle Richtungen. Die ›Hauptstraßen‹ sind dabei diejenigen, die die Stadtgrenze überschreiten, draußen weiterführen und den näheren

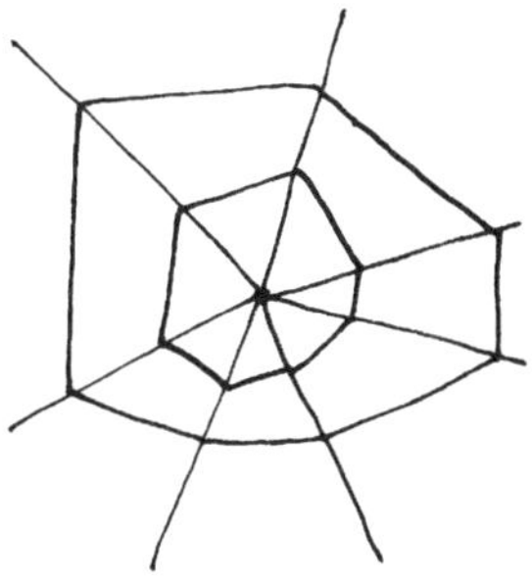

Schema 41:
Wegenetz mit innerem
und äußerem Ring

oder ferneren Ortschaften zustreben. Diese Strahlen werden zu Radien, indem die Querverbindungen zwischen ihnen sich zu einem ›Ring‹ zusammenschließen, bisweilen auch zu einem ›inneren‹ und einem ›äußeren‹. ›Nebenstraßen‹ hingegen pflegen sich in die verschiedenen Viertel hinein zu erstrecken, um, sich verzweigend, in ihnen zu enden.

Natürlich sind wir uns dessen bewußt, daß dies nur ein ganz simples Schema ist, das sich in seinem umfassenderen Kontext und in seiner Binnenstruktur als wesentlich komplizierter erweist. Außen herum vielerlei Ortschaften: von der Metropole über das Städtchen bis zum Dorf und zum Weiler; vielerlei Zentren: hier dünn gesät, dort dicht geballt, anderswo beliebig gestreut; vielerlei Wege: Straßen und Sträßchen, Bahnen und Pfade. All die Wege unterschiedlichster Breite und Reichweite, die von ihren Zentren ›ausstrahlen‹, kreuzen sich hier oder vereinen sich dort; die schmalen münden in die großen und Querverbindungen gestatten abkürzende Übergänge. So entsteht, uns wohlbekannt, aus Polyzentrik

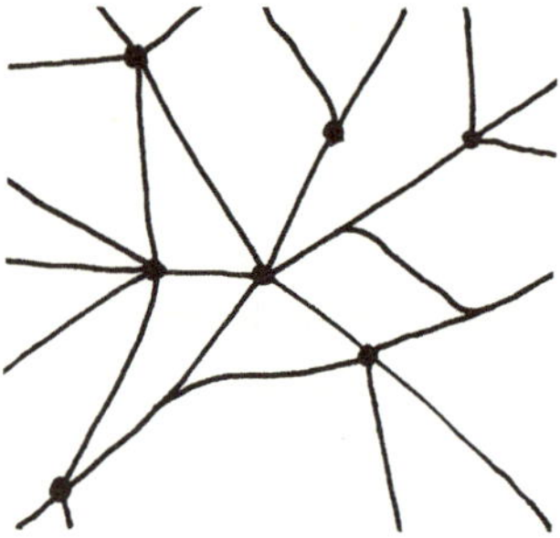

Schema 42: Verzweigtes Wegenetz mit Knotenpunkten

und Radialität ein ›flächendeckendes‹ Straßennetz mit den unterschiedlichsten Knoten und Kreuzen, Linien und Strängen, Bögen und Schleifen. Und da all dies historisch gewachsen ist, fehlt es auch nicht an Engpässen, Umwegen und Sackgassen.

Und im Inneren größerer Ortschaften läuft es, wie jeder weiß, kaum anders. Häufig gibt es – zuweilen historisch nacheinander und von unterschiedlicher Bedeutung – die kirchliche und die politische Mitte, das Handels- und das Verkehrszentrum. Und so gehen denn vom Domplatz und vom Schloßplatz, vom Marktplatz und vom Bahnhofsplatz viele Straßen und Gassen in viele Richtungen weg. Aus der Überlagerung dieser meist noch in sich verzweigten ›Abstrahlungen‹ ergibt sich oft eine Struktur, die so komplex ist, daß es uns schwerfällt, uns ein Bild von ihr zu verschaffen.

Gewiß, dies stellt nur *einen* Typus einer örtlichen Binnenstruktur dar. Ganz anders sieht es etwa aus, wenn wir das Karo-Muster

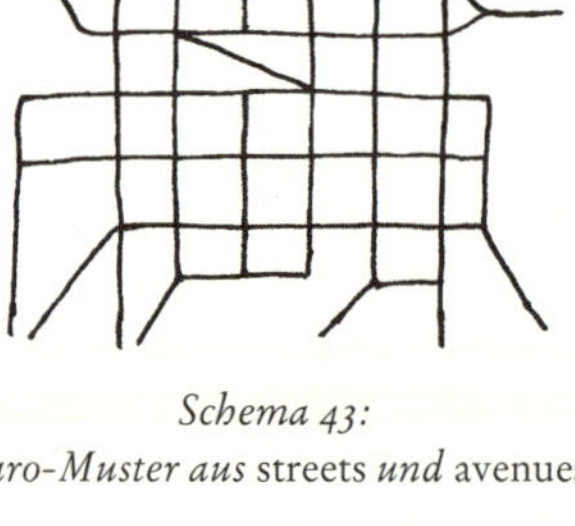

Schema 43:
Karo-Muster aus streets *und* avenues

von Mannheim oder Manhattan betrachten. Aber auch in diesen Orten erbringen die Straßen und Wege, die *Streets* und die *Avenues* dieselbe Leistung: Indem sie sich wie Kette und Schuß verweben, entsteht eine gitterartige Textur. In ihr liegen die Plätze und Stellen *an* den Straßen oder ergeben sich aus deren Kreuzungen, haben somit Anschluß an sie und sind durch sie mit allen anderen ihresgleichen im selben Gewebe verbunden. Die hochgradige Ordnung aber, die hier herrscht, erleichtert uns beides: daß wir uns zurechtfinden und daß wir den Überblick behalten.

Wie von oben

Auf Plätzen stehen oder sitzen wir, kaum jemals schweben wir in einem Heißluftballon über ihnen. Durch Straßen gehen oder fahren wir, nur gelegentlich schauen wir aus dem Hubschrauber auf sie herab. Gleichwohl ist ein Straßennetz etwas, das uns ganz leicht und selbstverständlich so vor Augen steht, als ob wir von einer hohen Warte aus auf es herunterblickten. Wir haben, ohne den Boden unter den Füßen zu verlieren, eine Übersicht, als ob wir über den Dingen stünden. Es ist eine unserer erstaunlichsten Fähigkeiten, bei der allenfalls noch erstaunlicher ist, wie spät und wie zögerlich sie in den dafür eigentlich zuständigen wissenschaftlichen Disziplinen Aufmerksamkeit gefunden hat: die Fähigkeit, uns und unsere Umgebung gleichsam aus der Vogelperspektive wahrzunehmen, ohne dabei unsere Froschperspektive und Bodenhaftung jemals aufgeben zu müssen.

Besonders lehrreich ist, wie so oft, der Fall des Mißlingens: verwirrendes Durcheinander, chaotische Verhältnisse. Wenn wir uns nicht zurechtfinden, nicht orientieren können, uns gar verlaufen haben, dann sind wir auch nicht in der Lage, unsere Umgebung uns so vorzustellen, als ob wir sie von oben sähen. Wir sehen dann nicht etwa auf verworrene Zustände hinab, sondern diese verweigern uns, wenn wir in ihnen sind, überhaupt eine solche Sicht auf sie. Es herrscht Unübersichtlichkeit. Positiv gewendet heißt das: Überblick – auch und gerade der imaginäre wie der metaphorische – besteht nicht allein in der Draufsicht, sondern im Erfassen einer Struktur, die uns Orientierung ermöglicht. Etwas gleichsam von oben sehen heißt, in dem, worin wir uns bewegen, ein Muster erkennen können. Solche Einsicht geschieht nicht etwa danach, sondern ist selbst ein Moment, das am Zustandekommen dieser Perspektive wesentlich beteiligt ist.

Selbst dort, wo die Philosophie sich emphatisch als Orientierungswissen anpreist, sind kaum jemals die leiblich-imaginären und die topisch-motorischen Grundlagen des Zusammenhangs von Sich-Auskennen und Übersicht-Haben zum Thema gemacht worden. Von all den Prozessen, die uns in ihrem Zusammenwirken befähigen, eine Als-ob-Vogelperspektive einzunehmen, skizziere ich hier nur die zwei, die unserer Selbsterfahrung und Erinnerung am leichtesten zugänglich sind: unser Größerwerden und unser Spielenlernen.

Erwachsenwerden als Gesichtspunkterhöhung

Wir machen uns gern größer als wir sind; wir wollen immer hoch hinaus; wir streben nach Höherem. Diese Selbststeigerung fängt ganz natürlich, ja anatomisch an. Seit wir als Kleinkinder aufrecht die ersten Schritte getan haben, leben wir mit einer Differenz, die sich ganz unscheinbar ausnimmt und die doch unser gesamtes Dasein formt: Der Ort, von dem aus wir *sehen*, liegt höher als der, auf dem wir *stehen*. Und bereits vorher, wenn wir den glücklichen Übergang vom Krabbeln-Müssen zum Getragen-Werden erlebt haben, konnten wir erfahren, wie es das Selbstgefühl erhöht, auf andere und anderes herabblicken zu können. Doch das war nur die plötzliche, kurzzeitige und fremdverfügte Vorwegnahme dessen, was nun langsam und dauerhaft und eigenständig kommt: Heranwachsen.

Erwachsenwerden, rein körperlich betrachtet, besteht in der allmählichen Vergrößerung des Abstandes zwischen den Füßen und den Augen. Größerwerden – Hauptbeschäftigung aller Kinder – heißt also beides: festen Boden unter die Füße zu bekommen und dabei stetig den Gesichtspunkt, von dem aus man die Welt beschaut, zu erhöhen. Und natürlich hat, wer von einer höheren Warte blickt, auch den größeren Gesichtskreis. Insofern ist Erwachsenwerden eine ständige Horizonterweiterung.

Ein Kind, das sich auf die Zehenspitzen stellt, antizipiert damit absichtsvoll einen Zustand, den es von Natur aus alsbald ohnehin erreichen wird. Aber es übt damit doch schon für spätere Kultur. Denn es beherrscht und benutzt diese minimale Selbsterhöhung auch dann noch, wenn es ›ausgewachsen‹ ist. Ein Erwachsener, der sich auf die Zehenspitzen stellt, überschreitet um eine Winzigkeit, um eine Idee, die Grenzen, die die Natur ihm gesetzt hat. Er wächst, auch wenn's nur wenige Zentimeter sind, über sich selbst hinaus. Bei der Maßlosigkeit, die für unsere Gattung auch sonst charakteristisch ist, verwundert es nicht, daß wir diesen winzigen Anfang der Selbsttranszendenz alsbald durch körperliche Anstrengung und mit technischer Unterstützung auszubauen bestrebt waren. Berghütten und Seilbahnen, Aussichtstürme und Flugballons sind Zeugen dafür, was wir's uns kosten lassen, aber auch welche Lust es uns bereitet, etwas von oben sehen, auf etwas von oben herabblicken zu können.

Der Aufstieg zu immer größerer Höhe lebt von der Steigerung und Übersteigerung dessen, was von Natur aus geschieht und was wir von uns aus können: Verlagerung der Position unserer Augen nach oben. Das endet damit, daß wir imstande sind, unsere Augen fiktiv dort zu lokalisieren, wohin unser Kopf bei unbegrenztem Wachstum im Prinzip hätte gelangen können. Wir können uns vorstellen, wie etwas aus der Vogelperspektive aussieht.

Trotz dieser ›Höchstleistung‹, senkrecht von oben auf etwas hinunterzuschauen, bleiben uns doch auch die Zwischenstufen, die wir ›durchwachsen‹ haben, erhalten. Weiterhin verfügen wir über die Fähigkeit, uns vorzustellen, wie etwas aus unterschiedlicher Höhenlage betrachtet sich uns darstellen müßte. Diese schräge Draufsicht mit ihren verschiedenen Blickwinkeln kommt eher dem nahe, was Vögel aus ihrer Perspektive wahrnehmen, während die üblicherweise metaphorisch gemeinte Vogelperspektive vornehmlich das Extrem des vertikalen Blicks nach unten bedeutet.

Mit dem Erwachsenwerden vergrößern wir aber unseren Horizont nicht allein optisch, sondern auch praktisch. Wohin wir allmählich zu schauen lernen, dorthin bewegen wir uns alsbald auch. Wir erfahren, wo Platz ist und wo's vorangeht, aber auch wo es eng wird, woran wir uns stoßen und wohin wir nicht können. Im Kriechen, Tappen, Schreiten, Laufen und Fahren erkunden wir unsere nahe und nähere, weitere und weite Umgebung. So wächst also unser Gesichtskreis zugleich mit unserem Bewegungsradius. Es geht aufwärts mit uns und wir kommen weiter. Da dieses in *einem* Prozeß geschieht, entwickeln wir die Fähigkeit, uns von der Gestalt und der Lage der Plätze, an denen wir waren, und der Straßen, durch welche wir gingen, ein Bild zu verschaffen, das dieses Gebiet uns so darstellt, wie wir es aus der Vogelperspektive sehen würden. Wir erarbeiten uns das, was Psychologen *survey knowledge* nennen, und tragen dann dieses Überblickswissen als *map in mind* bei uns.

Nur zur Erinnerung: Objektivität und Subjektivität entstehen zugleich und wachsen miteinander. Meinen Gesichtskreis zu erweitern und meinen Bewegungsradius zu vergrößern: diese Erschließung objektiver Wirklichkeit läuft parallel mit der Abgrenzung und schrittweisen Ausgestaltung dessen, was, vielleicht irreführend, als ›seelische Innenwelt‹ bezeichnet wird: jenes ›Geistes‹, zu dessen Inventar *mental maps* gehören. – Aber wir sind keine rigorosen Dualisten: Zugleich mit dem Auseinandertreten von objektiver Realität und subjektiver Psyche, und mit gleicher Allmählichkeit, erwächst mir und erarbeite ich mir eine mittlere und vermittelnde Sphäre: meine lebensweltliche Wirklichkeit, die aufs engste verzahnt ist mit meiner leiblichen Aktivität und Empfänglichkeit und die wegen dieser Verzahnung seelisch als gewohnt und vertraut erlebt wird.

Spielen mit Draufsicht

Eingebettet in den Prozeß der allmählichen Gesichtspunkterhöhung und Horizonterweiterung ist ein anderer, der die Ausbildung der Fähigkeit, sich Überblickswissen zu verschaffen, unterstützt und der uns in seinem Ergebnis auch zeigt, wie jenes Wissen, so man es hat, äußerlich darzustellen und intersubjektiv verfügbar zu machen ist. Heranwachsen ist ja, wie jeder weiß, immer auch eine Einübung in das Hantieren mit *bildhaften* Gegenständen und in das Herabschaun auf *dargestellte* Wirklichkeit. Kaum daß wir als Neulinge auf Erden etwas erblicken und ergreifen können, werden uns Dinge angeboten, die nichts anderes sind als verkleinerte Nachbildungen anderer Dinge. Vor allem natürlich Puppen und Püppchen aller Art, dann auch Teddybären und Plastikentchen, Bauklötze und Plüschtiger, später kommen noch handliche Lastwagen und tragbare Bagger, Modellflugzeuge und Spielkochtöpfe dazu.

Zumeist bleiben diese Dinge nicht isolierte Einzelstücke, sondern fügen sich ein in ein Ensemble aus ihresgleichen und dann mit diesen in eine räumliche Kleinszene, die zuweilen nur umrißhaft angedeutet, oft aber auch sorgfältig ausgestaltet und realistisch ausgestattet ist. Wir kennen das als Puppenstube und Bauernhof, als Westernfort und Weihnachtskrippe, als elektrische Eisenbahn und als Tiergarten mit kleinen Gehegen, winzigen Käfigen und Lebewesen aus Kunststoff: alles Spielzeugszenarien, auf die wir schon als Kinder hinabblicken können. Und im Sandkasten lernen wir sogar, Modelle von Wirklichkeit frei zu entwerfen, zu formen – und zu zerstören.

Indem verkleinerte Dinge mit anderen verkleinerten Dingen zusammen in einer gemeinsamen Spielzeugumgebung vorkommen, umgrenzen sie kraft ihrer Anwesenheit Plätze, die durch ihre relative Lage dem Gesamtraum, zu dem sie gehören, eine erste Ordnung verleihen. Wir sehen die Miniatur-Dinge an ihren Stellen, und wir kennen die Wege, die begangen oder durchfahren werden können. Mit dem Plastik-Zoo auf dem Küchentisch, dem Nürburg-Ring auf dem Bügelbrett und der Eisenbahnanlage auf dem Speicherboden haben wir einen Typus von Spiel vor uns, bei dem die Differenz zwischen einem *flachen Grundriß* aus festen Plätzen und Wegen und einem Ensemble *dinghafter Objekte*, die sich dort aufhalten und bewegen, schon recht deutlich ausgeprägt ist.

Da ist es dann nur noch ein kleiner Schritt zu den Brettspielen, die diesen Unterschied nicht nur zu höchster Formalität und Deutlichkeit steigern, sondern von ihm selbst leben, ihm ihren Reiz verdanken. Ob Dame oder Mühle, Schach oder Mensch-ärgere-dich-nicht: immer haben wir einerseits leere Stellen, die in ihrer Anordnung festliegen, und Wege, durch die sie verbunden sind; und wir haben andererseits Figuren oder Steine, die wir, wenn wir ›am Zuge‹ sind, regelgemäß von Stelle zu Stelle bewegen können. Und manche Tableaus haben schließlich Felder, die nicht so nüchterne Namen tragen wie »f8« oder »6A«, sondern die ganz lebensnah »Parkallee« und »Goethestraße« heißen.

Jeder von uns, der auf diese Weise zu spielen lernt, ist dabei in dreifacher Rolle involviert: als Zuschauer hier oben, als Figur dort unten und als Spieler, der die Figur, auf die sein Auge von oben

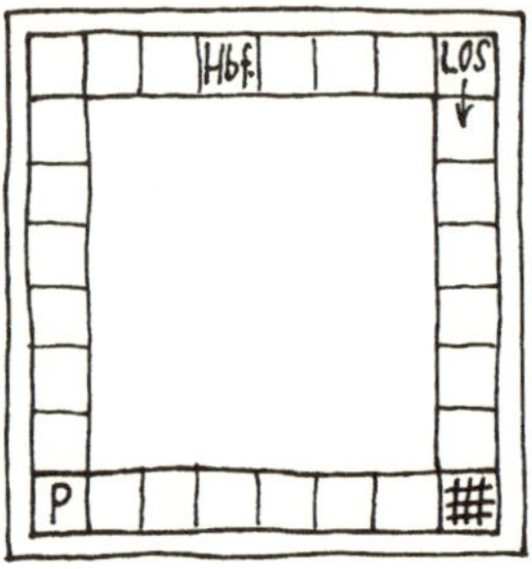

Schema 44:
Spielbrett in Draufsicht

blickt, unten auf dem Brett mit seiner Hand bewegt: jene Figur, die entweder seine ist oder gar eins wird mit ihm. »Ich bin hier«, sagt der Spieler, oder gar: »Das bin ich« – und zeigt dabei auf das blaue Männchen in der mit roten Hotels bestückten Schillerstraße. So lernen und bekräftigen wir spielend und spielerisch, daß Identität als das, was durch Identifikation zustande kommt, auch die Klammer ist, welche die Wirklichkeit und ihre Darstellung zusammenhält.

Fazit unserer Betrachtung von Wachstum und Spiel: Wir gewinnen allmählich, aber parallel zueinander zweierlei: (1) durchs Größerwerden einen Überblick über die Wirklichkeit selbst und (2) im Spiel einen Überblick über das Tableau, das uns diese Wirklichkeit bildhaft verkleinert präsentiert. In beiden Fällen aber schauen wir auf etwas herab, worin wir uns auch selbst befinden und bewegen: dort leibhaftig, hier figürlich. Diese Parallelität in der Ausbildung des Vermögens, etwas von oben zu sehen, macht es den Erwachsenen, die wir geworden sind, leichter, Plätze und Wege kartographisch darzustellen und Karten wiederum als deren Darstellung aufzufassen. So wundern wir uns schließlich nicht mehr darüber, daß wir fähig sind, unser Überblickswissen ohne viel Aufwand in einen wirklichen Plan umzusetzen und einem solchen Plan, wenn wir ihn sehen, das in ihm enthaltene Überblickswissen mühelos zu entnehmen. Und ebenso selbstverständlich verknüpft sich für uns mit diesem optischen Wissen ein motorisches Können.

Aus verschwommenem Bild und klarem Begriff ein graphischer Plan

Natürlich ist es eine schöne Metapher, das, was wir als geistigen Überblick haben, *map in mind* zu nennen. Doch die voreilige Verwendung dieser Metapher droht allerlei Leistungen auszublenden, die uns auf dem Weg von der Vorstellung, die wir haben, zu einer Karte, die uns vorliegt, noch abverlangt werden. Erst nach diesem Erzeugungsprozeß haben wir jenes viereckige Resultat, welches dann noch eigens daraufhin zu prüfen wäre, ob, wenn zurückprojiziert auf den Ausgangspunkt des Prozesses seiner Hervorbringung, es unser Verständnis seines ›mentalen‹ Anfangs zu fördern vermag. Das Platz-und-Wege-Wissen, das wir uns erworben haben, ist kein festumrissener und inhaltlich ausgestalteter Plan, sondern bietet uns allenfalls die Möglichkeit, einen solchen zu erarbeiten. Ob dieses Wissen nun selbst schon bildhaft ist oder ob wir durch unsere Phantasie aus ihm erst ein ›geistiges Bild‹ erzeugen: in jedem Falle muß, was wir im Bewußtsein haben, ›realisiert‹ werden, muß sichtbar werden als ein physisches Objekt, das aus Papier und Tusche, aus Leinwand und Farbe oder aus Holzbrett und Kreide besteht.

In die Erstellung eines solchen Plans gehen zwei Komponenten ein: material-sachhaltig die eine, formal-gestalthaft die andere. – Die erste Komponente ist all das, was in unserem ›inneren‹ Bild an Inhalten enthalten ist. Was ihre Umrisse und ihre Lineatur angeht, sind diese Inhalte freilich von Prägnanz und Deutlichkeit weit entfernt. Selbst wenn wir nicht nur in Gedanken versunken umhergeschlendert sind, sondern, um uns ein Bild von der Gegend zu machen, alle Plätze sorgfältig inspiziert und alle Wege wachen Blickes durchschritten haben: selbst dann ist das, was sich bei uns ›im Kopf‹ als *survey knowledge* ergibt, zumeist lückenhaft, und das anschauliche Bild, in das unsere Imaginationskraft dieses Wissen umsetzt, weithin unbestimmt und verschwommen. Ein paar klare Linien, gewiß; vielleicht sogar gruppiert um ein, zwei stabile Achsen oder hingeordnet auf eine zentrale Nabe; dann jedoch auch derartiges: was klar anfing, endet im Ungefähren, Konturen lösen sich auf, ganze Zonen bleiben in sich unstrukturiert, eins überlagert sich so mit dem andern, daß man beide nicht mehr auseinanderhalten kann. Komplementär zu diesen Konfusions- und Diffusionserscheinungen des Bildes selbst gibt es zu seinen Grenzen hin ähnliche Unfaßbarkeiten: wie bei allen Vorstellungen der Einbildungskraft erscheinen die Ränder ausgefranst, zerfasert, nebulös, eine Verschwommenheit, die, trotz ihrer Verwandtschaft, natürlich nicht verwechselt werden darf mit der, die wir an der Peripherie unseres Gesichtsfeldes vorfinden.

Die andere Komponente ist das extreme Gegenteil davon: fast inhaltsleer, aber an Klarheit und Deutlichkeit nicht zu überbieten. Diese formale Komponente ist nichts anderes als der Weg in seiner

Schema 45:
Elementares Wegschema

elementaren Gestalt: die geradlinige Verbindung zwischen zwei Stellen. Es ist die schematische Darstellung dessen, was zugleich zum ideal-geometrischen Begriff der Strecke und zum elementartopischen Begriff des Weges gehört. Von diesem Begriff und dem zu ihm gehörigen Schema machen wir bereits stillschweigend Gebrauch, wenn wir das aus der Froschperspektive Wahrgenommene so umsetzen, als ob wir es von oben sähen; die Wegform dient uns also schon bei der Integration und Transformation unserer Wahrnehmungen zu einem Überblickswissen als organisierendes Prinzip. Wie aber fungiert sie als Komponente in der Planerstellung? Die einfache Form dient zunächst als Ausgangspunkt ihrer Konkretisierung, sodann als Anknüpfungspunkt der Kontextbildung und schließlich als Prinzip der Herstellung von Objektivität im Ganzen.

Der Weg zur kartographischen Darstellung

(1) Um aus der begrifflich vorgegebenen Form des Weges überhaupt das Bild eines bestimmten wirklichen Weges zu machen, muß man es inhaltlich ausgestalten. Dann ergibt sich eine Art Wegskizze, wie wir sie jemandem aufzeichnen, um ihm eine Strecke, die er gehen oder fahren soll, zu beschreiben. Die Linie, die einen

genau bestimmten Weg darstellen soll, muß dessen charakteristischen Verlauf nachziehen, also die Knicke und Bögen, Schleifen und Serpentinen; und sie muß, was unterwegs am Rande auffällt,

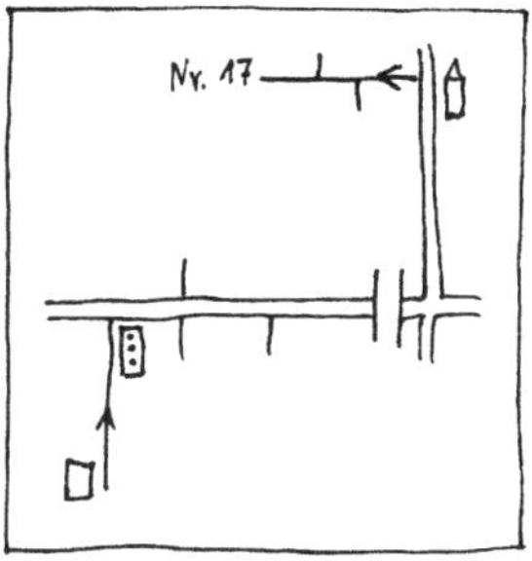

Schema 46: Wegskizze:
»Nach der Unterführung links ab ...«

verzeichnen: Bauwerke oder Denkmäler im Ort, draußen dann eher Wegkreuze, Raststätten oder bizarr gewachsene Felsen; und sie muß schließlich den weghaften Kontext in Andeutungen, also zeichenhaft, darstellen: Kreuzungen, Gabelungen, Abzweigungen, aber auch Tunnels und Brücken.

Woher kennen wir all diese Inhalte, welche die elementare Form eines Weges so abwandeln, anreichern und ausgestalten, daß daraus die Skizze eines bestimmten Weges wird? Natürlich aus dem Wissen, das wir durchs Begehen und Befahren dieses Weges erworben haben. Es ist indes genau jenes Wissen, das wir in einem ›geistigen‹ Bild anschaulich präsent haben und in einem Plan äußerlich sichtbar festhalten wollen. Einerseits machen also unsere Erfahrungsinhalte aus der leeren Form eine konkrete Skizze; andererseits dient uns diese Form bei der ›Realisierung‹ dieses Wissens zu einem Plan als graphische Grundgestalt.

(2) Was zum Schema eines Weges hinzukommen muß, um es zum Bild eines wirklichen Weges umzuformen und auszubauen, das ist zugleich das, was ihn zu einem Bestandteil eines umfassenden Wegenetzes werden läßt. Die Verzweigungen und Einmündungen, die Kreuzungen und Überbrückungen waren bislang nur zeichenhaft angedeutet. Werden sie wirklich ausgezeichnet, so gewinnen sie als eigene Wege Gestalt, situieren jenen einen Weg in seinem

Kontext und kennzeichnen ihn als einen unter vielen. Für jeden Weg in diesem Kontext aber gilt, was für den ersten galt: Er muß, nach Maßgabe dessen, was das ›geistige Bild‹ von ihm sagt, konkret dargestellt und mit anderen seinesgleichen verknüpft werden …

(3) Die wiederholte Ausweitung der Kontexte führt schließlich zu einem Ganzen, das lediglich durch das Papierformat oder die Tafelgröße begrenzt ist. Der Plan dieses Ganzen unterscheidet sich von der *ad-hoc*-Wegskizze, die ich rasch aufzeichne, vor allem durch die gleichberechtigte Berücksichtigung und Darstellung grundsätzlich *aller* Wege. Nicht den einen, den ich jetzt gerade faktisch zu gehen beabsichtige, verzeichnet der Plan, sondern, im vorgegebenen Rahmen, all die Wege, die jeder von uns möglicherweise irgendwann einmal zu beschreiten sich einfallen lassen könnte. Das macht ihn zu einem objektiven, jederzeit für jedermann zur Verfügung stehenden Such- und Findemittel, einem intersubjektiv brauchbaren Orientierungsinstrument.

Vollständigkeit, Deutlichkeit und Objektivität

Weil die Zahl der Wahrnehmungen von Wegen und Plätzen, die wir betreten, begrenzt ist und weil unser Gedächtnis sie oft nicht vollständig aufbewahrt, bleibt unser Überblickswissen lücken- oder gar bruchstückhaft. Und wegen der Flüchtigkeit und Verschwommenheit, die den Vorstellungen unserer Einbildungskraft eigen ist, kann in diesem Medium unser Überblickswissen nur als vage vorschwebendes Bild veranschaulicht werden. Die gezeichnete Karte aber ist ein Bild, so deutlich, von einem Wissen, so vollständig wie wir es uns nur wünschen können. Seine Deutlichkeit verdankt das graphische Bild dem ideal-geometrischen ›Vorbild‹: die gerade Strecke zwischen zwei Punkten, die zeichnerisch zum konkreten Weg abgewandelt und in unterschiedlichen Wegen vervielfältigt wird, um aus der Verknüpfung dieser Vielzahl das Gesamtnetz hervorgehen zu lassen. Seine Vollständigkeit aber verdankt das Bild weiteren systematischen Erkundungen, durch die wir Wissenslücken schließen und weiße Flecke auf der Karte auszufüllen vermögen. Das Überblickswissen ist selbst so vernünftig, uns seine Defizite erkennen zu lassen, ja uns bei dem Bemühen um Beseitigung seiner Mängel sinnvoll zu führen.

Daß auf einer Karte ›alles‹ drauf ist und das, was in Randnähe zu liegen kommt, das gleiche Recht hat wie das, was die Mitte besetzt: dies ist auch ein Ausdruck der präsumtiven Vollkommenheit und der prinzipiellen Objektivität, die zwar nicht meinen faktischen Überblick, aber mein Überblicks*wissen* selbst von vornherein auszeichnet. Wenn ich als Ballonfahrer wirkliche Draufsicht habe, so immer von einem bestimmten individuellen Gesichtspunkt aus. Und mit diesem ist sogleich festgelegt, was ich deutlich im Zentrum und was ich verschwommen an der Peripherie meines Gesichtsfeldes wahrnehme.

Aber nicht meine wirkliche subjektive Sicht kommt hier zum Tragen, sondern mein begriffsförmiges Überblickswissen. Von ihm angeleitet, kann ich den Plan so zeichnen, als ob ich mit einer Vielzahl von Augen von vielen Gesichtspunkten aus zugleich auf die Wirklichkeit, die ich darstelle, herabblicken würde. Seine Objektivität verdankt mein Überblickswissen nicht zuletzt dem Umstand, daß an seinem Zustandekommen – der *bird's-eye*-Transformation froschperspektivischer Wahrnehmungen – das begriffsbestimmte Wegschema als organisierendes Prinzip maßgeblich beteiligt ist. Solchem Wissen zu entstammen und mit Hilfe jenes Schemas gestaltet zu werden: das gibt dem Plan seine Objektivität. Sie verlangt, wie wir sehen werden, von seinem Benutzer dann aber auch die Leistung der Resubjektivierung in Gestalt überlegt-umsichtiger Selbstlokalisierung.

Schemata und Maßstäbe

Wenn man mit der schematischen Grundgestalt des geraden Weges zwischen zwei Plätzen anfängt, heißt Kartographie Konkretisierung und Kontextualisierung nach Maßgabe unseres Überblickswissens, also letztlich und inhaltlich nach Maßgabe unserer Erfahrung. Planerstellung läßt sich indes auch als Prozeß ›von unten‹ verstehen. Dann gibt uns die Grundgestalt des Weges Direktiven an die Hand, wie mit dem Stoff unserer Erfahrung zu verfahren ist. Und der erste Imperativ, den es da zu befolgen gilt, heißt: »Schematisieren!« Und er bedeutet vor allem, daß wir vieles weglassen müssen.

Wir wissen, daß nicht alle zufälligen Schnörkel und alle veränderlichen Farben, nicht jedes kleine Salatbeet und nicht jeder winzige Erker in einen Plan oder eine Karte Eingang finden können. Wir wissen, daß wir uns beschränken müssen auf die wesentlichen Linien, Konturen, Umrisse. Und soweit diese sich nicht von sich aus zeigen, müssen wir sie durch Abstraktion, durch Stilisierung und Typisierung selbst hervorbringen. Dabei gibt uns die Leerform ›Weg zwischen Stellen‹ nur Grundzüge vor, während dann die Pragmatik der Verwendung des projektierten Plans näher bestimmt, was wesentlich ist und was nicht. Oft verstehen sich die verschiedenen graphischen Resultate von Abstraktion und Schematisierung nicht von selbst: dann muß eine Interpretationshilfe – die »Legende« am Kartenrand – erläutern, welche Farben und Formen welche Bedeutung haben.

Das elementare Wegschema erweitert sich, wie wir gesehen haben, durch die in ihm liegenden Möglichkeiten beliebiger Vervielfältigung und durchgängiger Verknüpfung: es wird zum Schema eines Netzganzen. Dessen Imperativ aber lautet: »Reduzieren!« Zu reduzieren sind natürlich die Größe des Ganzen und, proportional, die Größen seiner Teile. Die Verkleinerungsanweisung befolgen wir schon bei der imaginativen Veranschaulichung unseres Überblickswissens: obgleich uns ein direkter Vergleich unmöglich ist, stellen wir uns das Bild der Wirklichkeit doch kleiner vor als sie selbst. Und erst recht wissen wir, daß der Plan einer Stadt oder die Karte eines Landes kleiner sein müssen als diese Stadt oder dieses Land selbst. Im geistigen Bild ist somit zwar eine Größenreduktion schon vorgegeben, aber sie ist metrisch unbestimmt und nicht gefeit gegen allerlei verzerrende Dehnungen und Kürzungen. Das muß erst noch zustande gebracht werden: eine Verkleinerung, die die Verhältnisse intakt läßt, eine graphische Darstellung, in welcher die Proportionen zwischen all dem, und die relative Lage all dessen, was in der Wirklichkeit vorkommt, möglichst erhalten oder zumindest erkennbar bleiben.

Wir haben es hier also mit Fragen des Maßstabes zu tun. *Daß* wir einen brauchen, liegt in der Konsequenz der Reduktionsforderung, die ihrerseits erfüllt sein muß, wenn Übersichtlichkeit und Anschaubarkeit zugleich erreicht werden sollen. Doch *welchen* Maßstab wir brauchen, bestimmt die Pragmatik. Das gilt zunächst für die *Art* des Maßstabes: gewöhnlich legen wir metrisch gemessene Entfernungen zugrunde; möglich ist aber auch anderes wie beispielsweise die zum Zurücklegen von Wegen benötigte Zeit. Die Pragmatik bestimmt dann, wie jedermann weiß, vor allem auch die Skalierung, die Größenordnung, also den Maßstab im engeren Sinn des Wortes. Und *last not least* bestimmt die Pragmatik auch noch, wo Abweichungen von der Maßstabtreue, von der Proportionalität und von der Lagekorrespondenz zulässig, ja ratsam sind. Es gibt eben gute Gründe, warum der Stadtplan von London seinem Typus nach ganz anders ist als das Streckenschema der *Underground.*

Ausschnitte

Üblicherweise haben Karten und Pläne ein rechteckiges Format; klare Schnittkanten bilden ihren Rand. Solche eindeutigen Grenzen zu ziehen und alles, was sich innerhalb ihrer befindet, mit der gleichen Genauigkeit und Deutlichkeit zu verzeichnen: das ist eine Leistung, die zu erbringen hat, wer sein geistiges Bild einer Gegend in deren realen Plan umsetzen will. Nichts läuft nun mehr im Vagen aus und die Mitte hat keinen Klarheitsvorsprung mehr vor dem, was sich in Randnähe befindet.

Die geometrisch-scharfkantige Umgrenzung hat, wie der Plan als ganzer auch, zwei Beziehungen: einerseits zu unserem Bewußtsein, andererseits zu unserer Wirklichkeit. Der starre Rahmen, der bei der ›planmäßigen‹ Realisierung unseres imaginären Überblicks dessen verschwommene Ränder ersetzt, derselbe Rahmen ist es auch, der auf dem Plan, den er begrenzt, Kontexte durchschneidet und abtrennt. Aber natürlich nur in der graphischen Darstellung der Wirklichkeit, nicht in dieser selbst. Oder hat jemals jemand geglaubt, daß dort, wo die Karte aufhört, die Welt mit Brettern vernagelt ist? Wie ausgestanzt auch immer der Rand erscheinen mag: er schneidet keine Verweisungen ab. Vielmehr wissen wir, daß, was innerhalb der Grenze anfängt und an ihr aufhört, jenseits von ihr doch weitergeht, auch wenn unbestimmt bleibt, wie. Zu jedem Angefangenen gibt es eine Fortsetzung, zu jedem Fragment ein Ganzes: so bleiben in der Darstellung auch über deren Grenzen hinweg die Verweisungen auf Kontexte und immer weitere Kontexte von Kontexten völlig intakt.

Es gibt da, wie jedem geläufig, eine Pragmatik der passenden Ausschnitte und zweckmäßigen Maßstäbe. Auffällig wird sie, wie stets, im Falle des Mißlingens. Die Schottland-Karte nützt mir wenig, wenn ich von Birmingham nach Manchester zu fahren gedenke; und obwohl Wien auf der Europa-Karte drauf ist, habe ich mich mit ihr in der Größenordnung vertan, wenn ich bloß vom Burgtheater zum Stephansdom möchte. Solches Mißgeschick hat der, dem es widerfährt, meistens sich selbst zuzuschreiben.

Anders, wenn sozusagen die Ausschnitthaftigkeit selbst und *in persona* derart aufdringlich wird, daß sie all unsere Aufmerksamkeit auf sich zieht und absorbiert. Wer kennt es nicht: das ärgerliche Zurechtbiegen, das lästige Herumblättern und das umständliche Anstücken, zu welchem die Karten und Pläne uns immer wieder zwingen? Ausschnitte, die sie nun mal sind, scheint es in ihrer Natur zu liegen, daß sie just dort, wo wir eine umfassende Übersicht erwartet hatten, uns böswillig ihre Falten und rücksichtslos ihre Schnittkanten präsentieren.

Wenn wir trotzdem mit diesen Widrigkeiten sinnvoll umzugehen verstehen – und begleitendes Fluchen erleichtert es uns –, so beruht das darauf, daß wir ganz selbstverständlich dies wissen: *zuletzt* ist jede Karte, jeder Plan, jede Skizze nur Ausschnitt oder Ausschnitt eines Ausschnittes derjenigen Global-Karte, welche die gesamte Erdoberfläche mit ihrem Wegenetz, ihren Wegenetzen umfaßt.

Bezeichnung: signitiv durch Sachen und symbolisch durch Namen

Ein Plan, so haben wir gesehen, kann nur entstehen, wenn wir vieles, was wir in der Wirklichkeit wahrnehmen, in der Zeichnung weglassen; umgekehrt vermag er uns aber nur dann als Orientierungsmittel zu dienen, wenn wir vieles, was wir in der Wirklichkeit nicht wahrnehmen, dennoch in ihn eintragen.

Zu dem, was man weder von oben wahrnehmen noch im geistigen Bild vorfinden kann, was aber trotzdem in Plänen und Karten vorkommt, gehören schriftliche Symbole. Mitunter schon beim Wohnungsgrundriß, sicherlich aber bei Stadtplänen und Landkarten brauchen wir eine Beschriftung. Die graphischen Umrisse der Räume, Plätze und Orte, die gezeichneten Züge der Flure, Straßen und Bahnen müssen mit den Namen versehen werden, die ihre wirklichen Entsprechungen selbst haben. Aber woher haben sie sie? Wie kommen Plätze und Wege zu ihren Namen? Wie lokalisieren und orientieren wir uns mit Hilfe dieser Namen in der Wirklichkeit? Und was trägt dazu ein Plan bei, in welchen diese Namen Eingang gefunden haben?

Gibt es erst einmal den Unterschied zwischen Stellen und Dingen, so können Dinge uns die Stellen, an denen sie sich befinden, bezeichnen. Ich sehe *etwas*, und in eins damit zeigt es mir, *wo* es ist. Allerdings: wenn mir auf diese Weise ein Gegenstand als Zeichen seiner Stelle soll dienen können, müssen wir beide in derselben Situation anwesend sein: er und ich. Nur indem ich den Dom tatsächlich erblicke, vermag er seine signitive Funktion zu erfüllen und mir den Ort, an dem er steht, samt dem näheren Umkreis dieses Ortes als seinen Platz zu bezeichnen. Ein schwaches Zeichen! Es kann immer nur auf das hinzeigen, was dort ist, wo es selber ist.

Das ändert sich schlagartig, wenn wir statt einen Gegenstand sehen zu müssen, seinen Namen verwenden können. Wir wechseln von der direkten signitiven Bezeichnung zur umwegigen symbolischen: zur Benennung. Umwegig deshalb, weil es nicht genügt, aus der Dimension der Wahrnehmung in die der Sprache einzutreten, sondern weil wir innerhalb ihrer gleichsam metaphorisch operieren müssen: Zuerst brauchen wir den Namen eines Gegenstandes, danach verwenden wir denselben Namen zur Bezugnahme auf die Stelle, an welcher jener Gegenstand sich befindet. Statt den Dom nur zu betrachten, sage ich »Dom« und meine damit dieses Bauwerk; dann aber sage ich »Am Dom« oder »Domplatz« und meine damit den Ort, an welchem dieses Bauwerk steht. Der Domplatz *ist* nicht mehr nur der Domplatz, er *heißt* nun auch so. Sein kann er's, kraft signitiver Verweisung, auch für sprachunfähige Wesen – Tiere erkennen Plätze so –, heißen kann er aber nur für symbolkundige Tiere, wie wir es sind. Der unschätzbare Vorzug des Namens als eines sprachlichen Zeichens ist seine Mobilität. Er läßt sich ablösen von dem, was er bezeichnet, und *überall* zur Bezugnahme verwenden, auch und gerade auf das, was ganz woanders ist, auf Abwesendes.

Namen entstehen. Sie erwachsen, oft unmerklich, aus unserer lebensweltlichen Erfahrung und gehören dann selbst mit zu ihr. Typisch für diesen Entstehungsprozeß ist die Transformation signitiver Verweise in symbolische Benennungen. Nicht immer sind es aber feststehende Gegenstände wie Brunnen oder Bauwerke, die den wohlbekannten, aber noch anonymen Plätzen ihren Namen spenden. Ähnlich gebefreudig sind regelmäßig stattfindende Veranstaltungen, häufig wiederkehrende Tätigkeiten oder zünftig ausgeübte Berufe. So kommen wir zum »Fischmarkt«, zum »Exerzierplatz« oder zum »Hufschmiedeck«. Bei Wegen läuft es ähnlich, doch gesellt sich oft der Ort, zu dem sie hinführen, hinzu: Neben der »Färbergasse« und dem »Paradering« gibt es dann die »Koblenzer Straße« und die »Autobahn München-Salzburg«.

Namen entstehen und bleiben. Wenn es sie einmal gibt, werden sie beharrlich und fest. Nichts ist ja so falsch wie der Spruch: »Namen sind Schall und Rauch.« Im Gegenteil! Wie rasch sind selbst so stabile und immobile Dinge wie Gebäude durch Erdbeben oder Terrorakte, durch Kriegsgewalt oder Abrißwut dem Erdboden gleichgemacht. Da zeigt sich dann, daß der Name einer Stelle, so luftig er zu sein scheint, doch dauerhafter ist als der Gegenstand, der diese Stelle zuerst besetzt und signitiv bezeichnet hatte und der dann seinen Namen hergab, damit sie einen, seinen nämlich, bekommen konnte. »Zollhausplatz« und »Pfannenschmiedgasse«, »Galgenhof« und »Henkersteg«: alles Namen, die es noch gibt, für Orte und Wege, die es noch gibt, obgleich die ›Paten‹, die dazugehören, längst verschwunden sind. Die Stellenbesetzer mögen kommen und gehen, die Namenspender sterben und aussterben: der symbolische Stellenname, wenn er denn einmal etabliert ist, bleibt davon unberührt. Und deshalb kann gerade er wesentlich dazu beitragen, die Identität ›seiner‹ Stelle zu sichern und ihre fortwährende Identifizierbarkeit zu garantieren.

Namen entstehen nicht nur naturwüchsig, sie werden auch willentlich gegeben: einvernehmlich verliehen, behördlich zugeteilt oder autoritär auferlegt. Gar nichts hat die Piusallee mit Pius X. zu tun: so heißen darf sie trotzdem. Und in Stuttgart hat sich noch keiner darüber empört, daß die Flensburger Straße so heißt, wie sie heißt, obgleich sie, so lange man sie auch entlang geht, einen nie bis an die Ostsee geleitet. So geht es mit dem »Asternpfad« und der »Melanchthonchaussee«, mit dem »Iltisplatz« und dem »Luitpoldpark«. Derartige Namen leiten sich zwar her von den Namen von Gegenständen und Personen; aber diese selbst stehen in keinerlei geschichtlich gewordener oder lebensweltlich vorgegebener Beziehung zu den Stätten und Wegen, die nun ihre Namen tragen.

Namen, ob entstanden oder zugeschrieben, haben Dauer; sie beharren. Doch nicht alle: Einige wenige vergehen wieder. Es sind unter den auferlegten Namen vor allem die vom Typus »Reichsparteitagsgelände« und »Stalinallee«. Daß, wie selten auch immer, solche Namen wieder getilgt werden, ist heuristisch aufschlußreich: es belehrt uns darüber, daß Namen von Plätzen und Straßen nur dann sein können, was sie sind, wenn sie allgemein akzeptiert werden. Sie müssen beides sein: bekannt und anerkannt: darin besteht ihre Akzeptanz bei denen, die sie gebrauchen.

Namen sind soziale Institutionen. Anerkennung und Zustimmung – auch implizite – verlangen sie nicht beiläufig auch; nein, ihre Existenz besteht überhaupt nur darin, daß sie gewußt, bejaht und gebraucht werden; daß es, mit Max Weber zu reden, die Chance gibt, sie in Handlungszusammenhängen erfolgreich zu verwenden. Wie kompliziert und variantenreich auch immer die Prozesse gewesen sein mögen, durch welche die Bekanntheit der Namen etabliert und ihre Verbindlichkeit durchgesetzt wurde: in ihrem Gebrauch sind Kenntnis und Anerkennung stets mit eingeschlossen und werden ständig erneuert und bekräftigt. Es sind der fortwährende Gebrauch, die eingefahrene Gewohnheit, die alte Tradition, denen diese Namen ihre Legitimität als Institutionen verdanken.

Daß Straßen- und Ortsnamen – und für viele andere Namen gilt ähnliches – wesentlich zu unserer sozialen Welt gehören, zeigt ihre Entbehrlichkeit in meiner lebensweltlichen Eigenheitssphäre. Solange ich mich dort aufhalte, wo ich's gewohnt bin, kann ich auf Namen für Plätze und Wege problemlos verzichten. Stellen wir uns vor: Über Nacht wären von einem *genius malignus* in unserer Stadt alle Straßenschilder entfernt worden; und zugleich hätte er aus meinem Gedächtnis alle Straßennamen gelöscht! – Na und? In meiner lebensweltlichen Wirklichkeit würde ich mich weiterhin mit schlafwandlerischer Sicherheit bewegen, als ob nichts geschehen sei. Nichts würde mir fehlen. Es genügt, daß die Dinge meiner

Umgebung da sind, wo sie immer sind. Weil sie durch ihre stabile Präsenz meine Wege sichtbar säumen und auf meine Orte signitiv hinweisen, bleibt für mich alles beim alten.

Halten wir also als Fazit fest: Namen – zumindest die, die uns hier interessieren – sind keine momentanen, sondern persistente Zeichen; sie sind nicht subjektiv und privat, sondern intersubjektiv und gemeingültig, objektiv und öffentlich. Selbstverständlich da und in Geltung, sind sie ein Teil unserer Wirklichkeit selbst.

Straßenschilder

Eine Stelle, so haben wir gesehen, läßt sich auf zwei verschiedene Weisen bezeichnen: entweder signitiv durch eine sie besetzende Sache oder symbolisch durch einen frei beweglichen Namen. Zu den Vorzügen des Namens zählt, daß er ablösbar ist von der Stelle, die er bezeichnet. Wie aber kann ich, wenn ich den Namen kenne, wissen, auf wen er zutrifft? Zunächst natürlich muß ein Platz – und für einen Weg gilt das entsprechend – als *dieser* erkennbar und von anderen seinesgleichen unterscheidbar sein. Signitive Bezeichnung, heißt das, ist unabdingbar. Ob wir nun Namen haben oder nicht: durch einen gegenständlichen Inhalt oder eine sichtbare Markierung oder eine eingrenzende Umgebung muß *dieser* Platz als er selbst für uns wahrnehmbar sein.

Dann aber: *welcher* ist dieser? Wie heißt er? Ist es der, dessen *Namen* ich kenne und den zu finden meine Absicht ist? – Wer den Platz, den er sieht, auch als den identifizieren möchte, den er sucht, dem hilft weiter, daß Namen sowohl in luftigem wie in festem Aggregatzustand auftreten können: hörbar gesagt und sichtbar geschrieben. Wir sprechen eben nicht allein mit der Stimme von Mund zu Ohr; wir kommunizieren auch von der Hand zum Auge mittels der Schrift. Sichtbare Sprache, die sie ist, ergänzt die Schrift die ortsungebundene Verwendbarkeit aller sprachlichen Zeichen noch durch die erinnerungsunabhängige Dauer des physisch Vorhandenen. An dem Ort, der Domplatz ist und heißt, finden wir Tafeln angebracht mit der Aufschrift »Domplatz«. So sagen uns ganz allgemein die Straßenschilder, welches der Platz, welches der Weg ist, auf dem wir, wenn wir jene Aufschrift lesen, uns gerade befinden.

Das ganze System müßte indes kollabieren, wenn wir uns im Umgang mit diesen Tafeln und Schildern nicht an strenge Regeln hielten. Man stelle sich nur vor, was wäre, wenn in Köln an hunderten von Straßenecken und Abzweigungen, Freiflächen und Einmündungen »Domplatz« zu lesen wäre... Gewiß, den ›Eingeborenen‹ wär's egal, aber alle, die sich dort nicht gewohnheitsmäßig auskennen und zurechtfinden, wären fast jeder ›symbolischen‹ Orientierungsmöglichkeit beraubt. Wenn alle Stätten und Winkel, alle Straßen und Gassen denselben Namen trügen, so verlören diese selbst ihre unterscheidende Potenz und identifizierende Kraft; an Häusern angebracht, wären sie bloß Ornamente. – Selbst pantokratische Herrscher in ihrem größten Größenwahn haben doch immer respektiert, daß in einer Stadt nur *eine* Straße und allenfalls noch *ein* Platz nach ihnen benannt werden kann.

Planbeschriftung und Schematismus

Wenn beschriftete Straßenschilder nur dort angebracht werden können, wo der Platz oder der Weg ist, den sie bezeichnen: kehrt dann mit der Schrift nicht genau jene Ortsbindung wieder, von der die gesprochene Sprache uns schon befreit hatte? – Nicht ganz. Denn es gibt außer den Tafeln, die an Hausecken, Laternenpfählen oder Metallstangen befestigt werden, an ganz anderen Stellen noch andere engumgrenzte Flächen, auf denen dieselben Namen in Schriftform erscheinen dürfen, ohne daß der Eindruck erweckt würde, der Ort ihres Erscheinens sei selbst und in Wirklichkeit der, der so heißt.

Und solche Orte mit Schriftzeichen finden sich natürlich zuhauf auf Stadtplänen und Landkarten. Niemand wird zu der Überzeugung kommen, der Kölner Domplatz sei nur sieben mal sieben Millimeter groß, bloß weil es irgendwo auf Papier einen Flecken dieses Formats gibt und »Domplatz« darauf steht. Dieser Flecken *ist* nicht der Domplatz, er stellt ihn nur dar; und die Beschriftung sagt, welches der Platz ist, der da dargestellt wird, indem sie in die Darstellung hineinschreibt, wie er in der Wirklichkeit heißt.

Wir pflegen es zwar als selbstverständlich hinzunehmen, doch es ist eine tief im gemeinsamen Wesen von Zeichnung und Zeichen, von Bild und Schrift begründete Notwendigkeit, daß in eine figurative Graphik überhaupt graphische Symbole eingetragen werden können. So selbstverständlich uns das Zusammenkommen beider in *einer* Fläche ist, so selbstverständlich ist uns doch auch die Differenz beider: die bildhaft darstellenden Umrisse und Konturen sind von ganz anderer Art als die symbolisch bezeichnenden Buchstaben und Ziffern. Das wissen wir.

Es gibt allerdings Passungs- und Anpassungsprobleme zwischen den zugrundeliegenden zeichnerischen Linien und den hinzugeschriebenen alphanumerischen Zeichen. Diese haben immer wieder ihre liebe Not damit, den Ecken und Bögen, den Windungen und Verzweigungen zu folgen. Und wie oft beengt und staucht eine kurze Straße ihren langen Namen! Ganz zu schweigen davon, daß auf der Frankreichkarte die Straßennamen von Lyon völlig fehlen … – Und daneben gibt es unglückliche Koinzidenzen. Gewiß, man muß schon ein kartographischer Ignorant sein, um zu glauben, daß genau an der Stelle, wo im Stadtplan das »o« von »Domplatz« zu sehen ist, sich in Wirklichkeit ein Brunnen, eine Kapelle oder ein Karussell befindet. Doch was, wenn's so ist? Der Zufall, listig wie er zuweilen ist, kann es wollen, daß genau dort, wo ein zeichnerisches Element sein muß, auch ein zeichenhaftes hingerät. Dann verdeckt oder verfälscht die geschriebene Bezeichnung das gezeichnete Bezeichnete.

Die Möglichkeit, daß etwas zwischen Zeichen und Zeichnung schwankt, vermag der Plan nicht definitiv auszuschalten, wenn er können soll, was wir von ihm verlangen: die Kluft zu überbrücken zwischen unserem sprachlich darstellbaren Wissensbestand und unserer räumlich strukturierten Wirklichkeit. Wegen der geschriebenen Namen ist er Symbolträger, als graphische Darstellung ist er Repräsentant der Realität. Diese Zwischenstellung ist zwar eine Fehlerquelle. Doch kraft dieser Stellung vermag der Plan eine Leistung zu erbringen, die der entspricht, die Kant dem Schematismus zuschreibt. Eine nominale Bedeutung wird durch Symbole so in einer bildhaften Darstellung lokalisiert, daß der gemeinte und bezeichnete Ort in genau den Kontext eingezeichnet erscheint, dessen wirkliches Korrelat den wirklich gemeinten wirklichen Ort auf gleiche Weise umgibt. – Tja, so kompliziert kann das Einfache sein.

10. Kapitel
Umständliche Selbstlokalisierung

Halten wir kurz inne auf unserem Weg und blicken wir, um die Übersicht zu wahren, zurück auf die hinter uns liegenden Beschreibungen. Ihr Ziel war es, darzutun, wie wir von der fiktiven Vogelperspektive zur realen Kartographie gelangen. Wir haben uns vor Augen geführt, wie unser Überblickswissen verfaßt ist, welchen Fähigkeiten wir sein Zustandekommen verdanken und wie es im Medium der Einbildungskraft eine vage Anschaulichkeit erlangt. Anschließend haben wir betrachtet, wie diese Übersicht uns führt, wenn wir einen Plan zu zeichnen uns anschicken: Unter ihrer Regie ergibt sich aus dem Zusammenspiel von formal-begrifflichem Wegschema und inhaltlich-empirischer Wegkenntnis eine kartographische Darstellung, die sich auszeichnet durch Vollständigkeit, Deutlichkeit und Objektivität. Aus dieser Darstellung muß, da alles in ihr schematisiert und reduziert wird, vieles weggelassen werden. Anderes hingegen wird, weil es der Orientierung dient, dazugetan, insbesondere die Namen von Straßen und Plätzen, Bahnen und Orten. Diese Namen sind intersubjektiv verständliche Symbole. Schon bevor sie auf einem Plan in Erscheinung treten, existieren sie durch unsere Zustimmung im Gebrauch als Bestandteile unserer sozialen Wirklichkeit.

Ziel meiner nun folgenden Überlegungen ist, zu zeigen, wie uns Selbstlokalisierung, Orientierung und Wegfindung mit Hilfe von *maps* gelingen. Was wir da mittels graphischer ›Instrumente‹ schaffen, ist indes nur die explizite Gestalt von etwas, das wir, weniger deutlich faßbar, mit einer ›kognitiven Karte‹, also unserem Überblickswissen, so wir es haben, gleichfalls zu vollbringen vermögen. – Zwei Schritte tue ich in diesem Kapitel: *zuerst* lege ich dar, wie wir Wegnamen und Stellenbezeichnungen sowohl in Adressen als auch auf Plänen verwenden, und wie wir, wenn wir eine Adresse kennen, das, was ihr in der Wirklichkeit entspricht, auf dem Plan finden. Dann verlasse ich die Welt der Zeichnungen und Zeichen und gehe, *zweitens*, über in die Welt der Wege und Plätze. Wer nicht eine Stelle auf einem Plan, sondern seine Stelle in der Wirklichkeit bestimmen will, kann mit zwei Arten von Karten rechnen: eine, die ihm sofort ins Gesicht sagt, wo er ist; und eine andere, die ihm lediglich hilft, es selbst herauszufinden. In jedem Falle aber bedeutet Selbstlokalisierung Kontexterschließung, Richtungskoordination mit inbegriffen. Orientiert ist erst, wer sich mit seinem Leib und seinem Plan nach der Wirklichkeit ausgerichtet hat. Ständig begleiten werden uns bei diesen Betrachtungen der intellektuelle Aufwand und die verbleibenden Unzulänglichkeiten dieser Weise sich zu orientieren. Umständlich nenne ich sie sowohl wegen der topischen Umstände, in die der Orientierungsuchende sich einordnet, als auch wegen der mühsamen Mittelbarkeit, die dazu erforderlich ist. – Wie jemand, so mühsam lokalisiert und zurechtgedreht, sich dann auf den Weg macht und diesen, sein Ziel im Sinn, ›vorsichtig‹ beschreitet: das untersuche ich dann erst im nächsten Kapitel.

Adressen

Straßenschilder und Stadtpläne: zwei Stellen unterschiedlicher Art, an denen die Namen von Plätzen und Wegen in Schriftgestalt vorkommen. Gemeinsam ist ihnen, daß, wo der Schriftzug erscheint, sich auch das befindet, was so heißt: einmal in der Realität, das andere Mal in deren Darstellung. Ein dritter Erscheinungsort – uns nicht minder geläufig – ist ein bewegliches Objekt; der Stellenname, der auf ihm zu lesen ist, besagt nicht, *wo* es ist, sondern *wohin* es soll. Derart beschriftete Objekte kennen wir als ›Sendungen‹ aller Art: von Briefen und Paketen bis zu Transportkisten und Schiffscontainern. Indem auf ihnen steht, wohin sie zu bringen sind, wird die Aufschrift zur Anschrift und die Anschrift zur Vorschrift: Bewege dieses Objekt derart, daß, und so lange, bis es sich an jener realen Stelle befindet, deren symbolische Bezeichnung auf ihm zu lesen ist!

In ihrer vollständigen Ausprägung sind Adressen meist ein wenig differenzierter. Denn »Birkestraße« genügt selten: wer als Kurier oder Lieferant ein Objekt mit dieser Anschrift zustellen soll, muß wissen, daß nicht die in Lübeck, sondern die in Hannover gemeint ist; und wenn er diese Straße dort gefunden hat, ist sie noch ziemlich lang: er benötigt eine noch genauere Bestimmung der Stelle, an welcher er, was er bringen will, auch loswerden kann: also die Hausnummer. Eine Adresse ist eine solche pragmatisch hinlänglich genaue Stellenbeschreibung und -benennung.

Die Aufschrift auf einem Objekt, das zu transportieren ist, pflegt indes mehr zu enthalten als nur eine Anschrift. Diese sagt nur, *wo* der Empfänger zu finden ist; *wer* der Empfänger ist – sein Name also –, muß zusätzlich draufstehen. Die Aufschrift als ganze erst teilt mit, *wem* und *wohin* etwas zu bringen ist; sie setzt sich somit aus *zwei* Namen zusammen: dem des Adressaten und der Adresse. Der erste Name nennt eine Person oder eine Firma, eine Behörde oder einen Verein; der zweite Name nennt deren gewöhnlichen, vermutlichen, bisherigen Aufenthaltsort. Wenn beides auseinanderfällt – der Adressat hat diese Adresse nicht oder nicht mehr –, kann das, was ihn erreichen soll, nicht abgegeben, zugestellt oder ausgeliefert werden, und es treten die bekannten Probleme des Zurück- oder Nachsendens auf...

Adressenersatz

Normalerweise weiß jeder von uns, wo er selbst wohnt und hingehört. So habe ich von meinem Zuhause ein doppeltes Wissen: ein subjektiv lebensweltliches und ein objektiv gesellschaftliches. Zum einen kenne ich meine Wege und finde üblicherweise problemlos heim. Außerdem aber kenne ich meine Adresse und kann sie anderen mitteilen: Der Taxifahrer bringt mich bis zu meiner Haustüre. Beide Weisen zu wissen, wo ich wohne, überlagern sich, und dank dieser Überlagerung gibt es einen Übergang zwischen meiner subjektiven und unserer objektiven Wirklichkeit.

Schlimm nur, wenn es an *beiden* Weisen des Wissens mangelt. Kinder, die ihren Eltern auf einem der üblichen Einkaufsgänge abhanden gekommen sind, verfügen, wenn zu klein, noch nicht über jenes lebensweltliche Wissen, vermöge dessen sie auch allein zurückfinden könnten. Sie wollen dann nur eins und sagen es auch denen, die ihnen helfen möchten: »nach Hause« oder »zu Mama«. Das sind – dies gilt es zu beachten – überaus präzise Stellenangaben: es gibt genau einen Ort, auf den sie zutreffen. Nur leider bleiben sie intersubjektiv unverständlich. Es sind keine Adressen. – Wer weder subjektiv weiß, wo er hingehört, noch objektiv mitteilen kann, wo er wohnt, der findet niemals heim.

So hilflos zu sein wie ein verlorenes Kind: das ist etwas, was uns allen noch immer droht und uns auch als Gefahr bewußt ist; außerdem etwas, das als peinliches Erlebnis dem einen oder der anderen nicht erspart geblieben ist. Gelegentlich hat es die Polizei in großen Städten wie Rom, Paris oder Kairo mit Touristen zu tun, die kurz nach der Ankunft in ihrem Hotel nur einen kleinen Spaziergang in der Umgebung machen wollten – und dann nicht nur nicht zurückfinden, sondern auch den Namen des Hotels und der Straße, in der es ist, sich nicht gemerkt haben. Der Platz, an welchem sie (wenn auch nur kurzzeitig) wohnen, war für sie zu neu, als daß er und seine Umgebung schon bekannt und vertraut hätten werden können. Und zu diesem Mangel an subjektiver Lebenswelt gesellt sich der Ausfall objektiven Wissens: man kann die Adresse nicht nennen.

Ein zwar praktisch unschöner, aber theoretisch lehrreicher Fall! Denn er zeigt, wie mühsam nun Intersubjektivität erarbeitet werden muß. Wer den ›objektiven‹ Namen der Stelle, zu der er will, nicht kennt, der schildert denen, die ihm helfen sollen, zum Beispiel wie das Hotel dort aussieht oder welche bemerkenswerten Gebäude, auffälligen Läden, sonderbaren Bäume sich in dessen Nähe befinden. Natürlich beziehen sich all diese Beschreibungen auf Objekte; aber diese Objekte interessieren hier nur als mögliche Hinweisgeber: Wer die Beschreibungen hört und durch sie an die beschriebenen Objekte erinnert werden kann, der ist auch fähig, deren signitiver Verweisung zu folgen: er weiß, *welches* Objekt gemeint ist und *wo* es sich befindet. Diese Beschreibungen sind Adressen-Surrogate, indirekte Hilfsnamen für gesuchte Stellen. Sie sind symbolisch wie die Adressen auch, doch um die Bezugnahme auf eine bestimmte Stelle zustande zu bringen, benötigen sie den Umweg über die ehemalige Anschauung und aktuelle Erinnerung derer, die das Gesagte hören und verstehen.

Nicht immer findet man solche verständnisvollen und ortskundigen Zuhörer. Manche Touristen kommen mit dem eigenen Wagen, parken nur einmal kurz irgendwo. Drei Tage später fahren sie mit dem Zug zurück. – Nun gut, es mag selten passieren. Aber die Sorge, daß es einem passieren könnte, kennt jeder.

Das ist die Wirklichkeit: Stellen und ihre Besetzer. Das sind die Symbole: Stellennamen und Besetzernamen. Aber nicht nur bezieht sich der eine Name auf eine Stelle und ein zweiter Name auf die dort befindliche Person oder Sache. Vielmehr lassen sich, wenn Stellen hinreichend lange vom selben Besetzer besetzt sind, auch Namenspaare bilden. Dem wirklichen dauerhaften Besetztsein entspricht dann symbolisch die feste Verknüpfung der Namen. Die aus einer Adresse und aus einem Empfängernamen bestehende Anschrift ist ein solches Zweigespann symbolischer Benennungen.

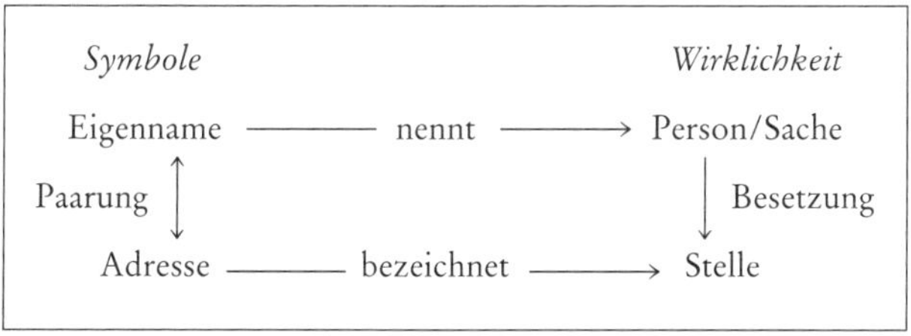

Schema 47: Stellenbesetzung und Namenspaarung

Geschriebene Namen pflegen aus einer festen Folge von Buchstaben oder Ziffern zu bestehen. Deshalb eignen sie sich zu einer alphabetischen oder numerischen Anordnung. Und so finden sie Eingang in entsprechend geordnete Listen und Verzeichnisse. Dort wiederum sind sie für jeden, der das ABC aufsagen oder die Zahlenreihe hochzählen kann, leicht und schnell auffindbar.

Für Platz- und Wegbezeichnungen ergibt sich aus dieser Möglichkeit der Auflistung ein weiterer Ort, an dem sie geschrieben präsent sein können. Bisher fanden wir sie (1) auf Straßenschildern, (2) in Stadtplänen, (3) auf Transportgütern. Neu kommen jetzt hinzu: (4) Anschriftenverzeichnisse. In ihnen sind allerdings nicht einfach Namen, sondern Namens*paare* aufgelistet. Und da diese Verzeichnisse sowohl nach den Besetzernamen als auch nach den Stellennamen geordnet sein können, gibt es sie in genau zwei Varianten. Entweder reihen sie die Namen der Personen auf und fügen deren Adresse hinzu; oder sie zählen Straßen und Plätze alphabetisch geordnet und nach Hausnummern untergliedert auf und setzen die Namen derer hinzu, die dort wohnen. In Zeiten des Computers läßt sich natürlich per Tastendruck leicht das eine Verzeichnis in das andere überführen.

Listen von Namenspaaren: das ist ein universelles Ordnungsmuster, in welchem *An*ordnung und *Zu*ordnung auf einen Schlag erledigt werden. Alphanumerische Aufreihung und paarige Verknüpfung von Namen finden wir wieder in der Belegübersicht des Hospitals, die sagt, welche Patienten auf welchen Zimmern liegen; in der Bestandsliste des Lagers, die sagt, welche Waren in welchen Kästen bereitgehalten werden; im Katalog der Bibliothek, der sagt, welche Bücher an welchem Regalplatz zu stehen pflegen; in den ›Gelben Seiten‹ des Telefonbuchs, die sagen, welche Firmen mit welchen Diensten auf welche Weise zu erreichen sind.

Immer führt die geordnete Aufreihung sehr schnell zu dem einen Namen, den man schon kennt; immer führt sodann die geordnete Verknüpfung noch schneller, ja sofort zu dem anderen Namen, den man noch suchte. Immer jedoch führt das Register nur von Name zu Name – niemals von dem Namen zu der Sache selbst, die der Name nennt. Wir bleiben in der Welt der Symbole, und oft genügt uns das auch.

Zerstreute Einzelne, geordnete Paare

Geschrieben, so haben wir gesehen, zeigen sich die Namen von Straßen und Plätzen, oft durch Nummern noch präzisiert, an vier verschiedenen *Orten*. Darüber hinaus lassen sie sich aufteilen nach den beiden *Arten* ihres Sich-Zeigens: sie sind teils vereinzelt, teils gepaart mit anderen Namen. *Einzeln* sehen wir sie auf Straßen-

	verbunden mit Objekten	verzeichnet auf Papier
einzeln	Straßenschild am Haus	verteilt im Stadtplan
gepaart mit Eigennamen	Anschrift auf Fracht	geordnet im Adreßbuch

Schema 48: Wo und wie Straßennamen vorkommen

schildern und in Stadtplänen, *gepaart* mit anderen Namen sehen wir sie auf Postsendungen und in Adreßbüchern. Und doch gibt es unter diesen vier Orten *einen*, an welchem *beide* Arten, sich zu zeigen, *zusammen* vorkommen. An diesem Ort, der von sehr vielen geschriebenen Namen bevölkert ist, sind diese sowohl alleinstehend als auch paarweise liiert; sie sind *singles* und *couples* zugleich. Jeder Name ist da für sich, und doch tritt er ebenda ein zweites Mal auf, jetzt in Begleitung eines anderen.

Nun, dieser Ort ist natürlich jenes Tableau, mit welchem wir uns bereits ausführlich beschäftigt haben: der Plan, die Übersichtskarte. Ein solcher Plan besteht ja fast immer aus zwei Teilen. Auf der einen Seite haben wir die graphische Darstellung, auf der anderen Seite das dazugehörige Register; auf der einen Seite die bildhafte und beschriftete Zeichnung, auf der anderen das Verzeichnis der Bezeichnungen, mit denen die Zeichnung beschriftet ist, also die alphabetisch geordnete Liste der Platz- und Straßennamen.

In der Zeichnung sind die Namen unregelmäßig verteilt; sie sind verstreute *singles*; und sie sind fremdbestimmt, denn Plätze schreiben ihnen ihre Plätze vor. Im Verzeichnis hingegen sind dieselben Namen tabellarisch aufgereiht; und sie sind selbstbestimmt, denn mit ihren Anfangsbuchstaben legen sie selbst den Platz fest, der ihnen unter ihresgleichen in der gemeinsamen Liste zukommt. Wie aber wird dieses Verzeichnis zu einer Liste von *couples*, zu einem Register aus Namens*paaren*?

Nun, auch das ist uns Kartenbenutzern bestens vertraut: Hinter jedem Namen in der Liste steht noch etwas, das etwa »f8« oder »5A« lautet, also eine Buchstaben-Zahlen-Kombination, die sich freilich erst auf den zweiten Blick als Name zu erkennen gibt. Was sind das für Namen, woher stammen sie, was benennen sie, wozu dienen sie?

Planquadrate

»Ernst-Mach-Straße f8« lesen wir da beispielsweise; und wir wissen: mit »f8« ist das Planquadrat gemeint, in welchem die genannte Straße zu suchen ist. Daß wir solche Such- und Findehilfen brauchen, wirft nochmals ein ›bezeichnendes‹ Licht auf einen Prozeß, dessen wichtigste Phasen wir schon hinter uns haben: die Umsetzung unseres Überblickswissens in einen realen und objektiven übersichtlichen Plan. Weglassen *und* hinzufügen mußten wir dabei: Weglassen hieß typisieren, stilisieren, schematisieren. Hinzufügen mußten wir, was wir aus der Vogelperspektive niemals sehen: die Stellen- und Wege-, die Orts- und Straßennamen. Zwar sind sie Zutaten; doch es gibt etwas in der Wirklichkeit, worauf sie symbolisch – wie graphisch auch ›ihre‹ Stellen im Plan – sich beziehen.

Eine völlig andere Art von Zutaten aber kommt ins Spiel und aufs Tableau, sobald wir Planquadrate einzeichnen. Die jetzt neu hinzugefügten graphischen Zeichen, aus denen sie sich bilden, sind weder figurativ darstellend noch symbolisch bezeichnend. Sie nehmen weder Rücksicht noch Bezug auf das, was ist. Es sind waagrechte und senkrechte dünne Linien, die ein Gitternetz bilden. In dieser geometrischen Form überziehen sie den ganzen Plan und unterteilen ihn insgesamt in eine Vielzahl viereckiger Kästen oder Kästchen. Wichtig an dem Gitter sind denn auch nicht die *Linien* selbst, sondern die *Flächen* zwischen ihnen. Die Linien schneiden gleichsam die gesamte Fläche in eine Anzahl von waagrechten und von senkrechten Streifen. Indem zwei solcher Streifen sich kreuzen und überlagern – und das tun sie flächendeckend –, bilden und umgrenzen sie ein Planquadrat. So ergibt sich ein Muster, wie wir es von einer gefliesten Wand oder von einem Schachbrett her kennen.

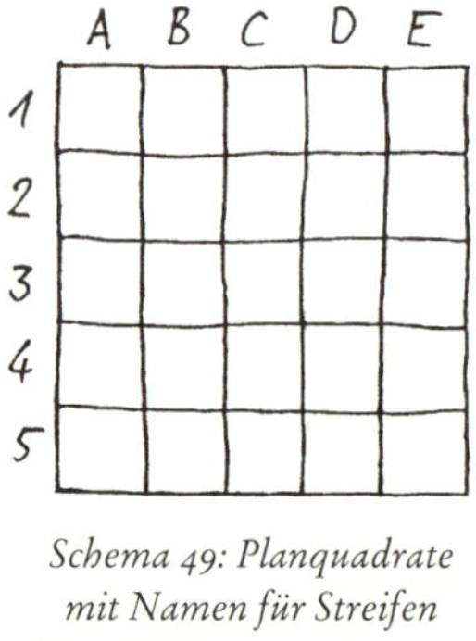

Schema 49: Planquadrate mit Namen für Streifen

Und wie auf dem Schachbrett jedes Feld seinen Namen hat, so auf der Karte jedes Planquadrat. Auf den ersten Blick freilich scheinen nur die Streifen mit eigenen Namen versehen zu sein. Diese sind an den Kanten des Spielbretts genauso abzulesen wie an den Rändern des Stadtplans oder der Landkarte: Die waagrechten Streifen heißen etwa »1«, »2«, »3« ..., die senkrechten »a«, »b«, »c«, »d« ... Aus der Kombination zweier solcher Namen ergibt sich dann aber ein neuer Name, zum Beispiel »f8«. Und er nennt nun genau jenes Feld, welches die beiden in ihm mitgenannten Streifen – hier also f und 8 – durch ihre Überschneidung bestimmen. Besonders bei großen Plänen findet man diesen Quadratnamen auch in dem Feld, das so heißt, notiert, damit man ihn nicht immer wieder neu vom Rand her zusammensetzen muß.

A1	B1	C1	D1	E1
A2	B2	C2	D2	E2
A3	B3	C3	D3	E3
A4	B4	C4	D4	E4
A5	B5	C5	D5	E5

Schema 50: Planquadrate mit Namen für Felder

Jedes einzelne Planquadrat wird demnach *ge*zeichnet und *be*zeichnet: durch die graphische Lineatur umgrenzt, durch symbolische Zeichen benannt. Gründlich mißverstanden, und zwar ihrer Art nach, habe ich diese Linien und Namen, wenn ich durch die Gegend renne, um irgendwo die gezogene Grenze markiert oder den geschriebenen Namen angebracht zu finden.

Der Name als Suchanleitung

Zwei grundverschiedene Arten von Namen finden wir also auf unseren Plänen vor: *mit* Realitätsbezug die Namen der Plätze und Straßen, *ohne* Realitätsbezug die Namen der Planquadrate. Und beide Arten von Namen erscheinen zweimal auf dem Tableau, das wir vor Augen haben. Sie gehören *einerseits* zur gezeichneten Darstellung: in ihr sind die realitätsbezogenen Namen nach Maßgabe der Realität verteilt, die quadratbezeichnenden am Rande ›zwiespältig‹ notiert. Und beide gehören *andererseits* – oft sogar ›rückseits‹ – zum alphabetischen Register: alle Platz- und Straßennamen paarweise verknüpft mit dem Namen des Planquadrats, in dessen Grenzen sie zu finden sind.

...
Rietenbühlstraße S 1
Ritterplatz M 2
Robinaweg E 4
Röntgenstraße A 7
Röthensteig B 12
Rosenaustraße E 6
...

Schema 51: Alphabetisch geordnet: Namen von Straßen und Planquadraten

Dank der alphabetischen Ordnung finde ich in diesem Straßenverzeichnis sehr schnell, was ich suche: »Ernst-Mach-Straße f8«. *Daß* diese Straße überhaupt auf dem Plan ist, sagt mir der erste Name, *wo* auf dem Plan sie ist, der zweite. Sagen, wo etwas ist, heißt aber: beschreiben, wie man es findet. Und so ist der Name eines Planquadrats nichts anderes als eine Suchanleitung: er schreibt vor, was ich tun muß, um jenes Feld zu finden, in dem die Straße zu finden ist, die ich suche: nämlich, um im Beispiel zu bleiben, die Streifen namens »f« und »8« bis dorthin zu verfolgen, wo sie sich überlagern und so ein Viereck bilden. Der Name enthält aber neben der Suchanweisung auch eine Findegarantie. Es müßte schon mit dem Teufel zugehen, wenn ich am Rande bei »f« und »8« anfinge, aber die beiden Streifen, die ich nach innen verfolge, sich nirgendwo träfen!

Selbstverständlich will niemand bloß ein Planquadrat finden, sondern durch es und in ihm eine bestimmte Straße, einen bestimmten Ort. In die meisten dieser Vierecke sind allerdings zahlreiche Namen hineingeschrieben. Und natürlich sind sie darin nicht alphabetisch geordnet, sondern topographisch verteilt. Da hilft alles nichts: wir müssen diese – zum Glück eng umgrenzte – Fläche *scanner*artig absuchen. Und was wir finden, ist der Name der gesuchten Straße und durch ihn sie. Denn wo er steht, *ist* sie. Sie? – Nein, natürlich nicht sie selbst, sondern, ach, bloß ihr planmäßiger Repräsentant.

Die Einteilung in Planquadrate dient also der Erleichterung des Suchens und der Beschleunigung des Findens: zunächst nur auf dem Plan, dann jedoch, mittels des Plans, auch in der Wirklichkeit, die er darstellt. Wie aber finde ich in der nicht von einem Gitternetz überlagerten, aber von einem Wegenetz durchzogenen Wirklichkeit jene Stelle, deren geschriebenen Namen und deren gezeichneten Repräsentanten ich auf dem Plan schon gefunden habe?

Erinnern wir uns, bevor wir uns auf die weitere Suche machen, noch daran: Auch wenn wir namentlich genannte *Straßen* suchen, sind es doch zuletzt immer *Stellen* oder Plätze oder Orte, die uns interessieren, weil wir dort sind, waren oder hinkommen wollen. Da diese Stellen zumeist entlang der Straße liegen und dank der Häuser, die dort stehen, abgegrenzt und durchnumeriert sind, finden wir sie leicht, wenn wir nur erst einmal die Straße haben. Soweit wir Straßen also nicht als durch- und weiterführende Wege betrachten, ist die Straßensuche letztlich Stellensuche. Und analog ist es bei der Suche nach einem Platz: Nur erzeugt die Mehrdeutigkeit des Ausdrucks ›Platz‹ eine Scheinklarheit, die hilfreich, aber auch trügerisch sein kann. Es bleibt nämlich unklar, ob der Platz, den ich suche, der Domplatz selbst und als ganzer ist oder einer der – dann kleineren – Plätze, der etwa den Namen »Domplatz 12« haben kann und als Teil zu jenem Ganzen gehört.

*

Straßen und Plätze auf einem Plan zu finden ist eine Art Trockenübung. Wir wollen uns aber nicht bloß auf dem Papier auskennen, sondern in der Wirklichkeit zurechtfinden. Und für diesen Ernst- und Normalfall gibt es genau drei Stellen, von denen wir wissen wollen, ja wissen müssen, wo sie sind. Die erste Stelle ist das Ziel, dem ich zustrebe, das ich vor Augen habe. Die zweite Stelle ist der Ort, von dem ich herkomme. Orientiertsein heißt, unterwegs stets dessen inne sein, was man bereits hinter und was man noch vor sich hat. Dieses begleitende Bewußtsein setzt das Wissen vom Ausgangs- und Endpunkt in Beziehung zu der dritten Stelle, die zu kennen unabdingbar ist: die Stelle, an welcher ich jetzt gerade bin. Und das heißt zugleich: Mein Wissen, wo ich bin, schließt beides in sich: die Rückbindung an den Ort meiner Herkunft und den Vorgriff auf das Ziel meiner Bewegung.

Dieses Einschluß-Verhältnis drückt nur positiv aus, was wir negativ längst kennen: daß die Frage »Wo bin ich?« sich nicht mit dem trivialen »Ich bin hier« abspeisen läßt. Meine Selbstlokalisierung kann nicht punktuell, sie muß kontextuell sein. Ich weiß nur dann, wo ich bin, wenn ich im Gesamtzusammenhang eines Wegenetzes die Stelle kenne, der ich durch meine Präsenz an ihr das Privileg verliehen habe, ›hier‹ heißen zu dürfen. Dazu brauche ich freilich eine Übersicht, wie ich sie mir durch Erkundungsgänge mühsam erarbeiten kann oder wie sie mir in einem Plan fertig zur Verfügung steht.

»Sie sind hier«

Wie, wenn ich einen übersichtlichen Plan habe, kann ich mit seiner Hilfe mich selbst lokalisieren? Nun, da gibt es das direkte und das indirekte Verfahren. Die direkte Selbstlokalisierung kostet uns nicht die geringste Mühe, denn sie wird uns geschenkt. Dazu bedarf es aber neben den hinzugeschriebenen Straßennamen und den darübergezeichneten Planquadraten einer weiteren Hinzufügung auf dem Plan, einer Zutat, die gleichfalls etwas erkennen läßt, was wir aus der Vogelperspektive niemals wahrzunehmen vermöchten; eine Art von zusätzlichem Zeichen, durch welches der Plan, auf dem es erscheint, sich geradezu als intelligent, als reflexionsfähig erweist. Dieses Zeichen gibt es in zwei verschiedenen Ausprägungen: Die eine Gestalt ist ein knallig roter Punkt mit der Beschriftung »Standort«; die andere ist ein ins Auge springender Pfeil, dessen Spitze auf eine Stelle im Plan zeigt und dessen Aufschrift lautet: »Sie sind hier«.

Dieses praktisch leicht, aber theoretisch schwer verständliche Zeichen überrascht uns zunächst damit, daß es auf den allermeisten Plänen und Karten *fehlt*. Es kann nur höchst selten vorkommen, weil eben sehr genau bestimmte Umstände, ja konkrete Situationen gegeben sein müssen, um seine Verwendung zu gestatten. Und wenn wir auf einen Plan blicken, der dieses Zeichen aufweist, wissen wir doch sofort, daß es von diesem Plan nur dieses eine Exemplar hier geben kann. Ihn so, wie er ist, im Druck zu vervielfältigen und kommerziell zu vertreiben: das hieße zugleich, aus ihm einen anderen, einen irreführenden zu machen. Kurios ist, daß dieses eigenartige Zeichen, welches dem Plan, auf dem ich's sehe, den Rang eines Unikats verleiht, selbst durchaus kein Unikat ist; es erscheint auf zahlreichen Plänen, von denen jeder einzelne kraft dieses Zeichens zu einem Unikat wird, reproduzierbar nur um den Preis seiner Verfälschung.

Stationäre Intelligenz

Diesem Standort-Zeichen verdankt der Plan sowohl seine Intelligenz als auch das Vermögen und das Mittel, sie auszudrücken. Diese Intelligenz besteht darin, daß der Plan selbst weiß, wo er ist, es jedem, der es wissen will, auch sagt und den so Belehrten zugleich darüber aufklärt, wo er selber ist. Wo auch immer dieses Zeichen auftritt: stets markiert es im Plan genau die Stelle, an welcher dieser Plan selbst in der Wirklichkeit sich befindet. Intelligent wie er vermöge dieses Zeichens ist, reflektiert er in ihm gleichsam auf sich selbst und schließt dann von sich auf den Betrachter, der vor ihm steht. »Ich bin hier«, denkt er sich; und »Sie sind hier«, sagt er zu seinem Gegenüber. Und natürlich hat er immer recht. Denn er weiß, daß, wer die Beschriftung liest, hier sein muß, um sie lesen zu können. Und er weiß außerdem, daß dieser Leser nicht irgendwann zufällig auf diese Beschriftung stößt, sondern sie vom ersten Augenblick an neugierig sucht. Dieser Neugierde ist er mit der Auffälligkeit des Zeichens zu Diensten. Das nenne ich mir ›objektiven Geist‹!

Worauf ein Name wie »Regensburg« sich bezieht, das weiß ich, wo auch immer er gesprochen oder geschrieben wird; worauf das Wörtchen »hier« sich bezieht, das weiß ich nur, wenn ich sehe, wo der steht, der es sagt: zum Sinn dieses Ausdrucks gehören die Umstände seiner Verwendung mit dazu. Nur so ist es möglich, daß dasselbe Lautgebilde, dieselbe Buchstabenkette doch auf immer andere Stellen hinweist. Der rote Punkt, der schwarze Pfeil: samt ihrer Beschriftung sind sie derartige ›deiktische‹ oder ›indexikalische‹ Zeichen: Eindeutigkeit gewinnen sie nur für den, der sich selbst dort aufhält, wo sie jeweils ihre Hinweistätigkeit ausüben.

Aus der Weise, wie das »Sie sind hier« funktioniert, lernen wir auch etwas über die Beziehung zwischen dem Plan und der Wirklichkeit, die er darstellt: Diese Beziehung wird durch mich, durch meine leibliche Präsenz geknüpft. Indem ich mit meinen Augen die Darstellung der Wirklichkeit *sehe* und zugleich mit meinen Füßen auf dem Boden der Wirklichkeit selbst *stehe*, wird mein sinnenhaft wahrnehmender und physisch präsenter Körper jenes Mittlere und Vermittelnde, ohne welches die graphisch-symbolische Welt der Zeichnungen und Zeichen und die topisch-reale Welt, die in jener repräsentiert werden soll, auf ewig unverbunden blieben.

Intelligenz ist bei der Karte, die mir sagt, wo ich bin, ortsgebunden, stationär. Ein Stadtplan, mit dem wir durch Regensburg spazieren, oder eine Bahnstreckenübersicht, wie sie im *Intercity Express ›Maria Sibylla Merian‹* aushängt, sind, wie die meisten ihrer Gattung, einfach dumm. Den Geist, der ihnen fehlt, muß ihr Benutzer selbst aufbringen. Das ist der Preis, den wir für die Mobilität unseres Orientierungsinstruments zu zahlen haben. Um so mehr muß es uns erstaunen und kann es uns entlasten, daß es seit wenigen Jahren auch Karten gibt, die sich durch mobile Intelligenz auszeichnen. Sie markieren unseren Standort auch dann, wenn er sich, weil wir uns bewegen, stetig ändert. Der Pfeil, der »Sie sind hier« sagt, wandert auf der Karte genau so, wie ich in der Realität umherspaziere oder dahinfahre. Diese ortsungebundene und trotzdem ortsabhängige Selbstlokalisierung, die mir mühelos kontinuierlich zuteil wird, setzt freilich digitale Karten und signalgebende Satelliten, präzise Uhren und schnelle Computer voraus. – Doch davon später.

Selbstlokalisierung in der beschrifteten Realität

So schön es ist, wenn ein Plan mir *direkt* sagt und zeigt, wo ich bin – nötig hab' ich das nicht. Denn *indirekt*, mit aufmerksamem Umherschauen und sorgfältigem Planlesen, kann ich das selber auch herausfinden. Dabei kommt mir der Umstand entgegen, daß wir weithin in einer beschrifteten Wirklichkeit leben: Weite Gebiete sind derart ›ausgezeichnet‹, daß es genügt, eine Zeitlang umherzugehen und sich umzusehen: alsbald findet sich irgendwo ein Straßenschild oder eine Ortstafel; oder man stößt wenigstens auf eine Straße, die man nur lange genug zu verfolgen braucht, um an ihr oder an ihrem Ende solche Beschriftungen zu entdecken. Als deren Finder aber weiß ich deutlich mehr als nur, daß ich hier bin. Lesefähigkeit vorausgesetzt, weiß ich nun, wie die Stelle heißt, an der ich bin.

Da wissen, wo ich bin, immer auch bedeutet, wissen inmitten wovon ich bin, ist der nächste Schritt klar: Kontext suchen. Wo im weitverzweigten Wegenetz ist meine mir nun namentlich bekannte Stelle? Statt mir durch eigene Erkundung der Umgebung erst nach und nach einen Überblick zu verschaffen – freilich: zuweilen bleibt mir nichts anderes übrig –, greife ich, wenn irgend möglich, auf eine Übersichtskarte zurück, in der ja das Resultat vieler solcher Erkundungen, die andere früher einmal unternommen haben, objektiv und dauerhaft verzeichnet ist. *Map in mind* ist eben auch und sogar ursprünglich das, was ich mir verschaffe, indem ich mit Sinn und Verstand einen realen Plan betrachte.

Zu allererst muß ich nun das tun, was mir auf der Karte, die ich mit mir führe, kein roter Punkt und kein hilfreicher Pfeil abnimmt: auf ihr die Stelle finden, *meine* Stelle, für welche der Kontext Kontext ist. Denn auch darin sind Pläne objektiv und intersubjektiv: sie enthalten alle möglichen Kontexte für alle möglichen Standpunkte. Meinen eigenen, mir namentlich ja schon bekannten Standpunkt aber ausfindig zu machen, ist nun ein Kinderspiel. Dank des Registers! Zwar ist diese paarige Namensliste so objektiv und intersubjektiv wie die gezeichnete Darstellung; aber sie ist doch ein Instrument der mir abverlangten Subjektivierung: sie hilft mir, *meine* Stelle auf dem Plan zu finden. In dieser Liste suche ich also den Namen ›meiner‹ Straße und finde neben ihm den Namen eines Planquadrats. Ich suche dieses auf dem Plan und finde durch optisches Abtasten seiner Fläche meine Stelle. Eingeräumt: bei langen Straßen brauche ich, da meine Stelle eine *Stelle* ist, noch eine genaue Hausnummer oder eine auffällige Kreuzung. Das also weiß ich nach meiner Suche auf der Karte: wie meine Stelle hier heißt und wo auf meinem Plan sie eingezeichnet ist. Nun stehe ich hier und bin so klug, als wie zuvor eine intelligente Karte mich anderswo direkt hätte machen können.

Auf dem Plan springt mir mein Standort nicht als einsamer Punkt ins Auge; vielmehr sehe ich ihn samt seinem Kontext, umgeben also von den gezeichneten Repräsentanten vieler Orte und Plätze, Wege und Straßen. Insofern habe ich in eins mit meiner Stelle auch deren Kontext auf der Karte vor Augen und als Wissen ›im Kopf‹. Dieses Überblickswissen ist indes nur dann pragmatisch brauchbar und heuristisch sinnvoll, wenn das, was ich da weiß, mich auch zu führen vermag, sowie ich mich in der Wirklichkeit bewege.

Und da hakt es meistens erst einmal. Blicke ich von meinem Plan auf und sehe mich in meiner wirklichen Umgebung um, dann nehme ich diese ganz anders wahr: Meinen Standort sehe ich überhaupt nicht, ich habe lediglich Wissen und Bewußtsein von ihm: ich weiß, wie er heißt, und bin mir dessen bewußt, an ihm präsent zu sein. Und meine Umgebung sehe ich nicht insgesamt und von oben, sondern, da ich mittendrin bin, im Umherblicken nacheinander und aus einer Tieflage, welche die wörtlich genommene Froschperspektive um ›höchstens‹ zwei Meter übersteigt.

Doch selbst wenn ich meine sukzessive Sicht von unten fiktiv umsetze in ein simultanes Bild von oben: meistens mag diese selbsterworbene Übersicht sich nicht so recht decken mit der, die mir der Plan gezeichnet bereithält. Dieselbe Stelle mit demselben Kontext – und trotzdem stimmen meine Vorstellung von der Wirklich-

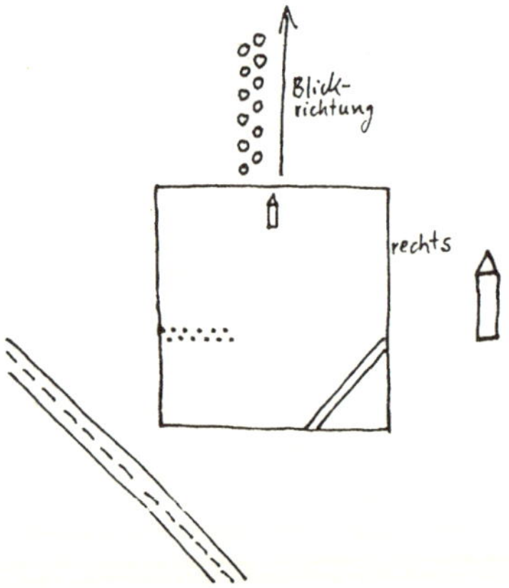

Schema 52: Vorher: systematisch verdreht

keit und die Darstellung dieser Wirklichkeit auf dem Papier nicht überein. Dieses Nicht-Passen hat indes nichts mit dargestellten Inhalten oder maßstäblicher Treue zu tun, auch nicht damit, ob ich Draufsicht habe oder mittendrin stehe. Alles ist schematisch richtig und proportional angemessen im Plan präsent, aber die Gesamtlage stimmt nicht. Der Plan in meiner Hand und die Wirklichkeit vor meinen Augen sind gleichsam gegeneinander seitwärts verdreht. Die breite Allee etwa, die ich wirklich von vorn auf mich zukommen sehe, läuft auf dem Plan von links auf meinen Standort zu. Alles ist da – nur zeigen dieselben Wege auf dem Plan und in der Wirklichkeit in verschiedene Richtungen. Im Extremfall steht alles auf dem Kopf, und links und rechts sind miteinander vertauscht.

Immerhin hat die Sache auch ihre Ordnung, denn bei allen einander entsprechenden Wegen ist doch die Verschiedenheit ihrer Richtungen gleich. Wir haben nicht ein chaotisches Durcheinander Stück für Stück zu ordnen, sondern bloß eine systematische Verdrehung insgesamt zurechtzurücken. Ich drehe mich zusammen mit meinem Plan so lange, bis diese Allee nicht mehr von vorne, sondern seitwärts von links auf mich zukommt: genau aus der Richtung also, aus welcher auf dem Plan ihr Abbild auf das Abbild meines Standortes zuläuft. – Und siehe da: mit einem Schlag

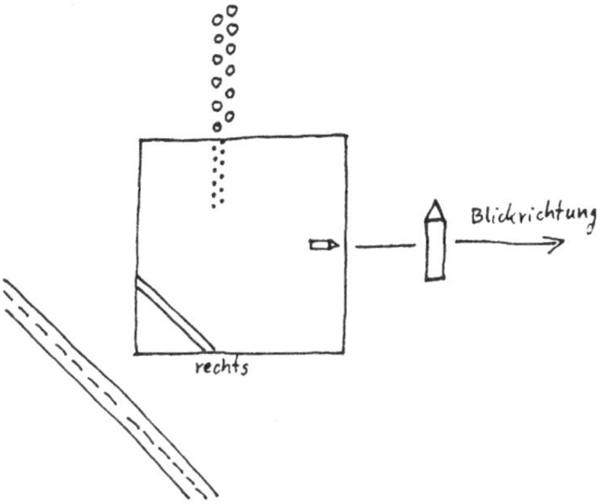

Schema 53: Nachher: insgesamt koordiniert

stimmt alles! Der Wasserturm, den ich vorher zu meiner Rechten sah, obgleich er im Plan am oberen Rand eingezeichnet war: er steht jetzt geradewegs vor mir, sobald ich aufblicke. Während ich allein die dargestellte Allee an der wirklichen ausgerichtet habe, habe ich *eo ipso* alle anderen Wege und Richtungen zur Übereinstimmung gebracht.

Daß ich, mit ihm zusammen, mich drehen muß, das fordert der Plan von mir. Er will mit dem, wovon er die Darstellung ist, koordiniert sein. Andernfalls würde er sich weigern, mir als Suchinstrument zu dienen. *Wie weit* ich mich drehen muß, das schreibt mir die Wirklichkeit vor. Sie beharrt; wir – mein Plan und ich – müssen uns nach ihr richten. Indem ich der Forderung des Plans nachkomme und die Maßgabe der Wirklichkeit beachte, werde ich zum Herrn über beide: er wird mir zum hilfreichen Werkzeug, sie steht mir als System möglicher Wege zur Verfügung.

Sich nach den Himmelsrichtungen richten

Karten und Pläne wären freilich nicht die objektiv gültigen und intersubjektiv brauchbaren Such- und Findemittel, die sie sind, wenn ihnen nicht ein Orientierungsmechanismus eingebaut wäre, der von allen subjektiven Standorten und den auf sie bezogenen Richtungen unabhängig funktioniert. Von allen subjektiven Standorten, nicht von aller Subjektivität! Im Gegenteil: Unterscheidungen, die jeder allein durch seinen Körper kennt und gebraucht – links und rechts, oben und unten –, sind im Plan gleichsam institutionalisiert gegenwärtig: Die subjektabhängigen Richtungen gehen in die Darstellung mit ein, die somit Subjektivität in objektivierter Form enthält.

Wären unsere Karten und Pläne von und für Analphabeten gemacht, wären sie also frei von allen Buchstaben und Ziffern, so wüßten wir nicht, was an ihnen oben und unten, was links und rechts ist. Die Beschriftung aber sagt dem lesefähigen Betrachter der Karte, wie er sie zu halten hat. Dies wiederum ist nicht in das Belieben des Kartographen gestellt; vielmehr ist er gehalten, innerhalb und außerhalb der Darstellung die Schriftzeichen möglichst so zu setzen, daß, wer sie aufrecht sieht, die Karte richtig hält. Und dann gilt die Regel – von der es freilich Ausnahmen gibt –, daß der obere Rand nach dem Norden der Darstellung, der untere nach deren Süden weist und daß von links nach rechts der gezeichnete Weg von Westen nach Osten geht. In dieser historisch gewachsenen und weltweit durchgesetzten kartographischen Norm ist die Orientierung schon zur Hälfte geleistet. Die andere Hälfte ergänzen wir, indem wir, uns mitsamt der Karte drehend, die dargestellten Himmelsrichtungen mit den wirklichen zur Deckung bringen.

Es ist bekanntlich kein Kalauer: Daß wir von Orientierung sprechen, hat tatsächlich etwas mit dem Orient, dem Osten, zu tun. Sich orientieren heißt, sich nach Osten auszurichten. Im Mittelalter und bis in die Neuzeit hinein hatten Karten an ihrem oberen Rand nicht den Norden, sondern den Osten. Der Orient, vom lateinischen *oriens* ›herkommend‹, ist eben auch die Gegend, wo

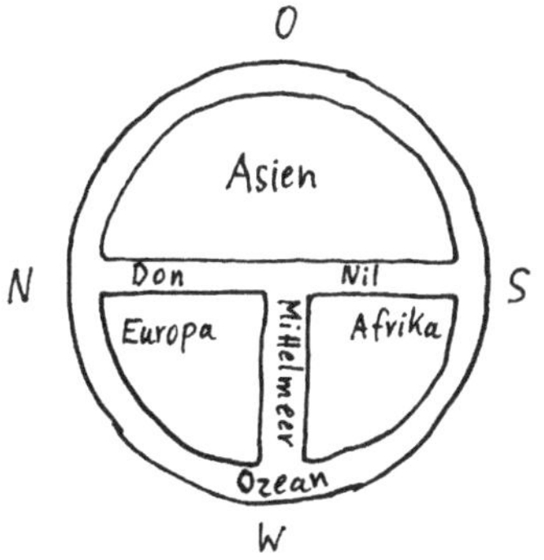

Schema 54: ›Orientierte‹ Weltkarte

etwas seinen Anfang nimmt: der Tag beginnt im Osten, das Lesen oben. Die Umstellung auf die Nord-Süd-Ausrichtung hätte zwar den Begriff ›Polarisierung‹ nahelegen können; doch es überdauerte, wie so oft, der alte Ausdruck. Orientierung im engeren Sinn des Wortes heißt also: *auf* einem Plan und dann, *mittels* des Plans, *in* der Realität sich dadurch zurechtzufinden, daß man ihn nach ihr ausrichtet: ihn so dreht, daß der kartographische Norden mit dem geographischen übereinstimmt. Mit freundlicher Unterstützung von Kompaß oder Sonne, von bemoosten Bäumen oder altorientierten Kirchen kommt also zur maßstäblichen Proportion die richtungsmäßige Koordination. Diese Art der Ausrichtung gelingt grundsätzlich jedem mit jedem Plan – egal ob der eigene Standort darauf enthalten ist oder nicht. Selbstlokalisierung ist dann natürlich etwas, das außerdem noch zustande gebracht werden muß.

Halten wir also fest: Einen graphisch gezeichneten oder imaginativ vorgestellten Plan an der Wirklichkeit auszurichten und somit seine und ihre Richtungen zu koordinieren: das heißt sich – mit Hilfe eines Plans – in der Wirklichkeit zu orientieren. Selbstlokalisierung geschieht durch Kontextualisierung, Kontextualisierung aber vollendet sich erst in gelungener Orientierung.

Dumm aufgestellt

Intelligent sind Karten, die die Fähigkeit besitzen, uns direkt zu sagen, wo sie und wo wir sind: »Sie sind hier.« Und sie können es, weil sie an Ort und Stelle feststehen. Aus demselben Grund aber verlangen sie von uns oft eine aberwitzige Gehirnakrobatik, die meistens mit einem Absturz endet. In aller Regel sind diese Karten irgendwo aufgestellt: aufrecht stehen sie da. Das Gebiet oder die Stadt aber, die sie darstellen, liegt flach ausgebreitet vor uns und um uns. Wir müssen also das Tableau, das wir sehen, aus der senkrechten Stellung in eine waagrechte Lage bringen. Wir klappen das, was vor uns steht, derart nach hinten um, daß nun die untere Kante

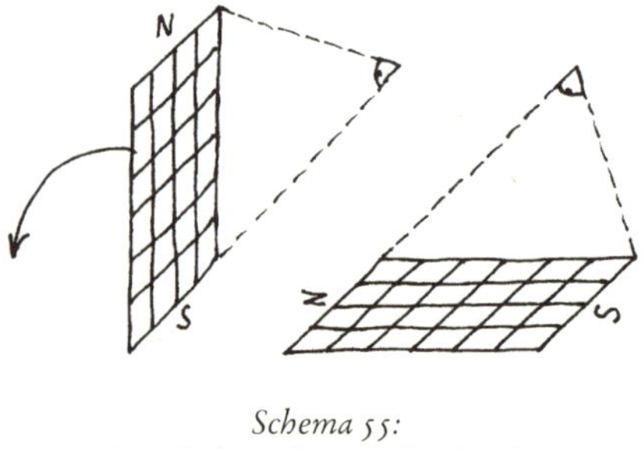

Schema 55:
Draufsicht auf vertikal stehenden
und horizontal liegenden Plan

zu uns her, die zuvor obere Kante von uns wegzeigt. In der Phantasie natürlich! Immerhin: wer in der Schule gelernt hat, von der Tafel, die vorne steht, in das Heft abzuschreiben, das vor ihm liegt: der kann das.

Die eigentliche Katastrophe kommt jetzt erst mit dem Versuch der Ausrichtung. Zugegeben: gelegentlich zeigt der obere Rand der imaginativ in die horizontale Ebene umgelegten Karte nach Norden; sehr häufig aber eben nicht. Und soweit die richtungsmäßige Koordination nicht sinnvoller Weise durch intelligentes Aufstellen schon gegeben oder nahegelegt ist, muß sie, weil Feststehendes sich nicht drehen läßt, durch mühsames Umphantasieren zustande gebracht werden: Das schon liegend vorgestellte Tableau, das in seinem oberen Teil zwar ordnungsgemäß den Norden *verzeichnet*, mit ihm aber in der Wirklichkeit leider nicht nach Norden, sondern etwa nach Osten oder Süden *weist*, muß imaginativ noch gedreht werden, und zwar so weit, bis Norden mit Norden sich deckt und damit alle Richtungen koordiniert sind. Ob es uns nur an der nötigen Übung fehlt oder ob Funktionen unseres Körperschemas und Strukturen unseres Raumbewußtseins sich sperren: jedenfalls können wir es nicht. Oder doch nur ansatzweise und kurzzeitig. Vor solchen Informationstafeln kann man denn auch Leute beobachten, wie sie ganz konzentriert den Oberkörper zur Seite biegen; und sich selbst, wie man versucht, sich in Gedanken auf den Kopf zu stellen. – So wird die Intelligenz der Karte kaputtgemacht durch die Dummheit derer, die so freundlich waren, sie aufzustellen.

Orientierungsdilemma

Doch selbst wenn wir eine Karte in der Hand haben und sie drehen und wenden können, wie wir wollen, sind noch längst nicht alle Probleme erledigt, die sich ihrer heuristischen Verwendung in den Weg stellen. Jeder auf ein Tableau gezeichnete oder auf Papier gedruckte Plan hat eine innere Starrheit, die dafür verantwortlich ist, daß die Resubjektivierung seiner Objektivität stets auf halbem Wege stecken bleibt. Objektivität heißt hier Intersubjektivität: alle möglichen Standpunkte mit allen möglichen Kontexten und allen möglichen Wegen zu allen möglichen Zielen sind in einer Karte enthalten. Ich muß meinen Standpunkt mit meiner Umgebung in der Darstellung finden; ich muß mein Ziel identifizieren und meinen Weg dorthin suchen; und schließlich muß ich den Plan als Wegweiser beim Gehen oder Fahren benutzen können.

Da erweist er sich aber als eigentümlich stur und sperrig. Unerbittlich besteht er darauf, daß alles, was im Norden liegt, auf ihm oben dargestellt ist; und nicht minder starr hält er daran fest, daß oben für mich dasselbe zu sein hat wie für ihn. Bei einem leeren Blatt im DIN-Format dagegen bestimme ich selbst durch die Art, wie ich es halte, was oben ist. Obgleich auch da eine gewisse Suggestion zugunsten des Hochformats zu spüren ist, kann ich problemlos das Blatt quer legen und sehe dann die längere Kante oben.

Bei Landkarten und Stadtplänen habe ich diese Freiheit nicht. Welches Format auch immer: die Schriftzeichen sagen mir durch ihr Aufrechtstehen, wie das Blatt zu halten und was an ihm oben ist. Freilich: es ist und bleibt ein Blatt Papier, das ich nach Belieben so oder auch anders halten kann. Nun, ich bräuchte mich da auf gar keine Auseinandersetzung einzulassen, wenn der Plan, so gehalten wie *er* will, mich auch führen würde, wie *ich* will – und er ja soll. Doch dem ist nicht so. Und deshalb kommt es zu einem Dilemma.

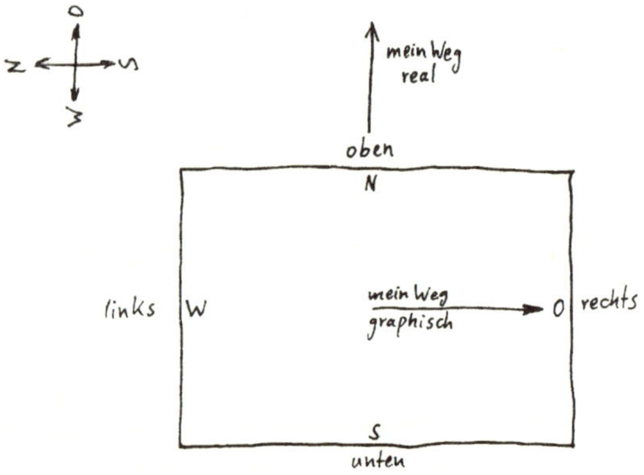

Schema 56: Karte mit Rechtsabweichung

Entweder ich lasse dem Plan seinen Willen und halte ihn so, daß das, was für ihn oben ist, auch für mich oben ist. Sofort dankt er es mir mit der Lesbarkeit all seiner Beschriftungen. Solange die Beziehung zwischen dem mir vorliegenden Plan und meinem studierenden Auge theoretisch bleibt, bleibt auch, wie zumeist, alles harmonisch. Doch sobald ich mit der Beweglichkeit meines Leibes und der Zielstrebigkeit meines Willens ins Spiel komme, wird – von glücklichen Zufällen abgesehen – alles schief und unstimmig. Ohne die Art, wie ich den Plan halte, zu verändern, mache ich mich auf den Weg: beispielsweise der aufgehenden Sonne entgegen. Mit meiner Bewegung kommt ein neues Bündnis zustande: Was für mich beim *Blick* auf das Blatt vor mir *oben* ist, das ist beim *Gehen* in der Wirklichkeit *vorn*. Aber ach: auf diesem Blatt ist mein Weg selbst graphisch dargestellt; und da geht er nicht, wie ich, nach vorn, sondern *nach rechts*. Fortan muß ich mir immer sagen, daß ich *nicht* in die Richtung darf, in die er mich ständig weist.

Oder ich setze meinen Kopf durch und zwinge den Plan, mir zuzustimmen und mit mir zusammenzustimmen. Auch jetzt strebe ich der aufgehenden Sonne zu, aber ich drehe meinen Plan so, daß das, was vorher für mich wie für ihn rechts war, jetzt für mich oben ist. Ich blicke auf und marschiere los: Die Richtung, in die mein wirklicher Weg geht, und die, in welche seine graphische Darstellung zeigt, sind gleich. Problemlos kann ich mich führen lassen. Alle Abzweigungen von meinem Weg, alle Kreuzungen kommen in der vorgesehenen Reihenfolge und zeigen in die richtige Rich-

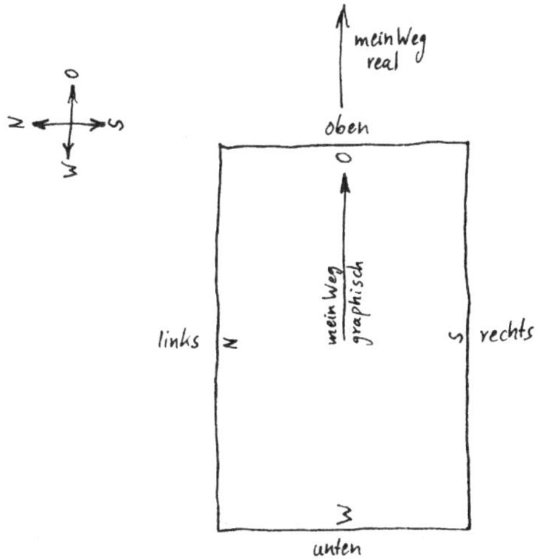

Schema 57: Karte mit Zeichendrehung

tung. Ich muß nicht ständig dagegen andenken und umphantasieren. Aber der erzwungene Konsens hat, wie so oft, seinen Preis. Alle Buchstaben und Ziffern sind jetzt seitwärts hochgeklappt: ohne Kopfverdrehen kann ich sie kaum mehr lesen. Gar nicht erst zu reden vom Kopfstand der Karte, wenn ich nach Süden will, und von allen anderen möglichen Schieflagen.

Sind nicht – mir jedenfalls kommt es so vor – die Schemata auf den zwei vorangehenden Seiten reichlich verwirrend, fast schwindelerregend? Doch warum? Nun, daß das Schema selbst als ganzes nicht von einem Kasten umrahmt ist, soll offenbar den Eindruck erwecken, man befinde sich in offenem Gelände mit Wegen darin; irgendwie geht es da immer weiter. Das rechteckige Kästchen dagegen soll sagen »Ich bin bloß ein Plan auf Papier«; und diese Selbstbeschreibung soll eines stärken: die Realitätssuggestion für das, was außen herum ist.

Was aber diese Unternehmung insgesamt konterkariert, ist, daß sie selbst als ganze auf dem Papier stattfindet. Die Buchseite ist selbst ein Blatt mit rechteckigem Format. Die Weise, wie die Buchstaben gedruckt sind, schreibt vor, wie der Leser das Buch zu halten hat und was oben ist. So wird die *inner*schematische Suggestion von Realität überwältigt von der realen Präsenz desjenigen Plans, der das Schema *als ganzes* ist. Was Wirklichkeit sein wollte, ist nun selbst bloß ein Plan, der eine Wirklichkeit darstellt, in welcher ein Plan vorkommt, der dieselbe Wirklichkeit darstellt.

Sobald man das Schema so sieht, kippt alles. Die Windrose auf lächerliche Art verdreht: Steht sie nicht schlicht und einfach falsch? Und wie blödsinnig ist es doch, einen Weg, der *nach Osten* führt, durch einen Pfeil zu kennzeichnen, der *nach oben* zeigt! Dabei wäre doch alles so einfach gewesen: Man bräuchte ja nur der Einladung der Windrose, sie ›richtig‹ zu stellen, nachzugeben und das Buch um 90° nach rechts zu drehen: dann stimmt alles.

Doch dann sieht man auch rasch, wie sich das Dilemma iteriert. Was zunächst sehr beruhigend wirkt, nämlich daß nun der Norden plangemäß oben ist, hat doch erneut zur Konsequenz, was wir längst kennen: Sobald ich den Kopf hebe und auf- und vorwärtsblicke, schaue ich geradeaus in eine Richtung, in die mein auf dem Blatt im Buch eingezeichneter Weg gerade nicht geht: er führt nun nämlich ab nach rechts. Das aber hatten wir schon.

Leitendes Wissen und bleibende Defizite

Daß wir trotz des Orientierungsdilemmas oft mit Karte besser fahren als ohne, hat seinen Grund in der Praxis des Schauens beim Sich-Bewegen. Denn natürlich können wir Touristen, Radwanderer oder Autofahrer unsere Karte ohnehin nur zwischendurch immer wieder einmal zu Rate ziehen, nicht wie gebannt ständig auf sie starren. Deshalb geschieht unsere alltägliche Orientierung wohl mit ihrer Hilfe, aber keineswegs durch sie allein. Eher initiiert, konkretisiert und korrigiert sie mit ihrer Vollständigkeit, Deutlichkeit und Maßstabstreue ein Überblickswissen, von dem wir uns leiten lassen, das aber, aufgrund früherer Erfahrungen, bereits über die Typik von Wegen, Wegenetzen und Geländebeschaffenheiten verfügt und in welches nun all das neu Eingang findet, was wir beim Gehen und beim Umherschauen an Wahrnehmungen gewinnen.

Das Resultat ist ernüchternd: Trotz der Mühe, die uns unsere Selbstlokalisation und Orientierung in einem unbekannten, wenngleich von Wegen durchzogenen Gebiet macht, bleibt das, was wir zustande bringen, weit zurück hinter der Genauigkeit, Sicherheit und Selbstverständlichkeit, mit der wir in unserer vertrauten lebensweltlichen Umgebung immer wissen, wo wir sind und wie wir uns in ihr bewegen. Und die Karten, die wir zu einem objektiven und intersubjektiv brauchbaren Instrument der Wegfindung ausgearbeitet haben, zeigen sich ausgerechnet dann sperrig, wenn es um ihre konkrete Anwendung und faktische Resubjektivierung geht: wenn ich mich hier und jetzt an sie halten will.

Aber auch da bringen uns, wie wir sehen werden, Navigationssysteme weiter: Indem sie uns jederzeit wissen lassen, wo wir sind, und uns führen, wohin wir wollen, überformen sie unsere Welt so, als ob sie unsere Lebenswelt wäre. Und sie nehmen mir die Leistung der Resubjektivierung dessen, was für uns alle da ist, ab, indem sie sich vermöge ihrer Technik ganz auf mich einstellen und sich nach mir richten.

11. Kapitel
Wegsuche, Wegbeschreibung und Routenplanung

Orientiert bin ich, wenn ich über einen Plan verfüge – egal ob nur im Geiste vorgestellt oder ob überdies auf Papier gedruckt –, auf dem ich mich selbst lokalisiert und den ich mit der Wirklichkeit koordiniert habe. Ich bin aber kein stationäres, sondern ein ambulantes Wesen. Ich bin kein Baum, sonst wäre ich fest im Erdboden verwurzelt, außerdem unfähig, vorn und hinten, rechts und links zu unterscheiden. Nein, ich kann *gehen*. Und daß ich *hier* bin, schließt beides ein: ich bin hierher *gekommen*, und ich werde von hier *weggehen*. Es sei denn, hier wäre bereits der umfriedete Hof, auf dem ich meine letzte Ruhestätte gefunden hätte.

Wie einer von *hier* weggeht und, um *dort* anzukommen, einen *Weg* durchläuft, ist das Thema dieses Kapitels. Es geht um das praktische Bahnen, die theoretische Planung und die sukzessive Beschreibung eines Weges sowie um die Delegation solcher Leistungen an die Technik. – Pionierleistungen zu erbringen: das erfordert, wie *zuerst* zu zeigen sein wird, Bewegungsphantasie und Vorausschau, Linientreue trotz Abweichungen, Erinnerung und gelegentlichen Rückblick. Als ›Nachfahren‹ der Pioniere haben wir's leichter: Wege gibt's schon und Karten für sie auch. Deshalb brauchen wir, *zweitens*, unseren Weg nur noch zu planen: ihn als bruchloses Ganzes aus fertig vorgegebenen Teilstücken zusammenzusetzen. Allerdings werden sich das ursprüngliche praktische Bahnen ›vor Ort‹ und das nachfolgende theoretische Planen mittels Übersicht als durchaus verwandte Aktivitäten erweisen.

Diese Verwandtschaft wird, *drittens*, bei der Wegbeschreibung deutlich. Sie transformiert nämlich den simultanen Überblick über einen Weg insgesamt, den die Karte bietet, in eine Sequenz von Deskriptionen, in denen die Wegabschnitte in ihrem Nacheinander zur Darstellung kommen. Wegen dieser zeitlichen Abfolge aber erweist sich die Beschreibung als schon praxiskonforme Gestalt von ›Theorie‹. Schließlich gehe ich, *viertens*, von ›Theorie und Praxis‹ zur ›Technik‹ über. Beides: die planerische Zusammensetzung meines Wegganzen aus Teilstücken und die sukzessive Beschreibung, wie sie aufeinander folgen, sind Leistungen, die ich an den Computer delegieren kann. Indem ich ihn mit digitalen Karten, die er lesen kann, ausrüste und ihm sage, wo ich bin und wo ich hinwill, setze ich ihn instand, mir meine Wegsuche abzunehmen. Ein Rechner, der das tut, fungiert damit als Routenplaner.

Luftlinie und Fußweg

Wenn ich nicht einfach gedankenlos umherschlendere oder vor etwas die Flucht ergreife, so weiß ich zumeist, wo ich hinwill. Ich kann auf meinem Plan die Stelle ausfindig machen, zu der ich gelangen möchte; und ich kann auf ihm mein Hier mit jenem Dort verbinden. Orientiertsein heißt aber zugleich: die Richtung wissen, die ich einzuschlagen habe, und die Entfernung kennen, die zu überwinden ist. In meiner Phantasie und auf meiner Karte kann ich eine schnurgerade Verbindungslinie ziehen. Diesen kürzesten Weg nennen wir gerne ›Luftlinie‹: wer fliegen kann, kommt so direkt ans Ziel.

Wer hingegen gehen oder fahren muß, weiß, daß Wege immer erst noch gesucht und gefunden werden müssen. Denn der Grund, auf dem wir stehen und gehen, ist keine unendliche Asphaltplatte, auf welcher jeder von uns seine *destination* als Fahne oder Leuchtturm in der Ferne ständig vor Augen haben könnte, um direkt drauflos zu marschieren; und der Boden unter unseren Füßen ist auch nicht von einem Gott, der uns prädestiniert hätte, mit Linien bezeichnet, die – womöglich mit unseren Namen versehen – jedem von uns ›programmatisch‹ vorschreiben würden, wohin er zu gehen hat und ›folglich‹ auch gehen wird. Nein, wer geht oder fährt, den nötigt die unübersichtliche und widerständige Natur der Erdoberfläche dazu, immer wieder zu schauen und zu prüfen, ob und wie es weitergehen kann.

Es gibt indes *zwei* grundlegend verschiedene Weisen, einen Weg zu suchen und zu finden. Entweder er existiert noch gar nicht und muß von dem, der ihn beschreiten will, erst geschaffen werden: das ist Sache der ›Pfadfinder‹ und Pioniere. Oder Wege stehen in einem weitverzweigten Netz erkennbar bereit, so daß einen Weg zu suchen heißt, aus vielen angebotenen Wegen den einen richtigen auszuwählen oder aus ausgewählten Teilstücken zusammenzusetzen.

Diese fertigen, befestigten, ausgezeichneten Wege sind natürlich nur die dauerhaft gewordenen Resultate ›pfadfinderischer‹ Aktivitäten: objektive und intersubjektiv verfügbare Ergebnisse ehemaliger Pionierleistungen.

Wegbahnung verlangt vielerlei Fähigkeiten, Maßnahmen, Vorkehrungen. Ich gehe im folgenden auf die ein, die auch für das Gehen schon gebahnter Wege von Belang sind: (1) Bewegungsphantasie, (2) perspektivische Vorausschau, (3) kompensatorische Umwegigkeit und (4) Erinnerung an und Rückblick auf das bereits durchlaufene Wegstück.

Mit Bewegungsphantasie zu Pionierleistungen

(1) Weg zulande kann nur werden, was gangbar ist. Und Gangbarkeit festzustellen erfordert mehreres: Ich muß sehen, ich muß phantasieren, und ich muß beurteilen. Entlang jener idealen Linie, die meinen Standpunkt mit dem Zielpunkt meines beabsichtigten Ganges verbindet, erkunde ich, hier bei mir beginnend, wie der Boden beschaffen, wie das Gelände geartet ist. Aber ich bin kein interesseloser Zuschauer. Deshalb muß zur Anschauung dessen, was sich vor mir ausbreitet, noch eine besondere Art von Phantasie dazukommen: ich stelle mir vor, daß ich gehe. Diese Phantasie ist nicht oder nur in geringem Maße optisch; sie führt uns keinen Film in unserm Bewußtseinskino vor; nur nebenher bildhaft, ist sie vor allem leiblich. Ich spüre, wie ich mich bewege, ohne es doch wirklich zu tun. Die derart phantasierte Bewegung eilt der wirklichen voraus und führt sie. So nahe verwandt sind beide, daß wir manchmal Bewegungen, die wir uns nur vorstellen wollten, unversehens tatsächlich ausführen, zumindest ansatzweise.

Wie Phantasie überhaupt, so wird auch Bewegungsphantasie häufig unterschätzt, etwa im Verhältnis zur Vernunft oder zur Wahrnehmung. Deshalb noch ein kurzer Seitenblick, der erkennen läßt, was alles in ihr darinsteckt: Meine Bewegungsphantasie speist sich aus Erfahrungen, die ich bei meinem Umgang mit der Wirklichkeit über diese und über mich selbst gesammelt habe. Ich bin auf festem Grund zügig vorangeschritten. Auf feinem Sand habe ich mich, immer wieder bis zu den Knöcheln versinkend, mühsam vorwärtsgekämpft. Eine sumpfige Wiese habe ich so weit durchwatet, bis ich im Morast steckenblieb und umkehren mußte. Derlei erlebt zu haben heißt fortan zu wissen, daß ich schwer *bin* und mich beim Gehen mitunter schwer *tue*. Ein bequemer Schritt über eine kleine Pfütze, ein leichter Hüpfer über ein Rinnsal – doch mein gewaltiger Satz über den unvergeßlichen Wassergraben endete damals mit nassen Füßen und aufgeschürften Knien. Niedrige Gatter und hohe Palisaden, sanfte Hügel, steile Abhänge und schroffe Felswände: mit all dem hatte ich bereits zu tun. Die Erfahrungen, die ich da gemacht habe, finden sich komprimiert wieder in meinem Wissen davon, wie schwer und wie groß ich bin, aber auch wie stark und wie ausdauernd, wie sprungkräftig und wie klettergewandt. Kurzum: Ich weiß, was ich kann und was nicht.

Dieses Wissen, in dem Weltkenntnis und Selbstkenntnis sich miteinander verschränken, ist ein situationsentbundenes, ein allgemeines Wissen. Von dem, was ich *einmal* gekonnt habe, weiß ich, daß ich es *grundsätzlich* kann. Doch trotz seiner Allgemeinheit ist es kein regelhaftes, kein in Satzform vorliegendes Wissen. Es ist selbst ein Teil meines Könnens und mit ihm in meinen Körper eingesenkt. Es steckt mir als Selbstgefühl und Machtgespür, aber auch als habituelle Vorsicht und intuitive Zurückhaltung in den Gliedern.

Bewegungsphantasie ist nun nichts anderes als das Vermögen, dieses Wissen und Können auch probeweise zu aktivieren. Leiblich-imaginativ kann ich Situationen rasch, ja andeutungsweise durchspielen. Und indem ich das, was ich vor mir sehe, in diesen ›Probelauf‹ mit einbeziehe, gelange ich ohne großes Nachdenken zu einer fast instinktiven Beurteilung, die mir unterwegs immer neu sagt: dieser Schritt ist möglich, jener nicht; hier geht es weiter, dort aber ist kein Durchkommen.

Fortschritt mit Richtschnur und Umweg

Um diese von Erinnerung, Phantasie und Wahrnehmung getragene Beurteilung umzusetzen und eingehen zu lassen in eine kontinuierliche Wegfindung, ist weiteres vonnöten: eine übergreifende, aber abgestufte Perspektive, dank deren ich das Ganze meines möglichen Weges sei's wirklich, sei's geistig überblicke; und ein Verfahren sinnvollen Ausweichens, welches mir gestattet, meine Richtung auch noch im Abweichen von ihr beizubehalten.

(2) Mit dem Bewußtsein dessen, wozu ich fähig bin und wozu nicht, bahne ich mir meinen Weg. Dazu brauche ich zugleich eine kurz-, eine mittel- und eine langfristige Perspektive. Ich konzentriere mich auf meine ersten Schritte, achte dabei auf die Möglichkeit, sie fortzusetzen, und behalte mit dem Ziel, zu welchem diese Fortsetzung schließlich führen soll, das Ganze meines Weges stets

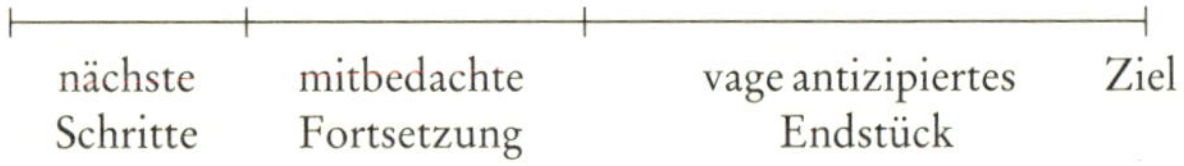

Schema 58: Kurz-, mittel- und langfristige Perspektive

im Sinn. Nicht nach jedem einzelnen Schritt, aber doch nach mehreren, die eine zusammengehörige Phase bilden, konzentriere ich mich erneut auf das, was nun unmittelbar bevorsteht, achte dabei wiederum auf die mögliche Fortsetzung...

Es gibt in diesem Fortgang ein Wegstück mit variabler Größe, das ich nur vage antizipieren kann und das deshalb mit erheblicher Ungewißheit belastet ist. Dieses problematische Stück beginnt am Ende der mir überschaubaren nächsten Phase und verbindet diese mit meinem Endziel. Doch indem ich voranschreite, wird – Trost und Ansporn zugleich – dieses ehemals fernere und ungewisse Wegstück zusehends kürzer, sicherer, schließlich selbst überschaubar. Und irgendwann deckt es sich mit der nunmehr nächsten und zugleich letzten Phase.

Ein wichtiger Moment, den jeder kennt: wenn die unmittelbar bevorstehenden Schritte endlich die sind, die direkt zum Ziel führen. Dieses hat man dann unmittelbar ›vor Augen‹; es ist ›zum Greifen nah‹. Wir freuen uns bekanntlich nicht erst dann, wenn wir ein Ziel erreicht haben, sondern schon kurz vorher: in dem Augenblick, da wir uns dessen sicher sind, daß wir es sogleich erreicht haben werden. Die lange ertragene Ungewißheit, ob man denn auch richtig gegangen sei und ob man seine Zeit und Kraft richtig eingeteilt habe, fällt weg. Und daß es wirklich einen Weg hierher gibt, ist mit der faktischen Ankunft an seinem Ziel auch definitiv festgestellt.

(3) Natürlich kann ich kaum jemals einfach ›schnurstracks‹ auf mein Ziel zumarschieren. Denn manche Hindernisse, die mir in die Quere kommen, sind zu mächtig, als daß sie übersprungen oder unterlaufen, überbrückt oder untergraben werden könnten. Ich muß ihnen ausweichen, muß sie umgehen. Ausweichen, um zu umgehen, ist allerdings etwas ganz anderes, als nur die Richtung des Gehens seitwärts verändern. Es heißt vor allem: diese Richtungsänderung in Bezug zu setzen und ständig in Bezug zu halten zur ursprünglich eingeschlagenen und eigentlich einzuhaltenden Richtung: zur idealen Luftlinie; es heißt: diese Änderung als Abweichung von

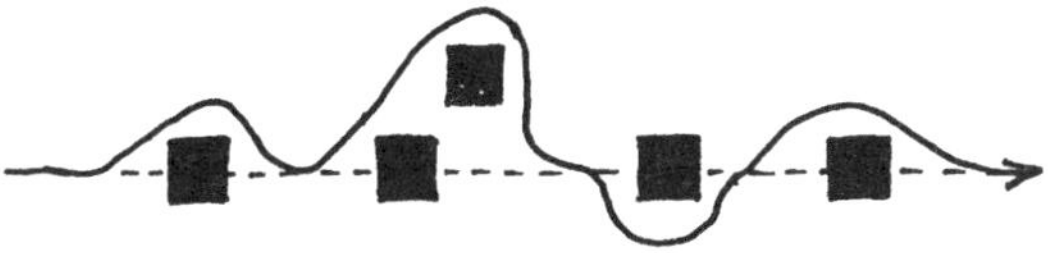

Schema 59: Ideale Luftlinie, reale Hindernisse, umwegiger Gang

einer Norm zu begreifen und ständig auf Ausgleich und Rückkehr zu sinnen. Serpentinen etwa sind mit ihrem charakteristischen Hin und Her ganz typisch für die Weise, wie durch sich gegenseitig kompensierende Abweichungen vom direkten Weg dessen Ziel doch erreicht wird. Da jedoch das erste Ausweichen leicht auf weitere Hindernisse führt, denen auszuweichen ist, summieren, ja potenzieren sich rasch die Abweichungen; was als Umweg gedacht war, wird dann unbemerkt zum Abweg und zum Irrweg.

Beim Fortgang den Rückweg im Sinn

(4) Wer einen Weg bahnt, um ein Ziel zu erreichen, braucht die Erinnerung an jenes allmählich wachsende Stück des ganzen Weges, das er bereits gebahnt hat, indem er's gegangen ist. Wenn Hindernisse auftreten, die weder überwindbar noch umgehbar sind; oder wenn uns wegen der Verkettung von Umwegen die Ausrichtung an der idealen Richtschnur nicht länger gelingt: dann müssen wir uns erinnern können. Denn wir müssen nun ein kleines, größeres oder das ganze Stück wieder zurück: so weit jedenfalls, bis wir in der Lage sind, eine falsche Weichenstellung zu korrigieren oder unsere verlorene Orientierung wiederzufinden. Notfalls müssen

wir noch einmal ganz von vorn anfangen. Unterwegs müssen wir also immer den schon zurückgelegten Weg im Gedächtnis behalten, weil wir, solange wir noch nicht am Ziel sind, nicht sicher ausschließen können, uns auf einem Irrweg zu befinden.

Doch wenn wir dann wirklich umkehren, um ein kleines oder größeres Stück zurückzugehen, ist eine imaginative Umstellung der Sichtweise erforderlich. Denn unsere Erinnerung geht niemals rückwärts. Sie ist kein verkehrt ablaufender Film. Vielmehr springt sie zurück, um dann vorwärts zu gehen. Wir sehen in der bildhaften Vergegenwärtigung alles aus der Perspektive und in der Abfolge, wie sie der früheren Wahrnehmung eigen waren.

Für den, der kehrtmacht und zurückgeht, sieht hingegen alles anders aus, oft verwirrend anders. Die Reihenfolge, in der das, was den Weg ausmacht oder säumt, nunmehr auftaucht und wieder verschwindet, ist genau umgekehrt. Außerdem sind der Anblick, den die soeben wieder erscheinenden Dinge uns anfänglich bieten, und die Weise, wie er sich allmählich ändert, nicht einfach umgedreht und gegenläufig. Viel schlimmer: wegen unseres ganz anderen Blickwinkels zeigen uns die Dinge jetzt Seiten, die auf dem Hinweg gar nicht zu sehen waren, und sie verbergen von sich manches, was sie vormals bereitwillig unserem Blick darboten.

Schema 60: Was auf dem Hinweg rund erschien, zeigt sich auf dem Rückweg flach

Zum Glück können wir unsere Erinnerungsbilder bis zu einem gewissen Grade perspektivisch umphantasieren. Und in dieser abgewandelten Gestalt können wir sie mit den neuen Wahrnehmungen auf dem Rückweg soweit zur Deckung bringen, daß wir diesen auch tatsächlich finden. Doch je mehr wir bereits hinwärts von der Sorge, wir könnten in die Irre gehen, beunruhigt sind, desto mehr neigen wir dazu, uns zwischendurch schon einmal umzudrehen: So gewinnen wir einen Anblick, den wir notfalls mit größerer Sicherheit, ihn schon einmal gehabt zu haben, aus dem Gedächtnis abrufen können und der uns unseren Rückweg mit unserem Hinweg zu identifizieren gestattet, ohne uns mit dem Aufwand und dem Risiko des Umphantasierens zu belasten.

Erkennbarkeit von Weg und Ziel

Das Bahnen eines Weges ist eine *inventio*: Ausfindigmachen und Hervorbringen in einem. Gebahnt, heißt das, ist ein Weg nicht schon dann, wenn er einmal gegangen wurde. Vielmehr muß er danach objektiv gegeben sein und intersubjektiv verfügbar bleiben: nicht bloß einmal begangen, sondern immer wieder begehbar. Begehbarkeit aber erfordert zweierlei: Gangbarkeit und Erkennbarkeit. Wenn ein Pionier zwar einen Weg gefunden, aber die Brücken, die er dabei geschlagen, hinter sich sogleich wieder abgebrochen hat; wenn Monsunregen den festen Grund, durch den ein Pfad führte, in einen tiefen Sumpf verwandelt hat: dann ist mit der Gangbarkeit des Weges auch er selbst verschwunden.

Doch auch ein Weg, der Bestand hat, ist nur begehbar, wenn man weiß, wo er ist und wie er verläuft. Ihn finden heißt jetzt ihn *wieder*finden. Und dies ist nur möglich, wenn er selbst sich als Weg zu erkennen gibt. Oft ist diese Erkennbarkeit schon mit seiner linearen Gestalt, mit seinem sichtbaren kontinuierlichen Verlauf gegeben. Wir kennen und erkennen eine Straße als langgestreckten Asphaltstreifen, einen Pfad als festgetretene Spur, eine Bahn als sich hinziehendes Geleise; und manchmal führen noch Geländer, Leitplanken oder Mittellinien nicht allein die Bewegung, sondern zuvor schon den Blick.

Doch so viel lineare Stetigkeit ist für das Erkennen eines Weges gar nicht erforderlich. Das notwendige, aber auch hinreichende Minimum besteht aus einzelnen festen Markierungen, Merkposten gleichsam, die nur so weit voneinander entfernt sind, daß man unterwegs den jeweils nächsten spätestens dann erblickt, wenn man den vorhergehenden erreicht hat. Immer also hat man wenigstens einen Punkt, auf den man zugeht, vor Augen. So lassen sich sogar Wege durch ›unwegsames‹ Gelände auszeichnen und erkennen. Im Gebirge etwa zeigen uns Steinmännchen oder Farbtupfer Stück für Stück, wie wir gehen müssen; und im Wasser können wir uns an Bojen und Leuchttürme halten. Es genügt, das jeweils nächste Zeichen wahrzunehmen, um so abschnittweise nacheinander den gesamten Weg zu erkennen und zu finden.

Die meisten Wege gehören natürlich nicht einfach diesem oder jenem Typus an, sondern kombinieren die stetig-durchgehende und die diskret-punktuelle Erkennbarkeit. Und zumeist zeigen sie sich uns nicht bald auf diese, bald auf jene Weise, sondern auf beide Weisen zugleich. Die damit erreichte Redundanz steigert die Sicherheit, vom einmal eingeschlagenen Weg nicht wieder abzukommen.

Eine der zwar nicht seltensten, aber seltsamsten Weisen, von einem Weg abzukommen und sein Ziel zu verfehlen, besteht darin, über dieses hinauszuschießen. Das Hingehen kann eben nur dann zu einem erfolgreichen Ende kommen, wenn man unterwegs stets weiß, daß man noch nicht da ist, und am Ziel auch merkt, daß man es erreicht hat. Das Ende eines Weges muß als dieses Ende erkennbar sein, sonst verfehlt der Suchende das, was er gesucht hat, weil er entweder *am Ziel* nicht erkennt, daß er da ist, oder *zu früh* glaubt, es bereits erreicht zu haben, oder *zu spät* bemerkt, daß er es vorher schon erreicht gehabt haben muß.

Ein Wegganzes aus ausgewählten Stücken

Vom praktischen Bahnen und Durchlaufen eines Weges wenden wir uns nun zu seiner ›theoretischen‹ Planung. Schön, wenn wir keine Pionierleistungen mehr erbringen müssen: Andere haben schon viele Wege für uns gebahnt, Wege, die sich insgesamt zu einem Wegenetz verknüpfen. Schön, wenn wir keine Kartierungsleistungen mehr erbringen müssen: Andere haben das gesamte Wegenetz für uns erkundet und aufgezeichnet. Das aber müssen wir zumeist noch selber tun: unseren eigenen Weg finden.

Vorausgesetzt, ich kenne den Namen meines eigenen Platzes und den meines Zieles, so identifiziere ich mittels des Registers und der Planquadrate auf meiner Karte schnell und leicht beide Stellen: die, an der ich gerade bin, und die, zu welcher ich gelangen möchte. Und ebenso leicht ziehe ich darauf – in Gedanken oder mit dem Bleistift – die Verbindungslinie zwischen meinem Standpunkt und meinem Zielort. Und manchmal habe ich Glück, und zwar um so häufiger, je neuer die Straßen und je kürzer mein Weg: Der gerade Verbindungsstrich deckt sich mit der zeichnerischen Darstellung einer ebenfalls geraden Straße, so daß ich in der Wirklichkeit geradewegs und umstandslos auf mein Ziel zugehen kann.

Meistens geht es indes nicht so einfach. Das reale Pendant der geraden Linie, die ich ziehe, durchläuft wegloses Gelände und kreuzt allerlei Wege, überquert Gewässer und durchschneidet

Berge. Das aber bedeutet: auch in einem Wegenetz, das ich überschaue, dient mir die Luftlinie nur als Richtschnur. Von ihr abweichend und zu ihr zurückkehrend, muß ich mich an sie auch dann noch halten, wenn ich meinen Weg nicht mehr zu bahnen, sondern bloß noch zu wählen brauche.

Ich muß mich nun nicht mehr, höchst riskant, zwischen einer Unzahl von Möglichkeiten entscheiden, sondern stehe vor überschaubaren Alternativen. Denn der Weg, den zu beschreiten ich mich anschicke, entsteht als ein neues Ganzes aus vielen schon fertig bereitgehaltenen und unverrückbar festliegenden Teilen. Wichtigste Bedingung dafür, daß sie als Teile ein derartiges Ganzes bilden können: sie müssen sich sukzessive aneinander anschließen. Ein Wegenetz ist ja ein großes Angebot an Wegstücken, die, wenn lückenlos aneinandergereiht, von jeder beliebigen Stelle zu jeder anderen zu führen vermögen. Aber welchen Weg ich auch wähle: alle Stücke und alle Anschlußstellen – wie Kreuzungen und Gabelungen – liegen schon fest. Meine Freiheit zu wählen findet an der Beschränktheit des Angebots und an dem Erfordernis stetiger Fortsetzbarkeit ihre Grenze. Jeder Wahlakt ist eine Weichenstellung, nach welcher vorher mögliche Richtungen zu nunmehr unmöglichen geworden sind. *C'est la vie.*

In entschärfter Form habe ich also bei der Auswahl der aneinandergereihten Wegstücke, die vermöge ihrer Reihung mein Wegganzes ausmachen, dasselbe Problem wie beim Bahnen eines Weges. Auch jetzt muß ich schon bei der Entscheidung für den jeweils nächsten Abschnitt alles bedenken: einerseits dessen mögliche Fortsetzung und deren mögliche Fortsetzung ..., andererseits die unvermeidlichen Abweichungen und deren notwendigen Ausgleich, somit insgesamt das gesteckte Ziel und das gesuchte Ganze.

Welches aber ist der schnellste oder billigste, der schönste oder bequemste oder sicherste Weg? Ich muß mich nicht nur ›vorweg‹ für einen von ihnen entscheiden – Mischkalkulationen eingeschlossen –, sondern mir dann noch allerlei Informationen beschaffen, die dem Plan nicht oder nur teilweise zu entnehmen sind, um zuletzt doch auf ihm die vermutlich optimale Streckenführung kriteriengemäß ausfindig zu machen. Völlige Gewißheit, daß sie es tatsächlich ist, gibt es weder vorab noch im nachhinein. Häufiger aber muß man unterwegs Dinge ›erfahren‹, welche die Vermutung begründen, daß dieser Weg wohl doch der beste nicht war.

Wegbeschreibung: Transformation planmäßiger Gleichzeitigkeit in gerichtetes Nacheinander

Das Bindeglied zwischen dem *Anblick* des Weges auf dem Plan und dem *Gehen* des Weges in der Wirklichkeit ist die *Beschreibung* des Weges mit Worten. Von ihr machen wir immer Gebrauch, wenn wir von einer starren Zeichnung, die wir *sehen*, übergehen zu dem bewegten Gang, den wir *tun*. Eingedenk dessen, daß *theoria* Anschauung bedeutet, geht es hier also um das große Thema ›Theorie und Praxis‹, abgehandelt freilich in einer phänomenologischen Miniatur. – Nicht immer jedoch muß die deskriptive Klammer zwischen dem Plan und dem Tun in voller Ausführlichkeit und sprachlicher Ausdrücklichkeit auftreten. Oft genügt es uns, sie in einer rudimentären, ›stenographischen‹ oder gar nur impliziten, gleichsam auf Abruf bereitliegenden Gestalt zu besitzen.

Die Wegbeschreibung erbringt eine für den Vollzug des Gehens oder Fahrens wichtige Transformationsleistung. Sie übersetzt die räumlich-plane Gleichzeitigkeit und Richtungsindifferenz eines Weges in ein zeitlich-lineares und zielgerichtetes Nacheinander und gibt ihm so die Form, in welcher er zu durchlaufen ist. Mit der Beschreibung wechseln wir vom Tableau zur Rede, von der simultanen visuellen Wahrnehmung des Wegganzen zur sequentiell verstehbaren Darstellung dessen, wie die Stücke dieses Ganzen sich seriell aneinander anschließen und wie sie den zusammenhängenden Phasen einer Gesamtbewegung ihr Maß geben und ihre Abfolge vorschreiben.

Das Nacheinander ist das eine, die Richtung das andere. Wege verbinden. Topographisch liegen sie zwischen zwei Orten. Ist das hier die Straße, die von Brescia nach Verona führt? Oder ist es die, die uns von Verona nach Brescia bringt? – Unsinnige Frage, denn es ist ein und dieselbe Straße, und sie enthält beide Richtungen noch unentschieden in sich. Erst ich, der ich hier in Brescia bin und Verona zu meinem Ziel gemacht habe, gebe einer der beiden Möglichkeiten den Vorzug und lasse diese eine, indem ich gehe, auch wirklich werden. Aus dem neutralen Zwischen wird das entschiedene Von-Nach. Erst wenn ich weiß, wo ich bin und wo ich hinwill, bin ich auch fähig, auf einer Karte einen Weg ›nachzufahren‹:

mit dem Blick, dem Finger oder dem Bleistift. Dieses optisch bereits angelegte und vorgesehene gerichtete Nacheinander ist die Bedingung dafür, daß die hörbare Beschreibung nicht nur Beschreibung dessen ist, was alsbald wirklich vollzogen werden wird, sondern auch dessen, was zuvor bereits planhaft gesehen wurde.

Raffung und Dehnung von Zeit

Linear also ist der Weg immer, egal ob nun das, was ihn ausmacht, gezeichnet präsent ist oder sprachlich entwickelt wird. Indem wir aber seine Linearität in der Wegbeschreibung zeitlich entfalten, wird auch er selbst ganz anders aufgefaßt und dargestellt. Auf dem Plan verhalten sich ja die graphischen Zeichen und die gezeichnete Wirklichkeit proportional zueinander: maßstäbliche Treue. In der Beschreibung hingegen werden lange Strecken meist gerafft und die punktuellen Gelenkstellen gedehnt. Was zwar bleibt, ist die planmäßig vorgegebene Abfolge der Stücke und Stellen, aber die Zeit, die ihnen gewidmet wird, richtet sich nicht nach geographischer Länge, sondern nach praktischen Erfordernissen: Gesagt wird, was nötig ist, damit man die Abschnitte und Einschnitte erkennen kann und sich an ihnen richtig zu verhalten weiß. Wo der Weg ohnehin geradeaus weitergeht oder doch so sicher führt, daß man gar nicht von ihm abkommen kann, da schweigt die deskriptive Darstellung entweder ganz oder beschränkt sich darauf, anzugeben, wie lange – in Minuten oder Kilometern – man ihm zu folgen hat. Und da es lediglich um das Verstehen von Bedeutungen geht, brauchen wir für »drei Stunden« nicht länger als für »zwei Minuten«: knapp eine Sekunde.

Völlig dominiert aber wird die Wegbeschreibung von jenen markanten Punkten, an denen das eine Wegstück endet und das andere anfängt. Kreuzungen, Verzweigungen, Einmündungen, Plätze: zumeist kann es dort so, aber auch anders weitergehen. Sie sind immer auch Einladungen, den Weg zu verlieren. Deshalb muß mit ausreichender Genauigkeit gesagt werden, wann sie erscheinen, wie sie aussehen und welche Richtung an ihnen einzuschlagen ist. Und je ausführlicher die Beschreibung sein muß, desto länger verweilt sie an diesen Stellen.

Diese sind so bedeutsam, daß eine problemlose Strecke oft nur erwähnt wird, um den Punkt zu lokalisieren, auf den sie zuläuft: »Nach etwa 300 Metern kommt eine Kreuzung mit einer Ampel ...« Deshalb werden Wege niemals pedantisch-stetig Schritt für Schritt beschrieben, sondern als Serien aufeinander folgender Gelenkstellen, welche die Wegstücke miteinander verknüpfen. Hinweise auf die Holprigkeit des Kopfsteinpflasters, die Schloßruine rechter Hand oder die Eisenbahnbrücke kurz nach der Kreuzung: das sind nützliche, aber redundante Zutaten. Nötig sind sie nicht, aber sie machen uns auf vieles gefaßt und geben uns einen kleineren oder größeren Sicherheitszuschuß.

Einen Weg gezeichnet auf einmal sehen und ihn Schritt für Schritt tatsächlich gehen: dazwischen vermittelt, wie sich gezeigt hat, die Wegbeschreibung. Das kann sie, weil sie das lineare Nacheinander, das im Plan räumlich vorgezeichnet und im Gehen zeitlich ausgeführt ist, als Sequenz verstehbarer Bedeutungen ausdrückt und als Serie beschriebener Strecken und Stellen darstellt: Die Beschreibung entfaltet sich somit in zwei temporalen Dimensionen, die von der ›wirklichen‹ Zeit des tatsächlichen Schreitens verschieden sind: eine ›strömende‹ (›noetische‹) Zeit des gedanklichen Verstehens von Sinn und eine vorgestellte (›noematische‹) Zeit des gedachten Durchlaufens von Stationen.

Leibgebundene Wegbeschreibung

Doch die Vermittlungsleistung der Beschreibung lebt nicht allein von ihrer zeitlichen Linearität, sondern auch von ihrer leiblichen Subjektivität. Offenkundig gehen ja, wie zuvor schon ansatzweise in die ausgerichtete Karte, auch in die Wegbeschreibung leibgebundene Bestimmungen mit ein. Ausdrücke wie »vorne« und »hinten«, »vorwärts« und »rückwärts«, »rechts« und »links« begegnen da auf Schritt und Tritt. Verstehen aber kann sie nur, wer einen Körper hat, wie wir ihn haben, und ihn kennt, wie wir ihn kennen. Mit dem gegliederten Körper, in dem und als der ich lebe, lege ich Richtungen fest, als ob ich ein wandelndes Koordinatensystem wäre. Dieses System ist, gerade auch als bewegtes, in jeder Wegbeschreibung involviert. Subjektivität ist da aber nie allein meine, sondern immer auch unsere. Die Wegbeschreibung ist *inter*subjektiv, weil jeder von uns sie muß verstehen und befolgen können; und sie ist inter*subjektiv*, weil jeder, damit das Verstehen und Befolgen gelingt, seine je eigene leibliche Subjektivität ins Spiel bringen muß.

Die Wegbeschreibung ist indes nicht nur durchsetzt mit Ausdrücken, die nur versteht, wer einen Körper wie unseren hat; auf ihn, auf seine wichtigsten Vermögen, nimmt sie vielmehr auch Rücksicht und Bezug durch das, was sie sonst zur Sprache bringt. Wie wir gesehen haben, sagt sie ja beides: was man sehen kann und wie man gehen muß. All ihre Inhalte appellieren an unsere elementaren leiblichen Vermögen: Wahrnehmung und Bewegung. So steuert sie unsere Aufmerksamkeit und lenkt unsere Schritte. Obgleich sie für das eine den Indikativ, für das andere den Imperativ bevorzugt, sind es doch immer Anweisungen, die sie gibt: dem Gehen ohnehin, dem Sehen für den Fall, daß uns nicht von selbst ins Auge springt, was für uns wichtig ist.

Wäre leibliche Subjektivität nicht vorweg in die Wegbeschreibung investiert, so könnte die deskriptive Darstellung niemals präskriptiven Sinn für uns entfalten. So aber ist das Finden eines Weges anhand seiner Beschreibung nichts anderes als die praktische Umsetzung der in ihr vorgeschriebenen perzeptiven und motorischen Aktivitäten.

Deskription als Mittel zum mapping

Bindeglied zwischen ›Theorie‹ und ›Praxis‹, zwischen einem anschaubaren Plan und einem bewegten Gang ist die Wegbeschreibung allerdings auch in umgekehrter Richtung. Sie hilft nicht erst dem Karten*benutzer* ›hinunter‹ zur Anwendung, sondern zuvor schon dem Karten*ersteller* ›hinauf‹ zur schematischen Fixierung. Übersichtliche Zeichnungen tauchen nicht unversehens fertig irgendwo auf; sie werden in der Studierstube, im Atelier entworfen. Und ehe man sich dorthin zurückziehen und mit Papier und Bleistift an den Tisch, mit Diskette und Maus an den Computer setzen kann, müssen die Wege, die man verzeichnen möchte, schon ausfindig gemacht worden sein: durch aufmerksame Gänge sorgfältig erkundet, eventuell sogar erstmalig gebahnt. Zu beschreiben, wie diese Wege verlaufen und was es auf ihnen zu sehen gibt, ist für den zukünftigen Kartographen eine notwendige Zwischenstation. Seine

Wegbeschreibungen dienen ihm dazu, *survey knowledge* zu gewinnen und einen übersichtlichen, alles simultan und richtungsindifferent darstellenden Plan von der Gegend zu entwerfen, die er durchstreift hat: als ›Mittel‹ sind sie deskriptives Material und sinnhaftes Medium zur Erstellung eines graphisch-schematischen Produkts, das dann seinerseits darauf wartet, von Wegsuchenden angeschaut zu werden und zu denjenigen Wegbeschreibungen beitragen zu dürfen, vermittels deren es sein Potential als Wegfindegerät zu entfalten vermag.

Digitale Karten

Und nun lassen wir ›Theorie und Praxis‹ hinter uns und wenden uns der Technik zu! Allerdings einer Technik, die uns unseren Weg plant, übersichtlich darstellt und in seinem Nacheinander beschreibt. – Wenn ich bereits weiß, wo ich bin und wo die Stelle ist, zu der ich will, so warten, wie wir gesehen haben, noch zwei Aufgaben auf mich. Ich muß erstens auf einer Karte, und sei's *in mind*, meinen Weg planen, und ich muß zweitens die plane Übersicht umsetzen in eine deskriptive Abfolge: eine Sequenz von Beschreibungen, in denen die Serie der Schritte dargestellt wird, die mir nun bevorstehen, das Nacheinander der Strecken, die ich zu durchlaufen habe. Beide Leistungen brauche ich indes nicht immer selbst zu erbringen; ich kann sie delegieren. Nicht nur, trivialerweise, an eine andere Person, sondern an eine Maschine: den Computer. Diese Leistungen vermag er uns allerdings nur abzunehmen, wenn wir ihn mit dem ausstatten, was wir selbst auch brauchen, um unsere Stellensuch- und Wegfindungsaktivitäten entfalten zu können: einen Überblick über das Gebiet, in welchem wir uns überhaupt zu bewegen gedenken: eine Karte, nun jedoch eine, mit welcher der Rechner etwas anfangen kann.

Pläne und Karten gibt es, wie jeder weiß, längst nicht mehr bloß auf dem Papier oder im Kopf, sondern auch in digitaler Form. Solche *maps* lassen sich problemlos im Computer benutzen, egal ob man selbst Besitzer einer entsprechenden CD ist oder sich im Internet dessen bedient, was andere irgendwo zum Herunterladen bereithalten. Daß die digitale Karte eine sichtbare zu erzeugen imstande ist: das ist das Minimum dessen, was man von ihr muß verlangen können. Ihre Grundlage ist denn auch eine riesige Menge von Speicherplätzen, von denen jeder durch eine eigene Adresse ausgezeichnet und mit einer bestimmten Information belegt ist. Durch die Adresse und mittels der Grafikkarte gibt der Rechner an ein Display oder einen Drucker die Anweisung, wo in der Gesamtfläche, die zu sehen sein wird, der Inhalt des jeweiligen Speicherplatzes zur Darstellung kommen soll.

Auch hier haben wir es zu tun mit dem Dualismus von leeren Stellen und ihren inhaltlichen Ausfüllungen. Die Adressenliste, die in Datenform vorliegt, wird transformiert in eine flächige Struktur, die man sich wie ein extrem enges Planquadrate-Gitternetz vorstellen kann. Jedes winzige Kästchen entspricht dabei einem digitalen Speicherplatz; und beide sind durch einen identischen Namen miteinander verbunden. Dieser Name leistet – wie beispielsweise »f7« beim Schachbrett – zweierlei: er gibt an, wo im sichtbaren Ganzen dieses Kleinstfeld zu liegen hat; und er macht es zusammen mit seinem gleichnamigen Pendant identifizierbar und benennbar. Bekanntlich wird eine solche Stelle – gleichviel ob noch digital auf CD oder schon visuell auf dem Schirm – Pixel genannt: *picture element*. Manche jedoch gebrauchen diesen Begriff erst dann, wenn die inhaltliche, nämlich farbige Ausfüllung bereits mit präsent ist, so daß alle Pixels gemeinsam ein buntes Bild wie aus mikroskopisch kleinen Mosaiksteinchen zusammensetzen.

Überblickswissen, binär codiert

Zuweilen hat es damit sein Bewenden: gezeichnet oder gedruckt vorliegende Karten werden eingescannt und auf eine CD gebrannt, damit man sie hinterher statt im Atlas auf dem Bildschirm betrachten kann. Auch schön. Nur für die Wegfindung *per* Computer bringt es gar nichts. Anders sieht es hingegen aus, wenn alles, was in einer sichtbaren Karte an Sinn und Bedeutung darinsteckt, und alles, was der Betrachter aus ihr – eventuell mit Hilfe der Legende – zu ersehen vermag, in Datenform objektiv existiert. Solche digitalen Karten, ungleich intelligenter, enthalten das in der gezeichneten und beschrifteten Darstellung mögliche und durchs Wahrnehmen und Verstehen wirklich gewordene Wissen subjektunabhängig in sich.

Um dies ins Werk zu setzen, müssen bestimmte Datenmengen unterschiedlicher, aber zusammenhängender Adressen gebündelt und kategorisiert werden. Dieselben Daten, die optisch auf dem Display als blaues Geschlängel dargestellt werden könnten, werden nunmehr zusammengefaßt und der Kategorie »Fluß« unterstellt. Und andere Bündel anderen Kategorien, wie »Berg«, »See«, »Straße«, »Autobahn«, »Dorf«, »Großstadt« ... Da in diese Bündelung die Adressen der zusammengefaßten Datenbestände mit einbezogen sind, ist auch die Lage und Ausdehnung aller kategorisierten Gegebenheiten ein Bestandteil des gespeicherten Wissens.

Und weiter: was derart lokalisiert ist, ohne freilich jemals visuell erscheinen zu müssen, das ist *eo ipso* individuiert und läßt sich benennen. Damit findet in den virtuellen Wissensbestand das Eingang, was wir in der sichtbaren Karte als Beschriftung kennen: die Namen. Ein bestimmter Datenstrang gehört nicht nur in die Rubrik »Autobahn«, sondern heißt »A7«; und jenes Daten*cluster* der Kategorie »Großstadt« trägt den Namen »Hannover«. Wenn die digitale Karte aber den Computer in die Lage versetzen soll, uns die Mühe des Wegsuchens abzunehmen, dann muß sie überdies Informationen enthalten über die Breite der Straßen und die Tragfähigkeit der Brücken, über die Höhe der Tunnels und den Steigungsgrad der Pässe, über zulässige Geschwindigkeiten und saisonale Beschränkungen, über einladende Raststätten und drohende Mautstellen. Andere Karten für andere Zwecke enthalten natürlich andere Formen, kategorial, positional und nominal schon charakterisierte Inhalte qualitativ näher zu bestimmen.

Das ist einer der Vorteile der digitalen Existenz vor der flächigen: Während auf dem Papier, so geduldig es ist, durch immer mehr Eintragungen eine Grenze erreicht wird, wo alles in Gewirr und Unübersichtlichkeit abdriftet, ist die Fassungskraft der Datenträger nahezu unendlich: beliebig viele Informationen zu beliebig kleinen Grund- oder Wegstücken können gespeichert, verarbeitet und abgerufen werden. Und selbst wenn man diese Karte auf dem Display flächig zur Darstellung bringt, läßt sich die Übersichtlichkeit retten, indem man zuvor die Informationen herausfiltert, an denen gerade kein Interesse besteht.

Wie immer, wenn wir es mit Daten zu tun haben, sind die informationstechnischen Strukturen und Verfahren höchst kompliziert; schematisch vereinfacht aber läßt sich festhalten, daß digitale

Karten das in ihnen gespeicherte Wissen Prozessen der Kategorisierung, der Lokalisierung, der Individuierung und der Qualifizierung verdanken. Daß bestimmte geographische Gegebenheiten derartige und dort gelegene, daß sie singuläre, sobenannte und sobeschaffene sind: das ist ein Wissen, das es gibt, ohne daß jemand da sein müßte, der es hat. Und da es binär codiert, in *bits* und *bytes* vorliegt, läßt es sich problemlos maschinell weiterverarbeiten.

Der Computer als Routenplaner

Dank der digitalen Karte, die wir ihm geben, weiß der Computer von allen Orten und von allen Wegstücken, wo sie liegen und wie sie heißen, von letzteren überdies, wie es um ihre Begeh- und Befahrbarkeit bestellt ist. Was er noch nicht weiß, ist: wo die Reise beginnen und wo sie enden soll. Das muß ihm eigens mitgeteilt werden. Und wenn er Start und Ziel kennt, fängt er an zu arbeiten.

Das kann er, wohlprogrammiert wie er ist, wirklich gut und schnell: zuerst das vom Ausgangspunkt aus sich immer weiter verzweigende und verästelnde Wegenetz in Richtung Zielpunkt rechnerisch zu durchlaufen, sodann die durchlaufenen einzelnen Wegstücke zu möglichen Gesamtwegen aneinanderzureihen und schließlich durch einen Vergleich aller mit allen den besten zu ermitteln. Nur: was heißt »den besten«? Auch da sind wir nochmals gefragt mit dem, was wir wollen: den schnellsten, den kürzesten, den billigsten, den schönsten? Wir sagen's ihm, und er sagt es uns.

Gleichviel, ob unser Routenplaner ein nebenher dazu benutzter Bürocomputer oder ein ins Auto eingebauter Spezialrechner ist: seine ›rationale Wahl‹ teilt er uns auf zwei verschiedene Weisen mit: zum einen graphisch, indem er die digitale Karte visuell darstellt und in der Darstellung den Weg markiert, den er für uns ausgesucht hat; zum anderen deskriptiv, indem er uns in einer Sequenz von Beschreibungen die Serie der Wegstücke des Gesamtweges zur Kenntnis bringt, und zwar, wie sich's gehört, unter besonderer Berücksichtigung der Gelenkstellen, Kreuzungen und Abzweigungen. Und selbstverständlich sind die anschaubare Karte und die lesbare Liste angereichert mit dem, was er sonst noch Wissenswertes weiß über den Weg, auf den er uns schickt

Routenplanung

Ihre Route: **D-24340 Eckernförde** nach **D-10437 Berlin**
Strecke: **379 km**
Fahrtzeit: **05:02 Std.**
Optionen: **schnellste Strecke, PKW mittel**

Karten / Stadtkarten

Routenübersicht **Startgebiet** **Zielgebiet**(Übersicht) **Zielgebiet**(Detail)

Wegbeschreibung

Zeit (Differenz)	**Weg** (Differenz)	**Anweisung**	**Richtung**
00:00 (0 min)	**0** km (0.1 km)	**Start: 24340 Eckernförde**	**Altenhof Bahnhof**
00:00 (34 min)	**0.1** km (29 km)	in Eckernförde links abbiegen auf B76\Berliner Straße / Lornsenplatz	Altenhof Bahnhof
00:33 (0 min)	**30** km (0.2 km)	abfahren auf B76\Theodor-Heuss-Ring	Anschlußstelle Hamburger Chaussee
00:33 (0 min)	**30** km (0.1 km)	an der Anschlußstelle Hamburger Chaussee weiter auf L318\Neue Hamburger Straße	Freilichtmuseum / Bad Segeberg / Lübeck(B404) / (a1) / Berlin(A24)
00:33 (2 min)	**30** km (1 km)	halb rechts halten auf L318\Neue Hamburger Straße	Gaarden-Ost
00:35 (95 min)	**31** km (91 km)	weiter auf B404	Gaarden-Süd und Kronsburg
02:10 (92 min)	**122** km (150 km)	an der Anschlußstelle Schwarzenbek / Grande (6) rechts abbiegen auf A24 / E26	Schwerin / Berlin
03:42 (39 min)	**271** km (64 km)	am Autobahndreieck Wittstock / Dosse (21)(20) halb rechts halten auf A24 / E26 / E55	Potsdam / Berlin
04:21 (19 min)	**336** km (30 km)	am Autobahndreieck Havelland (29) (26) weiter auf A10 / E55 / E26	Schwante / Berlin-Zentrum / Prenzlau / Frankfurt / O.
04:40 (11 min)	**366** km (8 km)	am Autobahndreieck Pankow (35) (1) halb rechts halten auf A114	Berlin-Pankow / Berlin-Zentrum
04:51 (3 min)	**374** km (1.1 km)	an der Anschlußstelle Prenzlauer Chaussee (4) weiter auf B109 \Prenzlauer Promenade	Berlin
04:53 (3 min)	**375** km (1.3 km)	in Berlin rechts abbiegen auf Granitzstraße	
04:56 (5 min)	**376** km (2.2 km)	links abbiegen auf Berliner Straße	
05:01 (1 min)	**378** km (0.2 km)	rechts abbiegen auf Gaudystraße	
05:02 (0 min)	**379** km (0.1 km)	links abbiegen auf Cantianstraße	
05:02	**379** km	**Ziel erreicht: 10437 Berlin**	

Legende
AS = Autobahnanschlussstelle
AD = Autobahndreieck
AK = Autobahnkreuz
(43) = Nummer der Autobahnabfahrt

Schema 61: Der Computer als Routenplaner

Der Computer als Routenplaner: ganz nett, aber braucht man ihn wirklich? Wie groß ist die Mühe, die er uns abnimmt? Na ja, nicht allzu. – Daß er jahrelang bloß ein Spielzeug für das technikverliebte Männchen der Gattung *homo sapiens* war, liegt an seinen Defiziten: er ist starr und orientierungslos. Nur einmal brauche ich, absichtlich oder versehentlich oder durch Umleitungen gezwungen, von der Route, die er für mich geplant hat, abzuweichen, schon läßt er mich im Stich. Nicht aus Bosheit, sondern aus Dummheit. Ich muß selbst sehen, wie ich zurückfinde in die mir vorgezeichnete und vorgeschriebene Bahn.

Wenn ich unterwegs nicht mehr weiß, wo ich bin: mein Routenplaner weiß es erst recht nicht. Und das gilt auch schon für den Anfang. Er zeigt mir zwar den Weg von jedem Ort zu jedem anderen; aber nur von und zu jedem, den ich ihm *nenne*, ohne Rücksicht darauf, wo ich *bin*. Schön zwar, daß ich, obgleich in Rostock, mir sagen lassen kann, wie ich von Konstanz nach Zürich komme. Noch schöner aber wär's, wenn ich außerdem, ohne wissen zu müssen, wo ich bin, dorthin geleitet würde, wo ich hinmöchte. Ich bräuchte bloß mein Ziel einzugeben, und der Computer berechnete mir, wie ich von hier aus mich zu bewegen hätte.

Ja noch mehr: Wenn er in jedem Augenblick wüßte, wo ich bin, müßte er mir nicht am Anfang insgesamt und auf einmal sagen, wie ich zu fahren habe; vielmehr könnte er mir – egal wo ich losfahre und wie wüst ich mich unterwegs verirre – auf der Karte jederzeit meine gegenwärtige Position anzeigen und mich durch sichtbare Zeichen oder hörbare Worte wissen lassen, worauf ich mich soeben zubewege und wie ich mich dort verhalten muß, um meinem Ziel näherzukommen. Die Wegbeschreibung läge mir nicht nur beim Start als fertige Liste vor, sondern würde sich im Zuge meiner faktischen Fortbewegung so entwickeln, daß die Sequenz der verstehbaren Beschreibungen und die Serie der wirklichen Wegstücke leicht zeitverschoben synchron erscheinen und gemeinsam Abschnitt für Abschnitt nacheinander ›abgearbeitet‹ würden.

Wie genau, aktuell und inhaltsreich unsere digitalen Karten auch sein und wie schnell und findig unsere Rechner auch rechnen mögen: all dies können sie nicht. Und doch gibt es bekanntlich eine Technik, die dies tatsächlich vermag: mir immer und überall auf der Welt zu sagen, wo ich bin: *GPS*, das *Global Positioning System*. Erst aus der Verbindung beider technischer Systeme – der Routenplanung und der Positionsbestimmung – ergeben sich die Navigationsgeräte, die uns stets sagen können, wo wir gerade sind und was wir als jeweils nächstes tun müssen, um zu unserem Ziel zu finden. Zur Routen*führung* mittels *GPS* bedarf es freilich digitaler Karten mit einem weitaus höheren ›Intelligenzquotienten‹, als die haben, die uns nur die schlichte Routen*planung* abnehmen. Insbesondere muß eine Navigations-*CD* reale Stellen mit geographischen Koordinaten korrelieren und es dem Rechner ermöglichen, immer neu festgestellte Positionen kontinuierlich in aktuelle Direktiven der Zielführung umzusetzen.

Wir bekommen es nun aber mit einem fast grotesk erscheinenden Mißverhältnis zu tun: Bloß um der vermeintlichen Kleinigkeit willen, mich stets wissen zu lassen, wo ich bin, mußte tatsächlich erst die ganze Welt geometrisch vermessen sein und funktechnisch ummantelt werden …

Dritter Teil
Automobile Navigation

Als ob die Welt unsere Lebenswelt wäre. Daß wir uns also außerhalb der letzteren mit derselben Selbstverständlichkeit zurechtfinden wie innerhalb ihrer: das gelingt uns immer besser, indem wir unsere eigenen Orientierungsleistungen von anderen erbringen lassen. »Wo bin ich?« – Wir lassen es uns sagen und zeigen. »Wie gelange ich an mein Ziel?« – Wir lassen den Weg suchen und uns hinführen. Wir delegieren Selbstlokalisierung und Zielfindung, und zwar nicht an andere Personen, obgleich's das natürlich auch gibt, sondern an technische Einrichtungen: an das *Global Positioning System* und an individuelle Navigationssysteme, die seine Leistung aufnehmen und in Führungswissen umwandeln.

Durch die Navigationsgeräte in den diversen Fahrzeugen, mit denen wir uns bewegen, binden wir dieses Wissen zurück an unsere vertraute Lebenswelt. Wegen seiner Individualität kommt dabei dem Auto eine prominente Rolle zu: Es gehört selbst mit zu meiner Lebenswelt, ist ein mobiles Stück von ihr; darin mir selbst ganz ähnlich. Automobile Navigation heißt somit: Anschluß eines Systems, das uns führt, als ob überall unsere Lebenswelt wäre, an diese Lebenswelt selbst. – Das ist die Thematik, die ich in den folgenden fünf Kapiteln entfalten werde.

Im *12. Kapitel* erinnere ich daran, wie *das geographische Gitternetz als Namengeber und Wegweiser* fungiert. Mit dem Blick auf den Erdball als ganzen werden die bisherigen Überlegungen zur Kartographie und zu digitalen Karten sozusagen globalisiert. Am Resultat wird dann verständlich, wie wir das Benennen und Auffinden von Stellen mit Hilfe eines weltumspannenden Koordinatensystems ins Werk setzen. So abstrakt dieses geometrische System aussieht: es ist doch mit seinem Ursprung in irdischen Gegebenheiten verankert und findet als konstitutives Element Eingang in alle satellitengebundenen Navigationssysteme.

Im *13. Kapitel* stelle ich sodann dar, wie uns irdische Selbstlokalisierung dank der Hilfe des Himmels gelingt und welche Konsequenzen es für unser Selbstverständnis und Weltverhältnis hat, daß wir Orientierungsleistungen allerorten sofort zur Verfügung haben können: *Überall wie zu Hause: Global Positioning System.*

Ich beschreibe in Grundzügen, wie dieses System technisch aufgebaut ist und arbeitet. Dabei ergibt sich, daß es weltweit Positionen nach demselben Muster bestimmt, das auch unserem lebensweltlichen Präsenzbewußtsein zugrunde liegt. Wer indes auf solche Art stets weiß, wo er ist, reicht ›horizonthaft‹ auch überall hin. Indem so jeder von uns über ein ›globales Körperschema‹ verfügt, formiert sich eine technisch vermittelte Intersubjektivität, vielleicht sogar, neuplatonisch, ein Zusammenhang unser aller in einem *Global Body*.

Diesen geographisch angefangenen, technisch weitergesponnenen und anthropologisch auslaufenden Faden lasse ich dann eine Weile liegen, um ihn zum Schluß des Buches wieder aufzunehmen und dort mit dem zu verknüpfen, was ich in der Zwischenzeit in den beiden folgenden Kapiteln untersucht haben werde. Sie bilden zusammen mit dem Schlußkapitel eine kleine Phänomenologie des Autofahrens, die schon längst einmal hätte geschrieben werden müssen. Aber welche unserer ach so großartigen Wissenschaften weiß sich für so etwas zuständig?

Im *14. Kapitel* geht es mir um *das Auto wie es leibt und lebt.* Nicht mit den Augen des Technikers, sondern mit dem Raumbewußtsein und Fahrgefühl dessen, der es steuert, betrachte ich dort das Auto. Es gibt sich, wie ich zeigen werde, so leibartig, daß es mit seinem Fahrer gleichsam zusammenwächst. Und es gibt sich außerdem als ein bergendes lebensweltliches Gehäuse, das den, der in ihm sitzt, aus sich herausweist, nach vorn ausrichtet und zum Fahren motiviert.

Das *15. Kapitel* steht unter der Überschrift *Führen und Fahren.* Anhand unseres Umgangs mit trägen Dingen und beweglichen Tieren zeichne ich den Übergang nach, der von der mechanisch-gewaltsamen zur symbolisch-befehlenden Art des Führens führt. Nach einer kurzen Entstehungsgeschichte des geräderten Wagens, der gezogen wird, und seiner Transformation zum ›Automobil‹, das sich selbst bewegt, beschreibe ich seinen Fahrer als und am Lenker: wie er das Auto von innen her steuert und wie er, geführter Führer, dabei zugleich von außen gelenkt wird.

Das *16. Kapitel* legt auseinander, wie *außengeleitete Selbstführung* im Inneren sich abspielt und geleistet wird. Zuerst gehe ich auf etliche Defizite bei der Orientierung mit Straßenkarten und Wegweisern ein, um dann darzulegen, wie elektronische Navigation mittels des *Global Positioning System* diese Defizite abbaut. Sie kann es und sie tut es, indem sie – obgleich eine rein technische Apparatur – den Fahrer mit seiner subjektiven Absicht, seiner leiblichen Orientierung und seinem aktuellen Aufenthaltsort berücksichtigt. Sie richtet alles nach ihm und an ihm aus und erteilt ihm rechtzeitig leib- und situationsgemäße Anweisungen. Da er, sich selbst voraus, horizonthaft intentional und technisch antizipativ überall schon dort ist, wo er gerade erst hinfährt, wird tendenziell alles Hinfinden Wiederfinden und jede Ankunft Heimkehr.

12. Kapitel
Das geographische Gitternetz als Namengeber und Wegweiser

Läßt sich unser Überblickswissen auch dann noch auf einer Karte darstellen, wenn die ganze Erde das ist, was wir in Betracht ziehen? Wie hoch sollte einer denn – und sei's nur in Gedanken – aufsteigen, um im Hinunterblicken dieses Ganze sehen zu können? Nein, auf solche Weise kann der Erdball nicht dargestellt werden. Und doch ergibt sich, wie ich zeigen möchte, aus der Konkurrenz und Kooperation von ebenem Plan und rundem Globus eine Möglichkeit, sich einen objektiven Überblick über das ›Weltganze‹ zu verschaffen.

In den weiteren Überlegungen dieses Kapitels steht dann die Frage im Vordergrund: Wie finden wir auf der Weltkarte und, mit ihrer Hilfe, auf der Erde selbst bestimmte Stellen? Ich werde das Planquadrate-Muster mit dem Koordinatensystem der Breiten- und Längengrade vergleichen, um zu zeigen: Dieses System verleiht jeder Stelle auf dem Globus einen eigenen Namen, der als Adresse fungiert: er sagt, wie man findet, was so heißt. Die Schwierigkeiten, diesen geometrisch-rationalen Hingeh-Anweisungen zu folgen, führen uns zu Problemen des Anfangs: zum Nullpunkt des Systems und zu den naturhaften und historischen Zufällen seiner Etablierung. Eine für eine philosophische Theorie der Eigennamen insgesamt lehrreiche Geschichte.

Das geographische Koordinatensystem interessiert hier vor allem wegen seiner Fähigkeit, in zwei andere ›Systeme‹ einzugehen und als das gemeinsame Dritte sie miteinander zu verbinden. Auf der einen Seite haben wir Positionsbestimmungsgeräte. Sie können nur eins: die Stelle, an der sie sind, nach Längen- und Breitengrad ›beziffern‹. Auf der anderen Seite haben wir digitale Karten. Auch sie können nur eins: die Repräsentanten gewachsener Orte und Wege samt ihren lebensweltlichen Namen zur Deckung bringen mit bestimmten Koordinatenwerten. Im Bunde mit diesen Karten können dann Positionsbestimmungsgeräte eine Stelle, die ihnen bislang nur zahlenmäßig bekannt war, auch in einer Übersicht zeigen und beim Namen nennen. So vollenden sie ihre – und unsere – Selbstlokalisierung. Doch das ist erst das Thema des nächsten Kapitels.

Die ganze Welt auf einem Tableau

Einzelne Wegstücke reihen sich zu Wegen aneinander; Wege fügen sich ein in Kontexte aus ihresgleichen und verknüpfen sich zusammen mit diesen zu polyzentrischen Wegenetzen: urban, regional, kontinental, global. All die gleichartigen und verschiedenartigen Wegenetze – zu Lande, zu Wasser und in der Luft – ergänzen und überlagern sich und bilden zuletzt *ein* universales Netzwerk, das den ganzen Erdball überspinnt und umspannt. Und angesichts galaktischer Entfernungen sind selbst die Routen unserer *space shuttles* und Satelliten noch so erdnah, daß sich das orbitale Netz, das sie bilden, durchwegs als terrestrisch begreifen läßt: Problemlos können wir ja den Ort eines solchen Flugobjekts bestimmen durch Angabe der ›irdischen‹ Stelle, *über* der, und der Höhe, *in* der es sich gerade befindet.

Wie wir einzelne Wege skizzenhaft festhalten und ganze Netze schematisch aufzeichnen, um uns einen Überblick zu verschaffen, so gibt es auch zu dem einen universalen Netzwerk *einen* Plan, der es – im Prinzip – übersichtlich vor uns ausbreitet: die ›Weltkarte‹. Wer sie sieht, hat eine ›Weltanschauung‹ im alten Sinn des Wortes. Gewiß, er sieht nicht die Welt selbst, sondern bloß ihre gezeichnete und beschriftete Darstellung; und er sieht von den Wegen meistens recht wenig. Denn damit wir von der gesamten Erdoberfläche einen überschaubaren Plan haben können, müssen wir diesem einen Maßstab zumuten, der dem Kleinzeug vom Typus Wanderpfad und Autobahn, Fährweg und Zuglinie kaum Repräsentanz gestattet.

Doch für unsere Orientierung in der Welt insgesamt ist dies nicht ganz so schlimm, wie es aussieht. Denn wir wissen, daß dieses Universal-Tableau nichts anderes ist als das Integral all der Karten und Pläne, die wir kennen. Sie alle lassen sich verstehen als Ausschnittvergrößerungen aus diesem großen, aber verkleinerten Ganzen. Indem dieses Ganze allen möglichen Karten ihre Stellen zuweist und ihre Lagen vorschreibt, legt es zugleich fest, wie sie alle sich aneinander anschließen, wie sie sich fortsetzen und ergänzen, auch sich gänzlich einschließen oder teilweise überschneiden.

Obgleich wir wissen, daß unsere Erde bloß ein winziges Kügelchen in jener Unendlichkeit ist, die wir »Welt« nennen, darf die Weltkarte doch mit Recht *Welt*karte heißen. Denn sie ist, wie das

Universum, allumfassend: kein Fleckchen Land, kein Stückchen Weg, keine Stelle im Ozean, die nicht prinzipiell auf ihr verzeichnet wären und deren graphische Repräsentanten nicht auf entsprechenden Kartenausschnitten mit geeigneten Maßstäben sichtbar gemacht werden könnten. Als Ganzes ist sie autark: einer Ergänzung weder fähig noch bedürftig. Und alles, was sie ist und enthält, stellt sie uns übersichtlich als Tableau vor Augen.

Doch das hat seinen Preis. Von allen Karten, die wir kennen, ist sie – und zwar aus Wesensgründen – die schlechteste. Wenn irgendwo, dann gilt hier der Satz: Das Ganze ist das Falsche. Die verschiedenen Arten von Weltkarten, die es gibt, unterscheiden sich ja vor allem durch die Wahl des Fehlers, den sie bevorzugen. Jeder kennt das: bald ist die Antarktis größer als alle anderen fünf Erdteile zusammen, bald geht der Weg von Hawaii nach Japan über drei Kontinente hinweg, bald werden Namen äquivok: »Pazifischer Ozean« heißen zwei Meere, die ganz, ganz weit auseinander liegen. Karten hingegen, die nicht das Ganze, sondern nur Teile darstellen, nähern sich dem Wahren an – und zwar umso mehr, je kleiner der aufgezeichnete Teil ist.

Sphärisches Denken: die Welt als Globus

Nun gibt es bekanntlich neben dem in die Ebene projizierten Abbild der Erdoberfläche eine andere bildhafte Darstellung, die ohne jene Verzerrung auskommt: neben der Welt*karte* die Welt*kugel*. Der – oft drehbar gelagerte – Globus besticht durch seine maßstäbliche Treue, durch seine sphärische Authentizität. Aber ach: von Übersicht kann nun nicht mehr die Rede sein. Denn immer ist die Hälfte des Ganzen unserem Blick entzogen. Und die sichtbare Hälfte ist nun ihrerseits verzerrt, obgleich anders und aus anderem Grund: nicht wegen der kartographischen Projektion in die ebene Fläche, sondern wegen der perspektivischen Schau in die räumliche Tiefe. Lediglich die sich mir entgegenwölbende Mitte der mir sichtbaren Hemisphäre stellt sich mir annähernd maßstabsgerecht dar; die sich nach hinten abflachenden peripheren Zonen nicht mehr – und umso weniger, je näher sie am Rande liegen. Wie man die Sache auch dreht und wendet, stülpt und ebnet: Globen sind nicht für unsere Augen gemacht. Entweder wir projizieren die Kugel auf eine Fläche: dann haben wir zwar Überblick übers Ganze, aber dieses täuscht uns über die Lage und die Größe seiner Teile; oder wir wahren die Kugelform, dann verlieren wir die eine Hälfte völlig aus dem Blick und die andere, die uns zugewandt ist, zeigt sich uns perspektivisch verzerrt.

Die zahlreichen Teilkarten – und nur mit solchen haben wir es als Wanderer oder Autofahrer zu tun – verhalten sich zu ihrem wahren globalen Ganzen wie die vielen Lederflecke zu dem einen Fußball, den sie bilden. Aus der nur leichten Krümmung eines jeden Teiles wird, wenn sie alle sich zusammentun, ein rundes Ganzes. Ein solches Ganzes darstellen zu wollen, als ob es selbst so wäre wie ein kleiner Teil, dessen Krümmung eben eine *quantité négligeable* ist: das führt zu den verschiedenen Weltkarten, die klug ausgedacht und doch immer und notwendig falsch sind.

Wie aber kommt es, daß wir, das Falsche flach vor Augen, in ihm doch das Richtige erfassen? Erkenntnis ergibt sich hier wie auch sonst aus dem Zusammenspiel von sinnenhafter Empfänglichkeit und verständiger Aktivität. Indem wir das Bild der Erde auf einem Tableau *flächig sehen* und in eins damit sie uns als Globus *sphärisch denken*, sind wir imstande, unsere täuschende Anschauung der Karte mit Hilfe unseres mathematischen Begriffs der Kugel richtigzustellen und in eins damit diesem Begriff farbig-formhaften Inhalt zu verschaffen. So gewinnen wir angesichts der Weltkarte eine Art von Überblickswissen, das beides zugleich ist: anschaulich und angemessen. An der Karte, die uns vorliegt, ändert sich damit natürlich nichts, wohl aber an der Weise, wie wir sie auffassen. Nach wie vor zeigt sich am linken Kartenrand auf blauem Grund die Beschriftung »Pazifischer Ozean«, und ganz rechts, am entgegengesetzten Ende der Welt, erscheint derselbe Schriftzug. Sich eine Kugel dazu denken heißt nun: wissen, daß uns die beiden blauen Flächen die nur darstellungsbedingt zerrissenen Hälften ein und desselben Meeres zeigen und daß zu den zwei gleichen Schriftzügen ein identischer Name gehört. Und weil dieses Wissen unseren Blick sachhaltig informiert und habituell durchformt, sind wir fähig, das, was wir sehen, sogleich richtig aufzufassen, ohne nochmals viel nachdenken zu müssen.

Die Herrschaft der Geometrie: Breiten- und Längenkreise

Ob drehbare Kugel, ob flaches Tableau: immer ist unser Bild der Welt von verschiedenen und verschiedenartigen Linien durchzogen. Was stellen sie dar? Nun, beispielsweise Flußläufe und Meeresränder, Staatsgrenzen und Bahnverbindungen, zuweilen auch Schiffsrouten, Luftströmungen, Isothermen und dergleichen mehr. Noch unterschiedlicher als die charakteristischen Stile und typischen Verlaufsgestalten dieser Linien sind ihre semantischen Beziehungen; denn das, was ihnen in der Wirklichkeit entspricht, sind Gegebenheiten mit überaus heterogenen Entstehungsgeschichten und Existenzweisen.

Eine Art von Linien aber ist prinzipiell anders als sie alle; anders sowohl in der Verlaufsgestalt als auch im Realitätsbezug. Auf dem Globus sehen wir sie mit einer geradezu unnatürlichen durchgängigen Kreisförmigkeit: sie umspannen den Globus. Und es ist sofort evident: Geometrie beherrscht das Ganze. Jedem von uns ist dieses Bild der Weltkugel mit dem Gitternetz, das sie überzieht, bestens vertraut: es gehört geradezu zu den Archetypen unserer Kultur. Und wir wissen auch, daß es da zwei ganz unterschiedliche Arten von Kreisen gibt.

Schema 62:
Globus mit Gitternetz aus
Breiten- und Längenkreisen

Die einen sind die Längenkreise: Sie sind alle gleich groß, haben die Kugelmitte als ihren Mittelpunkt und verlaufen an der Kugeloberfläche vom Nord- zum Südpol ›herunter‹ und ›hinten herum‹ wieder zum Nordpol ›hinauf‹; so schneiden sie sich alle an den beiden Polen. Die anderen sind die Breitenkreise: sie verlaufen quer dazu, sind unterschiedlich groß und haben verschiedene Mittelpunkte, die allerdings alle auf der Achse liegen, die mitten durch die Kugel hindurch den Nord- und den Südpol verbindet. Die längste dieser Kreislinien – der Äquator – teilt den ganzen Globus in eine nördliche und eine südliche Hemisphäre; und die kleineren Kreise werden zusehends kleiner, je näher an den Polen sie gelegen sind.

Geometrie, haben wir gesagt, beherrscht das Ganze. Die Gitterlinien mit ihrer Gleichförmigkeit und Präzision könnten mathematischer nicht sein. Fast scheint es, als sei der Globus vor allem deshalb von Kreisen umspannt, weil ihn dies befähigt, uns die Regelmäßigkeit, Macht und Schönheit der ›sphärischen‹ Geometrie zu demonstrieren. Dieser Anblick ist so eindrucksvoll und vertraut zugleich, daß uns die Verschiedenheit der waagrechten und senkrechten Kreise gar nicht mehr stört. Den Grund für diese sphäreninterne Verschiedenheit kennen wir: die Geometrie nimmt Rücksicht auf die Macht der Natur. Gewiß: jede beliebige Kugel läßt sich mit dieser mathematischen Gitterstruktur ›bezeichnen‹. Doch beim Globus ist es anders. Denn *daß* es einen Äquator tatsächlich gibt und *wo* er verläuft, *daß* Pole wirklich existieren und *wo* sie sich befinden: das bestimmt unsere Erde selbst durch ihre natürliche Beschaffenheit und ihre Achsendrehung. All die unterschiedlichen Arten von Kreisen zu beschreiben, die es auf einer Kugeloberfläche überhaupt geben kann, ist Sache des Geometers; und er könnte und täte dies auch, wenn wir auf einer Scheibe lebten. Festzustellen, welche von allen möglichen Kreislinien zu unserem wirklichen Globus passen und wie sie zu ziehen sind, ist Sache des Geographen; und er kann und tut dies, indem er als ehrlicher Makler das rein mathematische Angebot und die empirisch-naturhafte Nachfrage sinnvoll zu unserem ›Weltbild‹ zusammenführt.

Gitternetz und Gewebestruktur

Weil die Erde, präterpropter, eine Kugel ist, muß jede planhafte Darstellung unseres Globus ein Problem lösen, das der Quadratur des Kreises entspricht. Prominent unter den zahllosen Weisen, die Kugelgestalt in eine Ebene aus- oder umzulegen, ist die sogenannte Mercator-Projektion. Sie interessiert uns hier vor allem, weil sie alle sphärischen Kreise abbildet in geraden Linien. Die Längenkreise werden senkrecht, die Breitenkreise waagrecht dargestellt, und so ergibt sich ein Gitternetz, das ganz so aussieht wie das, welches uns auf Stadtplänen und Regionalkarten beim Suchen hilft: das Karomuster der Planquadrate.

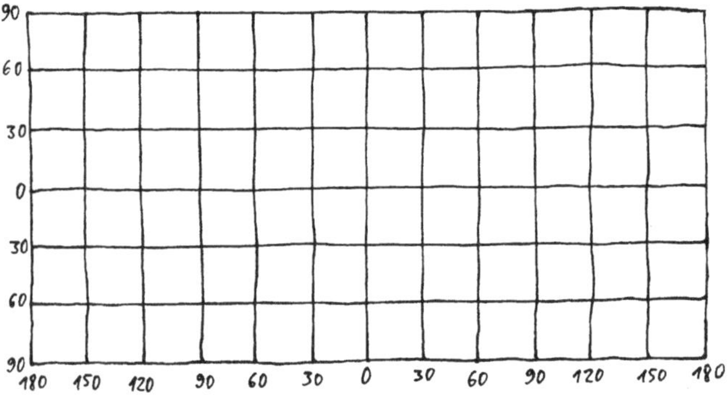

Schema 63: Gitter-Muster zur Weltkarte

Doch gerade jetzt, wo die Fäden, welche auf dem Plan quadratische Felder abstecken, und die, welche waagrecht und senkrecht die Weltkarte überspannen, sich so sehr ähneln, gerade jetzt, wo das eine Gitter so aussieht wie das andere, zeigt sich eine wesentliche Differenz zwischen beiden. Blicken wir zum Rand der Mercator-Karte! Dort gibt es Bezeichnungen – nämlich Zahlen –, die aber nun nicht mehr mittig *zwischen*, sondern eng *an* oder sogar direkt *auf* den Linien stehen. Es sind Namen für diese Linien selbst, nicht mehr für die Abschnitte zwischen ihnen. Und die Aufforderung, sich waagrecht und senkrecht vom Kartenrand aus ins Karteninnere führen zu lassen, bezieht sich nicht mehr auf breite *Streifen*, die zu verfolgen wären, sondern auf dünne *Linien*, an denen entlang zu gehen ist.

Die Konsequenz ist klar: wo die Horizontale und die Vertikale sich treffen, ergeben sich nicht ausgedehnte Felder, sondern winzigste Stellen. Das ganze Netz aus Breiten- und Längenkreisen ist, wenn dergestalt in die Ebene projiziert, nicht eine Art Schachbrett, sondern eher ein Koordinatensystem; es besteht, entgegen dem Augenschein, nicht aus einer begrenzten Anzahl viereckiger Flächen, sondern aus einer unendlichen Mannigfaltigkeit ›geometrischer‹ Punkte.

Das ganze Gewicht dieser Differenz sieht man indes erst, wenn man die unterschiedliche Anzahl der Linien bedenkt. Die Linien, aus denen Planquadrate entstehen, sind vollzählig auf ihrer Karte eingetragen und sichtbar. Dagegen können wir von allen Breiten- und Längenkreisen, die es gibt, immer nur eine kleine Auswahl einzeichnen und wahrnehmen. Ein Kartograph, der sie alle berücksichtigen wollte, würde gerade das, was er uns eigentlich zeigen will, mit ihnen bedecken. Da sie unendlich viele sind, können sie streng genommen kein lockeres Netz knüpfen, dessen Maschen den Blick auf das freilassen, was sich darunter befindet; vielmehr müssen sie ein dichtes Gewebe bilden, bei dem Kette und Schuß sich so eng überkreuzen, daß die entstehende Textur alles verdeckt, was unter ihr liegt. Das berühmte ›Schwarze Quadrat‹ von

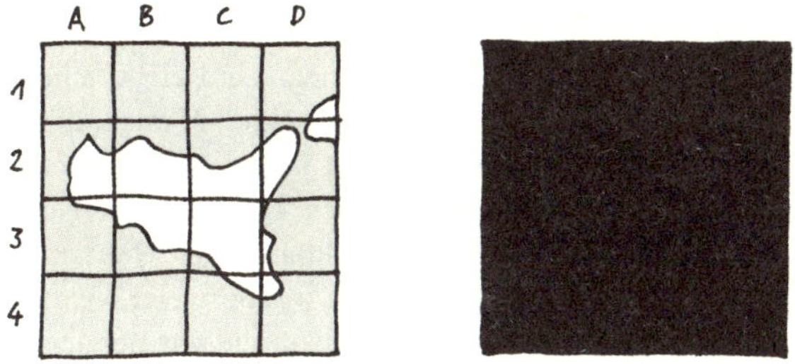

Schema 64:
Zweimal ›Sizilien‹: links mit Planquadraten,
rechts mit allen *Längen- und Breitenkreisen*

Kasimir Malewitsch, das ich hier zitiere, erinnert uns mit seiner unsichtbaren Binnenstruktur, die als Punktmannigfaltigkeit alle möglichen Figuren in sich schließt, auch an etwas, das die Denker der Renaissance noch wußten und zu entfalten suchten: daß Geometrie und Ästhetik, ja Wissenschaft und Kunst ›aus einer gemeinschaftlichen, aber uns unbekannten Wurzel entspringen‹. – Also: Die Linien, die wir tatsächlich auf einem Globus oder einer Weltkarte sehen, sind immer nur eine repräsentative Auswahl, die uns stillschweigend mitsagt, daß wir uns die Erde insgesamt als mit dieser Struktur überzogen, ja bekleidet zu denken haben.

Eins freilich bleibt dem Planquadrate-Netz und dem Mercator-Gewebe gemeinsam: das gitterartige Muster. Wie dort die Felder, so sind hier die Punkte waagrecht nebeneinander und senkrecht übereinander angeordnet. Um sich diese Strukturgleichheit zu veranschaulichen, braucht man sich nur die Streifen eines Schachbrettmusters ganz, ganz schmal zu denken: zuletzt zu Linien verengt. Was vorher durch Sich-Überlagern Felder entstehen ließ, das führt nun durch Sich-Schneiden zu Punkten. Die innere Struktur aber, die durch die Lage dieser Punkte zueinander bestimmt ist, bleibt dieselbe: das Gitternetz verdichtet sich zu einem Stoff von genau der Webart, wie die Mercator-Textur sie aufweist.

Ein Doppelname für jede Stelle

Gleichgültig, ob sich auf der Kugel die Kreise oder auf dem Plan die Geraden senkrecht schneiden: die Punkte, die sich dabei ergeben, haben Namen, die ihrer Art nach denen ähneln, die die Planquadrate tragen. Es sind Doppelnamen. Und ein solcher Name ergibt sich aus der Verknüpfung jener beiden Namen, die die sich überlagernden Streifen oder die sich kreuzenden Linien tragen. Wie ein Planquadrat etwa »f8« heißen kann, so lautet der Doppelname eines Punktes auf der Weltkugel oder Weltkarte – und auch auf der Erdoberfläche selbst – typischerweise so: »28° n. B., 34° ö. L.« Nur selten tun uns die Stellen, die wir nennen wollen, den Gefallen, genau am Schnittpunkt ganzzahliger Gradwerte zu liegen. Deshalb müssen wir meist mit Bruchteilen von Graden und mit Bruchteilen dieser Bruchteile rechnen: mit Minuten und Sekunden. Spart man dabei überflüssige Buchstaben und Punkte ein, dann gewinnt ein solcher Name typischerweise dieses Aussehen: »N 69° 08′ 07″, O 68° 04′ 19″«.

Dieser Namengebung liegt ein cartesisches Koordinatensystem zugrunde. Es hat seinen Ursprung dort, wo der Äquator und der Null-Meridian sich schneiden. Der Name eines jeden Punktes in diesem geometrischen System und somit der Name einer jeden Stelle auf dem Globus selbst besteht aus zwei Zahlenwerten und der Erläuterung dessen, wie diese zu verstehen sind. Das harmlose kleine Zeichen °, das für »Grad« steht, erbringt eine Leistung von unschätzbarem Wert. Es verknüpft nämlich die geometrische For-

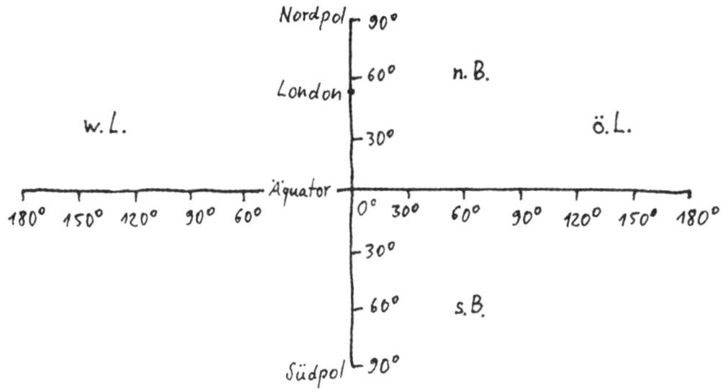

Schema 65: Gradmäßig unterteiltes Koordinatensystem aus Äquator und Null-Meridian durch London

menwelt mit der arithmetischen Zahlenwelt. Und das ist nicht bloß eine mathematische Operation, sondern ein metaphysisches Ereignis. Denn mit der zahlenmäßigen Unterteilung der Achsen wird aus dem cartesischen Koordinatensystem ein Mittel zur Überwindung des cartesianischen Dualismus. Die systematische Transformation lokaler Größen in bezifferte Werte – jedem Schüler als ›analytische Geometrie‹ geläufig – schlägt eine Brücke von der räumlich-ausgedehnten zur symbolisch-gedachten Welt. Fortan kann ich jedem jede Stelle benennen, ohne sie ihm mit dem Finger auf der Karte zeigen zu müssen; also jedem, der meine Anschauung nicht teilt, weil er ganz woanders ist, und jedem, der meine Anschauung gar nicht teilen kann, weil er bloß zu denken vermag: dem Computer, der sich schon darauf freut, geographische Koordinaten als binär codierte Daten verarbeiten zu dürfen.

Ein Grad ist bekanntlich der – und jetzt kommt die Zahl – dreihundertsechzigste Teil des ganzen Kreisumfangs. Mit dieser Maßeinheit können nun Abschnitte auf diesem Umfang ihrer Größe nach bestimmt werden. Davon macht der Geograph Gebrauch. Sagt er »15° nördlicher Breite«, so meint er: »Gehe bitte vom Koordinatenursprung aus um 15° nach Norden!« Und genauso läuft es beim zweiten Namensbestandteil: »34° ö. L.« ist die Anweisung, vom schon erreichten Punkt aus nun 34° nach Osten zu gehen. Da die Nord-Süd-Kreise alle gleich lang sind, entspricht einem Grad dort immer eine Strecke von 111,11 Kilometern; wie viele Kilometer hingegen einem Grad auf dem Weg nach Osten oder Westen entsprechen, hängt davon ab, wo zwischen Pol und Äquator man sich befindet, auf welchem der unterschiedlich großen Breitenkreise man sich also entlangbewegt.

Wenn man diese beiden Wege zurückgelegt hat – auf der Karte oder in der Wirklichkeit –, ist man da: entweder mit dem Zeigefinger auf dem Papier oder mit beiden Füßen auf dem Erdboden. Und das bedeutet: wer den Namen einer Stelle verstanden hat, weiß auch, wie er zu ihr gelangen kann. Der Name nennt eine Stelle, indem er angibt, wie sie zu finden ist. Solche Namen aber sind Adressen. Unabhängig davon, wer oder was oder ob überhaupt etwas einen solchen Platz besetzt: durch seinen ›koordinierten‹ Doppelnamen ist er eindeutig identifizierbar. Mit einem strikten Gitter-Muster den gesamten Globus zu überziehen, ist nichts anderes als die graphische Herstellung und Darstellung eines universalen Adressensystems.

Orte und Plätze, die ohnehin schon einen traditionellen Namen tragen, können somit auf zwei verschiedene Weisen benannt werden: beispielsweise »Nürnberg 49,4° n. B., 11,1° ö. L.« Und eine Liste, in welcher Paare dieser Art aufgereiht sind, läßt sich wahlweise als Synonymenregister oder als Adressenverzeichnis lesen. Sie sagt zum einen, wie ein und derselbe Ort in lebensweltlicher Tradition und im topographischen System heißt: stellt also seine beiden Namen nebeneinander. Und sie sagt zum anderen, welcher Ort wo liegt. Während ich, wenn ich »Hauenhorst« höre, keineswegs schon weiß, wo das ist, belehrt mich sein anderer Name, nämlich die zu ihm gehörigen Koordinaten, ganz präzise, wo es sich befindet, und was ich tun muß, um dorthin zu kommen.

Zurück zum Ursprung: via London zum Äquator

»49,4° n. B., 11,1° ö. L.« Ein Stellenname, eine Wegbeschreibung, eine Handlungsanweisung. »Gehe«, so wird mir vorgeschrieben, »vom Koordinatenursprung aus: zuerst 49,4° nach Norden und danach noch 11,1° nach Osten! Dann bist du da.« So weit, so gut. Nur der Anfang macht mir zu schaffen: »Gehe vom Koordinatenursprung aus ...« Teufel auch, ich bin aber ganz woanders! Ich muß also erst einmal zu diesem Ausgangspunkt hin, bevor ich von ihm ausgehen kann. Aber das ist gar nicht so einfach. Denn dieser Nullpunkt heißt mit gutem Grund Ursprung des Koordinatensystems: Im Verhältnis zu ihm und zu den Achsen, die er aus sich entläßt, sind alle Stellen bestimmbar. *Er selbst* aber nicht. Ihn muß man *vorab* schon kennen, um *dann* in Bezug auf ihn Punkte benennen zu können. Und an ihm muß man vorab schon sein, um dann im Ausgang von ihm die genannten Stellen in der Wirklichkeit auffinden zu können.

Wie finde ich hin zu diesem Ursprungsort und Ausgangspunkt? Nun, ohne daß es noch recht zu bemerken wäre, bergen die Koordinatenangaben Bezeichnungen in sich, die uns auf lokalisierbare *individuals* verweisen. Jeder geographische Stellenname impliziert also weitere Namen, die sich auf irdische Gegebenheiten beziehen, deren Plätze ohne Rekurs auf Koordinaten auffindbar sind und sein müssen. Andernfalls wäre die Implementierung des ganzen Systems unmöglich gewesen. Die Abkürzung »ö. L.« wird nur verständlich, wenn man das »östlich« durch »von Greenwich« ergänzt. Greenwich ist bekanntlich der Name für den Standort der (ehemaligen) Londoner Sternwarte. London und dort Greenwich und dort das Observatorium: Die Hauptstadt des verflossenen *Empire* ist, was das Netz angeht, das Rom der Neuzeit: Alle Wege führen dorthin. Wirklich alle? – Nun ja, es mag, so konzediert der selbstbewußte Brite, es mag auch andere geben. Doch wer nicht weiß, wo London ist und wie man dorthin gelangt, ist selber schuld. Ihm geschieht ganz recht, wenn er sich in der Welt nicht zurechtfindet.

London ist der universale Gemeinplatz. Die Hauptstadt des *Commonwealth of Nations* wurde geographisch zum *common place* für die Menschheit. Daß London dazu *werden* konnte, verdankt es der historischen Entwicklung und einem komplizierten Zusammenspiel von politischer Macht und diplomatischem Geschick, merkantiler Prosperität und nautischer Erfahrung, wissenschaftlicher Forschung und technischer Findigkeit. Daß es dieser ausgezeichnete Ort *bleiben* konnte, verdankt es jener glücklichen Trägheit, die uns an dem festhalten läßt, was, ehe es geworden ist, auch ganz anders hätte werden können. Natürlich eignet sich jeder beliebige Punkt der Erde dazu, ›durch ihn‹ den Meridian festzulegen, der sie in eine westliche und eine östliche Hälfte teilt. Ist aber diese geographische Beliebigkeit durch historische Ereignisse erst einmal beseitigt, verfestigt sich das Resultat, weil die Änderungskosten ins Unermeßliche steigen würden.

So groß war Britanniens Durchsetzungsvermögen indessen auch wieder nicht, daß es seine Hauptstadt zum Nabel der Welt hätte deklarieren können. Er liegt anderswo, aber immerhin geht der Weg zu ihm über sie. Nun, auch die Abkürzung »n. B.« wird nur verständlich, wenn man dem »nördlich« ein »des Äquators« hinzufügt. »Der Äquator« ist ein Name, der *eine* individuelle und unverwechselbare Gegebenheit bezeichnet: eine gedachte Linie, deren Verlauf weder durch ein imperiales Dekret noch durch eine internationale Konvention bestimmt wird, sondern letztlich durch die Weise, wie die Erde sich dreht. Wer bereits in London ist, muß nun noch geradewegs und lange genug nach Süden. Dort, wo er auf den Äquator trifft, ist der Ursprung des globalen Koordinatensystems.

Domestikation von Kontingenzen

»London« und »der Äquator« sind also die beiden Namen, die einschlußweise in jeder Positionsangabe durch Koordinaten enthalten sind. Und durch die wirklichen Gegebenheiten, die da genannt werden, ist der Ursprung des Systems erstens festgelegt und zweitens auffindbar. Auch wenn beiden Realitäten gemeinsam ist, daß sie Namen haben, die in allen Gradangaben stets stillschweigend mitgeführt werden, so sind sie selbst doch von ganz verschiedener Art. Stadt zu sein und Linie zu sein, das ist dabei nur das offensichtlichste. Weiteres aber zeigt sich an der unterschiedlichen Weise, wie beide, solange das System noch nicht implementiert ist, zu lokalisieren sind. Wo London ist, das muß man wissen. Wo der Äquator ist, das läßt sich ›ermessen‹. Dort brauche ich Wegewissen und Orientierungsvermögen, hier Naturkenntnis und Meßkunst. Sinnigerweise ist also der Koordinatenursprung der Schnittpunkt von Kultur und Natur, von *thesis* und *physis*: Er liegt dort, wo der politisch festgelegte nullte Längen- und der naturhaft vorgegebene größte Breitenkreis sich schneiden.

Für die Weise, wie Eigennamen sich auf das beziehen, was sie nennen – analytisch-neuscholastisch: wie singuläre Termini auf Entitäten referieren –, ist charakteristisch, daß in ihnen ein Wissen von Dingen, die auch ganz anders sein könnten, enthalten ist.

Denn Einzeldinge, die wir benennen, unterscheiden sich *zuletzt* voneinander durch die je einmalige Raum-Zeit-Stelle, die sie besetzen. Zeitliche und räumliche Festlegungen laufen aber, wie wir gesehen haben, über vielerlei physikalische Fakten und kulturgeschichtliche Zufälligkeiten. Weder mußte ein blauer Planet so etwas wie Pole und einen Äquator haben, noch mußte ein geographisches Koordinatensystem geometrisch so gezeichnet, historisch so verankert oder metrisch so graduiert werden. Die Kontingenzen, die in all dem stecken, sind freilich in lebensweltlicher Habitualisierung und Sedimentierung aufbewahrt und domestiziert. Ganz selbstverständlich glauben wir, all das könne gar nicht anders sein. Gewiß, im Alltag orientieren wir uns kaum jemals an Koordinatenzahlen. Doch das Gitternetz selbst, das den Erdball überzieht, ist ein ebenso lebensweltlich gewohnter Anblick wie der einer Karte, in welcher unser Überblickswissen objektiv geworden ist und mit welcher wir uns außerhalb unserer vertrauten Umgebung zurechtzufinden suchen.

Wege im System: gradlinig-rechtwinklig

Ich dachte immer, zwar nicht im Straßen-, aber doch im Luft- und Seeverkehr würden sich viele an den geographischen Koordinaten orientieren. Deshalb wundert es mich schon sehr, daß ich jetzt ganz alleine hier bin: am Ursprung des globalen Koordinatensystems, mitten auf hoher See, westlich von Afrika. Eigentlich hatte ich ein ziemliches Gedränge hier erwartet. »Gehe vom Koordinatenursprung aus erst soundsoweit nach Norden und dann …« Bin ich denn der einzige, der diese Handlungsanweisung befolgt? Oder war das ganz anders gemeint? – Jedenfalls scheint keiner von hier auszugehen, und der Null-Meridian kommt mir vor wie ein Weg, an dem niemand sich orientiert.

Mein Ziel ist der Ort mit dem Namen »49,4° n. B., 11,1° ö. L.« Um zu ihm zu gelangen, gehe ich, wie mir geheißen, vom Ausgangspunkt aus: Ich werfe den Motor meines Bootes wieder an und fahre in Richtung Norden; ich gehe in Ghana genau dort an Land, wo ich vor etlichen Stunden in See gestochen bin; ich durchquere erneut die Sahara und erreiche in Algerien die Mittelmeerküste; hinüber nach Spanien, hinauf nach Frankreich. Gerade bin ich wieder am Ärmelkanal, fast schon auf dem Sprung zurück nach London, da stelle ich fest: Ich habe meine 49,4° *alias* 5489 Kilometer *northbound* Weg hinter mir. Ich halte ein.

Und wende mich nach Osten. Mit etwas Trigonometrie ergibt sich, daß in diesen Breiten 1° etwa 72,23 km ausmacht, 11,1° östlicher Breite also gut 800 km sind. An Rouen und Reims und Luxemburg und Mannheim vorbei komme ich an mein Ziel. Zum Glück bin ich nicht ganz alleine hier; im Gegenteil: reges Treiben, viele Menschen. »Bin ich«, so wende ich mich an den nächstbesten Passanten, »bin ich richtig hier: neunundvierzigkommavier Grad nördlicher Breite und elfkommaeins Grad östlicher Länge?« Verständnisloses Kopfschütteln ist die Antwort. Erst beim dritten derartigen Versuch erfahre ich, hier sei der Bahnhofsplatz. Ich betrete das graue Sandsteingebäude, das der Bahnhof sein muß, und erblicke ein großes gelbes Plakat mit der roten Überschrift: »Abfahrt der Züge in Nürnberg Hbf.« – Nun weiß ich auch, wie »49,4° n. B., 11,1° ö. L.« richtig heißt, wie also der Ort hier nach geschichtlicher Überlieferung und mit lebensweltlicher Verbindlichkeit genannt wird.

Man muß nicht immer wieder bei Null anfangen

More geometrico endlich an mein Ziel gekommen, komme ich zur Besinnung. Sonderbare Dinge habe ich hinter mir. Zuerst das unheimliche Alleinsein am Koordinatenursprung; dann die Ernüchterung – in der Sahara die Depression –, daß der Weg zum gewählten Ziel Tausende von Kilometern weit derselbe ist wie der zum vorgeschriebenen Ausgangspunkt, nur eben in Gegenrichtung; schließlich die späte Einsicht, auf welchen Umweg ich mich habe schicken lassen: von der Mittelmeerküste über den Ärmelkanal ins Frankenland! Warum direkt, wenn's umständlich auch geht?

Das sagt mir mein geographisches Grundwissen: statt *zuerst* nach Norden und *dann* nach Osten, hätte ich sogleich in schräger Richtung direkt auf mein Ziel zugehen können. Doch das kann's nicht schon gewesen sein. Zwar wäre verständlich, warum entlang des Null-Meridians und des Äquators sich keine Schiffskonvois und keine Autokolonnen bewegen; doch selbst wenn alle sich strahlenförmig in alle möglichen Richtungen vom Ursprung des

Systems entfernen würden, müßte dieser selbst als der Ausgangspunkt aller ›koordinierten‹ Bewegungen recht überlaufen sein.

Ist er aber nicht. Und auch der Grund dafür ist unschwer einsehbar. Wenn man nämlich erst einmal irgendwo einen bestimmten Ort durch sorgfältige Messungen in seinem Verhältnis zum Koordinatenursprung festgelegt hat – also seinen Namen, sprich: seine Koordinaten kennt –, kann man fortan immer gleich *von ihm* ausgehen. Man muß ihn sich nur merken und, falls er nicht markant ist, markieren, damit man ihn jederzeit auf dem üblichen Weg, ohne Meß- und Rechenkünste, zu finden oder wiederzufinden vermag. Geographen und Landvermesser nennen solche gradmäßig bestimmten und symbolisch ausgezeichneten Stellen ›topographische Festpunkte‹. Wenn ich mich an einem solchen mir und uns bekannten Festpunkt befinde und zudem weiß, daß er beispielsweise »40° n. B., 20° ö. L.« heißt und ist, so sagt mir ein triviales Dazu- und Abrechnen: Gehe von hier aus 9,4° nach Norden und 8,9° nach Westen: dann bist du dort, wo du hinwolltest, an dem Ort, der den Namen »49,4° n. B., 11,1° ö. L.« trägt – Nürnbergs Synonym. Und selbstverständlich gilt auch hier die Erlaubnis, ja die Empfehlung, den direkten Weg zu nehmen: schräg nach Nordwesten. Beides zu vermeiden, den Rückgang zum Ursprung und den rechtwinkligen Umweg zum Ziel, ist eine Ökonomie, die in der Rationalität des Koordinatensystems selbst vorgesehen und angelegt ist.

Ökonomieprinzip und Ursprungsphilosophie

Indem ich nicht vom Ursprung selbst ausgehe, sondern von einem davon abgeleiteten und darauf bezogenen Festpunkt, gebe ich der ›Ökonomie‹ den Vorzug vor der ›Eigentlichkeit‹. Ich erspare mir viel zeitraubendes Hin und Her, verzichte aber auch auf ein erhebliches Stück ›Unmittelbarkeit‹, auf eigenes Gehen und eigenes Sehen. Dabei ist meine subjektive Zeitersparnis begründet in einem intersubjektiven Zeitverhältnis. Wenn ich nämlich, statt erst zum Ursprung zurückzukehren, gleich den nächstgelegenen Festpunkt zu meinem Ausgangspunkt mache, so übernehme *ich heute* die Resultate von Lokalisierungsleistungen, die *andere früher* einmal erbracht haben. Ich verlasse mich auf die Richtigkeit ihrer Messungen und Berechnungen und werde in meinem Vertrauen bestärkt durch den Umstand, daß *nach* ihnen, aber *vor* mir wiederum andere sich auch schon darauf verlassen haben, ohne, wie es scheint, enttäuscht worden zu sein. So erwächst aus Vertrauen Mittelbarkeit, aus Mittelbarkeit Tradition, aus Tradition ein neues Stück Lebenswelt, sekundärer Lebenswelt.

Halten wir also fest: Am Ursprung des geographischen Koordinatensystems herrscht nur deshalb kein Gedränge und der Null-Meridian und der Äquator sind nur deshalb keine überfüllten globalen Hauptverkehrsachsen, weil die Wegbeschreibung und Handlungsanweisung »Gehe vom Koordinatenursprung aus nach Norden ...« nicht wörtlich zu nehmen ist. Der Bezug zum Ursprung kann rechnerisch eliminiert und geographisch mediatisiert werden: Man braucht nicht mehr zu ihm hin, die Orientierung an ihm bleibt trotzdem bestehen.

Das sagt der gesunde Menschenverstand: »Man muß nicht immer wieder bei Null anfangen« – »aber verstehen, was es bedeutet, daß man es können müßte, wenn man es wollte«, ergänzt der Philosoph.

Topographische Festpunkte

Die Zeit, in welcher der Landvermesser zu einer literarischen Figur avancierte, war auch die seiner größten ›geopolitischen‹ Bedeutung. Zwar muß ich als Bürger von Lyon nun nicht mehr zum Äquator, um vom Ursprung ausgehend einen nur gradmäßig bekannten Ort tatsächlich zu finden. Doch mein Weg ist noch immer sehr umständlich, wenn bislang etwa Paris der einzige Ort ist, dessen Koordinaten festgestellt wurden und zu dem ich mich erst hinbegeben muß, um von dort aus meinen Weg beginnen zu können. Deshalb war es nötig, in allen Ländern, oft ausgehend von der Hauptstadt, eine Vielzahl weiterer solcher topographischer Haupt- oder Festpunkte zu bestimmen und kenntlich zu machen. Erst wenn sie breit genug gestreut und zugleich dicht genug beisammen sind, taugen sie als Bezugspunkte für Straßenbauer und Flurbereiniger, Flußbegradiger und Pipelineverleger.

Immer aber benötigt man noch sozial-lebensweltliche Ortskenntnis, also ein Wissen, wo solche Festpunkte sind und wie man ohne Koordinaten zu ihnen hin gelangt, um dann von ihnen ausgehen zu können. Erst wenn wir in der Lage wären, an *jedem* Punkt der Erdoberfläche sofort wissen oder schnell feststellen zu können, wo er ist und wie er deshalb ›systemisch‹ heißt, erst dann erübrigte sich der noch immer auf bestimmte ›ausgezeichnete‹ Stellen beschränkte urwüchsig-lebensweltliche Zugang zur Welt der Grade und Zahlen, der Achsen und Linien. Dann wäre es so, als ob es so viele Festpunkte gäbe, daß sie völlig dicht aneinander lägen: *jeder* Punkt wäre ein namentlich bekannter Festpunkt. Wie zu Hause, wo wir uns auskennen, wüßten wir immer, wo wir sind, oder könnten doch dieses Wissen jederzeit abrufen.

Nautische Navigation

Nicht auf der *Erd*oberfläche schlechthin, aber doch auf der *Meeres*oberfläche haben wir uns diesem Grenzfall schon seit langem angenähert, aus der Not eine Tugend machend. Auf hoher See sind eben weder markante Stellen erkennbar noch sichtbare Wege gebahnt. Lebensweltliche Orientierung gibt es für die Schiffahrt allenfalls auf Binnengewässern und in Küstennähe; und selbst dort ist, wer von weither kommt, ein Fremdling, angewiesen auf die Hilfe des Lotsen, der in diesen Gewässern zu Hause ist. Weit draußen, wo Flußmündungen und Felsenriffs, Signalbojen und Leuchttürme nicht mehr zu sehen sind, bleibt als Zuflucht nur die Hilfe des Himmels und der Zeit. Aber erst seit der Erfindung hinreichend genauer Uhren vor knapp 250 Jahren gelingt es uns immer besser, dieses Hilfeangebot zu unserer Selbstlokalisierung im Koordinatensystem zu nutzen.

Eine Kunst ist es schon, aber man kann sie erlernen: Elementare Kenntnisse im Navigationswesen genügen mir, um (1) mittels präziser Zeitmessung, in der ich mich, ohne dorthin zu gehen, indirekt auf Greenwich beziehe, und (2) durch instrumentelle Himmelsbeobachtung, mit der ich den Äquator, ohne ihn aufzusuchen, doch in Rechnung stelle, meine gegenwärtige Position systematisch zu bestimmen. Das Prinzip, auf dem diese Selbstlokalisierung basiert, besagt, daß die Weise, wie zu einer bestimmten Zeit der gestirnte Himmel sich zeigt, auch abhängt von der Position, aus der ich ihn betrachte, so daß er mir einschlußweise und indirekt auch zu sagen vermag, wo ich selber bin. Daß ich *hier* bin, wußte ich vorher schon; jetzt aber kenne ich, indem ich meine Koordinaten kenne, meine Adresse. Daß der Ort, an dem ich bin, einen unverwechselbaren Namen hat, war mir schon vorher klar; jetzt aber weiß ich auch, welcher es ist.

Diese Adresse ist verankert in einem System. Es garantiert mir, daß ich auf die Frage »Wo bin ich?« immer eine objektive Antwort parat haben kann. *Immer* kann ich sie haben, weil jede Stelle, zu welcher ich hinkommen mag, bereits über einen Namen verfügt; ich muß ihn nur ausfindig machen. *Objektiv* ist jene Antwort, weil nicht ich allein, sondern alle anderen sie verstehen können: sie ist intersubjektiv.

13. Kapitel
Überall wie zu Hause:
Global Positioning System

Globalisierung heißt navigatorisch auch und vor allem Aufhebung der Unterschiede zwischen Land und Meer. Egal wo ich mich befinde: es gibt seit einigen Jahren ein System, Positionen im Welt-Koordinatennetz zu bestimmen, das schneller und genauer arbeitet als alles bislang bekannte: das *Global Positioning System*, kurz *GPS*. Es basiert zwar auf dem gleichen Prinzip wie die Navigation der Seefahrer, arbeitet aber statt mit dem natürlichen mit einem künstlichen Sternenhimmel, und statt mit sichtbaren mit unsichtbaren Himmelskörpern, nämlich Satelliten. Sie brauchen nicht gesehen zu werden, weil sie auf andere Weise kundtun, wo sie sich befinden, und sich dadurch eine Art von Als-ob-Sichtbarkeit verschaffen. – Die Überlegungen dieses Kapitels beschäftigen sich mit der Funktion und der Bedeutung des *Global Positioning System* in drei Schritten: der erste zeigt, wie es technisch funktioniert, der zweite fragt, was es *mir*, und der dritte, was es *uns* bedeutet.

Der *erste* Schritt untersucht das Zusammenwirken von Satelliten, die senden, und Empfängern, die deren Signale verarbeiten. Daß die Zeitspanne, in welcher der Sender seine Information überträgt, auch abhängt von der Stelle, an welcher der Empfänger steht, führt uns auf die Aspekthaftigkeit des Verhältnisses zwischen beiden. Sie wiederum ist es, die indirekt Aufschluß geben kann über diese Stelle. »Sie sind hier.« Das sagt der *GPS*-Empfänger auf eine nicht formal-leere, sondern sachhaltig-informative Weise.

In einem *zweiten* Schritt ist dann die Frage: Was weiß ich eigentlich, wenn ich das weiß? Daß mir Selbstlokalisierung technisch zur Verfügung gestellt wird, hat seine Entsprechung in der Leichtigkeit und Selbstverständlichkeit, mit der ich in meiner vertrauten Umgebung weiß, wo ich bin. Und wie ich in ihr durch signitive Verweise zwar nicht physisch, aber horizonthaft-intentional überall bin, so ist auch mit meinem globalen Präsenzbewußtsein eine indirekte Als-ob-Gegenwart an allen Stellen der Erdkugel verbunden.

Der *dritte* Schritt geht vom ›Für-mich‹ zum ›Für-uns‹, vom einzelnen Subjekt zum Subjektverband, zur Intersubjektivität. In ihr ist natürlich alles mit eingeschlossen, was für mich alleine auch schon galt. Um aber die Erweiterung zu verstehen, die durch den Plural ins Spiel kommt, bedarf es zuerst noch einer vertieften Betrachtung des Sachverhalts, daß das Ganze des *GPS*-Satellitenverbundes sich aspekthaft darstellt. Ich gehe kurz auf das Verhältnis von Objektivität und Intersubjektivität in der schlichten Dingwahrnehmung ein, um mich dann dem Gegenstand ›Satellitenverbund‹ zu widmen: Wie zeigt er als Ganzes sich uns, und wie sind wir, vermittelt durch ihn, auch untereinander verbunden? – Daß dabei weder von Kommunikation noch von Interaktion die Rede ist, bedeutet selbstverständlich nicht, daß beides in intersubjektiven lebensweltlichen Verhältnissen keine Rolle spielte. Ganz im Gegenteil! Nur: *hier* ist das nicht mein Thema.

Zeitdifferenz als temporaler Aspekt

Zwei Partner wirken im *Global Positioning System* zusammen: der himmlische liefert von weit oben Informationen, der irdische nimmt diese hier unten auf und errechnet aus ihnen und der besonderen Art, wie sie geliefert werden, seine eigene Position, also die Koordinaten des Ortes, an dem er selbst sich befindet. Schauen wir uns das im einzelnen an! *Auf der einen Seite* haben wir einen Verbund von etwa 30 Satelliten, die in 20200 Kilometern Höhe wohlverteilt und auf miteinander synchronisierten Bahnen die Erde umkreisen. Ein Satellit, der an diesem System beteiligt ist, ›weiß‹, wie er heißt und wie spät es ist: Er hat eine überaus präzise Atom-Uhr ›an Bord‹, so daß er stets die genaue Zeit aufs genaueste ›kennt‹. Er fungiert nun als ›Rundfunk‹-Sender, dessen Wellen sich wie expandierende konzentrische Kugelschalen um ihn herum ausbreiten; und er strahlt kontinuierlich ein Signal aus, das in jedem Augenblick zugleich zweierlei Informationen enthält: die Zeit der Absendung eben dieses Signals und den Namen des Absenders.

Auf der anderen Seite stehe ich als dessen Empfänger. Was weiß ich nun und was kann ich damit anfangen? – Ich weiß, *welcher* Satellit es war, der mir sein Signal zukommen ließ, und *wann* er es abschickte. Ich habe auf Vorrat gespeichert eine Liste aller *GPS*-Satelliten einschließlich der vorausberechneten Daten ihrer Um-

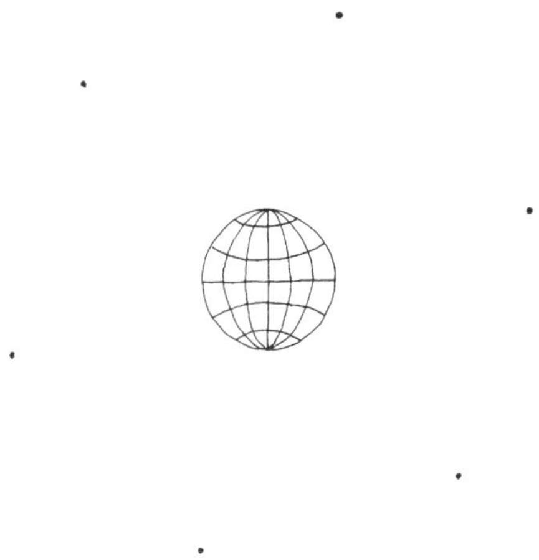

Schema 66: GPS im Querschnitt:
Der Globus wird systematisch von (insgesamt 30)
Satelliten umringt (Erdabstand maßstabsgetreu)

laufbahnen. Mit Hilfe des Namens und des mir mitgeteilten Zeitpunkts der Signalabsendung entnehme ich meinem Wissensvorrat die geographischen Koordinaten des erdhaften Punktes *F*, hoch über dem mein Satellit sich im Augenblick der Signalabgabe befunden hat.

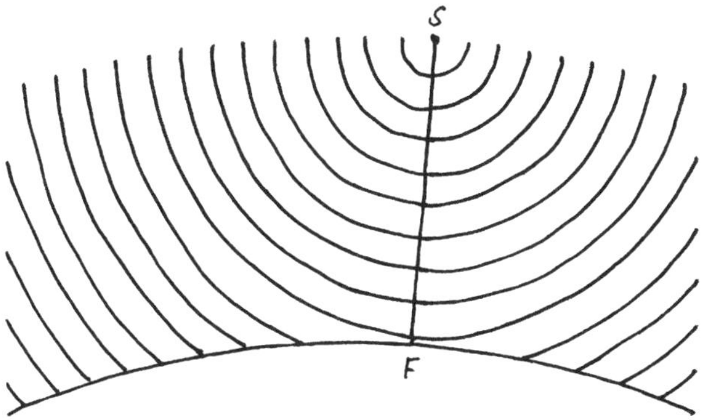

Schema 67 (ohne Maßstab):
Einzelner GPS-Satellit als ›Rundfunk‹-Sender
über dem irdischen Punkt F

Von diesem mir übermittelten Zeitpunkt mache ich jedoch noch einen weiteren Gebrauch. Dabei verknüpfe ich dieses Wissen mit einem, das ich mir selbst verschaffen kann, aber auch muß: die exakte Uhrzeit: Ich brauche ein Präzisionschronometer, das mich den Zeitpunkt der Ankunft des gesandten Signals wissen läßt. Auf Genauigkeit kommt hier alles an. Denn nun vergleiche ich – und es geht um Millionstel von Sekunden – die von mir gemessene Ankunftszeit mit der mir mitgeteilten Absendezeit und berechne die Differenz: Δt. Damit kenne ich die Länge der Zeit, die das Signal unterwegs war. Da diese Differenz von beidem abhängt: von der

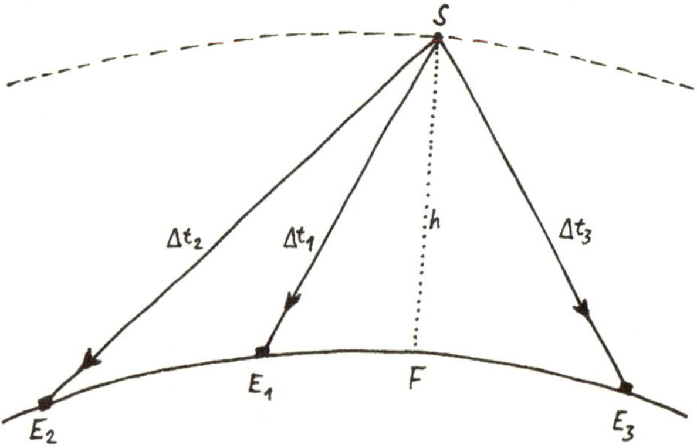

Schema 68 (ohne Maßstab):
Zeitdifferenzen Δt als temporale Aspekte des Satelliten S ›hinsichtlich‹ dreier Empfänger E_1, E_2 und E_3

Position des Satelliten und von der, die ich einnehme, ist sie gleichsam der temporale Aspekt, den er mir von sich bietet. Anderen Empfängern mit anderen Distanzen zu ihm zeigt er sich auch, aber anders. Daß ein Satellit sich in unterschiedlichen temporalen Aspekten zeigt, ist das Herzstück des ganzen Systems.

Wo die Aspekte konvergieren

Aus der Zeitspanne Δt, die das Signal bis zu mir gebraucht hat, und der Lichtgeschwindigkeit c, mit der es als elektromagnetische Welle sich durch den Äther bewegt, berechne ich sodann die Länge der Strecke *a*, die es durchlaufen hat: $a = \Delta t \cdot c$. Dann geht's weiter mit dem Satz des Pythagoras. Denn aus der Strecke *a*, die der Satellit von mir entfernt war, und der Höhe $h = 20\,200$ km, in der er kreist, errechne ich schließlich meinen Abstand *b* von dem Punkt *F*

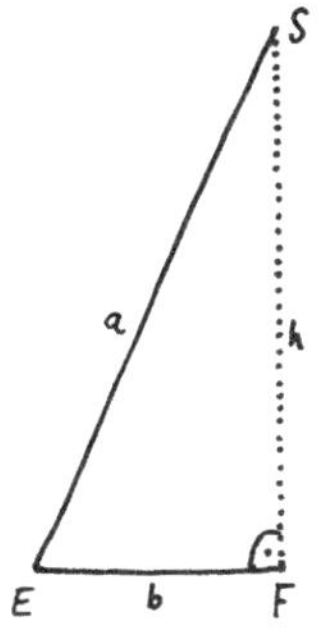

Schema 69:
Mit Pythagoras aus a (und indirekt aus Δt)
und h = 20 200 km den Abstand b des
GPS-Empfängers E vom bekannten Punkt F
errechnen (ohne Maßstab, ohne Erdkrümmung)

der Erdoberfläche, über dem der Satellit soeben gewesen ist und dessen Koordinaten ich dank des mir zugegangenen Signals meinem Speicher entnehmen kann.

Weiß ich nun, wo ich bin? Noch lange nicht! Ich weiß bislang nur, wie weit ich von einem mir ›gradmäßig‹ bekannten Punkt *F* entfernt bin. Und ich kann mit dem Zirkel auf meiner Karte einen Kreis einzeichnen, der diesen Punkt als Zentrum und meine Entfernung als Radius hat: Irgendwo auf dieser Kreislinie ist die Stelle, an der ich selber bin. Aber wo da? – Und jetzt versteht man leicht, warum man zur Positionsbestimmung *mehrere* Satelliten benötigt – in jedem Falle wenigstens drei. Denn mit dem zweiten heißt es nun: *the same procedure* … Und ich errechne mir aus einem zweiten temporalen Aspekt den Radius für einen zweiten Kreis, welcher den ersten schneidet. Welcher von den beiden Schnittpunkten aber ist die Stelle, an der ich bin? Das sagt mir der dritte Kreis, den zu ziehen mir ein dritter Satellit mit seinem eigenen Δ*t* ermöglicht und der durch einen der beiden Schnittpunkte geht, die die zwei ersten Kreise mir zur Auswahl angeboten hatten. Da all

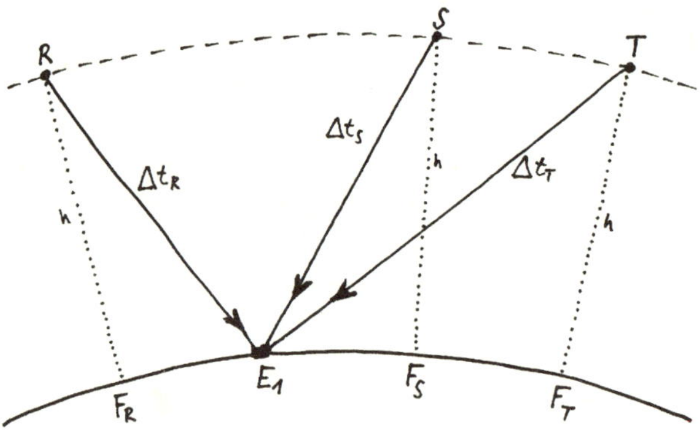

Schema 70 (ohne Maßstab):
GPS-Empfänger E_1 im Konvergenzpunkt der temporalen Aspekte dreier Satelliten R, S und T. Dabei ist $\Delta t_S = \Delta t_1$ (aus Schema 68)

diese Kreise als Mittelpunkte Stellen haben, deren Koordinaten ich kenne, kann ich nun auch die Koordinaten *meiner* Stelle entweder zeichnerisch oder rechnerisch ermitteln. Und da diese Kreise nur Derivate der verschiedenen temporalen Aspekte sind, bestimmen diese durch ihre Konvergenz ursprünglich und wesentlich den Ort, an dem ich bin.

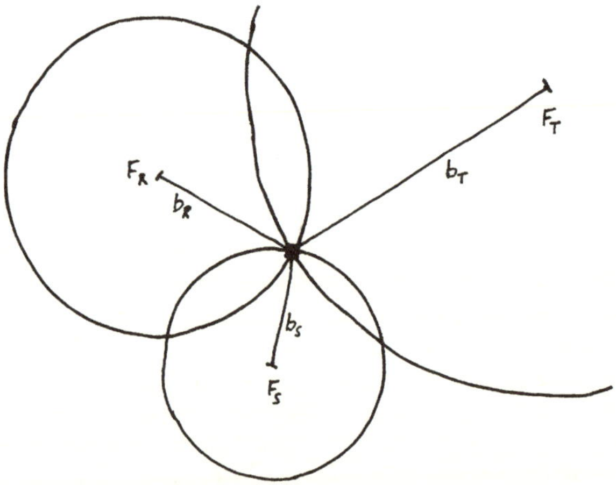

Schema 71: GPS-Empfänger im Schnittpunkt dreier Kreise, deren Radien sich aus den Aspekten Δt der Satelliten ergeben

Soweit die schematisch vereinfachte und erzählerisch gedehnte Darstellung des *Global Positioning System*; die physikalisch-technische Realität ist etwas sparsamer, deutlich komplizierter und unendlich viel schneller. Zunächst: ›Rundfunk‹ betreiben die Satelliten lediglich partiell, nicht allseitig, sondern nur erdwärts; entscheidend aber ist: so oder so kommen die Funkwellen in konzentrisch-kreisförmiger Gestalt auf der Erdoberfläche an. Außerdem geht es um den Abbau von Ungenauigkeiten und das Herausrechnen möglicher Fehler. Deshalb bezieht man die Frequenzen der Funksignale mit in die Messungen ein und sichert sich die Unterstützung weiterer Satelliten. Vor allem aber zeichne und rechne ich nicht selbst, sondern delegiere dies an einen Computer, der eine Liste mit den Namen und Bahnen aller Satelliten vorrätig hat und in welchen die momentan festgestellte Zeit und die zu ihr empfangenen Signale als Daten eingegeben werden.

Weiterführungen: Gedächtnis, Vorausschau und erdkundliche Interpretation

Ungeachtet dessen, daß es selbst *pars pro toto* als *GPS*-Empfänger bezeichnet wird, besteht mein Positionsbestimmungsgerät also aus drei Bausteinen: Empfänger, Uhr und Rechner. Und da Signalempfang, Zeitfeststellung und Koordinatenberechnung augenblicklich und kontinuierlich erfolgen, vermag mein Rechner mir jederzeit zu sagen, wo ich gerade bin. Damit aber ist das, was *GPS* kann, auch schon erschöpft. Nicht jedoch das, was der ohnehin schon tätige Rechner mit dem, was er weiß, außerdem noch anfangen kann. Da er stets auch speichert, was er gerechnet, und verknüpft, was er gespeichert hat, weiß er auch ständig, wo ich gewesen bin, kann mir über meine eigene Geschwindigkeit und Bewegungsrichtung jederzeit Auskunft geben und mir vorausberechnen, wohin, wenn ich so fortfahre, ich zu welchem Zeitpunkt gelangt sein werde.

Karten und Pläne hat und braucht der *GPS*-Empfänger für sich nicht. Sein Wissen von dem Ort, an dem er ist, stammt allein aus Physik und Geometrie und ist der Form nach ein Name, beispielsweise »S 45° 22′ 10″ W 107° 58′ 44″«. Zu Karten und, vermittels ihrer, zur physischen Oberfläche der Erdkugel und dem, was sich da alles befindet, hat er jedoch eine vorgängig-implizite und eine nachfolgend-hermeneutische Beziehung. In den Gradangaben, zumal in Buchstaben wie »S« oder »W«, ist einschlußweise auf den ›natürlichen‹ Äquator und das ›kulturelle‹ Greenwich Bezug genommen. Und selbstverständlich läßt sich der Sinn des genannten Stellennamens verstehen und das gewonnene Verständnis anwenden. Ganz leicht identifizieren wir auf einer Karte, die vom Koordinaten-Gitternetz überzogen ist, zuerst die genannte Stelle und dann durch sie auch die Ortschaft, die Bergspitze, die Straßenkreuzung, an welcher der Empfänger sich befindet.

Noch leichter aber tun wir uns, wenn wir diese Identifikationsleistung gleichfalls an den Rechner delegieren. Er benötigt dazu allerdings eine digitale Karte; er nennt ihr die von ihm errechnete Stelle im geographischen Koordinatensystem, und sie sagt ihm dann, welches Fleckchen irdischer Realität sich dort befindet. Und wenn der Rechner auch noch mit einem Monitor verbunden ist, kann dort die übersichtliche Karte dargestellt und die betreffende Stelle markiert werden.

Freilich: all diese Leistungen gehören nicht unmittelbar zum *Global Positioning System* selbst, sondern zu seiner technischen Erweiterung, erdkundlichen Auslegung und lebenspraktischen Anwendung. Darauf komme ich später zurück. Hier geht es mir zunächst um die Bedeutung, die *GPS* schon als technisch-geographisches System für unser Selbstverständnis und Weltverhältnis hat. Auch wenn diese Bedeutung uns allenfalls ansatzweise bewußt wird, so weist sie doch beschreibbare Konturen und Konfigurationen auf, die allmählich ›erfahrbar‹ werden, wenn wir es im Alltag mit *GPS*-gespeisten Steuerungseinrichtungen und Navigationsgeräten zu tun haben.

*

Im *zweiten Schritt* meiner Überlegungen zum *Global Positioning System* gehe ich nun der Frage nach: Was bedeutet es für mich, jederzeit mühelos wissen zu können, wo ich bin? Wie ändert sich tendenziell meine Sicht auf mich und meine Situation und Position durch den Umstand, daß mir neues Präsenzbewußtsein und neue Orientierung einfach zuteil wird? – Um in dieser Frage weiterzukommen, braucht uns am *Global Positioning System* nicht noch genauer zu interessieren, wie raffiniert ausgeklügelt es funktioniert, sondern was an seiner Funktionsweise aufschlußreich ist für die Art, wie ich in der Welt Stellen suche und finde. Und da ist es nun charakteristisch, daß wir dank *GPS* nicht bloß jederzeit wissen können, wo wir gerade sind, sondern daß wir uns mit diesem technischen System ein ›globales Körperschema‹ zugelegt haben, das in seinen Grundzügen genau so konstituiert ist wie das, welches wir als ›lebensweltliches Körperschema‹ bereits kennengelernt haben.

Lebensweltliches Körperschema

Erinnern wir uns: Mit dem Begriff des Körperschemas bezeichnet die Gestalttheorie das unthematische und reflexionslose Wissen, das ich von der Lage und Stellung meines Körpers und seiner Glieder ständig habe. Es gibt indes, wie wir gesehen haben, analog zu diesem innenleiblichen Körperschema, es erweiternd und ergänzend, auch ein lebensweltliches, das sich einstellt, sowie ich mich in meiner heimischen Umgebung befinde. Nicht allein in seiner gestaltlichen Positur, sondern überdies in seiner räumlichen Position ist mir mein Körper nun bewußt – ein gleichfalls ungegenständliches, unreflektiertes, stets im Hintergrund meiner Aufmerksamkeit sich haltendes Bewußtsein. Ganz selbstverständlich und intuitiv weiß ich hier immer, wo ich mich befinde, wohin ich gerichtet bin und mich bewege.

Konstitutiv für dieses lebensweltliche Körperschema, das sich mit meinem innenleiblichen zu einer Einheit zusammenschließt, sind die mir vertrauten Dinge an ihren üblichen Plätzen und mein beiläufiger Blick auf sie. Ich schaue sie an, und sie blicken gewissermaßen zu mir zurück, indem sie mir just den Aspekt von sich zeigen, der bestimmt wird durch den Ort – meinen nämlich –, von dem aus sie angeblickt werden. So ›sagen‹ sie mir ständig, ohne besondere Beachtung dafür zu verlangen, welches die Stelle ist, an der ich mich gerade aufhalte: dort wo, aus verschiedenen Richtungen kommend, ihre Blicke gleichsam zusammenlaufen.

Daß ich mich aber ob dieser Konvergenz nicht nur im engeren Umkreis der mir unmittelbar anschaulich zugewandten Dinge ›geortet‹ weiß, sondern in meiner lebensweltlichen Sphäre als ganzer: das verdanke ich diesen Dingen nicht minder. Denn sie zeigen nicht allein ›egozentrisch‹ zu mir her, sondern zugleich ›zentrifugal‹ von mir und von sich weg auf das an ihnen und hinter ihnen, was ich von hier aus nicht zu sehen vermag, was mir aber aus dem alltäglichen Umgang gewohnt und bekannt ist. So verweisen die mich unmittelbar umgebenden Dinge, indem ich sie sehe und sie mir meinen Ort bezeichnen, zugleich auf das Ganze der Dinge und Stellen, zu dem sie gehören und in welchem ich mich zu Hause weiß. In den Anblicken all der Dinge, die ich sehe, zeigt sich mir nun aber zugleich meine Lebenswelt als ganze in ihrer eigenen Aspekthaftigkeit. Denn die vielen aktuell gegenwärtigen dinghaften Aspekte schließen sich zusammen zu einem ›Gesamtaspekt‹, der hinsichtlich des Ganzen selbst nur einer von vielen möglichen ist.

Über das bloß formale und dann noch über das situativ engste Hier hinauszugehen zum Hier im lebensweltlichen Ganzen: dieser dinghaft-räumlichen Ausweitung meines Präsenzbewußtseins entspricht eine leibhaft-temporale: Sobald ich mich nämlich bewege, wandelt sich kontinuierlich der Aspekt, den die Dinge mir zeigen, der Anblick, den sie mir bieten. Und in eins damit verschiebt sich stetig der Gesamtaspekt und der dahinterstehende Verweisungszusammenhang, der mir das systematisch feste topische Gefüge signitiv präsent hält. Auf diese Weise lassen ›meine‹ Dinge mich ständig auch wissen, wie sich meine Stellung ihnen gegenüber ändert und in welche Richtung ich in meine Lebenswelt hineinblicke und -gehe. Dies freilich können die Dinge wiederum nur, weil mir in retentionaler Erinnerung die Serie der Anblicke, die sie mir soeben gezeigt haben, im Verschwinden doch gerade noch gegenwärtig bleibt, und weil ich protentional schon auf die Serie eingestellt bin, die sie, meine Bewegung reflektierend, mir sogleich präsentieren werden.

Globales Körperschema

In dem intuitiven, ja fast instinktiven Wissen, wo ich hier bin und wie ich mich hier bewege, besteht mein lebensweltliches Körperschema. Analog dazu, freilich durch einen Hiatus von ihm getrennt, stellt uns das *Global Positioning System* ein globales Körperschema zur Verfügung. Es hält ständig das Wissen für mich bereit, wo im weltumspannenden Koordinatensystem ich mich gerade befinde und, weitergerechnet, wohin ich mich bewege. Das Zusammenspiel von Satellitenverbund und Empfangseinheit produziert in jedem Augenblick ein Wissen von meiner Position.

Die sichtbaren und nahen Dinge, die mich hier umgeben, und die unsichtbaren und fernen Satelliten, mit denen wir uns im Weltraum umgeben haben, erbringen in ihrem jeweiligen funktionalen Zusammenhang völlig äquivalente Leistungen. Denn den unterschiedlichen visuellen Aspekten, mit denen die vertrauten Dinge sich mir jeweils zeigen, entsprechen global die verschiedenen temporalen Differenzen, die sich hier bei mir zwischen Sende- und Empfangszeit bezüglich verschiedener Satelliten ergeben. Jeder von ihnen zeigt mir gleichsam seinen eigenen zeitlichen Anblick, dessen Inhalt – eine Zeitspanne – von seiner *und* von meiner Position bestimmt wird. Da die je besondere Art und Weise, wie lebensweltlich die Dinge und technisch die Signalgeber sich auf den Ort richten, an dem ich bin, selbst abhängig ist von eben diesem Ort, eignet sie sich auch dazu, diesen genau und inhaltsvoll zu bestimmen. Über das formale Hier hinausgehend, sagt mir mein lebensweltliches Präsenzbewußtsein, wo inmitten der mir vertrauten Umgebung ich mich befinde, und mein technisch vermitteltes Positionswissen, welches die Koordinaten sind, die meinen Platz im globalen Gitternetz eindeutig benennen.

Der Satellitenverbund des *Global Positioning System* ist eine künstliche Umgebung, die auf das funktionale Minimum reduziert ist: auf das zur Positionsfeststellung Erforderliche. Wohl liegen zwischen dem orbitalen Platz des Satelliten und der irdischen Stelle, an welcher seine temporale Ansicht sich darstellt, tausende von Kilometern. Aber die räumliche Distanz zwischen dem physischen Objekt und dem Aspekt, den es von sich zeigt, ist ohne Bedeutung, weil dieser Aspekt eben temporal ist und in einer Zeitdifferenz besteht. Entscheidend ist, daß diese Weise, sich zu zeigen, abhängt von beiden: von der Stelle, an der der Sender sich befindet, und der, an welcher sein Signal empfangen wird. – Auch daß die Objekte im Orbit, anders als die Dinge um mich herum, nicht feststehen, tut ihrer Funktion keinen Abbruch. Denn da sie mir für jeden Augenblick ihre Position festzustellen erlauben, sind sie für die fälligen Messungen und Berechnungen so gut, als ob sie geostationär wären: sie funktionieren trotz ihrer Bewegung wie ein stabiles Gefüge feststehender Orientierungspunkte.

Virtualität und Objektivität

Von einem globalen Körperschema zu sprechen ist vor allem deshalb berechtigt, weil nun an die Stelle operativer Selbstlokalisierung, die beim Wandern, im Verkehr oder auf See unsere Zeit, Intelligenz und Aufmerksamkeit beansprucht, wieder eine Art von Positionswissen getreten ist, das sich ganz von selbst einstellt. Karte und Kompaß, Lineal und Zirkel, Sextant und Zeiger und Zifferblatt: kann alles beiseite. Denn die Technik macht's. Wie das Wissen des innenleiblichen und des lebensweltlichen Körperschemas, kommt auch das des globalen beiläufig und ohne besondere Mühewaltung zustande. Und es besteht, ohne daß sein Inhalt eigens beachtet, Thema kognitiver Zuwendung werden müßte.

Freilich: es ist ein bloß virtuelles, dispositives Wissen. Es existiert bereits, bevor ich es besitze. Daß es *ist* und daß es *meines* ist, Sein und Gehabt-Werden: das fällt auseinander. Mein leibgebundenes Körperschema hingegen ist ein Wissen, das darin *besteht*, daß ich es *habe*. Und daß ich es habe, zeigt sich in seiner Funktion: stetig und unvermerkt begleitet, ja ermöglicht es all mein Tun und Lassen. Das gilt für das Wissen des globalen Körperschemas nicht. Zwar liegt es für mich bereit, aber ich mache nicht immer schon davon Gebrauch. Ich *habe* es nicht ständig, ich *kann* es bloß ständig haben, wenn ich denn will und mich deshalb dem Gerät zuwende, das es mir anzeigt und gibt.

Das technisch produzierte Wissen muß ich mir durch einen eigenen Akt der Kenntnisnahme erst aneignen. Die Differenz zwischen bloßer Verfügbarkeit und tatsächlichem Besitz muß absichtlich, also mit Willen und Bewußtsein, überbrückt werden. Das hat Konsequenzen für die Art des Wissens, das auf diese Weise meines geworden ist. Es ist ein thematisches und propositionales Wissen: sein Inhalt ist Gegenstand meiner kognitiven Zuwendung und meiner verstehenden Auffassung.

Ehe es derart angeeignet und subjektiviert wird, ist das im globalen Körperschema enthaltene Wissen virtuelles Wissen: stetige Verfügbarkeit ohne aktuellen Besitz. Und die Virtualität dieses Wissens ist begründet in seiner Objektivität. Es entsteht in einem ausgelagerten technischen System, in welchem viele Bausteine sinnvoll zusammenwirken, und in Prozessen, die, einmal in Gang gesetzt, von selbst ablaufen. Und so ist auch das Resultat: Überall, wo eine *GPS*-Empfangseinheit arbeitet, produziert sie dieses Wissen, hält es sozusagen immer frisch vorrätig. Wie mir das Thermometer vor meinem Fenster ständig die Temperatur anzeigt, egal ob ich draufschaue oder nicht, so stellt mir auch das *Global Positioning System* jederzeit die Auskunft über meine momentane ›Stellung im Kosmos‹ zum Abruf bereit: ein Wissen, das es auch gibt, wenn niemand es hat. Darin besteht seine Objektivität.

Dinganaloge Stellenbesetzung

In meiner lebensweltlichen wie in unserer globalen Umgebung ergibt sich das Wissen, wo ich bin, aus einer dualen, einer topisch-gegenständlichen Ordnung. Wir haben einerseits ein System von Stellen und andererseits ein Ensemble von Gegebenheiten, die diese Stellen besetzen und von ihnen her sich zeigen. Das globale Stellensystem ist unser erdumspannendes Gitternetz. Es sagt uns zweierlei: Jede Stelle ist, was sie ist, nur in einem Stellengefüge; sie existiert nur als Teil eines Ganzen und ist in diesem Ganzen mit allen anderen Teilen verbunden. Und weiter: Soundso zu heißen, nämlich durch Längen- und Breitengrade benannt zu werden, das kann jede Stelle nur durch abgekürzte oder einschlußweise Mitnennung des Netzganzen; indirekt bezieht sich demnach jeder Name auf alle anderen Namen dieses Stellensystems und macht dabei, wie wir schon gesehen haben, notwendigerweise Gebrauch von den beiden Namen, in welchen die naturhafte und geschichtliche Verankerung dieses Systems zur Sprache kommt: »Äquator« und »Greenwich«.

Das *Global Positioning System* nun sorgt für die zwar nicht dinghafte, aber doch dinganaloge Besetzung all dieser Stellen. Jeder Satellit ist ja, wie gezeigt, ein Mittelpunkt, um welchen sich die signaltragenden Funkwellen wie expandierende konzentrische Kugelschalen zwar nicht allseitig, aber doch zur Erde hin ausbreiten. Wenn nun *mehrere* solcher Satelliten, die einander nicht zu fern sind, derartigen ›Rundfunk‹ betreiben, so überschneiden und überlagern sich die von den jeweiligen Zentren ausgehenden Wellen.

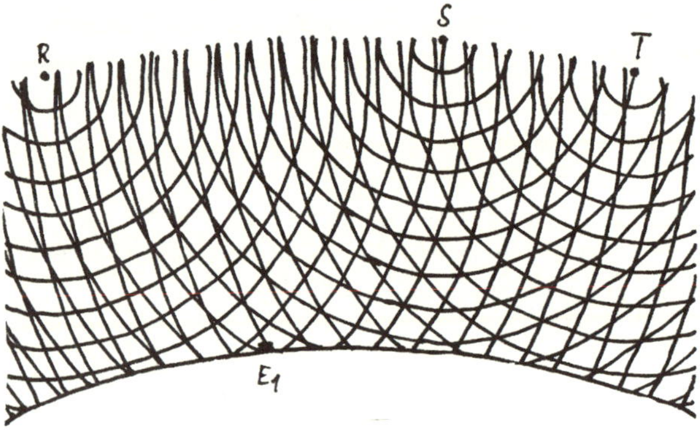

Schema 72: GPS-Wellengeflecht (schematisch, ohne Maßstab)

Das *GPS* ist nun aber ein Verbund aus Satelliten, die so im Orbit verteilt sind, daß rund um die Erde an jedem Punkt die Signale zahlreicher Zentren sich treffen. Das Ganze der durch *GPS* im Äther gegenwärtigen Wellen bildet somit einen erdumschließenden

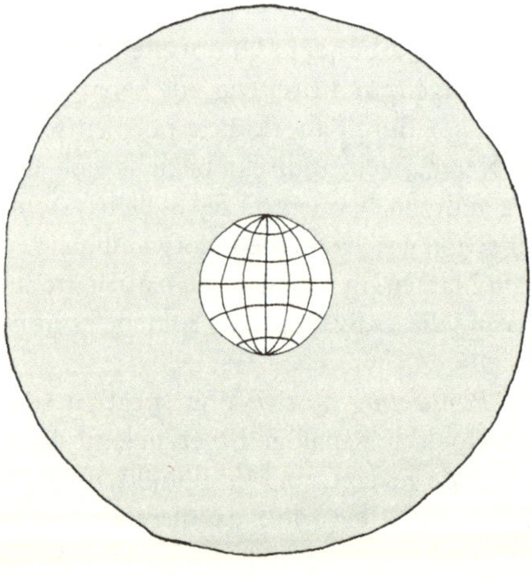

Schema 73: Weltumschließende GPS-Interferenzsphäre

kontinuierlichen Zusammenhang potentieller Information, eine dichte Totalität aller möglichen ›Anblicke‹ aller wirklichen Signalgeber. Bildhaft gesprochen: die *GPS*-Interferenzsphäre umhüllt die Erde so ähnlich wie beim Pfirsich das Fruchtfleisch den Kern. Ob zu Lande, zu Wasser oder in der Luft: aus diesem System kann man nicht herausfallen. Nur Astronauten sind fähig, ihm zu entkommen. Sieht man davon ab, daß gelegentlich Funkstörungen eine regionale oder episodische ›Unsichtbarkeit‹ bewirken können, so ist jede Stelle der Erdoberfläche ausreichend mit *GPS*-Informationen gesättigt.

Natürlich ist die Erde auch ohne *GPS* schon längst von einem dichten Mantel elektromagnetischer Wellen umschlossen. Aber sie sind doch von einem ganz anderen Schlag. Nicht physikalisch, aber funktional. Daß die Signalübertragung trotz der Lichtgeschwindigkeit Zeit braucht, ist für alle Arten der Kommunikation störend, hinderlich, bestenfalls gleichgültig. Der Fernsehzuschauer bemerkt diese Zeit bisweilen durch die kleinen Pausen, die bei Interviews *via* Satellit zwischen Frage und Antwort entstehen. Gerade das, was üblicherweise als lästiger Begleiteffekt hingenommen wird, ist für das *Global Positioning System* die Grundlage seiner Leistung. Denn das Δt ist nichts anderes als die Zeitdifferenz zwischen der Absendung und dem Empfang.

Technisch vermittelte Allgegenwart

Wie bereits mein lebensweltliches Körperschema mir in meiner subjektiv-vertrauten Sphäre eine Art Omnipräsenz-Ersatz gewährt, so bietet mir das globale Körperschema etwas ähnliches für die Erde. Gewiß, göttliche Allgegenwart bleibt uns als leiblichen Wesen auf immer versagt. Wir sind, ob wir wollen oder nicht, immer *hier* und *nur* hier. Und dennoch verschaffen wir uns viele indirekte Weisen, als Hierbleibende doch auch *dort*, ja sogar *überall* dort sein zu können. Kraft der signitiven Verweise, die von den mir sichtbaren Dingen hier auf das Ganze meiner Lebenswelt ausgehen, reiche ich ›horizonthaft‹ überall hin und habe das polyzentrische System der mir bekannten und vertrauten Stellen intentional stets gegenwärtig, ohne es eigens zum Thema meiner Aufmerksamkeit machen zu müssen. Das ist nur die gegenständlich-topische Lesart eines Sachverhalts, dessen subjektiv-positionale Version schlicht besagt: »Hier weiß ich immer, wo ich bin.«

Auf andere, aber doch ähnliche und gleichfalls mittelbare Weise gewährt mir das *Global Positioning System* eine Art von uneingeschränkter, universaler Quasi-Präsenz. Mir, dem Empfänger, sind hier und jetzt zwar nur einige Satelliten ›sichtbar‹, das heißt mittels ihrer Funkwellen und der aus ihnen ermittelbaren Zeitdifferenzen präsent. Aber diese temporalen Aspekte verweisen auf ›ihre‹ Signalgeber im Orbit, die wiederum mit anderen ihresgleichen zu einem Verbund gehören, der ein systematisches Ganzes ausmacht. Dieses Ganze, so haben wir gesehen, ›erscheint‹, ›zeigt sich‹, ›stellt sich dar‹ in einem erdumschließenden dichten Wellengeflecht. Vermöge dieses stetigen Zusammenhangs aller möglichen ›Aspekte‹ sind an jeder Stelle des Globus diejenigen Informationen ätherisch präsent, die zur Bestimmung der Koordinaten dieser Stelle erforderlich sind.

Und auf all diese Stellen nehme ich unthematisch und indirekt Bezug, sowie ich mir mittels *GPS* sagen lasse, wo ich bin. Wie sehr auch immer die Mittelbarkeiten sich komplizieren und verketten: Ich vermag einen Teil dieses technisch erzeugten globalen Ganzen nicht in Anspruch zu nehmen, ohne mich zugleich einschlußweise auf dieses Ganze mit allen seinen Teilen zu beziehen. Ohne diese indirekte Ubiquität könnte mein Positionswissen mir niemals sagen, wo *on earth* ich mich befinde; zu wissen, daß ich hier bin, könnte kein Wissen von meinem Platz auf der Weltkugel sein. Also: wie mein lebensweltliches Körperschema für meine vertraute Nah-Umgebung, so gewährt mir das globale Körperschema für unsere Welt im ganzen eine nicht physische, aber doch intentionale Allgegenwart, eine Art Omnipräsenz-Ersatz. Diese Präsenz ist ›intentional‹ nicht im Sinne von ›absichtlich‹ oder ›willentlich‹, sondern von ›bewußtseinsförmig‹: dem Bewußtsein, wenn schon nicht gegeben, so doch grundsätzlich erschließbar und verstehbar.

Mehr darf es aber auch nicht sein. Denn wäre ich, wie es die Theologie ihrem Gott zutraut, tatsächlich überall gleichzeitig zugegen, so ginge mir die Möglichkeit, *hier* zu sein, ebenso verloren wie die, jemals anderswo gewesen zu sein, oder, von hier ausgehend, eine andere Stelle zu suchen und zu finden.

Wohl können wir nicht allerorten zugleich Fuß fassen und unsere Augen nicht überall haben: und doch sind wir geographisch als Namengeber und funktechnisch als Signalverteiler überall da. Wo auch immer wir empfangsbereit hinkommen, begegnen wir stets uns selbst: wir finden uns wieder in den Daten, die wir von unseren Satelliten ständig ausstrahlen lassen, und in den Namen, die wir aus diesen Daten errechnen und die wir selbst zuvor schon mittels der Koordinaten allen Stellen zugeteilt hatten.

Es wäre ja auf die Dauer auch zu peinlich gewesen, wenn wir zuerst mit imperialer Gebärde jeder Stelle auf Erden ihren eigenen Namen verliehen hätten, um dann von keiner einzigen sagen zu können, wie sie heißt. Jetzt aber bringen wir die Welt zum Reden. Wir können auftauchen, wo es uns beliebt: sofern wir ausgestattet sind mit entsprechendem Gerät – Herrschaftsinstrument und Herrschaftszeichen in einem –, stellen sich uns alle Plätze untertänigst mit eigenem Namen vor. Und wie sich's gehört, sprechen sie nicht ungefragt.

*

Im *dritten Schritt* der Überlegungen dieses Kapitels geht es um die Weise, wie wir als viele einzelne durch das *Global Positioning System* untereinander technisch und doch leibartig intersubjektiv verbunden werden. – Wir haben gesehen: Ich kann nicht wissen, wo ich bin, ohne mich intentional auf das lebensweltliche oder globale Ganze zu beziehen, in dem ich mich aufhalte und durch welches mein Hiersein eine inhaltliche Bestimmung erfährt. Es ist, als ob ich, allein hier, auch überall dort wäre. Dies ist indes nur die topische Lesart eines Sachverhalts, zu dem es auch eine soziale Version gibt. Sie erschließt sich durch die Analyse des Zusammenhangs zwischen Objektivität und Intersubjektivität. Da dieser Zusammenhang bei einem technischen System wie *GPS* reichlich verwickelt ist, untersuche ich ihn, der Einfachheit halber, zunächst bei dem schlicht wahrnehmbaren Ding, wie jeder es kennt: Wie und in welchem Sinne kann es, das ja objektiv vorhanden ist, zugleich intersubjektiv sein?

Anschließend frage ich, was für ein Objekt der *GPS*-Satellitenverbund ist und was seine eigenartige Objektivität zu bedeuten hat für die Intersubjektivität, die sich aus ihr ergibt. Auch da geht es nicht einfach um Verhältnisse, die uns geläufig sind, sondern um

Formen und Konfigurationen, die sich ohne unsere Absicht ausbilden und unvermerkt hinter unserem Rücken etablieren. Daß sie es tun, bemerken wir ansatzweise dort, wo die Technik, durch die es geschieht, in unsere Alltagspraxis einsickert und sie umformt.

Das Ding als Inbegriff von Aspekten und als Regel der Wahrnehmung

Natürlich kann jedes Ding existieren, ohne wahrgenommen zu werden; es vermag dazusein, ohne eines Subjekts zu bedürfen: darin besteht seine Objektivität. Sie schließt allerdings Subjektbezug nicht aus. Im Gegenteil: Objektivität wird durch ihn ermöglicht und ermöglicht wiederum ihn. So kann, was objektiv ist, dennoch *durch* ein Subjekt dasein und dann auch *für* ein Subjekt da sein.

Zum einen: philosophisch denkbar ist, daß der Gegenstand seine Objektivität einem konstituierenden Subjekt verdankt – dem transzendentalen –, das ihn bildet und formt und zuletzt in die Selbständigkeit entläßt, ihn gleichsam emanzipiert: er ist frei, ist autark. *Zum anderen*: alltäglich erlebbar ist, daß Dinge faktisch wahrgenommen werden, also grundsätzlich wahrnehmbar sind. Das Ding ist ein Objekt, das sozusagen Ausschau hält nach Subjekten, denen es sich präsentieren kann; es ist – nicht nur, aber auch – eine Mannigfaltigkeit sichtbarer Facetten, ein Inbegriff möglicher Aspekte. Selbst wenn niemand es sieht, hält es doch eine Fülle möglicher Ansichten vorrätig: *mögliche* Ansichten, die *wirkliche* werden, sowie jemand zu dem Ding hinzutritt und es anschaut.

Analysiert man nun die Weise, wie diese Anschauung funktioniert, so wird offenkundig, daß das Ding wesentlich auch eine Wahrnehmungsvorschrift ist, eine Regel, durch die es sich selbst sagt, wie es sich uns zu zeigen hat, und uns zu verstehen gibt, wie es von uns aufgefaßt sein will. So ermöglicht es uns inhaltlich durch Präsentation seiner Ansichten und regulativ durch Kundgabe seiner Weisungen unsere wahrnehmende Bezugnahme auf es selbst. – Ob wir selbst als transzendentale Subjekte all dem zuvor und wohlbedacht die Dinge schon so konstituiert haben, daß sie ›unabdingbar‹ genötigt sind, uns gerade diese Art der Bezugnahme auf sie zu ermöglichen: das brauche ich hier zum Glück nicht zu untersuchen.

Werfe ich nun etwa diesem Ding hier einen Blick zu, so kann es nicht umhin, sich mir von einer bestimmten Seite zu zeigen. Wird es indes zugleich auch von anderen in Augenschein genommen, so bekommt jeder, was ihm zusteht: unausweichlich gibt die Sache jedem das Seine, *suum cuique*, nämlich den Anblick, der dem Gesichtspunkt des Betrachters entspricht. Die Notwendigkeit, die da waltet, setzt sich fort in der Weise, wie das Ding den Betrachter führt: Durch das, was es ihm gibt, lenkt es dessen Aufmerksamkeit auf sich. Mir zeigt es diesen, einem anderen jenen, einem dritten wiederum einen ganz anderen Aspekt. Aber indem es jedem einzelnen etwas anderes *von sich* zeigt, zeigt es allen *sich selbst.* All diese unterschiedlichen Aspekte sind nicht nur wohlgeordnet zusammengehalten in dem einen Dinge, das so ›vielseitig‹ erscheint; vielmehr nötigen sie – mit eigentümlich ›zwanglosem Zwang‹ – das Auge dazu, nicht sie selbst aufzufassen, sondern mittels ihrer dieses Dingganze, zu dem sie alle gehören.

Was bedeutet es nun für die Betrachter dieses Dinges, sich, von ihm geleitet, nur gerade so auf es beziehen zu können? Nun, ich als einzelner bin mir, wenn ich wahrnehme, der Aspekthaftigkeit meiner Wahrnehmung bewußt. Angesichts dieses Dinges hier ist mir klar, daß der mir dargebotene Anblick bloß einer von vielen möglichen ist: Anblicke, die ich mir durch Positionswechsel leicht verschaffen könnte, die aber, wie ich weiß, von dem Ding auch für andere mögliche Betrachter bereitgehalten werden. Und so sieht dann die Konfiguration aus, die der Intersubjektivität zugrunde liegt und innewohnt: Indem ich mit ›meiner‹ Ansicht das Ding selbst auffasse, beziehe ich mich durch es auf andere mögliche Ansichten von ihm *und* auf andere mögliche Subjekte für sie. Diese Subjekte aber müssen, wenn sie denn wahrnehmen, dies so tun, wie ich es tue: mit dem Bewußtsein, sich einschlußweise auf alle anderen möglichen Aspekte, Gesichtspunkte und Betrachter zu beziehen. So hängen (1) mittels der je verschiedenen Ansichten, (2) kraft ihrer objektiven Einheit und (3) vermöge des Bewußtseins von ihr alle möglichen oder wirklichen Subjekte indirekt miteinander zusammen. Kurzum: Niemand kann alleine ein Ding wahrnehmen.

›Intersubjektiv‹ kann nun beides heißen: sowohl der Verband

dieser Subjekte als auch das Objekt, durch das er zustande kommt. Der Verband, zu dem wir als Wahrnehmende gehören, ist auch dann intersubjektiv, wenn wir uns in ihm nicht unmittelbar wechselseitig aufeinander beziehen. Wiewohl objektiv reguliert und sachlich vermittelt, ist unsere Wahrnehmungsgemeinschaft doch durchs Bewußtsein eines jeden von uns gestiftet und von unserem gemeinsamen Wissen, was ein Ding ist, getragen.

Der Gegenstand aber, durch dessen Vermittlung und unter dessen Anleitung dieser intersubjektive Verband sich bildet, ist zunächst einmal objektiv, weil er nicht wie eine Vorstellung, die ich habe, in meine Innenwelt eingeschlossen ist, sondern außerhalb ihrer und unabhängig von mir frei existiert. Vermöge dieser Unabhängigkeit von mir kann er für mich da sein, und ich kann mich wahrnehmend auf ihn als auf ein Objekt beziehen. In dieser Beziehung aber erweist er sich als einer, der, indem er *für* ein Subjekt da ist, nicht allein für *ein* Subjekt da zu sein vermag: Er kann meiner nicht sein, ohne sogleich unserer zu werden. Abhängig von keinem, ist er zugänglich für alle: jenes macht ihn objektiv, dieses intersubjektiv.

GPS: *funktionale Einheit und temporale Erscheinung*

In welchem Sinne ist nun das *Global Positioning System* ein objektives und intersubjektives System? Nach dem, was wir anhand eines wahrnehmbaren Dinges gesehen haben, muß vorab gefragt werden: Mit welcher Art von Gegenstand und mit welcher Weise, sich zu zeigen, haben wir es hier zu tun? Nun, offenkundig nicht mit einem schlicht vorliegenden Ding, sondern mit vielen wohlverteilten Satelliten. Doch mögen diese physischen Bausteine des Systems räumlich noch so weit voneinander entfernt sein, sie gehören trotzdem zu ein und demselben Ganzen; sie bilden zusammen *ein* Objekt vom Typus ›Verbund‹. Was sie eint, ist nicht nur das räumliche Muster, das sie bilden, sondern auch und vor allem die Funktion, die sie gemeinsam erfüllen.

Zum Vergleich: elf einzelne Fußballspieler sind nicht allein wegen ihrer physischen Anwesenheit im gleichen Sportdreß ein Team, sondern dadurch, daß sie auf dem Spielfeld verschiedene Positionen einnehmen und gemeinsam eine Leistung erbringen. Und so existieren die *GPS*-Satelliten zwar grundsätzlich auch als wahrnehmbare Dinge, in ihren Verbund jedoch gehen sie ein durch ihre Verteilung im Orbit und mit ihrer Funktion als Signalgeber. Als ›Rundfunk‹-Sender mit jeweils begrenzter Reichweite kooperieren sie so, daß aufgrund ihres Zusammenspiels an jedem Punkt der Erde die Information bereitliegt, die man braucht, um seine Koordinaten bestimmen zu können.

Deshalb stellt sich der Gesamtverbund auch nicht wie ein Ding dar. Er ›erscheint‹ nicht in einer Vielzahl sichtbarer Facetten, sondern in einer Mannigfaltigkeit von ›temporalen Aspekten‹, von denen jeder bereits eine Mehrzahl von ›Aspekten‹ in sich vereint. Denken wir zunächst an den *einzelnen* Satelliten: Er zeigt sich ja durch die konzentrischen Wellen-Kugelschalen, die er um sich ausbreitet. *Wie* er an einer bestimmten Stelle ›erscheint‹, hängt ab von der Zeit, die sein Signal bis zu ihr benötigt. Denken wir sodann an *mehrere* Satelliten, sagen wir vier oder fünf: Sie zeigen sich zwar auch durch ihre je *eigene* Zeitdifferenz an ein und derselben Stelle; an ihr aber treffen diese einzelnen ›temporalen Aspekte‹ aufeinander, um sich punktuell zu *einem* komplexen ›Gesamtaspekt‹ zusammenzuschließen. Denken wir endlich an *alle* Satelliten des Systems: Die wahrlich ›komplizierte‹ Art, wie bereits mehrere benachbarte Satelliten gemeinsam als Integral von Zeitdifferenzen ›erscheinen‹, charakterisiert auch den Verbund als ganzen, zu dem diese Nachbarn sich mit allen anderen ihresgleichen systemisch und funktional zusammenfinden. Das *Global Positioning System* besteht als Ganzes aus den Satelliten als seinen Teilen und stellt sich dar in der Fülle aller möglichen temporalen ›Gesamtaspekte‹, die fugenlos dicht aneinanderliegen und sphärenförmig den Globus umfangen. In jedem solchen Aspekt zeigt sich das Ganze, aber eben nicht ganz. Vielmehr zeigt es sich, indem mehrere Teile *als Teile* sich zeigen, und das tun sie, indem ihre je eigenen Aspekte sich *punktuell* miteinander verknoten. – Lassen wir's bei dieser Katachrese.

Ein Zusammenhang technischer Geräte, die Positionen und Positionswissen haben

Soweit also der Gegenstand ›Satellitenverbund‹ und seine ›Erscheinungsweise‹. Komplizierter als beim wahrnehmbaren Ding sind die Verhältnisse hier allemal, die Grundrisse indes in beiden Fällen nicht wesentlich voneinander verschieden. Das ändert sich jedoch, wenn wir nun die rezeptiven Instanzen betrachten. Denn dem wahrnehmenden Subjekt mit seiner einfachen Anschauung korrespondiert auf Seiten des *GPS*-Empfängers ein zwiespältiges Wissen. Das durch Messung und Rechnung ermittelte Positionswissen gibt es ja, wie wir gesehen haben, objektiv-virtuell im Empfangsgerät und subjektiv-reell im Bewußtsein dessen, der es mit Sinn und Verstand vom Gerät abliest. Spannend ist nun, daß sich schon auf der technischen Seite allein die Konfiguration ausbildet, die wir als charakteristisch für Intersubjektivität kennengelernt haben: Bereits das virtuelle Wissen enthält der Form nach all die Implikationen, die wir, wenn es um Dinge geht, im Bewußtsein des wahrnehmenden Subjekts vorfinden und durch die dieses mit anderen möglichen Subjekten zu einer Wahrnehmungsgemeinschaft verbunden wird.

Zunächst: Wie beim sichtbaren Ding jeder mögliche Aspekt auf einen wirklichen Betrachter angewiesen ist, um selbst wirklich zu werden, so bedürfen auch die ›temporalen Aspekte‹, welche die *GPS*-Satelliten im Äther bereithalten, eines *GPS*-Empfängers, um zu werden, was sie bislang nur sein konnten. Ohne einen physisch gegenwärtigen Empfänger, dessen Position es ja überhaupt zu bestimmen gilt, fehlt auch der ›Gesichtspunkt‹, der entscheidet, welche von den vielen vorrätigen ›Ansichten‹ tatsächlich zum Zuge kommt. Ohne einen Empfänger, der an Ort und Stelle die Signale verschiedener Sender aufnimmt und der die unterschiedlichen Zeitspannen, die sie bis zu ihm unterwegs waren, ermittelt und verknüpft, bleiben diese Signale, obgleich unverschlüsselt, doch verschlossen.

Sind sie aber erst einmal empfangen und verrechnet, so ergibt sich aus ihnen ein Wissen in objektiv-virtueller Form. Es besagt direkt nur, wo das Empfangsgerät sich befindet. Einschlußweise besagt es indessen weit mehr. Denn zu diesem Wissen verarbeitet und in ihm mit enthalten ist sowohl das von der aktuellen Position und Entfernung der ›sichtbaren‹ Satelliten als auch das von den Positionen all derer, die sich gerade außerhalb des Empfangsradius befinden. Problemlos kann deshalb der Satellitenverbund ständig die Erde umkreisen und demselben Empfänger am selben Ort immer andere Signalgeber zur Verfügung stellen: Weil der Verbund zwar nicht ganz, aber als ganzer an derselben Stelle sich immer mit demselben ›Gesamtaspekt‹ präsentiert, ist es gleichgültig, daß die ›Teilaspekte‹, die sich zu diesem zusammenschließen, immer andere sind. Das virtuelle Wissen, wo, global betrachtet, *hier* ist, schließt somit weiteres in sich: ein Wissen von der funktionalen Einheit des Satellitenverbundes und von seiner sphärischen ›Erscheinungsweise‹.

Damit ist, auf dem Umweg über das Ganze, Bezug genommen auf alle anderen möglichen ›Aspekte‹, die es von sich zu zeigen vermag, und auf alle anderen Stellen als Stellen für mögliche andere Empfänger. Diese sind, so es sie denn gibt, ihrerseits in der Lage, ihre eigene Position zu bestimmen; und sie können, indem sie dies tun, nicht umhin, gleichfalls Bezug zu nehmen auf das Ganze namens *GPS* … So ergibt sich eine Art technisch-objektiver Inter-Rezeptivität, die in sich ganz so verfaßt ist wie die Intersubjektivität, die sich bei der Wahrnehmung von Dingen einstellt.

Technisch vermittelte Intersubjektivität

Daß hier wie dort dieselbe Konfiguration sich ausbildet und kongruente Beziehungen stiftet, bleibt nicht ohne Folgen. Sobald sich nämlich an die Kette von Signalempfang, Zeitmessung, Datenverarbeitung und Positionsfeststellung noch das Glied der Zeichenablesung anschließt, sobald also das objektive Wissen subjektiviert wird, werden die bereits einschlußweise vorhandenen funktionalen Relationen intentional überlagert, sinnhaft assimiliert und kognitiv nostrifiziert. Es entsteht, auch ohne daß wir uns dies eigens zu Bewußtsein bringen müßten, eine technisch vermittelte Intersubjektivität. Unschwer ist zu sehen, daß sie lediglich die soziale Version dessen darstellt, was wir topisch als Omnipräsenz im Modus des Als-ob bereits kennengelernt haben.

Trivialerweise ist natürlich mein subjektiv-individuelles Wissen von meinem Ort in einem anderen Sinne zugleich intersubjektiv.

Da es sich zahlenmäßig bestimmt in Längen- und Breitengraden darstellt, ist es für jeden verständlich, der das Greenwich-Äquator-Gitternetz kennt. Wem auch immer ich in Bezug auf dieses Koordinatensystem meinen Ort nenne, der weiß auch, wo er mich finden kann. Dieses geographische Stellen*bezeichnungs*system ist aber ohnehin für die Arbeit des technischen Stellen*bestimmungs*systems immer als intersubjektiv gültig und weltweit anerkannt vorausgesetzt.

Daß sich in der subjektiven Wahrnehmung und in einem technischen Funktionszusammenhang gleichermaßen die Konfiguration ausformt, die der Intersubjektivität zugrunde liegt und innewohnt, hat aber nicht nur Folgen, sondern vielleicht auch Gründe. – Das Ding: denkbar ist, daß es seine Objektivität einem transzendentalen Subjekt verdankt; denkbar auch, daß dieses Subjekt es von vornherein so konstituiert hat, daß es als Inbegriff möglicher Aspekte eine Gemeinschaft möglicher Wahrnehmungssubjekte stiften kann und muß. – Das *Global Positioning System*: denkbar ist, daß wir als Konstrukteure an ein objektives System dachten, das unabhängig von uns funktioniert und virtuelles Wissen erzeugt; denkbar auch, daß wir ein interrezeptives System im Sinn hatten, das einen Zusammenhang von möglichen Empfängern zu stiften vermag, der seinem Grundriß nach analog zu unserer Wahrnehmungsintersubjektivität gebaut ist und den wir, durch Subjektivierung des virtuellen Wissens, intentional zu überformen und anzueignen in der Lage sind, um fortan, auch ohne es zu wissen, untereinander verbunden zu sein.

Ist gar noch denkbar, daß den Konstrukteuren, die wir sind, das transzendentale Subjekt, das wir gleichfalls sind, bei alledem den Sinn zu lenken und die Hand zu führen verstand, ohne daß wir's überhaupt merkten?

›Irdischer‹ und ›geistiger‹ Zusammenhang: GPS *und* Internet

Längst kennen wir einen Verbund technischer Geräte, der Wissen objektiv besitzt und es uns zur Verfügung hält: das Internet. Es ist ein ›weltweites Gewebe‹ aus einer Unzahl von Speichern und Rechnern unterschiedlichster Art und Größe. Und wir alle sind zwar nicht faktisch, aber doch grundsätzlich durch ›das Netz‹ miteinander verbunden: eine technisch vermittelte Intersubjektivität. Die Metapher des *global brain* drückt es ganz treffend aus: Es gibt *einen* Gesamtwissensbestand, der objektiv-virtuell existiert und an dem subjektiv alle teilhaben können und viele auch faktisch teilhaben. Freilich: diese Aneignung beschränkt sich für jeden einzelnen auf einen winzigen Ausschnitt vom großen Ganzen.

Auch das *Global Positioning System* ist ein technischer Verbund von Geräten – den Satelliten und Receivern –, die objektiv-virtuelles Wissen für uns zur subjektiven Realisierung bereithalten. Aber die Unterschiede sind doch riesig! Hier nur einiges in Kürze: (2) *GPS* ist kein Netzwerk, in dem alle mit allen verknüpft sind, sondern ein ›monadisches‹ System, in welchem jedes ›Terminal‹ für sich bleibt und die Beziehung zu anderen immer nur über die gemeinsame Partizipation an einem Dritten verläuft: am weltumschließenden Wellengeflecht. (3) Das *GPS*-Wissen ist selbst von dürftigster Art; wohl unendlich viel, aber alles von einer Sorte: geographische Koordinaten. (4) Die Wissensportionen sind extrem minimalisiert und völlig individuiert: jedes *GPS*-Empfangsgerät hat nur genau *ein*, genau *sein* Wissen: das von *seiner* Stelle und eventuell *meiner*. Wissen, heißt das, ist nicht das, was uns hier verbindet. (5) Das Internet bringt tendenziell die Zeit zum Verschwinden. Alles wird gleichzeitig: *totum simul*. *GPS* hingegen beruht gerade wesentlich auf jener minimalen zeitlichen Differenz, die wegen der Endlichkeit der Lichtgeschwindigkeit *c* aus keinem Übertragungsvorgang eliminierbar ist.

(1) Der erste und entscheidende Unterschied aber, von dem her auch die vier genannten Differenzen verständlich werden, betrifft den Raum. Daß etwas irgendwo ist, spielt für das Internet keine Rolle: es bringt tendenziell den Raum zum Verschwinden. Das *Global Positioning System* hingegen setzt nicht allein Räumlichkeit voraus, sondern hat einen konkreten Raum zur Grundlage seiner Existenz: die Erde in ihrer Kugelgestalt und unsere Verteilung auf ihr. Schon die Weise, wie wir durch *GPS* indirekt untereinander verbunden sind, folgt dem Typus nach unserer Gemeinsamkeit als ›Erdenbürger‹: Wir partizipieren alle als leibhafte Wesen an der Erde als einem Dritten. Sie gibt die Materie, aus deren Organisation unser beweglicher Körper sich bildet, und sie liefert den Stoff, den stetig zu wechseln leben heißt.

Diese ganz triviale Tatsache ist indes nicht bloß wegen der Typik ›Verbundenheit durch Teilhabe‹ von Bedeutung. Denn obgleich wir irdische Wesen sind und bleiben, vermögen wir uns, wie andere Tiere auch, von der Erde abzulösen und uns auf ihr zu bewegen. Dadurch wird sie für unsere natürliche Erfahrung zum festen Grund. Erst durch unsere Bewegung gibt es für uns selbst die elementare topische Differenz zwischen der Stelle, an der wir sind, und unserem Leib, mit dem wir sie besetzen. Jetzt erst wird die Frage »Wo bin ich?« sinnvoll. Und sie hat, wie wir gesehen haben, weitreichende Folgen: Präsenzbewußtsein und Orientierung, Ortskunde und Wegkenntnis, Überblickswissen und Landkarten, Planquadrate und geographische Koordinaten …

… und am Ende das *Global Positioning System*. Es ist die derzeit äußerste Konsequenz unserer irdischen Existenz und unserer körperlichen Mobilität. So ätherisch-technisch *GPS* sich ausnimmt: es stiftet einen intersubjektiven Zusammenhang, der auch dann ein irdisch-leibartiges Gepräge hat, wenn er im Modus der Möglichkeit bleibt.

›Global Body‹ *und Neuplatonismus*

Uns als leibhaft individuierte und weltweit zerstreute Subjekte verbindet also das *System* indirekt untereinander. Obwohl es dabei die Individualität und Position eines jeden nicht nur respektiert, sondern voraussetzt und beim Namen nennt, liegt doch die Frage nach der Eigenart des Ganzen nahe, das durch diese Verbindung entsteht. Ergibt sich so etwas wie ein *Global Body*, der *einer* ist, ohne die vielen leibhaften Existenzen, die wir sind, in sich hinein aufzulösen? Wachsen wir allmählich – ohne die geringste Einbuße an individueller Selbständigkeit und autonomer Mobilität – zu einer Art ›Weltkörper‹ zusammen?

Erinnern wir uns an das Verhältnis von Welt und Weltseele bei den neuplatonischen Philosophen: Die eine Weltseele versammelt und eint die vielen Seelen der körperlich lebenden Einzelwesen. Da jede Seele aber ihrem Leib eingeformt und dieser dadurch an sie gebunden ist, verbindet die Weltseele zugleich auch die vielen Körper zur Einheit *eines* Leibes: des Weltkörpers. Ist unsere technisch vermittelte Intersubjektivität eine Einheit von dieser Art?

Nun, womöglich ist die hochgreifende Spekulation der Neuplatoniker nur die metaphysische Darstellung unserer irdischen Verbundenheit. Und dennoch hat sie wegen der Mittlerfunktion, die der Seele zukommt, noch waghalsigere Konsequenzen. Die Seele ist ja Mittlerin in doppelter Hinsicht. Nicht nur werden die Körper zum Weltkörper verbunden, indem die Seelen von und in der Weltseele geeint werden; vielmehr ist die Seele auch das, wodurch und worin Körper und Geist miteinander verknüpft sind. Im großen Ganzen: Weltkörper und Weltgeist. Da somit die Seele einerseits in ihrer ›Außenwirkung‹ Formprinzip des Körpers, andererseits in ihrem Inneren Trägerin des Wissens ist, kann, wer kühn genug ist, noch weiter fragen: Entsteht gar aus dem Zusammenwachsen von *Global Positioning System* und *Internet* ein technischer und doch irdisch-geistiger, also organischer Gesamtkörper, wie ihn André Leroi-Gourhan in Verlängerung der biologischen Evolution des Menschen hat kommen sehen?

Doch kehren wir lieber von dem, was wir kaum zu denken vermögen, wieder ›zurück zu den Sachen‹, die sich nachvollziehbar beschreiben lassen!

In der ganzen Welt zuhause

Mitglieder einer Familie, die im selben Haus wohnen, Mitarbeiter einer Firma, die in denselben Labors oder Büros tätig sind, kennen einander und wissen sich als zusammengehörig in unterschiedlichen Stufen von Vertrautheit und Nähe. Nicht jedes Zimmer, nicht jeder Schreibtisch, aber doch umfangreiche Teile der Räume, in denen sie alle sich häufig genug und hinreichend lange aufzuhalten pflegen, machen die topisch-gegenständliche Dimension einer Lebenswelt aus, die ihnen gemeinsam ist. Zu ihr zählt zwar auch die Dimension der eingespielten Verhaltensweisen und vorgezeichneten Gefühlsbahnen, der tradierten Wertvorstellungen und habituellen Wahrnehmungsschemata; all dies braucht uns aber hier, wo es um Fragen der Selbstlokalisierung geht, nur insoweit zu interessieren, als subjektive Formen, Erfahrung zu machen und sie im Handeln präsent sein zu lassen, davon wesentlich mitbestimmt sind. Entscheidend ist der elementare Sachverhalt, daß jene gemeinsamen Raumpartien ausgestattet sind mit vertrauten Dingen an gewohnten Stellen. Jeder, der dazugehört, kennt diese Dinge und weiß, wo sie sind und wie sie sich zu zeigen pflegen.

Jeder, der dazugehört, weiß damit aber auch immer, wo inmitten dieser lebensweltlichen Umgebung er sich befindet: Präsenzbewußtsein und Ortskenntnis sind selbstverständlich ständig gegeben. Jeder kennt sich hier aus. Seltene Gäste und ungebetene Einbrecher hingegen nicht. Sie tun sich schwer. Die einen müssen höflich fragen, wo eine Sache zu bekommen oder ein Örtchen zu finden ist. Die anderen müssen sich auf eigene Faust um Übersicht und Orientierung bemühen: Wo ist hier was, was ist hier wo, und wo, inmitten von all dem, bin ich selbst?

Daß wir nirgendwo mehr so nach unserem Platz zu fragen brauchen, sondern die ganze Weltkugel *wie*, wenn nicht gar *als* unsere gemeinsame Lebenswelt haben: das liegt in der Konsequenz dessen, was das *Global Positioning System* für uns leistet. Wir alle, die wir diese Welt miteinander teilen, können füreinander völlig anonym bleiben und brauchen einander niemals auch nur zu begegnen. Was uns eint, ist die wirkliche leibliche Präsenz auf der Erde und die mögliche technische Partizipation an einer ›ätherischen‹ Signalsphäre, die jedem von uns die Chance gibt, mühelos und augenblicklich überall auf der Welt zu wissen, wo er gerade ist, woher er kam und in welche Richtung er sich momentan bewegt. Es ist, als ob die Oberfläche unseres Planeten rundum besetzt wäre mit vertrauten Dingen an gewohnten Stellen und wir uns inmitten ihrer befänden.

Technische Signatur

Als ob! – Daß es nicht wirklich eine uns im Wahrnehmen und Handeln vertraute Umgebung, sondern ein unsichtbares technisches System ist, dem wir unser Wissen-wo verdanken, schlägt auf dessen Charakter durch. Wie wir es haben, was es besagt, worauf es sich bezieht und wozu wir es brauchen können: überall wird seine physikalisch-technische Signatur erkennbar.

Zum einen ist es, wie wir schon gesehen haben, kein unthematisch und reflexionslos wirksames Wissen. Vielmehr bedarf es, da zunächst nur objektiv-virtuell vorhanden, der subjektiven Aneignung; es muß abgelesen werden; es erfordert, wenigstens kurzzeitig, unsere aufmerksame Zuwendung. *Zweitens* hat es nicht den intuitiv-leibhaften Charakter unseres lebensweltlichen Präsenzbewußtseins, sondern ist propositional gegliedert und numerisch diskret: Die Zahlen, die auf dem Display erscheinen, sind die Kurzfassung eines Satzes, der besagt: »Sie befinden sich gerade an der Stelle mit den Koordinaten …« *Drittens* bezieht sich dieses Stellenwissen auf einen Punkt im globalen Gitternetz, in einem Koordinatensystem, das mit unserem Alltag nichts, aber auch gar nichts zu tun hat. Und *viertens* ergibt sich daraus: Damit es als Wissen nicht völlig folgenlos bleibt, sind eigens Maßnahmen zu seiner praktischen Umsetzung und lebensweltlichen Weiterverwendung erforderlich. Es beeinflußt unser Verhalten nicht, solange wir nicht Wege ersinnen, um uns durch es dann doch beeinflussen lassen zu können.

Da haben wir also dieses objekthaft thematische, kalt numerische und strikt geometrische *GPS*-Wissen: Wie können wir es dazu bringen, orientierungsfördernd und handlungsführend in unsere alltägliche Lebenswelt ›einzuströmen‹? – Durch technische Weiterverarbeitung: Zahlen gar nicht erst ablesen, sondern *byte*förmig in andere Systeme einspeisen; das ›gängigste‹ dieser Systeme gestattet sodann eine ›planmäßige‹ Umsetzung: Das technisch gewonnene Wissen wird so mit dem, das als *survey knowledge* in digitalen Stadtplänen und Straßenkarten darinsteckt, verknüpft, daß es vermittels dieser für unsere Selbstlokalisierung und Wegfindung im Alltag doch noch bedeutsam wird.

Womit wir fast schon bei einer unserer wichtigsten Beschäftigungen angelangt wären: beim Autofahren.

Blicken wir kurz zurück! Wir haben gesehen, wie das geographische Koordinatensystem uns befähigt, alle Stellen auf dem Globus zu benennen und aufzufinden. Vorausgesetzt allerdings, wir wissen schon, wo wir selbst uns in diesem Gitternetz aufhalten. Dies festzustellen nimmt uns das *Global Positioning System* ab. Selbstlokalisierung wird uns somit auch außerhalb unserer vertrauten Lebenswelt zuteil. Aber wissen, wo ich bin, ist das eine, hinfinden, wo ich sein möchte, ist das andere. Hinfinden, ohne es selbst zu tun, heißt: sich hinführen lassen. Die Ergänzung der Positionsbestimmung zur Zielführung wird möglich durch den technischen Ausbau des *GPS*-Empfängers zum elektronischen Navigationsgerät.

Überall im Flug- und Schiffsverkehr, in der Logistik und beim Militär sind solche Geräte im Einsatz. Und selbstverständlich hat dies auch lebensweltliche Bedeutung. Sie zeigt sich indes dort am deutlichsten, wo jeder von uns unmittelbar mit dieser Art geführt zu werden in Berührung kommen kann: bei der automobilen Navigation. Und doch hat das Auto nicht bloß den Vorzug der Deutlichkeit und der Erlebnisnähe. Vielmehr ist es selbst ein Stück unserer vertrauten Lebenswelt. In der automobilen Navigation findet somit ein System, das, indem es uns lokalisiert, uns so stellt, als ob überall unsere Lebenswelt wäre, Anschluß an diese selbst. Anders gesagt: Dem elektronischen Routenführer zu folgen heißt, das globale Körperschema zurückzubinden an das innenleibliche und lebensweltliche.

Dem Verständnis dessen, wie dies möglich ist und wirklich wird, dienen die beiden nun folgenden Kapitel: Das eine stellt das Auto dar als ein Stück mobiler Lebenswelt mit Außenorientierung und Vorwärtsdrang. Das andere beschreibt, wie sich Fahren, Führen und Geführtwerden zueinander verhalten. Wenn wir uns so über das Auto und uns im Verkehr mit ihm größere Klarheit verschafft haben, können wir im letzten Kapitel einsehen, was satellitengebundene Navigation *in* unserer Lebenswelt im kleinen und *für* sie als ganze bedeutet.

14. Kapitel
Das Auto wie es leibt und lebt

Gewiß, das Auto ist ein Fortbewegungsmittel, ein zweckmäßiges Gerät. Wozu es als Ganzes uns dient – zur Fahrt –, dazu dienen ihm wiederum seine Teile in ihrer Verbindung, Verzahnung und Verschraubung. Mechanische, chemische und elektronische Funktionen greifen mannigfach ineinander und bilden mit ihren physischen Trägern jenes ›Fahrzeug‹, das der Italiener treffend *la machina* nennt. Und doch betrachten wir das Auto nicht allein mit dem objektiv-analytischen Blick des Technikers, sondern auch durch das subjektiv-leibliche Gefühl des Fahrers. Nicht: wie funktioniert es? Sondern: wie erlebe ich es – und mich selbst im Verkehr mit ihm? Mein Auto gehört ja mit zum Ensemble der mir alltäglich vertrauten Dinge. Was hat es mit ihnen gemein und wie fügt es sich mit ihnen ein in meine gewohnte, meine lebensweltliche Umgebung? Nun, die Beziehung zu ihm kann so eng, der Umgang mit ihm so selbstverständlich werden, daß es dadurch sich einem Grenzwert annähert: das Auto wird Leib und Lebenswelt.

Und das ist die Abfolge der Deskriptionen dieses Kapitels: *Zuerst* untersuche ich die leibliche Verwandtschaft von Fahrer und Auto; sie zeigt sich vor allem in einem Konsens der Ausrichtung, einer Assimilation im Inneren und einer gemeinsamen Selbstdarstellung nach außen. In einem *zweiten* Schritt zeige ich dann, wie das Auto beides ist: ein Stück aus der Lebenswelt und doch als ganzes selber eine: Wer drin sitzt, hat es wie, ja als ein gewohntes Gehäuse um sich. Aber es ist wesentlich bewegt: eine Lebenswelt in Fahrt. Während beim Fahren die Hand- und Fußbewegungen im Inneren routinemäßig ablaufen, ist doch, *drittens*, diese Lebenswelt so eingerichtet und ausgestattet, daß die Wahrnehmung des Fahrers außenorientiert und vorwärtsgerichtet ist und ihn zum Los- und Weiterfahren einlädt, wenn nicht gar drängt. Schließlich analysiere ich, *viertens*, wie im Auge des Fahrers Zielsuche und Umsicht konkurrieren und wie er als Dirigent seiner Aufmerksamkeit Vorausschau und Rücksicht, Fernblick und Innenschau in Einklang zu bringen hat.

Eigensinn und Leibgefühl

Das Auto ist kein Ding wie jedes andere. Schon in der Art, sich zu zeigen, demonstriert es Eigensinn. – Zum Vergleich: eine Bergkette, ein Apfelbaum; ein Tisch, eine Tasse: was an ihnen links und rechts ist, was vorne und was hinten, das bestimme ich selbst durch die Position, aus der ich sie sehe. Und selbstverständlich bediene ich mich dabei der Gliederung und Ausrichtung meines Körpers. Links ist, was für mich und von mir aus links ist. Betrachte ich hingegen ein Auto, so bin ich gezwungen, es so zu sehen, als ob es selbst leiblich gegliedert und ausgerichtet wäre, selbst einen Körper hätte, der meiner Wahrnehmung seine Orientierung aufzwingt. Der linke Scheinwerfer eines Autos ist und bleibt *sein linker*, egal von wo aus ich es wahrnehme. Und vorne an ihm ist nicht wie bei anderen Dingen das, was *mir* zugewandt ist, sondern die Richtung in die *es* – ›schaut‹.

Daß ich jedes Auto von außen so wahrnehmen muß: nicht als etwas anderes, sondern wie einen anderen, dies findet seine Entsprechung in dem erweiterten Leibgefühl, das ich habe, sobald ich als Fahrer darinsitze. Sofort sind wir gleichsinnig ausgerichtet, ja fast schon gleichgesinnt. Wo links und rechts ist, wo vorne und hinten: da besteht Konsens, da sind wir uns einig: seine Richtungen sind auch meine, sein Eigensinn und der meine gehen auf in unserem Gemeinsinn.

Und erst recht die Tätigkeit und das Erlebnis des Fahrens selbst! Es besteht ja nicht einfach darin, bestimmte mechanische Verrichtungen so auszuführen, wie es die Maschine zu ihrem Funktionieren verlangt. Vielmehr ist dieses reibungslose Zusammenspiel von Wahrnehmungen und Bewegungen unterschiedlichster Art nur die Aktivierung und Artikulierung von etwas, das tiefer sitzt und eine untergründige Verwandtschaft hat mit dem Fahrzeug, das da gefahren wird. In die leiblich verwurzelte Kompetenz, die zu dieser Performanz gehört, ist das Auto selbst derart mit einbezogen, daß sich beim Fahren, im Idealfall, ein Gefühl des Zusammenpassens, Zusammengehörens, ja des Einsseins ergibt. Natürlich kommen im Fahren, der zeitlich-praktischen Entfaltung dieses leibartigen Einsseins, mitunter auch Stockungen und Störungen, Hemmungen und Sprünge vor. Doch sie werden nicht bloß als faktische Fehler registriert und analytisch-kritisch dem Fahrzeug oder dem

Fahrer zugerechnet; nein, oft genug werden sie erlebt und gespürt wie, wenn nicht gar als – ein körperlicher Schmerz. Jeder kennt die hierher gehörige pathologische Figur: den automobilen Hypochonder, der beim Fahren zwei Drittel seiner Aufmerksamkeit dem Innenleben seines Autos widmet, ängstlich-neugierig in sich und es hineinhorcht, ständig darauf aus, zu erspüren, wo es vielleicht weh tun könnte.

Durch Assimilation zusammenwachsen

Fahrenlernen ist denn auch nicht nur der Erwerb der Fähigkeit, eine Maschine zu bedienen, um sich ihrer bedienen zu können; es besteht vielmehr darin, den subjektiven Leib und das objektive Fahrgerät aufeinander abzustimmen und aneinander anzupassen. Allerdings: ein durchaus asymmetrischer Vorgang, in welchem der Leib dank seines Vermögens, sich Äußeres anzuverwandeln, obsiegt. Es ist gleichsam die Vertiefung des gerichteten Gemeinsinns zum inneren *sensus communis*. Die mir anfangs fremden ›mechanischen‹ Bewegungen, die ich ausführen muß, werden durch Einübung und Gewöhnung allmählich geschmeidig, fließend, natürlich, kurzum: ›organisch‹. Lenken und Bremsen, Kuppeln und Schalten: keine mir auferlegten und fremdbestimmten Verrichtungen mehr, sondern selbstverständlich gekonnte und habituell vollzogene, ja fast instinktmäßige Handlungen. Indem ich mich also anfangs dem Fahrzeug füge, mache ich es mir allmählich gefügig und gewinne *eo ipso* meine Selbstverfügung zurück. Vermöge meines neu erworbenen leiblichen Könnens bin ich schließlich fähig, in meinem Auto so zu schalten und zu walten, als ob es die stetige Fortsetzung meines eigenen Leibes wäre. Am Ende des Fahrenlernens steht nicht die Mechanisierung des Leibes, sondern die Verleiblichung der Maschine. – ›Wo Es war, soll Ich werden.‹

Das Auto arbeitet an diesem Prozeß auch selber mit. Im Verlauf seiner nicht ontogenetischen, aber phylogenetischen Entwicklung werden die Zonen und Partien, Hebel und Schieber, die es in seinem Inneren für den passiven Körperkontakt oder die aktive Handhabung bereithält und anbietet, immer mehr ›biomorph‹ geformt und ›ergonomisch‹ ausgestaltet. Dies gehört jedenfalls augenfällig zur Evolution der Gattung ›Automobil‹. Was sich da langfristig aus der Zusammenarbeit von einfühlsamen Designern und einfallsreichen Ingenieuren ergeben hat und ergibt, ermöglicht es dem Auto, seiner individuellen Assimilation durch den Fahrer entgegenzukommen, sie ihm zu erleichtern, ihn zu ihr einzuladen und aufzufordern, schmeichelnd sie ihm aufzudrängen.

Dieses leibartige Einssein durch Assimilation gilt indes nicht allein für das Innengefühl und die Binnenbewegung des Darin-Waltens. Es bestimmt auch die Weise, wie das Ganze, das da zusammenwächst, sich selbst bewegt. Selbstbewegung ist ja seit altersher ein Wesensmerkmal des Lebens, der organischen Existenz. Das Automobil ist jedoch alleine und von sich aus gar nicht fähig, sich zu bewegen. Früher mußte es angeschoben, angekurbelt, noch immer muß es angelassen werden. Wenn es aber, dazu veranlaßt, erst einmal fährt, läßt es seinen Fahrer spüren, daß es selbst die Kraft hat, zu fahren und weiterzufahren.

Und trotzdem fühle ich mich als Fahrer keines Wegs bloß passiv bewegt. Als ob ich nur Macht hätte über das Wohin und Wieschnell, und nicht auch über das Daß! Nicht selbst bewegende Kraft, bestimme ich dennoch, ob sie wirken darf oder nicht. Daß sie fortdauert, verdankt sie mir, meinem fortdauernden Willen, sie fortdauern zu lassen. Ich habe das Gefühl, mich kraftvoll vorwärts zu bewegen, ohne mich doch im geringsten anstrengen zu müssen.

Dieses Machtgefühl gehört zur Ausübung meines Fahrenkönnens. Unterwegs gilt: das automobile Handlungsbewußtsein, das ›Ich fahre‹ muß alle meine Bewegungen begleiten können. Sobald anstelle meines herrschaftlichen Tuns das unbeherrschte Geschehen tritt, passiert etwas: es ereignet sich ein *accident*. Im Zug ist das anders: da kann und muß ich mich fahren lassen; Fahren geschieht mir, und ich lasse es mir gefallen. Im Auto hingegen fahre ich selbst. – Wohl wahr: *es* fährt; doch es fährt nur, weil *ich* es fahre, und weil ich ›mit ihm‹ fahre: mittels seiner und gemeinsam mit ihm. So nimmt das Auto als Vehikel meiner Selbstbewegung zugleich mit teil an ihr – und an mir selbst.

Ganz geläufig ist uns – bis hin zu alltäglichen Spötteleien –, daß das Auto ein bedeutsames Moment in der Selbstdarstellung seines ›Besitzers‹ ist. Die Möglichkeit, das Auto zur Präsentation und Repräsentation zu nutzen, ist selbst in dessen Leibartigkeit verankert. Diese hat also verschiedene Richtungen und Dimensionen: Ich sehe sie von außen, spüre sie im Innern, und von innen nach außen bediene ich mich ihrer, um mich als der darzustellen, dem, nein *zu* dem dieses Auto gehört. Der gerichtete Eigensinn, mit dem es sich extern ohnehin stets zeigt, und das erweiterte Leibgefühl, in dem ich mich intern eins weiß mit ihm, sind verbunden in einer Leiblichkeit, die insgesamt meine ist und die ich theatralisch wenden und sozial darstellen kann.

Wie mein Auto aussieht, bestimmt mit, wie ich angesehen werde und wie angesehen ich bin. Es ähnelt damit dem, was wir in Körperhaltung und Gangart, Gestik und Mimik, Sprechweise und Schreibstil von uns zeigen, dann auch den Verstärkungen, Abmilderungen und Korrekturen, die wir mit Frisur und Schminke, Kleidung und Schmuck, Parfum und Brille an unserem ›Erscheinungsbild‹ vornehmen – oder vorzunehmen demonstrativ unterlassen.

Man hüte sich da vor einem ›naturalistischen Fehlschluß‹: als ob unser Körper eigentlich nackt und bloß sei und alles, was als Habitus und Kleidung mit da ist, nur nachträglich hinzukäme, nun der Verzierung und Ausschmückung, wenn nicht gar der Verstellung und Verfälschung des Eigentlichen diene. Umgekehrt wird ein Schuh draus. Leiblich zu existieren heißt für uns wesentlich, uns so oder anders auszuformen, einzukleiden und darzustellen. Wer nackt ist, dem fehlt etwas. Das schließt nicht aus, sondern macht im Gegenteil verständlich, daß es Situationen gibt, in denen sich nackt sehen zu lassen oder gar zu zeigen zu einer eigenen Weise des Sich-Gebens oder der Selbstdarstellung werden kann.

Die innere Zugehörigkeit all dieser Äußerlichkeiten zum Leib selbst muß schon bedenken, wer verstehen will, wie und warum die Leibartigkeit des Automobils der Grund dafür sein kann, daß es, wie man gern sagt, als ›Statussymbol‹ und ›Prestigeobjekt‹ zu fungieren imstande ist. Geld spielt dabei eine wichtige Nebenrolle; insgesamt aber dominiert die Optik. Nicht wie sonst Dinge schlicht sichtbar, sondern eigens fürs Auge gemacht und zurechtgemacht zu sein: das hat das Auto mit dem Leib gemein und erlaubt diesem, es in sein Sich-Zeigen mit einzubeziehen. Und auch da gilt natürlich, daß das Auto selbst, weil es soundso aussieht, zu seiner Einbeziehung in die Selbstdarstellung einlädt, auffordert, verführt, und daß im Verlaufe der phylogenetischen Entwicklung Designer diese Einladung zur Aufforderung, die Aufforderung zur Verführung und die Verführung bis an die Grenze der Unwiderstehlichkeit gesteigert haben. Das Auto hat Kontur und Farbe, hat Linienführung und Ausstrahlung, hat eine besondere Physiognomie und eine eigene Art zu blicken; in Fahrt zeigt es Stil und Kraft... Nun gut, ich laß' das: die Werbung kann es besser. Jedenfalls hat das Auto eine leibartige Erscheinungsweise, deren wir inne sind und in der uns erscheinen zu sehen wir anderen nahelegen.

Autolack und Nummernschild

Wie leib- und kleidverwandt das Auto ist, weiß halbhell jeder. Denken wir nur daran, wie manch eine Fahrerin leidet – und wer fühlte es ihr nicht nach –, wenn der Lack einen Kratzer abbekommt! Fast ist ihr, als habe sie einen Riß im Rock und eine Schnittwunde in der Haut: Scham und Schmerz zugleich. Oder denken wir an die immer neuen Autos, mit denen wir uns zeitlebens bekleiden und durch die wir einzelne Phasen unserer Lebensgeschichte für uns wie für andere charakterisieren und voneinander abgrenzen: »Nein, das muß früher gewesen sein, denn damals hatte ich noch den roten Peugeot...« Je nach Kassenlage und Kinderzahl, Modebewußtsein oder Fluchtbedürfnis wird das ehemals neue Auto nach wenigen oder mehreren Jahren zum alten und wieder abgestreift – oder das erste trotzig bis zur Schrottreife zu Ende gefahren: Häutungen, selbstvollzogen und anderen vorgeführt; daneben die zur Schau gestellte Weigerung, sie mitzumachen.

Das Einswerden mit dem Auto hat seine symbolische Pointe dort, wo es seine Individualität und Unverwechselbarkeit sichtbar präsentiert: beim Nummernschild. Da sagt das Auto, wie es heißt. Weit verbreitet ist indes die Neigung, mit den behördlich zugeteilten Buchstaben und Zahlen einen persönlichen Sinn zu verbinden, und das Bedürfnis, ihn durch Einflußnahme auf die Zuteilung indirekt selber hervorzubringen. »KI-MS 148«: Künstlich mußte ich der Intelligenz, die eine Verwaltung natürlich nicht hat, auf die Sprünge helfen, um das schöne Resultat zu erzielen, daß ›meine‹ Autonummer nicht bloß, wie stets, meinen Wohnort erkennen läßt, sondern überdies meine Initialen und meinen Geburtstag ›im Schilde führt‹. Kurzum: Mein Auto präsentiert zugleich seine und meine ›Identität‹. Es heißt fast so wie ich, und wir beide zeigen es auch und freuen uns dran. Andere Fahrer, weniger naiv, benutzen das Nummernschild bekanntlich, um mit klugem Wortwitz, subtilen Anspielungen oder deftigen Botschaften vorzufahren, immer aber, um als der gesehen zu werden, der sich so zeigt.

Halten wir also fest: Als leibverwandt, ja als leibartig erweist sich das Auto nicht zuletzt dadurch, daß seine Außenansicht Teil meiner Selbstdarstellung wird. Mit ihm exponiere ich mich selbst den Blicken anderer, durch es suche ich ihr Augenmerk so zu führen, wie es mir genehm ist, und mitzuzeichnen an dem Bild, das sie sich von mir machen. Understatement, ironische Brechung, satirische Übertreibung, prätendierte Nonchalance, kurzum: das ganze übliche Repertoire, Selbstdarstellung raffiniert und kunstvoll zu inszenieren, gehört natürlich mit dazu. Nicht minder das aus der Psychologie der Identitätsfindung altbekannte Schema, daß meine Vorstellung von dem, was andere von mir halten, sich mit dem, was ich von mir selber glaube, zusammenschließt zur Einheit dessen, was mein *self* ausmacht. Durch diese Schleife über die Sicht der anderen und mein Bewußtsein von ihr reicht das Auto, das ich fahre, gerade mit seinem Außenaspekt bis in mein Innerstes hinein und bestimmt mit, wer ich bin. Selbstbestimmung ist diese Bestimmung gleichwohl, weil ich selbst diese Außenseite zu einer Facette dessen gemacht habe, was ich von mir sehen lasse.

Familienähnlichkeiten

Die industrielle Massenfertigung der Autos bringt es mit sich, daß es trotz aller Variationsbreite hinreichend viele Exemplare derselben Marke, Serie, Bauart, Lackierung gibt. »Da fährt mein Auto!«, sagt, während sie überholt wird, die Fahrerin zum Beifahrer und freut sich, als habe sie eben einen lieben Verwandten getroffen. Und so ist es ja auch. Überdies: je individueller, exotischer der eigene Wagentyp oder Autolack ist, desto unwahrscheinlicher ist eine solche Begegnung und desto mehr überrascht und erfreut sie. Und selbst bei völlig verschiedenem Aussehen gibt es noch Familienähnlichkeiten, die gelegentlich Aufmerksamkeit finden und nicht allein kindlichen Gemütern für einige Augenblicke eine kleine Freude bereiten. Wir haben ja gesehen: Wie ein Auto heißt, sagt uns sein Nummernschild: Die Buchstaben-Zahlen-Kombination als ganze ist singulär und bezieht sich auf dieses individuelle Fahrzeug. Bestandteile aber, die sie mit anderen Kombinationen teilt, werden gern gelesen wie ein Familienname, den viele, die deshalb zusammengehören, gemeinsam haben. Nummern zu entdekken, die sich nur ganz wenig von ›meiner‹ unterscheiden, berührt mich ebenso angenehm, wie es mich aufschrecken und bestürzen müßte, wenn einmal gar kein Unterschied mehr bestünde. – So gibt es dank ähnlicher Physiognomien und gemeinsamer Namensbestandteile immer wieder auf allen Straßen flüchtige Begegnungen mit Anverwandten.

Eine Lebenswelt in der Lebenswelt

Meine Lebenswelt besteht, was ihre Extension angeht, vornehmlich aus den mir vertrauten Räumen. Typischerweise gehören dazu meine Wohnung und meine Arbeitsstätte, meine Stammkneipe und die Lokalitäten meines Tennisclubs, außerdem die Wege zwischen ihnen und andere, die ich auf ähnliche Weise finde: ›im Schlaf‹. Und mein Auto gehört auch dazu.

Eigentümlich gespalten ist indessen diese Zugehörigkeit. Einerseits ist mein Auto ein mir vertrauter Gegenstand, der *in* meiner Lebenswelt vorkommt. Es steht in der Garage oder auf dem Firmenparkplatz oder an den zwei, drei anderen, mir gewohnten Stellen; es fährt, immer wieder, durch Straßen, die mir längst geläufig sind: es sind Plätze, die ich kenne, und Wege, die ich kenne, mit einem Ding, das ich auch kenne. Aber ich kenne es nicht nur von außen, sondern auch von innen; und von innen nicht nur durchs Hineinschauen, sondern auch durchs Darinsein: Es ist selbst ein Stück Lebenswelt mit eigenen Plätzen in sich und eigenen Dingen an ihnen und eigenen Wegen dazwischen, Wege vor allem für Hand und Fuß.

Wie eng auch immer mit meinem Auto verwachsen ich mich fühlen mag, es bleibt – an sich wie für mich – doch etwas, das mich wie ein Gehäuse umgibt. Es ist geräumig. Ich habe es nicht nur zu eigen wie einen erweiterten Leib, sondern befinde mich überdies in ihm fast wie in einem Wohnraum: eine winzige Kammer, ein kleines Kabinett. Es gibt Fenster und Türen, Sessel und Lampen, Radio und Aschenbecher: alles vertraute Dinge an festen Stellen. Das Interieur meines Autos dokumentiert, wessen ich mir in ihm ohnehin bewußt bin: es ist ein eigenständiges Segment meiner Lebenswelt. Ganz selbstverständlich weiß ich hier, was wo ist, wo ich selber bin und was ich tun muß, um berühren oder nehmen oder bewegen zu können, was ich will. Ich brauche nichts zu suchen; und wenn doch, dann ist das nicht normal, sondern außergewöhnlich, fast schon ein Störfall. Bei der Enge dieses Innenraumes und der Beharrlichkeit der Dinge in ihm verwundert es nicht, daß das leibliche und das lebensweltliche Körperschema sich hier besonders innig verbinden, ja fast ununterscheidbar werden.

Gemeinsam in Bewegung

Daß ein lebensweltlicher Gegenstand selbst eine Lebenswelt ist, mit anderen lebensweltlichen Gegenständen und mit mir in sich, wäre schon sonderbar genug. Geradezu rätselhaft aber wird, was für das Auto als ›Fahrzeug‹ das Selbstverständlichste ist: seine Mobilität. – Das ist ja der lebensweltliche ›Normalzustand‹: das meiste um mich herum ist in Ruhe und an seinem Platz. Einiges hat wohl mehrere Plätze, an denen es sein kann: Geschirr im Schrank oder auf dem Tisch oder in der Spülmaschine. So ähnlich auch die Katze, die Bettwäsche, der Schemel. Doch nichts von dem Mobiliar ist so mobil wie ich selber. Insgesamt also ein fester Rahmen aus Dingen, innerhalb dessen und zwischen denen ich mich bewege. Allenfalls zwei Dinge können bei meiner Beweglichkeit noch mithalten: meine Kleidung und mein Auto. Aber beide sind eben nicht lediglich Dinge in meiner Lebenswelt, sondern Teile meiner selbst.

Als eigenständige Lebenswelt wie als lebensweltlicher Gegenstand müßte mein Auto eigentlich feststehen, ständig an Ort und Stelle beharren. Als zu mir gehörige Leiberweiterung aber partizipiert es, wie wir gesehen haben, an meiner eigenen Mobilität. Wie mein Auto an mich, so ist auch seine Bewegtheit gebunden an die meine. Es bewegt sich, wenn überhaupt, dann nur mit mir; und umgekehrt: wenn es still steht, dann ohne mich. Entweder es fährt, dann sitze ich drin; oder es ruht, dann bin ich außerhalb seiner. Daß dies die Regel ist, lehren uns die Ausnahmen mit teils irritierender, teils schockierender Evidenz.

Natürlich kann es geschehen, daß ich in meinem Auto sitze und es fährt *nicht*. Doch das ist eben nicht ›normal‹. Und entsprechend ist meine Gemütsverfassung: nervös, kribbelig, ungeduldig, weil Ruhe herrscht, wo Bewegung sein müßte. Der Wagen springt nicht an, ich warte an der Ampel, ich stehe im Stau: alles ›unnatürlich‹, wie ich finde, und Grund genug für meine Empörung über den Lauf, nein den Nichtlauf der Welt. Und auch die anderen wollen uns beide, mein Auto und mich, gemeinsam nur in Bewegung sehen: Es könnte und ich könnte, jeder für sich, ruhig stehenbleiben. Unsere gemeinsame Unbewegtheit aber evoziert Verwunderung, sorgt gar für Irritation. Ich steige ein, fahre aber nicht los; ohne Zwang halte ich an, steige aber nicht aus: Jeder, der's sieht, kann sich des Eindrucks nicht erwehren, daß da etwas nicht stimmt: mit mir oder meinem Fahrzeug oder der ganzen Situation. – Ich steige in mein geparktes Auto, bleibe aber, weil mein Mitfahrer etwas später kommt, einfach drin sitzen. Hat mich jemand, der selbst gerade auf Parkplatzsuche ist, beim Einsteigen beobachtet, so betätige ich aus Gründen des Selbstschutzes schon einmal die Innenverriegelung… Dabei könnte ohne mich in sich mein Auto hier noch stundenlang problemlos stehenbleiben!

Und natürlich kann es umgekehrt vorkommen, daß ich ruhig dastehe, während es sich bewegt: Ich sehe mein eigenes Auto an mir vorbeifahren. Eine unheimliche Begegnung der befremdlichsten Art: »Da fährt mein Auto! Das kann doch nicht wahr sein!« Schock ist die Wirkung. Die Schlagartigkeit des Augenblicks der Erkenntnis ist hier wichtig, nicht die nachfolgenden schlimmen Befürchtungen und hektischen Aktivitäten. Denn dieser erste Augenblick enthält die Bestürzung über die unfaßbare Tatsache, daß ich hier stehe und mich zugleich dort bewege. Das eigene Auto plötzlich irgendwo fahren zu sehen: eine Art von Selbst-Entfremdung, wie sie kaum je erlebt, allenfalls in der Literatur als Begegnung mit einem Doppelgänger beschrieben wird. – Die Fassung wiederzugewinnen setzt den Ablauf kognitiver Prozesse dieses Typs voraus: Hatte nicht vorgestern meine Tochter mich gefragt, ob nicht ausnahmsweise übermorgen die Mutter ihrer Freundin mit meinem Auto ...

Von außen betrachtet, ist mein Auto für mich ein lebensweltliches Objekt: es steht an Ort und Stelle. Von innen betrachtet, gibt es sich mir als fast wohnlich und lebensweltlich ausgestattet: eine Lebenswelt indes, die, sobald ich mich in ihr befinde, dazu tendiert, Leibcharakter anzunehmen und Mobilität zu verlangen; das eine durch mich, das andere von mir. Was macht sie mit mir, daß ich das mit ihr mache: losfahren?

Extrovertierte Aufmerksamkeit

Die kleine Lebenswelt, die das Auto ist, unterscheidet sich von fast allen anderen Lebenswelttypen und -formen dadurch, daß alles in ihr, obgleich nur indirekt, herausweist aus ihr. Sie ist so eingerichtet und ausgerichtet, daß sie die Außenorientierung dessen, der in ihr ist, begünstigt, nahelegt, beinah schon erzwingt.

Das heißt zunächst *ex negativo*: Alles im Wageninneren ist darauf angelegt, nicht eigens beachtet werden zu müssen. Gewiß, der Fahrer fühlt die wohlige Innentemperatur, spürt den sanften Druck der Rückenlehne, hat den Fuß auf dem Gaspedal und die Hand am Steuer ... Doch alle Dinge sind hier so beschaffen und angeordnet, daß sie möglichst wenig Aufmerksamkeit verlangen. Die Sinneseindrücke, die sie vermitteln, bleiben zumeist ›unterschwellig‹, und die Handlungen, durch die sie bewegt werden, laufen routinemäßig ab. Der Fahrer soll die Welt, in der er sitzt, vergessen können. Falls er sich ihr zuwendet, dann fast nur, weil in ihr etwas nicht stimmt: eine störrische Gangschaltung, eine klappernde Halterung, ein zu straffer Sicherheitsgurt.

Daß diese Innenwelt sich so unscheinbar, so unauffällig macht, zeigt uns, wie das Auto von der lebensweltlichen zur leibartigen Existenzweise tendiert. In der lebensweltlichen Wirklichkeit geben sich zwar die meisten Dinge gleichfalls zurückhaltend und bescheiden; aber sie treten nur zurück, um einigen wenigen ihresgleichen den Vortritt zu lassen, und bleiben stets bereit, selbst Thema unserer Zuwendung zu werden. Unser lebendiger Körper hingegen zeichnet sich dadurch aus, daß er ›im Normalzustand‹ weder als ganzer noch durch seine Teile Aufmerksamkeit auf sich zieht. Er fungiert kinästhetisch: Wohl spüre ich meine Bewegungen und bin meiner Wahrnehmungen inne, doch mein Thema sind nicht sie, sondern stets etwas anderes außer mir: diesem anderen, nicht mir gilt mein Interesse, ihm, nicht mir widme ich mein Augenmerk. Es sei denn, daß mit meinem so fungierenden Leib selbst etwas nicht stimmt. Ob es mir hier weh tut oder mich da juckt: Ich wende mich nun dem Körperteil zu, aber nur in der Absicht, die Störung zu beheben, und nur so lange, wie ich dazu brauche.

So leibartig also, wie gesagt, ist das Auto, das mich umgibt, ja umschmiegt, daß nichts an ihm oder in ihm meine Aufmerksamkeit auf sich zieht oder gar an sich bindet. Und wenn es mit dieser negativen Charakterisierung schon sein Bewenden hätte, so ließe sich der Einstieg ins Auto doch noch auffassen als eine Art Rückkehr in die zu Beginn des Lebens verlorene intra-uterine Existenz, mit deren idealtypischer Darstellung schon im 19. Jahrhundert Richard Avenarius der Lebenswelt-Phänomenologie eines ihrer wichtigsten Modelle geliefert hatte. Doch dem ist nicht so. Denn positiv ist diese Trivialität uns allen geläufig: Unsere Aufmerksamkeit von allen internen Aufgaben zu befreien dient wiederum nur dazu, sie insgesamt nach außen zu wenden. Der Autofahrer ist nicht von einer Kapsel umschlossen und in ihr gleichsam in Watte gepackt; vielmehr ist er wesentlich extrovertiert.

Nach draußen schauen können und nach vorn blicken müssen

Was die Auto-Innenwelt vom philosophischen Uterus wesentlich unterscheidet, ist, daß sie, trivialerweise, Fenster hat. Das, was die Außenwendung meiner von inneren Funktionen freigestellten Aufmerksamkeit möglich macht, beschränkt diese doch zugleich aufs Visuelle. Als Autofahrer bin ich mit meiner bewußten Wahrnehmung nicht nur immer außerhalb des Autos, ich bin es auch als ausschließlich optisches Wesen. Gewiß, meine anderen Sinne bleiben intakt, auch wenn ich durch die Straßen fahre: ein Schlagloch spüre, eine Sirene höre ich, und zwar nicht bloß nebenbei, sondern mit gerichteter Aufmerksamkeit. Doch derlei bleibt haptisches und akustisches Zwischenspiel, kurzzeitige Unterbrechung des auto-internen ›Normalzustandes‹, beim Drinsitzen attentional ganz draußen und ganz Auge zu sein.

Auch das ist uns geläufig: Im Auto sitzend, lasse ich meinen Blick nicht lustvoll beliebig umherschweifen, mein Augenmerk nicht neugierig unstet umherspringen. Denn weder befinde ich mich auf dem Gipfel des Kilimandscharo noch schlendere ich über den Boulevard Michel. Nein: zumeist und normalerweise, obgleich nicht ausnahmslos, ist mein Blick vorwärtsschauend und vorausschauend. Und nicht an den Fenstern liegt dies – denn sie gestatten Allseitigkeit und Rundschau –, sondern an einem lebensweltlichen Gegenstand, bei dem wir vor lauter Sorge um unseren Rücken fast völlig vergessen, wie wichtig er für unser Sehen ist: der Sitz. Mit seiner konkav-leibähnlichen Paßform lädt er mich ein, Platz zu nehmen. Doch kaum habe ich mich darauf eingelassen, übt er hinterrücks einen sanften Zwang aus: Kraft seiner Position bestimmt er die meine und nötigt mich so zur Übereinstimmung in der Ausrichtung: Durch ihn macht das Auto sich und mich zu Gleichgesinnten. Denn es ist ein und dasselbe, was für mich und was für das Auto *vorn* ist: ein, wie wir schon gesehen haben, leibhaftiger Konsens.

Zum Losfahren motiviert

Allein dadurch also, daß ich in meiner mobilen Lebenswelt Platz genommen habe, bin ich mit meiner Wahrnehmung extrovertiert, aufs Optische restringiert und nach vorn orientiert. Und ich bin *eo ipso* zum Fahren motiviert. Schon der gerichtete Blick, den zu haben ich als Insasse gezwungen werde, ist gerade der, den ich mir sonst selber zulege, sobald ich mich anschicke, zu einer bestimmten Stelle hinzugehen: Er ›geht‹ nach vorn und er ›weist‹ nach vorn, und ich folge ihm. Erst so zu schauen und dann doch hier stehen zu bleiben: das kann ich nur, indem ich mich gewaltsam zurückhalte. Aber auch die gesamte Innen-Umgebung des Autos sagt mir durch ihr gewohntes Dasein und ihr bekanntes Aussehen, wie es nun weitergeht und daß es nun weitergeht. Denn nach dem Einsteigen einfach nur dazusitzen und geradeaus zu schauen – das ist die widernatürliche Unterbrechung eines eingefahrenen Ablaufs. *Nicht* loszufahren ist anstrengend: eine mühsame Unterlassung, zu der man sich eigens entscheiden muß. Das ist eben das Typische für lebensweltliche Verhältnisse, daß es Situationen gibt, in denen das, was uns umgibt, unser Tun schon vorzeichnet, einleitet und weiterführt, noch ehe wir recht dazu kommen, es zu wollen. Ich fahre los, nicht weil ich Gründe hätte und will, sondern bloß, weil ich eingestiegen bin und drinsitze.

Das muß man freilich einräumen: Daß ich überhaupt ins Auto steige und mich einem Angebot aussetze, das ich nicht ablehnen kann, hat doch seinerseits einen Grund: meine Absicht, irgendwo hinzugelangen. Ich habe beschlossen, dorthin zu fahren, und benutze nun das Gerät, mittels dessen ich es kann. Was ich tue, ist dann, wie gelenkt und geführt auch immer, zuinnerst nur das, was ich ohnehin will. – Nun, das kommt sicherlich vor. Häufiger aber, auch häufiger wohl als zu wissen uns lieb ist, sind unsere zielstrebigen Bewegungen insgesamt von gewohnten Umständen und alltäglichen Situationen ausgelöst und angeleitet. Ins Auto einzusteigen und dann damit loszufahren gehört demnach schlicht zum üblichen Gang der Dinge: zwei sich aneinander anschließende Abschnitte in einem weiter gespannten routinemäßigen Verhaltensablauf, dessen lebensweltliche Signatur sich vor allem darin zeigt, daß er reflexionslos vollzogen wird und keines Willensentschlusses bedarf, um beginnen zu können. Ich bin gewiß nicht der einzige Autofahrer, der schon ein Stück in seine altvertraute Richtung gefahren ist, ehe ihm plötzlich die Frage in den Sinn kommt: »Wo wollte ich eigentlich hin?«

Lenkhilfen

Qualis currus, talis auriga. Wie das Gefährt beschaffen ist, so verhält sich der Fuhrmann. Der Wagen lenkt den Wagenlenker. Ohne daß der Fahrer dies noch merken würde, sagt ihm das Auto durch das suggestive Arrangement und die ›ansprechende‹ Ausgestaltung der Inneneinrichtung, wie er in ihm sich zu verhalten und mit ihm umzugehen hat. Gewiß, es liegt an der Zweckhaftigkeit des Fahrzeugs als eines ›Zeugs‹ zum Fahren, daß es gerade so und nicht anders gebaut und ausgerüstet ist. Aber die ›technischen Imperative‹, die von der Maschine ausgehen, sind alle mehr oder weniger transformiert in lebensweltliche Handlungssuggestionen, die einerseits auf Raumgestaltung und Objektdesign, andererseits auf Habitualisierung und Assimilation beruhen.

Gerade diese lebensweltliche Überformung und leibliche Anverwandlung ermöglicht dem Fahrer eine Herrschaft, die nicht mühsam, sondern souverän ist. Denn Dinge wie das Lenkrad und der Schalthebel sagen mir ja nur dem Typus nach, was mit ihnen zu tun ist; sie schreiben meinen Körperteilen Bewegungsbahnen nur schematisch vor: die Drehung nach links oder rechts, die ›Winkelzüge‹, die von der einen Hebelstellung zur anderen führen. Wann und wie weit, wie jäh und schnell oder wie sachte und mählich mit den Händen zu drehen oder mit den Füßen zu treten ist: das hängt natürlich von der konkreten Situation ab. Und sie erfasse ich als ganze diffus mit meinem Gespür, das Relevante an ihr aber deutlich durch meinen geübten Blick. Meine Situationswahrnehmung ist im wesentlichen optisch. Mein Auge, mit meinem Gefühl im Bunde, sagt mir sodann, wie meine Hände und Füße das, was ihnen schematisch vorgezeichnet ist, hier und jetzt faktisch zu durchlaufen haben; mein Auge bestimmt, wie der allgemeine Bewegungstypus sich zu gerade dieser Einzelbewegung individuiert. Indem der Wagenlenker sich habituell von seinem Wagen lenken läßt, kann er sein ganz nach außen gewandtes Auge dennoch derart im Inneren regieren lassen, daß er dabei insgesamt der überlegene Lenker seines leibhaftigen Wagens ist und bleibt.

Diesen Verhältnissen muß die Deskription Rechnung tragen. In der philosophischen Theorie das Auto nicht direkt drauflos als ›Zeug‹, sondern zunächst naiv und zweckfrei als kleine Lebenswelt zu beschreiben, nicht wozu es da, sondern wie es beschaffen ist: das läßt seinen Einladungs- und Aufforderungscharakter deutlicher hervortreten; und es läßt seine eigentümliche Leibartigkeit in ihrer Mehrdimensionalität verstehen, ohne daß sie reduziert werden müßte auf die technische Erleichterung, Verstärkung oder Beschleunigung leiblicher Zwecktätigkeit, wie wir dies allenthalben von Geräten, Instrumenten, Werkzeugen kennen.

Warum lenkt das Auto meine Aufmerksamkeit nach außen und meinen Blick nach vorn? Vor allem, weil es selbst nicht weiß, wo ich hinwill; und weil es, auch wenn es dies wüßte, selbst nicht hinfinden könnte. Wie leibartig auch immer es sein mag: es verfügt weder über Präsenzbewußtsein noch über Lokalisierungsvermögen; es hat weder Ortskenntnis noch Zielorientierung. Das Auto ist heuristisch dumm.

Und es ist blind dazu. Es hat zwar ein Gesicht, aber eins, das nichts sieht, sondern nur aussieht. Es schaut nach vorn, doch es nimmt nichts wahr. Und so blind vorwärts müßte mein Auto fahren, wenn es nicht von mir gesteuert werden könnte. Doch da es dies wenigstens weiß, bietet es mir für mein und sein Vorwärtskommen zwei technische Komponenten an: die Antriebseinheit und die Lenkvorrichtung. Durchs Anlassen, Gangeinlegen, Gasgeben bestimme ich, *daß* und *wie schnell* es mit uns vorangeht; durchs Drehen am Steuer lege ich fest, *in welche Richtung* wir fahren.

Doch damit, daß das Vorwärts eine Richtung hat, ist es nicht getan: die Richtung braucht ein Ziel und das Vorwärts ein Ende. Und da läßt mich die gesamte Mechanik des Autos im Stich. Da erst vom Ziel her sich ergibt, welcher Weg einzuschlagen und wie lange er zu verfolgen ist, kommen auf mich als Autofahrer all die Probleme zu, die auch sonst bewältigt sein wollen, wenn jemand hier ist und dorthin gelangen möchte.

Wie jeder, der einen Weg, den er im Sinn hat, wirklich zurücklegt, muß ich mehreres zugleich beachten: das unmittelbar bevorstehende Stück, seine schon absehbare Fortsetzung, deren noch fernerliegende Weiterführung und über sie hinaus das Ganze des Weges, das sich am Ziel ergibt. Daß ich ›das Ziel im Auge habe‹, fängt metaphorisch an und hört wörtlich auf: was bloße Vorstellung war, wird zuletzt faktischer Anblick. Aber es ist nicht so, daß jene einfach verblaßte, wenn dieser sich endlich anbietet. Nein, die gedankliche Antizipation des Zieles bleibt bei dessen wirklicher Wahrnehmung noch gegenwärtig und findet in ihr ihre Erfüllung. Dieser Zusammenhang macht die Vorwärts-Dynamik unserer Bewegung verständlich und gibt dem Vorwärts-Blick unseres Auges seinen Sinn: seine Richtung, seine Ferngier und ein Vor-Bild dessen, worin seine Erfüllung zu finden ihm bestimmt ist: seine *destination*.

Gestufte Weitsicht

Der Außenblick, zu welchem das Auto mich nötigt, ist zunächst einfach nur gerichtete ›Vorschau‹, wird durch mich aber zielsüchtiger Fernblick. Damit ich indessen vor lauter Zielstrebigkeit nicht vom Wege abkomme, muß ich stets mehr sehen als bloß das jeweils nächste Zwischen- und zum Schluß das Endziel. Und die Art, wie wir sehen, gestattet das auch. Zu unserem Gesichtsfeld gehört ja, unbeschadet seiner eigenen Flächigkeit, eine in sich gestufte Tiefendimension. In sie hinein ist der Fernblick das Äußerste der Weitsicht. Aber wir sehen als Autofahrer mit Außenblick weit mehr.

Am schwierigsten zu beschreiben ist dabei die optische Präsenz des Allernächsten wie die der Kühlerhaube und dessen, was unmittelbar vor ihr liegt. Nicht daß es gänzlich unsichtbar wäre; aber wir sehen doch habituell darüber hinweg; es ist marginal mitgesehen, aber liegt nicht im Einzugsbereich dessen, wohin wir unsere Aufmerksamkeit zu richten bereit sind – obgleich wir es äußerstenfalls doch können und auch tun.

Aber sonst beginnt innerhalb der Grenzen unseres Gesichtsfeldes das von uns Gesehene doch schon beim Nahen und geht über das Nähere und Fernere bis hin zum Fernen. Dies sind unterschiedliche Zonen, die, wiewohl mir alle simultan präsent, ich im raschen Wechsel mit meiner Aufmerksamkeit besetze, immer auf der Suche nach relevanten Gegenständen, Vorkommnissen, Hinweisen. Taucht dergleichen auf, so erfasse ich's sofort: Momentan raste ich ein, doch stets darauf bedacht, die Zone als ganze und die Zonen insgesamt und somit meinen bevorstehenden Weg und mein nächstes Ziel nicht aus dem Auge zu verlieren. – In der Nacht wird unsere nach näher und ferner differenziert gegliederte Sicht nur grob zweistufig nachgestellt – und deshalb ganz unzulänglich unterstützt – durch Abblend- und Fernlicht unserer Scheinwerfer.

Vorsicht

Insgesamt aber sind es *zwei* Intentionen, von denen unser Sehen beim Fahren gänzlich durchdrungen und ständig dirigiert ist: Wegfindung *und* Kollisionsvermeidung. Sie beide bestimmen, was Relevanz ist und was, unter allem Sichtbaren, relevant wird. Durch die Absicht, es nicht zum Aufprall kommen zu lassen, wird der Vorwärtsblick zum Blick der Vorsicht.

Ob der Sehsinn, wie manche ihm vorwerfen, aggressiv ist, sei dahingestellt. Defensiv, geradezu konservativ jedoch sind in jedem Falle die Aufgaben, zu deren Erfüllung er beiträgt: Schonung, Erhaltung, Sicherung. Der Sehsinn ist ganz wesentlich Distanzsinn: zunächst, weil er uns gestattet, ein noch entferntes Objekt doch schon zu ›erfassen‹; dann auch, weil er uns anschließend dabei hilft, es weiterhin auf Distanz zu halten oder diese wenigstens, bei unvermeidlicher Annäherung, nicht kleiner als Null werden zu lassen. Die Dinge sehend, die auf uns zukommen, sind wir imstande, uns so zu verhalten, daß sie uns nicht zustoßen und auch wir selbst nicht ihnen. Für die Fälle, in welchen uns diese Körperkontaktvermeidung allzu heftig mißlingt, haben wir Knautschzonen, Airbags und Haftpflichtversicherungen, aber auch Abschleppdienste, Schrotthändler und Beerdigungsinstitute.

Rückblick nach vorn

Da wir mit all den genannten Einrichtungen möglichst wenig zu tun haben wollen – und mit den Versicherungen am allerwenigsten –, gestatten wir uns Blicke, die unserem Vorwärtskommen zwar nichts bringen, ihm womöglich sogar abträglich sind, die aber, gar transzendental, die Bedingungen seiner Möglichkeit sichern helfen. Regelmäßig und kurzzeitig weiche ich ab von meinem visuellen *straight forward* und schaue um mich: nach rechts und nach links und gelegentlich nach hinten. Die Seitenblicke sind dabei eher harmlos: nur flüchtige extensionale Erweiterungen und thematische Aktualisierungen dessen, was meist ohnehin schon, wenngleich peripher, zu meinem Gesichtsfeld gehörte.

Die Umwendung hingegen ist von einem ganz anderen Schlag. Vor allem ist der Blick nach hinten erkauft mit dem Unsichtbarwerden all dessen, was vorn ist. Die Leistung des Sitzes, mich so zu positionieren, daß ich nach vorn blicken muß, wird konterkariert durch die Drehung des Kopfes mitsamt den Augen und die gleichzeitige Seitwärtsdrehung der Augen selbst.

Zwar *kann* ich mich umdrehen. Doch um zu verhindern, daß ich's tue, geht, hinterhältig wie er ist, der Sitz, den ich einnehme, mit den Rückspiegeln eine Allianz ein. Für ihn ist es ohnehin ein Ärgernis, daß ich zwar fest sitze, aber den Kopf frei habe. Deshalb stiftet er seine Komplizen dazu an, mir vorzuspiegeln, sie hätten meinen Blick nach hinten verwandelt in einen Teil meines Blicks nach vorn. Daß sie dabei in meinem vorderen Gesichtsfeld drei blinde Stellen erzeugen, an denen ich nicht sehe, was vor mir ist: auch darüber täuschen sie mich hinweg, indem sie sich klein machen und marginal positionieren. So wird es ganz unwahrscheinlich, daß sie als Störer auffallen, die mir vorn Dinge verdeckten, welche wahrzunehmen für mich wichtig wäre.

Raffinierte Berechnung steckt dahinter: Die Verdeckung, die in Kauf genommen werden muß, damit genau dort, wo sie statthat, das rückwärtige Feld dauerhaft ausschnittweise und spiegelverkehrt eingeblendet werden kann, diese Verdeckung ist minimal, verglichen mit der zwar kurzen, aber totalen Ausblendung des vorderen Feldes durch den Rückblick per Kopfdrehung und Augenwende. Auf diesen bin ich allerdings auch weiterhin angewiesen, wenn ich alles hinter mir wenigstens für einen Moment ganz und ohne Verzerrung, ohne Verkleinerung und ohne Segmentierung präsent haben will.

Innenschau

Mehr mit dem beiläufigen Seitenblick als mit dem totalen Rückblick verwandt ist ein weiterer Blick, den es eigentlich gar nicht geben dürfte. Entsprechend flüchtig, sprunghaft, instantan ist er. Ich schaue dabei weiterhin nach vorn, aber ein wenig nach unten – und dadurch nach innen. Mein Blick fällt auf das Armaturenbrett. Zwar liegt es, während ich in die Ferne spähe, stets am unteren Rand meines Gesichtsfeldes bereit. Beachtung aber schenke ich ihm nur augenblicklich zwischendurch. Und zwar durch einen Sprung des Augenmerks von ›oben, draußen und fern‹ zu ›unten, drinnen und nah‹. Was sich draußen abspielt, bekomme ich noch mit, meine Aufmerksamkeit aber gehört ihm nicht. Deshalb darf diese Innenschau nicht länger dauern. Und deshalb muß alles, was es für sie zu sehen gibt, so gestaltet sein, daß in einem Minimum an Zeit ein Maximum an Information abgelesen werden kann.

Einige Dinge überprüfe ich durch diese Introspektion zwischendurch immer wieder einmal, routinemäßig; mehr zur Vergewisserung dessen, was ich ohnehin schon weiß oder vermute oder spüre. Anderes aber fordert zuweilen überraschend meine Zuwendung, meldet sich wichtigtuerisch und aufdringlich: böse Lämpchen, freche Leuchtpunkte und alarmierende Blinklichter, die man verflucht wie auch sonst den Überbringer schlechter Nachrichten.

Und dann gibt es da neuerdings im Innern noch Bildschirme, die beachtet sein wollen. Sie haben aber nichts mit der Sicherung der Vorbedingungen für die Wegfindung zu tun, sondern unterstützen diese selbst, ja nehmen sie uns ab. Das aber ist ein Sonderfall. Denn insgesamt dienen Vorsicht, Rückblick und Innenschau der Sicherheit: nicht dem zügigen Vorwärtskommen, sondern der Basis, auf der dieses dann stattfinden kann.

Rivalisierende Präferenzen

Zwei Intentionen: Kollisionsvermeidung und Wegfindung. Nur wenn jene gesichert ist, gibt es für diese überhaupt die Chance, erfolgreich zu sein. Trotz dieses inneren Bedingungsverhältnisses herrscht in der Weise, wie beide die Optik des Fahrers einstellen und ausrichten, Konkurrenz. Oft rivalisiert, ja konfligiert die rationale Präferenz für die Sicherheit mit der finalistischen Präferenz für das Hinkommen-Wollen. Je nach Verkehrs- und Gemütslage hält sich die Aufmerksamkeit des Fahrers ›konservativ‹ vorwiegend in der Nah- und Mittelzone oder sie drängt ›progressiv‹ immer häufiger durch die Mittel- in die Fernzone, stets auf dem Sprung, das soeben ganz vorn Erfaßte gleich wieder loszulassen zugunsten dessen, was nach ihm neu in noch größerer Ferne auftauchen könnte. Als Könner, die, wie sich versteht, wir alle sind, wechseln wir, ohne es noch recht zu bemerken, ständig schnell und situationsangemessen hin und her zwischen der vorsichtigen Sicherheitsschau und dem zielstrebigen Vorwärtsblick.

15. Kapitel
Führen und Fahren

Jemanden oder eine Sache dazu zu bringen, sich gerade so und nicht anders fortzubewegen, heißt, ihn oder sie zu führen. Der Autofahrer ist Fahrzeugführer. Und sein ›Führerschein‹ ist das Dokument, mit dem er nachweist, daß er zum Führen eines Fahrzeugs fähig und berechtigt ist. Doch heißt Führen nicht Vornsein, Vorangehen, Anleiten? Wie kann ich etwas führen und zugleich in dem, was ich führe, darinsitzen? Wie und in welchem Sinne führe ich als Fahrer ein Gefährt?

Der Beantwortung dieser Fragen dienen die folgenden Überlegungen. *Zuerst* untersuche ich, wie wir schon beim simplen Ziehen und Schieben von Dingen diesen eine Richtung auferlegen und wie wir dabei – typisch für alle Führungsleistungen – mit unserem Willen und unserem Blick uns selbst voraus sind. Leichter fällt uns die Richtungsbestimmung bei vielen Tieren, die sich selbst bewegen, und ganz leicht bei solchen, die uns gehorchen: Führung nicht mehr mechanisch, sondern symbolisch. *Danach* frage ich, was eigentlich passiert, wenn unsereiner nicht zieht, sondern gezogen wird. Aus dem Bedürfnis der Reibungsverminderung ergeben sich Rollen und Räder, schließlich ein elementarer Wagen. Wie lenkt, wer im Wagen sitzt, die Kraft, die ihn zieht? Und was ändert sich für ihn, wenn sein Wagen die bewegende Kraft nicht ›dualistisch‹ vor, sondern ›monistisch‹ in sich hat? Nach dieser kurzen Entstehungsgeschichte des Autos samt seines Fahrers stelle ich *schließlich* noch dar, wie dieser als Führer geführt wird: signitiv durch den Verlauf der Straße und symbolisch durch die Zeichen an ihrem Rand.

Vorangehen oder mit sich führen

Typischerweise führt der Häuptling die Indianer zum Fort, der Rattenfänger die Kinder aus Hameln und der Esel die Stadtmusikanten nach Bremen. Da geht immer einer voran und die anderen kommen hinterher. Dieses Verhältnis und diese Bewegungsgestalt gibt's auch im übertragenen Sinn: Wie der Anführer sein Gefolge auf einem wirklichen Weg führt, so führt auf einem bloß gedachten und deshalb metaphorischen der Trainer die Mannschaft an die Tabellenspitze, der Chef die Firma in die Pleite und der Ich-Erzähler den Leser durch das Buch. Und obschon in wiederum anderen Fällen die Beziehung räumlich-topisch bleibt, wird sie doch von der Figuration her recht kompliziert, etwa wenn der Spieler den Ball am Fuß führt, der Vater die Braut zum Altar oder der Herr die Dame beim Tanz.

Beim Autofahren jedoch sitze ich als Führer im Inneren dessen, was ich führe. Schließt aber mein Darinsein nicht ein Voransein aus? Wie soll mein Umschlossenwerden zu einer ›Führungsposition‹ passen? Eher schon ist uns das umgekehrte geläufig und verständlich: Ich habe etwas an oder in mir und führe es deshalb mit mir. Das Mit-sich-Führen ist die innigste und einfachste Form, eine Sache zu führen: Ich trage sie. Wenn ich auf diese Weise einen Ausweis, ein Mobiltelefon, eine Kreditkarte mit mir führe, dann sind diese Dinge so eng mit mir verbunden, daß wir gleichsam eine Einheit bilden. Ich gehe bald dahin, bald dorthin, und *eo ipso* bestimme ich als Träger, wie und wohin sich das Getragene bewegt.

Mein Auto jedenfalls führe ich nicht so. Mit viel größerem Recht könnte es von sich selbst behaupten, daß es mich mit sich führt. Und wie wollte ich dem widersprechen? Es fährt bald dahin, bald dorthin, und *eo ipso* bestimmt es, wie und wohin ich als sein Insasse mich bewege. Doch ich bin eben, obgleich Insasse, nicht bloß Bei- oder Mitfahrer, sondern der Fahrer selbst und der Führer des Ganzen, zu dem ich als Teil gehöre. Doch wie bin ich es und wie kann ich es sein?

Ziehen

Wie also ist der führende Teil Teil des geführten Ganzen? Und wie führt er dieses Ganze, zu dem er gehört? – Nun, offensichtlich verknoten sich in meiner Tätigkeit als Fahrer zwei Beziehungen: (1) Führer und Geführtes, (2) Teil und Ganzes; beides Beziehungen, die in sich noch einmal mit einer Fülle von unterschiedlichen Formen aufwarten. Zunächst aber ist es sinnvoll, das Führen nicht in seinem komplexen Ineinander, sondern als übersichtliches Auseinander zu betrachten, mithin als eine Beziehung, die besteht zwischen zwei fast selbständigen ›Substanzen‹. Sie sind zwei Teile, die kraft ihrer Verbindung zwar ein Ganzes bilden, in welchem aber keiner dem anderen innewohnt.

Schema 74: Ich ziehe es

Wenn ich nun selbst eine dieser zusammenhängenden ›Substanzen‹ bin, dann vermag ich etwas dadurch zu führen, daß ich es hinter mir herziehe. Ich ziehe einen Leiterwagen, einen Schlitten, eine Walze. Jeder kennt das aus eigener Erfahrung: Sehr erheblich ist oft die Kraft, die man aufbieten muß, um etwas in Bewegung zu versetzen und dann auch – Hindernisse und Reibungswiderstand überwindend – es in Bewegung zu halten. Kein Wunder also, daß wir so selten unsereinen sich ins Geschirr legen sehen. Wir schaffen uns Entlastung; Dinge, die wir von hier nach dort schaffen möchten, ziehen wir nicht selbst, sondern lassen wir ziehen, indem wir zuerst Ochsen und Esel, Pferde und Hunde, später dann Zugmaschinen und Schleppkähne, Lokomotiven und Traktoren ein- und anspannen. Was konstant bleibt, ist dieses Verhältnis: *vorn* müht sich die ziehende Kraft, *hinten* hängt und folgt das, was gezogen wird; und *dazwischen* ein verbindendes Glied, das beide zusammenhält: eine Deichsel, ein Schleppseil, eine Zugstange.

Wenn ich etwas ziehe, so verdankt es mir beides: seine Bewegung *und* seine Richtung. Die Selbstverständlichkeit, mit der ich ihm vorn die Richtung vorgebe, und die Winzigkeit der Kraft, die ich brauche, um sie ihn beibehalten zu lassen, machen meine Lenk- und Führungsleistung nahezu unmerklich. Solange die bewegte Ich-voraus-Es-hinterher-Beziehung geradeaus weiterzieht, bleibt die Führung in ihr völlig latent. Manifest wird sie erst, wenn ich leicht abweiche, scharf abbiege oder gar abrupt kehrtmache. Jetzt zeigt sich, daß meine bewegende Kraft auch richtungsbestimmende Funktion hatte. Denn die Trägheit meines Anhängers läßt diesen anfangs noch in eine Richtung weiterlaufen, welche die meine schon nicht mehr ist. Ich gab sie ihm – nun hat er sie; und er sucht sie beizubehalten. Indem ich jetzt, mich wendend, ihn lenke,

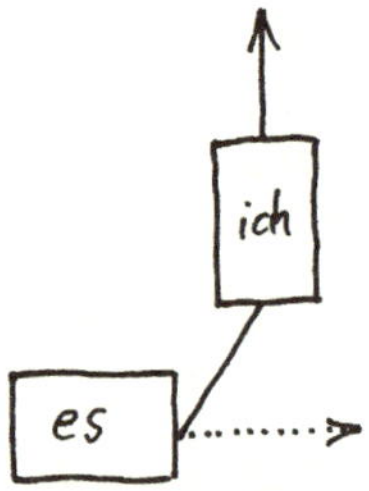

Schema 75: Probleme bei der Wende

wende ich mich indirekt auch gegen mich selbst. Das aber spüre ich dabei ganz deutlich: Nach meiner Wende brauche ich ›Führungskraft‹, um das Nachfolgende auf Kurs zu bringen und so zur Nachfolge zu zwingen; und Geschick außerdem, um Schleudern, Kippen, Kentern, gar Verlust meiner Anhängerschaft zu vermeiden.

Schieben

Nicht allein beim Ziehen bestimme ich die Richtung dessen, was ich mit meiner Körperkraft bewege, sondern auch beim Schieben. Einen Einkaufswagen oder einen Rollstuhl, eine Schubkarre oder einen Rasenmäher oder, selten zwar, einen Küchenschrank: derlei schiebe ich – und ich lenke es zugleich. Auch hier bleiben wir getrennte ›Substanzen‹, ich und es; auch hier sind wir meistens durch Zwischenstücke verbunden: ein Griff oder ein Knauf, ein Henkel oder eine Haltestange. Nur: fest und stabil muß es sein, denn mit einer Schnur oder einer Kette läßt sich wohl ziehen, nicht aber schieben.

Schema 76: Ich schiebe es

Und auch mit der Latenz der Führungsleistung ist zu rechnen. Der Grund dafür ist einfach: die Bewegung dessen, was ich schiebe, geht ganz von selbst schon in die Richtung, die ich für es will. Etwas schieben und es dorthin bewegen sind eins. Doch nachdem ich anfangs durchaus in diese Richtung gewollt habe, rollt oder rutscht das geschobene Stück oft selbständig so weiter, wenn ich mich bereits zu einer Änderung entschlossen habe. Es lenkend, muß ich, wie gehabt, indirekt gegen mich selbst anarbeiten ... Aber auch dann, wenn andere Faktoren mitwirken – Unebenheiten, Hemmungen, Verkantungen –, muß ich mit Geschick und Mühe ›gegensteuern‹. Andere Kräfte suchen nämlich das, was ich bewege, so zu lenken, wie *sie* wollen. Durch ihren Widerstand, den zu überwinden Kraft kostet, bemerke ich, was ich unvermerkt auch vorher schon getan hatte: Ich bestimme die Richtung.

Was beim Ziehen, weil ich vorn bin, ganz selbstverständlich ist und deshalb leicht übersehen wird, zeigt sich gelegentlich beim Schieben, weil ich hinten bin, ganz deutlich: Der Ort, an welchem ich mich physisch befinde, ist nicht einfach identisch mit dem, an welchem ich optisch präsent bin, und auch nicht mit dem, den ich im Sinn habe. Wie zumeist, so ist auch hier die Störung des Selbstverständlichen das, was dieses für uns auffällig werden läßt. Und da beim Schieben das Geschobene als physischer Gegenstand vor mir ist, kann er mir zuweilen die Sicht versperren: Bei einem höheren Wagen oder einem größeren Möbelstück muß ich mich denn auch immer wieder um die Möglichkeit, zu sehen, wo es hingeht, kümmern. Ob ich also von vorn ziehe oder von hinten schiebe: stets bin ich, wenn ich führe – wie auch meist, wenn ich gehe –, als leibliches Wesen gleichsam topisch dreifaltig: Mit meinen Füßen, meinem Blick und meinem Willen bewege ich mich auf einer Linie, die ich schließlich schrittweise durchlaufe, zuvor aber aufsuche und anfangs geplant habe. Ich bin somit *physisch* hier, *optisch* ein Stück voraus und *intentional* schon ganz weit vorn.

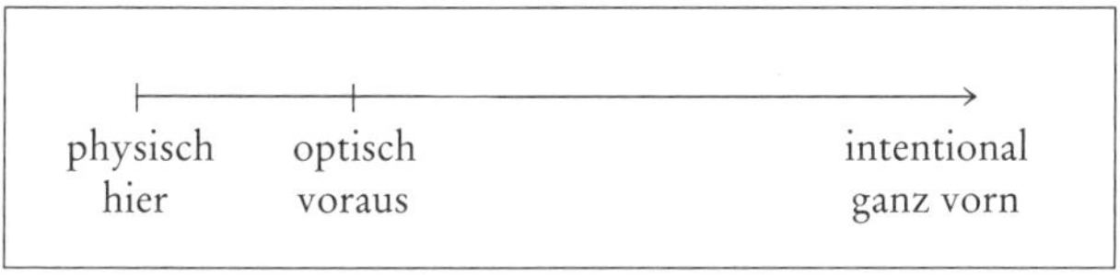

Schema 77: Wo ich als Führer bin

Für mein Erleben ist überdies der ›Substanzendualismus‹ – *ich* bewege, *es* wird bewegt – nicht so strikt und eindeutig, wie er sich mechanisch vielleicht darstellt. Denn mag ich auch physisch hier sein, so ist für meine Selbsterfahrung dieses Hiersein doch in sich noch dissoziiert. Der gewußte Platz meines Körpers und der gespürte Ort meiner Kraft decken sich nicht. Ich erlebe mich als so eng verbunden mit dem von mir bewegten Gegenstand, daß mein Kraftzentrum gleichsam ein ganzes Stück zu ihm hin verschoben ist: beim Ziehen liegt es hinter, beim Schieben vor mir.

Selbstbewegtem Richtung geben

Ob ich etwas trage, ziehe oder schiebe: immer bewege ich es so, daß meine Führungsleistung mit meiner Bewegungstätigkeit gleichsam verschmilzt. Mit *einer* Kraft bestimme ich beides zugleich: *daß* und *wohin* es vorangeht. Das ändert sich schlagartig, sobald das, was ich von hier nach dort schaffen möchte, sich selbst zu bewegen vermag. Statt mühsam etwas schleppen oder schieben zu müssen, kann ich es ihm selbst überlassen, sich von der Stelle zu rühren.

Was beim Ziehen und Schieben die Regel ist: daß *es* sich bewegt, wohin *ich* will, das ist jetzt die Ausnahme. Purer Zufall wäre es ja, wenn, was sich selbst bewegt, von sich aus auch schon dorthin strebte, wohin ich es sich bewegen sehen möchte. Es ist nicht bloß selbständig, sondern auch eigenwillig. Was sich mir derart nicht fügt, das muß ich führen. Und als Führer muß ich die Eigenbewegung des Selbstbewegten so verändern, daß sie übereinstimmt mit der, die ich will. Nun vermag die Führung sich sozusagen in unvermischter Gestalt, in reiner Form darzustellen.

Die für unsere Lebenswelt noch immer typischen, bis vor ein paar hundert Jahren sogar ausschließlichen Selbstbeweger waren und sind die Tiere. An ihnen haben wir viele Jahrtausende lang unsere Führungsfähigkeit entwickelt, geschult und vervollkommnet. Von uns geführt werden unter ihnen indessen längst nicht alle möglichen, sondern bevorzugt solche, die einen Körper haben, der dem unseren in seiner Ausrichtung ähnlich ist, Tiere also, deren Organismus wenigstens die beiden Unterschiede ›vorn-hinten‹ und ›links-rechts‹ aufweist. Nur mit solchen Tieren können wir eine Vorn-Hinten-Beziehung eingehen, die in unserer Sicht auch *für sie* eine solche ist. Ich kann zwar gleichermaßen einer Schnecke und einem Seestern vorangehen, einfach indem beide sich hinter mir in derselben Richtung bewegen wie ich. Aber allein für die Schnecke verstehe ich die Möglichkeit, daß *sie* mich vor sich hat und mir folgt, nicht für den Seestern, da es *an ihm* den Unterschied von vorn und hinten, auch von vorwärts und rückwärts gar nicht gibt.

Ein Tier führen heißt im elementarsten Fall: Ich bin vorn, es ist hinter mir; ich gehe bald in diese, bald in jene Richtung, es geht hinter mir in dieselbe Richtung, macht demnach all meine Biegungen und Wendungen mit und kommt zuletzt dort an, wo auch ich, kurz zuvor, angekommen bin. Wie aber mache ich das? Wie bringe ich das Tier dazu, sich so und nicht anders zu bewegen?

Ich muß Kraft anwenden. Die beiden Leistungen, die beim Ziehen in meiner Zugkraft stecken, verteilen sich nun auf das Tier und auf mich. *Es* sorgt selbst für seine Bewegung, *ich* aber bestimme die Richtung. Die Kraft, die dazu nötig ist, ist gleich Null, solange wir uns – durch Zufall, Glück oder göttliche Fügung – ohnehin hintereinander in dieselbe Richtung bewegen. Erst wenn ich oder wenn es anders will, muß ich etwas tun. Biege *ich*, zum Beispiel, rechts ab: dann muß ich es gleichfalls nach rechts ziehen, damit es mir folgt. Biegt hingegen *es*, während ich geradeaus weitergehe, von selbst nach rechts ab: dann muß ich es in Gegenrichtung ziehen, um es wieder auf Kurs, auf meinen Kurs zu bringen. Abgesehen von den Extremfällen störrischer Esel und scheuender Pferde bleibt die mir abverlangte Anstrengung moderat, weil ich hier nichts selbst bewegen muß, sondern schon Selbstbewegtes nur noch zu lenken brauche.

Um dergestalt führend wirken zu können, muß ich physisch mit dem Tier verbunden sein. Und da ich nun nicht mehr mit großer Kraft für die gesamte Bewegung, sondern bloß noch mit kleiner Kraft für deren Richtung sorgen muß, genügt eine sehr viel leichtere und schwächere Verbindung. Typischerweise tritt an die Stelle des kräftigen und stets gespannten Zugseiles die dünnere und mitunter auch lockere Führungsleine.

Von der Mechanik zur Symbolik

Hundefreunde und Katzenliebhaber stehen sich bekanntlich mit einer herzlichen Feindschaft gegenüber. Das hat seinen guten Grund in jener tiefen Verschiedenheit beider Tiere, die dafür verantwortlich ist, daß die einen ausgeführt werden und die anderen nicht. Für uns ist hier nur wichtig, daß Hunde wie auch Ochs und Esel, Pferd und Elefant dazu erzogen werden können, sich freiwillig führen zu lassen, wohingegen Katzen wie auch Schildkröten und Meerschweinchen, Fische und Ameisen uns nicht so leicht zu Willen sind. Sicher, auch der Eigensinn dieser letzteren läßt sich brechen. Mit oder ohne Hilfsmittel ziehe, drücke, dränge, schiebe ich sie gewaltsam in ›meine‹ Richtung. Aber es ist doch ein mühsames, anstrengendes, nervtötendes Unterfangen.

Grundsätzlich kann ich auch einen Hund oder ein Pferd so mechanisch-gewaltsam lenken. Ich brauche es aber nicht. Statt beispielsweise ein Pferd unter Aufbietung all meiner Kraft nach links zu zerren oder zu drücken, genügt es, zu einer solchen Zug- oder Druckausübung nur merkbar anzusetzen, um sie auf diese Weise dem Tier anzudeuten. Es versteht. Und was es verstanden hat, wird dadurch zum Zeichen, das ich gegeben habe.

Das Pferd versteht, was ich will, und ändert *von sich aus* seine Bewegungsrichtung so, wie es soll. Aus der direkten physischen Führung ist eine indirekt symbolische geworden. Dieser Übergang ins Symbolische – zugleich der zum ›Folgen‹ als Gehorchen – wird besonders deutlich, wenn zum Dirigieren nicht einmal der leichte Seitwärtszug oder -druck mehr nötig ist, sondern schon das akustische Signal völlig ausreicht. Ich rufe »hü« oder »hott«, und das Pferd folgt mir aufs Wort.

Stufenweise wird also der Kraftaufwand geringer. Ob ich ein passives Objekt wegschleppe, ob ich ein sich bewegendes Tier in eine bestimmte Richtung dränge oder ob ich ihm nur noch durch Zeichen vorschreibe, wohin es sich zu bewegen hat: die Sache wird immer leichter für mich. Aber auch innersymbolisch läuft diese Kraftverringerung weiter. Ich kann einem verständigen Tier mechanisch durch sachten Zug oder Druck signalisieren, wohin es soll; ich kann ihm optisch durch sinnvolle Gesten zu verstehen geben, was ich von ihm will; und ich kann ihm akustisch durch Rufen oder Pfeifen, Klatschen oder Zungenschnalzen Befehle erteilen: Gehorsam zu finden wird, wenn ich ihn denn finde, zusehends leichter.

Die leichteste Form der Führung aber ist es wohl, wenn nicht einmal mehr, mit wie geringer Kraft auch immer, Zeichen *gegeben* werden müssen, weil der Führer, vermöge seiner sichtbaren Existenz, selbst schon ein Zeichen *ist*. Allein mit der Macht seines Anblicks kann er die, denen er sich zeigt, so ›fesseln‹ und ›anziehen‹, daß sie sich zur Nachfolge ›gezwungen sehen‹. Der Hunde-Herr, die Graugans-Mutter, der Bethlehem-Stern: die können das. Obgleich selbst bewegt, bewegen sie doch anderes so wie der Unbewegte Beweger aus der Metaphysik des Aristoteles.

Immer von vorn

Die Emanzipation der Führungsleistung von ihrer Bindung an mühsame Zug- oder Schubtätigkeit und der Übergang von der Mechanik zur Symbolik haben eine wichtige topische Konsequenz: Der Ort, von dem aus geführt wird, muß weder vor noch hinter dem liegen, was geführt wird; entscheidend ist allein, daß die Signale ankommen und verstanden werden. Der ›Substanzendualismus‹ – ich und es: wir sind zwei – bleibt zwar erhalten, aber anders als bei der im Ziehen oder Schieben mitvollzogenen Führungstätigkeit bin ich nicht länger an eine bestimmte Position gebunden. Um so deutlicher aber zeigt sich, daß Führung trotzdem immer von vorn und nach vorn erfolgt.

Ich führe meinen Hund. Vieles spielt dabei zusammen: leichtes Ziehen an der Leine, Zurufen und Herbeipfeifen, auch meine riechbare Spur und meine sichtbare leibliche Präsenz und Bewegung. Er ist bald vor, bald hinter, bald neben mir; er hat dabei einen Korridor seitlicher Abschweifung und eine Toleranzzone des Vorauseilens und Hinterherkommens. Ich aber bin es, der die Bandbreite festlegt und den Spielraum eingrenzt. Vor allem aber gehe ich, wie ich will, und zwinge meinen Hund, mir zu folgen; ich habe eben längst schon dorthin vorausgedacht und vorausgeschaut, wohin ich ihn schließlich durch verschiedene Symbole geführt haben werde. Intentional und visuell bin ich stets voraus, und welche Zeichen, wenn nötig, ich gebe, leitet sich aus diesem Vorausein ab. In diesem Sinne führe ich von vorn, egal wo ich physisch gerade bin.

Passivität meinerseits

Zu den Tieren, die durch die Differenzen ›vorn-hinten‹ und ›links-rechts‹ charakterisiert sind; die außerdem sich selbst zu bewegen und ihre eigene Richtung einzuschlagen wissen; die freilich auch gewaltsam gezogen, mechanisch gelenkt und symbolisch geführt werden können: zu diesen Tieren gehöre auch ich selbst. Bisher habe ich mich aber immer nur in der privilegierten Rolle dessen beschrieben, der anderen die Bewegungsrichtung bestimmt. Ich war Zugtier, Führungskraft, Zeichengeber. – Aber muß ich das sein? Keineswegs! Vielmehr eigne ich mich auch zu einem trägen, untätigen, willenlosen, passiven Objekt.

Rollentausch: Ich bewege mich nicht – ich werde bewegt, sei's gezogen, sei's geschoben. Im *status naturalis* heißt das zumeist: ich werde grob weggezerrt, brutal mitgeschleift, gewaltsam vorwärtsgedrängt. Auch meine Einwilligung, gar mein Auftrag dazu, mich von hier nach da zu befördern, ändert nichts daran: Die Kraft, welche andere zu meiner Fortbewegung aufbringen, dient, sofern sie mich nicht tragen, vor allem der Überwindung von Reibungswiderstand. Und wenn man sich die naturbelassenen Oberflächen des Menschenleibs und der Erdkruste anschaut, ist unschwer zu erraten, wer zu Schaden kommt, wenn beide, wegen der Schleifaktion Dritter, gar zu grob und kratzig aneinandergeraten. Deshalb: wenn unsereiner bereits absehen kann, daß er alsbald gezogen oder geschoben werden wird, so sucht er dieses schmerzhaft aufreibende und zuletzt tödlich tiefschürfende Widerfahrnis von vornherein zu entschärfen.

Mit Rädern Abstand halten

Irdische Wesen, die wir sind, schaffen wir einen kleinen Abstand zwischen unserem Körper und dem Erdboden, und wir schließen diese originäre Lücke zugleich durch drehbare oder gleitfähige Zwischenstücke wie Rollen oder Walzen, Kugeln oder Kufen. Auf solche Weise in der Natur und mit ihren ›Mitteln‹ eine Differenz zu erzeugen und diese dann gerade durch ihre Erhaltung auch zu überbrücken: das ist Kulturstiftung *in nuce*. Und oft verbinden wir die neuen Roll- und Gleitstücke oben noch fest mit den uns wohlvertrauten Gebilden, die ihrer Form nach zu den unteren oder hinteren Körperteilen passen, auf denen wir stehen oder sitzen. Diese Verbindung wiederholt ›leibwärts‹ das Kulturprinzip des Dazwischenschiebens; und sie macht aus bloßem Schuhwerk Roll- und Gleitschuhe, aus einfachen Sitzgelegenheiten Rollstühle und Schlitten: alles elementare lebensweltliche Vermittler zwischen dem empfindlichen Organismus oben und der rauhen Wirklichkeit unten.

Während die den Erdboden bedeckenden wäßrigen Oberflächen, egal ob flüssig oder gefroren, meist von Natur aus zum Gleiten ausreichend eben und glatt sind, zeigt sich der steinige Untergrund selbst oft so schrundig und holprig, daß er durch das Ensemble technischer Maßnahmen, das den Titel ›Straßenbau‹ führt, erst geebnet werden muß, um dann als ›Rollbahn‹ tauglich zu sein. Das Straßenpflaster wiederholt ›erdwärts‹ das Kulturprinzip des Dazwischenlegens. Die Räder verknüpfen somit den leibartigen Sitz mit der grundförmigen Straße; sie verbinden meinen Leib mit der Erde, aus der er sich evolutionär gebildet und gelöst hat und zu der er doch noch immer gehört. So steigert das Leben,

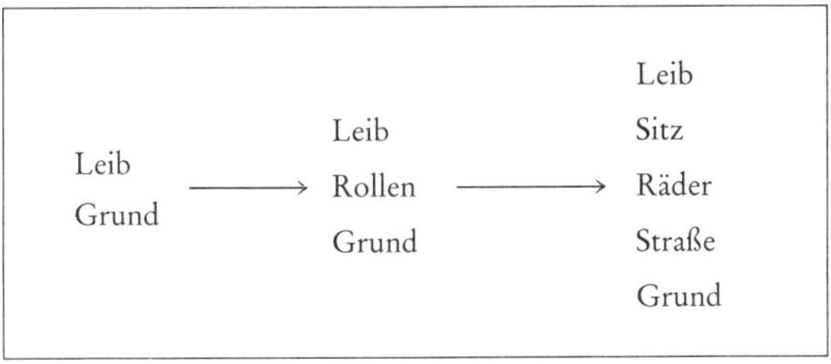

Schema 78: Kultur als Dazwischenschieben: zunehmende Vergrößerung des Abstands zum Grund

um sich selbst zu steigern, immer wieder und immer weiter die Mittelbarkeit unserer Beziehung zum wahren Grund: Von ihm sind wir getrennt und mit ihm zugleich verbunden – etwa durch die Schuhe, die Rollen und das Pflaster, durch den Sitz, die Räder und den Asphalt.

Das Ganze ist, wie jeder weiß, im Aufriß noch differenzierter gestuft und technisch noch komplizierter gebaut. Der Sitz ist stets nur über einen Rahmen und dieser über Gabeln mit den Achsen verbunden, um die die Räder sich drehen; und diese selbst haben, wenn ausgereift, zumeist nur über ein Luftpolster und einen Gummimantel Kontakt mit der Straße, die sich ihrerseits, wenn wohlfundiert, nur über vermittelnde Schichten vom natürlichen Untergrund, den sie ebnet, getragen weiß … Der obere Teil dieses ganzen Stufensystems liegt beweglich auf dem unteren auf und bildet diesem gegenüber ein einfaches Gefährt, einen Wagen in typischer Gestalt.

Ergänzungsbedürftig aber ist dieses elementare Fahrzeug auf zweifache Weise. Einmal durch mich selbst. Ich selbst komme nicht zufällig hinzu, sondern bin durch den Sitz gleichsam schon vorgesehen. Und indem ich den Platz, der mir geboten wird, an- und einnehme, bilden das Gefährt und ich ein neues zusammengehöriges Ganzes. Intern sind wir durch Passung verbunden.

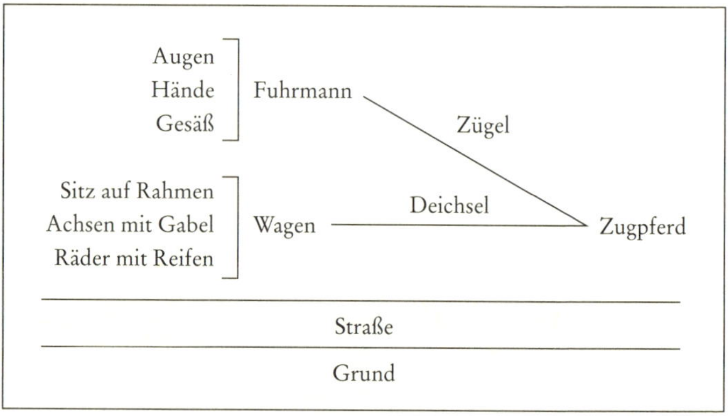

Schema 79: Wagen, zum Fuhrwerk ergänzt

Extern aber zeigen wir uns als ergänzungsbedürftige Einheit, indem wir ein gemeinsames Angebot machen: Passiv bleibend, bieten wir an, uns von einer Kraft, die es kann, bewegen zu lassen. Ob ich nun unfähig oder unwillig bin: ich brauche etwa im Kinderwagen oder im Rollstuhl eine schiebende Kraft, und eine ziehende, wenn ich in einer zweirädrigen Rikscha oder einem vierrädrigen Kutschwagen sitze. – Da bekanntlich aus der Transformation der Kutsche historisch das Automobil hervorgegangen ist, läßt sich aus der Weise, wie sie fährt und geführt wird, auch gut verstehen, was es für den Autofahrer bedeutet, Fahrzeugführer zu sein.

Frontale Führung von hinten

Natürlich wird die Kutsche als passives Gefährt von animalischen Selbstbewegern gezogen. Die vorgespannten Pferde bestimmen durch ihre eigene Bewegung, daß und wohin die Kutsche sich bewegt. Und ich selbst, ganz untätig, werde von ihnen und mit ihr fortbewegt. *I am carried away.* – Andererseits: als grundsätzlich vorausdenkendes und vorausschauendes Wesen, als jemand auch, der weiß, was Führung ist, und der es zudem versteht, Pferde auch von hinten zu führen, brauche ich bloß ein minimales Quentchen Aktivität aufzubieten: schon mache ich aus meinem passiven Bewegtwerden diejenige Art von indirekter Selbstbewegung, deren Daß und Wohin ich bestimme, ohne doch die Kraft für sie selbst aufbringen zu müssen. Ich führe souverän mit Zügel und Zuruf. Gewiß, die Richtung des gesamten Gespanns bestimmen *immer* die Zugpferde. Da jedoch ich als Kutscher *ihre* Richtung festlege, bin ich selbst es, der letztlich bestimmt, wohin die Fahrt geht. Die Zügel fest im Griff, bin ich noch als Gezogener und Geführter der Führer des Ganzen und mit ihm meiner selbst.

Indem die Tiere mir, dem Kutscher, gehorchen, folgen sie mir, auch wenn sie vor mir traben. Nur als *physische* Substanz sitze ich hinter ihnen, *optisch* aber, als wahrnehmendes und wegsuchendes Wesen, und *intentional* als jemand, der ein Ziel samt einem Weg dahin im Sinn hat, bin ich ständig vornan und vorweg. Deshalb sichere ich mir auch immer eine Position, die mir Weitsicht und Vorausschau ermöglicht.

Unbeschadet dieser frontalen Führung von hinten bleibe ich doch immer auch Teil der gezogenen Kutsche, deren Richtung die ziehenden Pferde bestimmen. Und da ich lediglich mit meiner Sicht und meiner Absicht vorn bin, nicht aber mit meinem Körper, stürze ich körperlich hinten mit, wenn das ganze Gefährt in einer Kurve kippt. Aber ach: mein Blick und mein Wille, leibgebunden beide, stürzen mit mir. Durch den Unfall fällt, was von mir hinten war, herunter, und was von mir vorn war, zurück. Vielleicht meinten Philosophen Ereignisse dieser Art, wenn sie sagten, es sei einer auf sich selbst zurückgeworfen und gerade dadurch wieder eins geworden mit sich.

Automobiler Monismus: innerer Antrieb und antreibende Räder

Der entscheidende Schritt von der Kutsche zum Auto ist die Aufhebung des energetischen und räumlichen ›Substanzendualismus‹. Fortan gibt es keine Differenz mehr zwischen dem, was aktiv seine Kraft aufbietet, und dem, das passiv etwas mit sich geschehen läßt; zwischen dem, was zieht, und dem, was gezogen wird; zwischen dem, was vorn ist und führt, und dem, was hinten kommt und folgt. Aus dem ›dualistischen‹ Gespann wird das ›monistische‹ Automobil. Und es paßt damit bestens in die Philosophie- und Geistesgeschichte seiner Entstehungszeit.

Der neue Motor, zu deutsch: der Beweger, ist auch wichtig, aber nicht so sehr. Wegen seiner – gemessen an den Pferden – geringen Größe paßt er fast wie ein gewichtiger Koffer hinein in den Wagen, den er antreibt, kann Teil von ihm werden. Prinzipiell aber hätte man auch im Inneren einer dann freilich recht unförmigen Kutsche Pferde mitführen können, deren wageninterne Bewegung dann so hätte umgelenkt werden müssen, daß durch sie das ganze Gefährt mit ihnen in sich hätte in Fahrt gesetzt werden können. Und an Kinder-*gokarts*, die von der Fußarbeit ihrer jungen Fahrer bewegt werden, sieht man, daß auch ›animalische‹ Kraft im Fahrzeuginneren entfaltet und in Antriebsenergie umgesetzt werden kann. Nicht auf die Art der Krafterzeugung kommt es an, sondern auf den Ort, an welchem sie statthat, und auf die Weise, wie sie Fortbewegung zustande bringt. Indem der *tractor* sich mit dem *trahendum* vereint und nunmehr aus diesem heraus das neue Ganze, das sie gemeinsam bilden, bewegt, hört er auf, vorangehender ›Zieher‹ zu sein und wird innewohnender ›Motor‹. Aus dem elementaren Wagen wird durch diese Internalisierung das automobile ›Kraftfahrzeug‹.

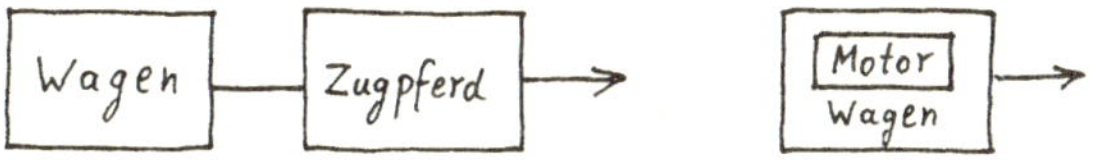

Schema 80: Technische Verinnerlichung:
vom ›dualistischen‹ Gespann zum ›monistischen‹ Automobil

Viel wichtiger als der wegen seiner Evidenz leicht überschätzte Wechsel von starken Pferden zu Pferdestärken, von tierischen zu technischen Bewegern, ist die Übertragung der intern erzeugten Bewegung auf die noch immer bewegten, doch nun zugleich bewegenden Räder: Aus passiven Rollern werden aktive Treiber. Sie drehen sich nicht mehr bloß *mit*, sondern *selbst*. Wie man das technisch ins Werk setzt – vor allem mittels eines alten Geniestücks namens Pleuelstange – hatten die Dampflokomotive und der Raddampfer längst vorgemacht. Die Räder, die ursprünglich nur ein möglichst reibungsloses Gezogenwerden ermöglichen sollten, werden nun zu Akteuren, die das Ganze einschließlich ihrer selbst und des Motors, der sie bewegt, voranbringen. Seither muß Reibung unterwegs ein mittleres Maß finden, welches das Rollen weiterhin leicht macht und doch so viel Haftung und Widerstand gewährt, daß die Räder an- und vorantreiben können, ohne glattweg durchzudrehen.

Lenkräder

Automobiler Monismus besagt: Aufhebung der Differenz von Aktivität-vorn und Passivität-hinten. Solange die Zugpferde den Wagen zogen, bewegten sie ihn, und sie bewegten ihn *so*. Voranbringen und Richtunggeben waren eins. Das wird nun grundsätzlich anders. Der Motor treibt *nur* an; er ist, wie die Räder, die er dreht, führungsunfähig. Das Wohin zu bestimmen ist eine Leistung, die separat erbracht werden muß. Der alte *externe* Dualismus von ziehender Kraft und gezogener Last wird im neuen Fahrzeug ersetzt durch den *internen* Dualismus von Bewegungskraft und Führungsleistung. Dafür sind nun zwei verschiedene, ja voneinander unabhängige Systeme vorgesehen.

Auch wenn wir technisch längst darüber hinweg sind, ist es für die historischen Anfänge und das grundsätzliche Verständnis des Automobils von Bedeutung, daß der Kutschwagen *vier* Räder hatte. Denn beim Auto, das ihm darin gleicht, verteilen sich Antrieb und Lenkung nunmehr auf Hinterachse und Vorderachse. Die Hinterräder sorgen fürs Vorwärtskommen, die Vorderräder bestimmen die Richtung. Dazu waren sie von ihrer Kutschenfunktion her schon prädisponiert. Denn die Vorderachse war mit der Deichsel zwar fest, mit dem Kutschwagen aber drehbar verbunden. So konnten die Pferde die Kutsche lenken: Schwenkten sie nach rechts, so stellten sie durch ihre eigene Kraft mittels der Deichsel die Achse und mittels der Achse die Räder so schräg, daß die Kutsche in einem Bogen nachgeführt werden konnte.

Das Lenkrad im Auto tut dasselbe: Es stellt die Räder so schräg, daß das ganze Gefährt, obgleich nicht mehr gezogen, eine Kurve beschreibt, sofern es in Fahrt ist. Allerdings muß jetzt der Fahrer die Kraft, die Stellung der Räder zu ändern, selbst aufbringen. Es gibt da eben in der ziehenden Pferdekraft einen Rest, der nicht durch motorische Pferdestärken ersetzbar ist: jenes variable Quantum, das zur Richtungsbestimmung erforderlich war. Als Kutscher konnte ich die Pferde – wenigstens auch – symbolisch führen: physisch führten sie das Gespann dann selbst; als Fahrer hingegen muß ich das Auto mit der Kraft meiner Muskeln selbst physisch steuern, bin insofern also wie ein Tier zwar nicht vor-, aber doch eingespannt. Erst die spätere hydraulische ›Lenkhilfe‹ bringt etwas Symbolik zurück: sie ›spürt‹ die Bewegungsrichtung, die das Lenkrad nimmt, ›versteht‹ die Absicht des Fahrers und unterstützt ihn bei deren Verwirklichung. – An dem grundsätzlichen Dualismus von Motor und Lenkung ändert auch der Vorderradantrieb nichts. Technisches Glanzstück, das er ist, sorgt er wohl dafür, daß es *dieselben* Räder sind, die das ganze Auto vorantreiben *und* festlegen, wohin es fährt. Aber die Kraft, durch welche die Radstellung ihrerseits bestimmt wird, liegt weiterhin konzentriert in den Händen, die das Lenkrad halten und drehen.

Die Dreigliederung dessen, der führt, bleibt auch beim Autofahren erhalten. Ich bin physisch hier, optisch schon ein Stück voraus und intentional bereits am Ziel. Kein Wunder also, daß das Auto meine Aufmerksamkeit ganz auf das Sehen zusammenzieht und nach vorn schickt. Diese Art zu sehen dient indes nicht allein meiner Führungsaktivität, sie läßt mich auch zum Empfänger von Signalen werden, durch die ich, der Fahrzeugführer, wiederum von außen geführt werde.

Dinge, die hauptsächlich anderen Zwecken dienen und nur nebenbei auch signitiv fungieren, werden uns selten als Zeichen bewußt. Zumeist läßt erst ihr Fehlen sie auffällig werden. Und gerade deshalb vermag uns ein eigentümliches Fahrzeug, das im Englischen *track-laying vehicle* heißt, auf diesen unscheinbaren, aber höchst effektiven Typ von Zeichen, die uns führen, aufmerksam zu machen. Die Rede ist vom Raupenfahrzeug. Es ebnet sich seinen Weg auf widrigem Grund, indem es die Pflastersteine als Metallglieder, in Ketten zusammenhängend, überall dabei hat und sie gleichsam zum *ad-hoc*-Straßenbau benutzt. Fahrend legt es sie stetig vor sich aus, rollt über sie hinweg, liest sie hinten wieder auf, transportiert sie nach vorn, um sie dort erneut vor sich hinzulegen. So führen Panzer und Bagger, Bulldozer und Raupenschlepper die Straße, auf der ihre Räder rollen, mit sich.

Doch dieser mobilen Straße fehlt etwas Wesentliches: Die Räder haben sie zwar *unter* sich, doch der Fahrer sieht sie nicht *vor* sich. Eine Straße aber, im vollen Sinne, ist nicht nur eine Unterlage zum Darüberrollen, sondern auch ein Zeichen zum Vorwärtskommen. Indem sie sich mit ihrer länglichen Erstreckung und ihrer seitlichen Begrenzung dem Blick des Fahrers darbietet, gibt sie ihm so etwas wie einen signitiven Korridor, innerhalb dessen er sich zu bewegen hat. Was er wahrnimmt, sagt ihm, wie es weitergeht. Und indem er der Straße folgt, läßt er sich von ihr führen.

Wegen ihrer linear gestreckten und lateral begrenzten Form paßt die Straße zu jenem leibartig ausgerichteten und gegliederten Ganzen, welches mein Auto und ich so leicht bilden. Aber ihre Paßform bedarf doch noch meiner tatsächlichen Präsenz; denn erst vermöge dieser Ausfüllung kann die Straße, die zu mir paßt, mich auch führen. Leer gelassen, kennt sie nicht einmal den Unterschied zwischen links und rechts, vorn und hinten, vorwärts und rückwärts. Ihre Unentschiedenheit bringt mich in die Lage, entscheiden zu können und zu müssen. Die Straße stellt mich vor die Alternative, auf ihr entweder in *diese* oder in die *entgegengesetzte* Richtung zu fahren: *tertium non datur*. Sowie *ich* meine Wahl getroffen habe, steht auch für *sie* fest, was links und was rechts, was vorn und was hinten ist. Jetzt vermag sie ihre Führungsfunktion zu übernehmen. Sie bestimmt nicht selbst, wie und wohin ich fahre, doch indem sie sich mir zeigt, hilft sie mir, die von mir gewählte und eingeschlagene Richtung beizubehalten.

Obgleich hauptsächlich ›Rollbahn‹ für Räder, hat die Straße beiläufig und nebenher also auch eine signitive Funktion. Diese aber läßt sich symbolisch verstärken und verdeutlichen, ja durch Symbole ergänzen und vervollkommnen. Solche ausdrücklichen Zeichen kennen wir als Mittelstrich und Randstreifen, als Begrenzungspfähle und Leitplanken; und natürlich erfüllen diese letzteren die Aufgabe, die Fahrzeugbewegung innerhalb einer vorgeschriebenen Bandbreite zu halten, nicht nur indirekt symbolisch, sondern notfalls auch unmittelbar physisch. Straßengräben hingegen führen lediglich symbolisch; physisch werden durch sie Abweichungen nicht verhindert, sondern – bestraft.

Typologie der Zeichen und Vorzeichen

»Hier ist die Fahrbahn« und »Hier geht es weiter«. Das sagen uns entweder beiläufig-signitiv die Straße selbst oder explizit-symbolisch die unterschiedlichen Wegmarkierungen. Sie sind ein *erster* Typus von Zeichen, mit denen es der Fahrer zu tun hat; *progressiv* nenne ich sie, weil sie im wesentlichen dem Vorwärtskommen dienen.

Ihnen steht zur Seite ein *zweiter* Typus, der nicht unmittelbar das Vorankommen anleitet, es aber indirekt begünstigt und absichert. Zeichen, die hierher gehören, sind wesentlich *defensiv*; sie sollen Kollisionen aller Art vermeiden helfen. Nötig sind sie vor allem, weil die Straße nicht für mich allein, sondern für uns alle da ist. Deshalb sind häufig mehrere von uns zugleich hier unterwegs, und ich bin nur einer von ihnen. Jeder von uns aber stellt für den anderen ein mögliches Hindernis dar.

An allem, was grundsätzlich gut zum Aufprall geeignet wäre, warnen uns deshalb auffällige Helme und rot-weiße Markierungen, Rückleuchten und Blinklichter, Scheinwerfer und Reflektoren; der Verringerung der Kollisionswahrscheinlichkeit dienen außerdem Zeichen auf oder an den Straßen: noch einmal Mittellinien, dann auch Zebrastreifen, vor allem aber natürlich die Ampeln und die vielfältigen Gebots- und Verbotsschilder: Verkehrszeichen im engeren Sinn des Wortes. Manche dieser Zeichen sind zwar auch anderen Zwecken zugeordnet; dies sind indes meist solche, die der Fahrer selbst entweder gar nicht hat oder allenfalls implizite haben müßte, beispielsweise Lärmvermeidung oder Verkehrsflußerhaltung. Dazu zählen auch die zu ›Verkehrsleitsystemen‹ zusammengeschlossenen Signalketten. Da der Fahrer derartige Zeichen nicht unmittelbar auf seine Absicht, vorwärts zu kommen, beziehen kann und da er überdies glaubt, für die Sicherung der Möglichkeit seines Vorwärtskommens sei es ausreichend, wenn die anderen diese Zeichen beachten, begegnet er ihnen gerne mit Unverständnis, Unwillen, Mißachtung.

Ein *dritter* Typ von Zeichen, den ich *heuristisch* nenne, dient dem Hinfinden. Zeichen, die dies können, heißen bekanntlich Wegweiser. Nötig sind sie vor allem, weil die Welt des Verkehrs nicht einfach aus einer einzigen Straße besteht, die geradewegs von A nach B führte. Vielmehr gibt es unzählige Orte mit zahllosen Wegen zwischen ihnen. Und diese Wege kreuzen und verzweigen sich vielfältig in einem komplizierten Netz, in welchem mein Weg nur einer von unendlich vielen anderen Wegen ist. Daß ich meinen finde und schließlich an mein Ziel gelange: dabei helfen mir die neben oder über oder auf den Straßen sichtbaren heuristischen Symbole.

Wegweiser sind im Straßenverkehr typischerweise typologisch, im hermeneutischen Sinn des Wortes: Sie treten paarweise zeitversetzt auf und verhalten sich zueinander wie Verheißung und Erfüllung. Das erste Zeichen ist ein Vorzeichen und kündigt an, wo und wann es wie weitergehen wird; das zweite Zeichen erscheint dann gemeinsam mit der vorhergesagten Stelle selbst und tut kund, daß es hier und jetzt so und so weitergeht: zuerst also eine Tafel mit einem übersichtlichen Weg-, Kreuzungs- oder Abzweigungsschema, dann an der Kreuzung oder Abzweigung selbst etwa ein Pfeil, der nach rechts zeigt und auf dem steht: »Erlangen 18 km«.

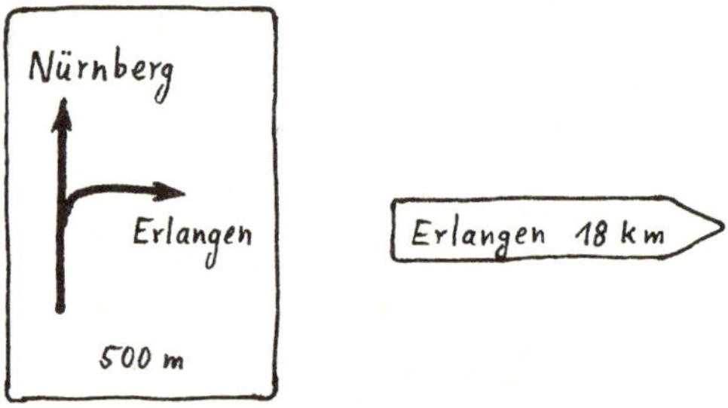

Schema 81: Typologie unterwegs: Vorzeichen und Zeichen

Von der Stelle, die das Vorzeichen angekündigt hat, sagt dieses Zeichen nun, daß sie hier tatsächlich ist.

Doch sind solche Stellen nur Gelenkstellen, markante Wegpunkte, somit allenfalls Zwischenziele. Vollends eschatologisch wird die Typologie dort, wo unterwegs die Erwartung des jeweils Nächsten sich adventhaft zuspitzt zur Naherwartung des Endes: Zwei Kilometer nach der Verkündigung, auf der geschrieben steht

Schema 82:
Typologie am Ende: hinweisendes und anzeigendes Zeichen

»Erlangen 2 km«, kommt es zur gelb-schwarzen Erscheinung von »Erlangen« – und in eins damit zur Epiphanie von Erlangen selbst: Leibhaftig ist es da, und wir sind es auch.

Die Positionierung ist dabei für die Pragmatik das A und O. Man muß die Pfeile und Tafeln so früh schon sehen, daß man sein Verhalten danach richten kann; und man darf sie doch so spät erst sehen, daß man das auf ihnen Gelesene noch in frischer Erinnerung gegenwärtig hat, wenn dann das symbolisch Angekündigte tatsächlich erscheint.

*

Blicken wir in geraffter Form zurück, um nicht aus dem Auge zu verlieren, wo wir sind und wie es weitergeht. In den vier Kapiteln dieses Dritten Teils haben wir zwei Themen ausführlich behandelt: die Welt im großen und eine Lebenswelt im kleinen. *Zuerst den Erdball.* Wir haben gesehen, wie er mit einem Gitternetz überzogen ist, das allen Stellen einen Namen gibt und sie identifizierbar macht; und wir haben weiter gesehen, wie das *Global Positioning System* dieses geographische Koordinatensystem als Grundlage benutzt, um mittels eines Verbundes von Satelliten jedem überall sagen zu können, wo er sich gerade befindet.

Dann das Auto: ein leibartiges und lebensweltliches Gefährt, das den Fahrer dergestalt in sich birgt, daß er ganz nach außen und nach vorn orientiert ist. Wir haben uns klargemacht, worin die Leistung des Führens überhaupt besteht und was es für den Fahrer bedeutet, Fahrzeugführer zu sein und sich dabei doch signitiv und symbolisch führen zu lassen.

Im nächsten und letzten Kapitel führe ich nun diese beiden Themen wieder zusammen. Das *GPS*-Navigationsgerät im Auto ist dabei der reale und symbolhaltige Verknüpfungspunkt. In ihm ist der Ausgriff auf die ganze Welt enthalten, und doch ist es mit seinem Display und seiner Akustik innerer Bestandteil meiner kleinen mobilen Lebenswelt. Und gerade die globale Spannweite des Systems befähigt es, in jedem Augenblick meine subjektive Situation in Rechnung zu stellen und mich zu führen, wohin ich will.

16. Kapitel
Außengeleitete Selbstführung

Warum finden wir als Autofahrer so oft nicht an unser Ziel, obgleich wir über genaue Karten verfügen und unsere Straßen und Wege gut ausgeschildert sind? Von den vielen Gründen, die es dafür gibt, untersuche ich in den Erwägungen dieses Kapitels nur die, die geeignet sind, uns den Sinn elektronischer Routenführung einsehen zu lassen. Dann blicken wir noch einmal auf das *Global Positioning System*. Der zum Navigationsgerät gehörige *GPS*-Empfänger vermag jene Führung zwar nicht alleine zu leisten; er trägt aber doch die eine Hälfte zu ihr bei. Die andere Hälfte liefert eine Navigations-CD, deren wichtigster Bestandteil digitale Karten sind.

In einer leicht stilisierten Beschreibung werde ich dann dartun, wie der Rechner des Navigationssystems die stets aktuelle Bestimmung meiner Stelle durchs *GPS* ausbaut zu einer Führung, die ganz auf mich eingestellt ist und die mein individuelles Ziel, meine leibliche Ausrichtung und meine konkrete Situation zu berücksichtigen weiß. Die ›organische‹ Einheit, die mein Auto und ich bilden, führt zum Schluß noch zu der Frage, was denn automobile Navigation und lebensweltliche Vertrautheit für einander bedeuten könnten.

Mangel und Mängel an Zeichen

An Gründen, nicht hinzufinden, herrscht bekanntlich kein Mangel. Die Hinführung des Fahrzeugführers zu seinem Ziel mißlingt vor allem, wenn die nötigen Zeichen fehlen. Und sie fehlen entweder *an sich*, weil sie nicht existieren, oder *für mich*, weil sie, obzwar da, mir nichts sagen.

Dabei geht es nicht allein um Wegweiser. Im Gegenteil: Oft schicken viele, auch deutlich sichtbare, gut lesbare und leicht befolgbare Hinweistafeln den Autofahrer zu dem Platz, den er sucht. Und trotzdem findet er ihn nicht. – Wie das? Nun, jeder kennt's: Ich will, zum Beispiel, in einer fremden Stadt ins Zentrum; brav folge ich den Schildern »Stadtmitte«. Das geht eine Zeitlang gut –

bis ich längere Zeit keinen Wegweiser mehr erblicke. Was nun? Habe ich einen Pfeil übersehen und mich verfahren? Oder *bin* ich bereits im Zentrum, so daß mit weiteren Wegweisern dorthin nicht mehr zu rechnen ist? Oder *war* ich schon dort, ohne es bemerkt zu haben, so daß ich jetzt wieder stadtauswärts fahre? – »Hier ist die Stadtmitte« oder »Sie sind da«: Welche Tafel sagt mir so etwas?

Es fehlt also an meinem Ziel ein Symbol, das mir mitteilte, daß ich angekommen bin. Notfalls behilft man sich dann, indem man zurückgreift auf die signitive Funktion bekannter Bauwerke, charakteristischer Platzformen oder typischer Verhaltensweisen anwesender Menschen. Wie immer, so glückt auch hier das Finden nur, wenn wir das, was wir erblicken, als das, was wir gesucht haben, identifizieren können: »Das hier ist es.«

Das umgekehrte gibt es natürlich auch: Der Platz, den ich suche, die Stelle, zu der ich will, das Gebäude, in das ich vorgeladen bin: sie alle tragen ihre Namenschilder deutlich an sich: »Unschlittplatz«, »Humborgweg«, »Amtsgericht«. Aber ich muß schon da sein, um, indem ich die Beschriftung lese, zu erkennen, daß ich da bin. Wie ich jedoch hinkomme, sagt mir kein Schild und kein Pfeil. Unvorstellbar wäre ja auch die Wegweiserfülle, wenn an jeder Straßenecke nicht nur stünde, wie die beiden Straßen hier heißen, sondern beschriftete Pfeile auf alle andere Straßen und Plätze verweisen würden...

Wo man zunächst und zumeist hinfährt

Entweder ist das Ziel, mangels Beschriftung, nicht erkennbar, oder der Weg dorthin, mangels Ausschilderung, nicht auffindbar. Doch selbst wenn es an Zeichen nicht fehlt, ist noch lange nicht gesagt, daß sie auch weiterhelfen. Ganz im Gegenteil: Daß Wegweiser *mir* zu *meinem* Ziel den Weg weisen: das ist, leider, die seltene Ausnahme. Auch wenn sie da sind und etwas besagen, sagen sie mir selbst gar zu oft nichts. Denn nicht für mich, sondern für uns sind sie aufgestellt. Nicht wo *ich* eigentlich hinwill, sondern wo *man* ›zunächst und zumeist‹ hinmöchte, dahin schicken sie einen. So geht die Verweisung zunächst aufs Nächste und zumeist aufs Größere. Wo, wenn ich in München bin, sind die Wegweiser nach Trattenbach und Todtnauberg, nach Olmütz und nach Sils Maria?

Da kann ich lange suchen! Hingegen bekomme ich Angebote für die kurze Fahrt zur Theresienwiese und zum Olympiagelände, nach Unterhaching und Oberföhring, aber auch, größer und weiter, nach Stuttgart oder Nürnberg und Berlin.

Wenn ich als Münchener nicht bereits weiß, daß Elmshorn, der Ort meiner Sehnsucht, für mich ›hinter‹ Hamburg liegt, und Hamburg ›hinter‹ Hannover und Hannover ›hinter‹ Würzburg und Würzburg ›hinter‹ Nürnberg, wenn ich also nicht weiß, daß ich, um nach Elmshorn zu gelangen, zuerst einmal nach Nürnberg und dann nach Würzburg... fahren muß – ja, dann ist Hopfen und Malz verloren.

Noch schwieriger wird's, sowie mein kleiner Ort nicht ›nach‹, sondern ›vor‹ einem großen kommt. Fahrt von Husum, ganz im Norden, nach Elmshorn. »Ah, da geht's ja nach Hamburg«, freue ich mich als Fahrer über den Wegweiser. »Wir wollen aber nicht nach Hamburg, wir wollen nach Elmshorn«, mäkeln die Kinder auf dem Rücksitz. Was soll man darauf antworten? Während es leicht einleuchtet, warum ich, von München kommend, zuerst nach Hamburg muß, um dann von dort aus weiter nach Elmshorn zu fahren, ist die andere Version auch für uns als Erwachsene schwerer einzusehen und umzusetzen. Daß ich von Husum aus nicht ›nach‹, sondern bloß ›in Richtung‹ Hamburg fahre, obgleich zwischen beiden Fahrbewegungen lange Zeit gar kein Unterschied ersichtlich ist: dergleichen zu verstehen muß man als Kind erst mühsam lernen. Aber so wie in der Schule – und später dann in der *Philosophie der Arithmetik* – die Addition viel leichter zu begreifen und zu handhaben ist als die Subtraktion, so ist und bleibt das Nicht-bis-aber-in-Richtung selbst für den, der es intellektuell erfaßt hat, in der Durchführung dauerhaft schwierig. So muß ich alle auf Hamburg bezogenen Kilometer-Angaben immer auf Elmshorn zurückrechnen; und ab einem bestimmten Zeitpunkt des Näherkommens – von dem ich immer nur ahne, daß er schon da sein könnte – bin ich genötigt, alle auftauchenden Wegweiser aufmerksam durchzuchecken, um den entscheidenden nicht zu übersehen. Den, der mich vor der Peinlichkeit bewahrt, nun doch von Husum über Hamburg nach Elmshorn zu gelangen.

Subjektivierung der Zeichen

Darüber also muß ich mir Klarheit verschaffen: Wo bin ich selbst und welches sind die Knotenpunkte im Straßennetz, die ich durchlaufen muß, um meinem Ziel näherzukommen? Wo in der Umgebung eines größeren Ortes liegt mein kleinerer? Was folgt aus dieser objektiv-geographischen Lage für meine subjektiv-fahrerische Orientierung? Heißt ›nördlich-von‹ für mich soviel wie ›vor‹ oder eher ›nach‹? Solange ich all das nicht weiß, habe ich keine Chance, mich durch das intersubjektiv angelegte Wegweisersystem zu meinem eigenen Ziel führen zu lassen.

Unterwegs immer wieder die Straßenkarte zu konsultieren wäre überflüssig, wenn alle Straßen immer so ausgeschildert wären, wie ich es jetzt gerade brauche. Doch alle Straßenkarten und Wegweiser sind, wie gesagt, samt und sonders so, daß sie nicht alleine mich hier und jetzt führen, sondern je nach Bedarf jedem von uns jederzeit gleichermaßen zu Diensten sein wollen. Mir, aber auch jedem anderen, geben sie nur unzulängliche Hilfsmittel zur Selbstführung an die Hand. Mindestens das wird mir ständig abverlangt: Auffassung (»Kommt da ein Zeichen?«), Relevanzprüfung (»Geht's mich was an?«) und Interpretation (»Was bedeutet es für mich?«).

»Hier muß *ich* rechts abbiegen.« Kein Wegweiser am Straßenrand vermag mir von sich aus derartiges vorzuschreiben. Ich selber muß ihn dazu bringen, mir diesen Befehl zu geben. Nur weil *ich* nach Elmshorn will und dies auch weiß, wird dieser Wegweiser nach Hamburg *mir* zum Wegweiser. Ihn zu sehen nehme ich zum Anlaß, mir von ihm sagen zu lassen und so mit seiner Hilfe mir selbst zu sagen, wie ich mich hier und jetzt zu verhalten habe. Es kommt zu einer ›Passung‹ zwischen meiner subjektiven Zielvorstellung und dieser objektiven Richtungsbezeichnung.

Übersicht und Abfolge im voraus und unterwegs

Was ich also, schon bevor ich losfahre, brauche, um unterwegs aus den vielen heuristischen Zeichen die für mich relevanten herausfinden und dann auch befolgen zu können, ist ein Plan, aus dem ich dreierlei ersehe: die Stelle, an der ich anfangs bin, die, zu der ich hinwill, und den Weg, der von der einen zur anderen führt. Selbstlokalisierung, Zielfeststellung und Wegplanung: das sind Leistungen, die ich hier zu erbringen habe. Anschließend muß ich das, was ich im Plan simultan übersichtlich gegenwärtig habe, umsetzen in eine Abfolge von Beschreibungen, in welchen die Strecken, die ich zu durchfahren habe, in ihrem Nacheinander aufgeführt werden. Aus dem Plan wird ein Programm im doppelten Wortsinn: die Darstellung eines Ablaufs und die Vorschrift, ihn tätig zu realisieren.

Soll zielgerichtetes Autofahren problemlos gelingen, so muß es zu einer stockungsfreien und reibungslosen Verzahnung kommen zwischen dem Wissen, das ich mitbringe, und den Erkenntnissen, die ich während der Fahrt erst gewinne. Auf der einen Seite steht also das übersichtliche und ganzheitliche Plan- und Programmwissen, das ich bereits fertig zur Verfügung habe, auf der anderen die Serie von Instruktionen, die sich aus den unterwegs nacheinander auftauchenden Zeichen für mich ergeben: immer neue Weisungen für immer neue Situationen.

Affinität begünstigt Passung

Zu den auffälligsten Gründen dafür, daß diese Verzahnung häufig glückt, zählen Ähnlichkeiten zwischen dem Voraus-Wissen und dem Unterwegs-Sehen. Zum einen gewähren uns manche Wegweiser eine simultan-planhafte Draufsicht. Gerade an komplizierten Kreisverkehren und Kreuzungssystemen, Umleitungen und Abfahrten werden wir über den Streckenverlauf durch eigene Tableaus informiert. Diese sind ja nichts anderes als ganz kleine Kartenausschnitte, nur eben stark vergrößert und extrem stilisiert. Solche Tafeln verschaffen uns Übersicht. Wir können sie auffassen als äußere Veranschaulichungen von Teilen jenes *survey knowledge*, das uns beim Fahren von Anfang an begleitet.

Affinität in der simultanen Übersicht ist das eine, im sukzessiven Ablauf das andere: In ihrer Abfolge entsprechen nämlich die Wegweiser idealerweise jener Sequenz von Beschreibungen, in denen wir uns die Serie der zu fahrenden Wegstücke mitsamt ihren Verknüpfungspunkten und Verzweigungsstellen vorab entweder gemerkt oder sogar notiert haben. Das in der Wegbeschreibung enthaltene Wissen, daß nach einer bestimmten Wegstrecke nun diese Abzweigung kommen muß, findet seine Bestätigung in dem faktisch auftauchenden Wegweiser mitsamt dem Weg, den er weist. Diese ›vertikale‹ Verzahnung von Gewußtem und Gesehenem verstärkt noch die ›horizontale‹ typologische Entsprechung, in der das gesehene Vorzeichen eine Erwartung weckt, die sich erfüllt durch den Anblick des ›eigentlichen‹ Zeichens und gegebenenfalls durch die unmittelbare Präsenz der zuvor von ihm angekündigten Stelle oder Ortschaft.

Die Übersicht, die wir als Plan im Kopf oder als Karte vor Augen haben, hat natürlich vor der, die uns Tafeln am Straßenrand präsentieren, den Vorteil kontextueller Einbettung und ganzheitlicher Erstreckung. Umgekehrt aber haben die Zeichen und Tafeln, die in der Wirklichkeit nacheinander auftauchen, ihrerseits einen entscheidenden Vorzug vor den Wegen und Stellen, die in der Beschreibung nacheinander aufgezählt werden: das *just in time*. »Jetzt geht es links ab«, »Hier ist es«: das kann keine Beschreibung sagen. Das Zeichen aber sagt es einschlußweise dadurch, daß es selbst jetzt hier ist und zum Sprechen gebracht wird: Es spricht kraft seiner faktischen Präsenz, die es durch mein Hinkommen gewinnt und durch mein Weiterfahren wieder verliert, und dank seines Verstanden-Werdens durch mich, das freilich abhängt von meinem mitgebrachten Voraus-Wissen.

Bleibende Defizite

Kann ich mit meinem Überblicks- und Programmwissen die Mängel des Wegweisersystems ausgleichen? – Zum Teil ja. Doch mein Wissen hat seine eigenen Defizite. Selbst wenn ich die markierte Straßenkarte und die listenförmige Wegbeschreibung auf Papier sichtbar vor mir hätte: ich bräuchte ja als Fahrer sechs Augen, um meinen Plan planmäßig umsetzen zu können: je zwei für die Papiere und ein weiteres Paar für die Straße selbst. Jetzt kommt eben nachteilig zur Geltung, wie im Auto, dieser Lebenswelt *en miniature*, meine Aufmerksamkeit verfaßt ist: Ich bin ganz nach außen gewandt, nehme fast nur optisch wahr und richte mich nach vorne aus. Daß diese Vorwärtsorientierung sich zur Zielstrebigkeit konkretisiert, hilft mir nicht im geringsten weiter, solange mein Ziel noch in weiter Ferne ist.

Woran also kann ich mich halten? Statt mit der wirklichen Karte muß ich vorlieb nehmen mit der, die mir in der Phantasie vage vorschwebt; statt die Liste mit den Streckenbeschreibungen lesen zu können, muß ich mich mühsam an sie erinnern. Was wir uns in der Phantasie oder in der Erinnerung vorstellen, pflegt freilich durchsetzt zu sein mit Ungenauigkeiten, Lücken und Fehlern. Wo bin ich gerade, was kommt als nächstes und wie geht es danach weiter?

Es ist wie so oft, wenn zwei unzulängliche Konzepte ineinandergreifen: Streckenweise mag das eine die Mängel des anderen jeweils kompensieren, doch es kommt – neben der unschädlichen Leistungsredundanz – auch zu Aussetzern, Verhakungen, Ungereimtheiten, Widersprüchen. Unter dem Titel ›Kognitive Dissonanz‹ ein weites Feld für psychologische Forschung! Intersubjektiv, wenn auch nur im Kleinstformat, werden solche Mißhelligkeiten, wenn die Fahrerin nur die Wegweiser am Straßenrand, der Beifahrer nur die Straßenkarte auf seinem Schoß vor Augen hat...

Daß immer ich es bin, der hier gefordert ist, verstärkt noch die Probleme, die aus diesem Nicht-Passen entstehen. Gefragt ist meine Wahrnehmung, meine Auffassung, meine Interpretation, meine Erkenntnis, meine Phantasie, meine Erinnerung, meine Schlußfolgerung, meine Aufmerksamkeit. Kein Wunder, daß ich auf Strecken, die ich nicht kenne, mich, statt hinzufinden, bisweilen verfahre.

Subjektives Präsenzbewußtsein dank GPS

Kein Wunder aber auch, daß wir lange schon auf Entlastung sinnen und uns fragen, an wen wir denn einige dieser Aufgaben delegieren könnten, um so leichter und zugleich sicherer an unser Ziel zu finden. Nun, ein technisches Hilfsmittel bei der Wegsuche haben wir bereits kennengelernt: den Routenplaner. Er besteht im wesentlichen aus digitalen Straßenkarten und Stadtplänen und einem Rechner, der mit ihnen umzugehen weiß. Und das kann er: einen Weg auf der Karte ausfindig machen und ihn als eine Serie von Teilstrecken beschreiben, die sich aneinander anschließen und deren Gelenkstellen und Verknüpfungspunkte besondere Beachtung verlangen.

So sehr der Routenplaner schon auf mich Rücksicht nimmt, auf meinen Ausgangspunkt, meine Zielvorstellung, mein Zeitbudget – etwas Entscheidendes kann er nicht: Er weiß nie, wann ich wo bin; und er ist deshalb unfähig, mich als aufmerksamer Begleiter zu führen und mir unterwegs stets aktuell zu sagen, wie es weitergeht.

Nun gibt es aber, wie wir gesehen haben, ein ganz anderes System, das gerade dies, aber eben auch nur dies kann: mir jederzeit meine aktuelle Position auszurechnen und anzugeben, obgleich bloß in geographischen Koordinaten. Diese Leistung erbringt das *Global Positioning System*. Der pragmatisch wichtigste Teil an ihm ist ein Receiver, der die Signale von Mitgliedern des Satellitenverbundes empfängt, ihre Laufzeiten ermittelt und sich aus diesen temporalen Aspekten das virtuelle Wissen von seinem eigenen Ort errechnet. Er stellt also *seine* Position fest, *meine* nur indirekt dadurch, daß ich dort bin, wo auch er ist. Und aus seinem virtuellen Wissen wird mein aktuelles Präsenzbewußtsein, indem er, was er elektronisch gespeichert hat, mir in alphanumerischen Zeichen ablesbar präsentiert und ich diese zur Kenntnis nehme.

Im Zeitalter der Mikroelektronik verwundert es nicht, daß selbst ein so komplizierter Apparat wie ein *GPS*-Empfänger kaum größer ist als eine Armbanduhr – und es ihn auch in dieser Form zu kaufen gibt. Und ebenso verwundert es nicht, daß die zwar auch kleinen und leichten, aber doch größten und schwersten Bauteile die sind, die gar nicht zur Elektronik gehören, sondern sie ›speisen‹: Antenne und Batterie. Bei dem Empfänger, der etwa von Urwaldforschern, Wüstendurchquerern oder Extrembergsteigern wie eine Uhr am Handgelenk getragen wird, kommt natürlich ein Display hinzu, das so groß sein muß, daß man ablesen kann, was es anzeigt.

Laufbahnüberwachung und Stellensuche

Doch da das Positionswissen, das die Empfangseinheit erzeugt, virtuell in Datenform vorliegt, ist die direkte sichtbare Anzeige am Ort seiner Entstehung nur eine von vielen Formen, mit ihm etwas anzufangen. Möglich und üblich ist auch die Weiterleitung dieses Wissens, das noch niemand hat, in die Ferne, wo es verstanden wird. Technisch ist das ein Kinderspiel: An das Positionsbestimmungsgerät wird ein Sender angeschlossen, der die errechneten Daten ständig übermittelt an einen beliebig entfernten, zunächst technischen und zuletzt menschlichen Empfänger: Dieser weiß dann immer, wo in aller Welt das Gerät sich befindet. Wenn dieses nun eingebaut ist in Waggons oder Container, wenn es mitgeführt wird von Schiffen oder Fluggeräten, Trucks oder Geldtransportern – sei's mit, sei's ohne Wissen der Fahrer, Piloten oder Kapitäne –, dann läßt sich jederzeit der Ort feststellen, an dem der Träger des Geräts sich gerade aufhält, und kontinuierlich der Weg verfolgen, den er zurücklegt.

Weil dieses Verfahren eine faktisch durchlaufene Bahn geographisch nachzieht und aufzeichnet, wird es oft unter dem Titel *tracking* geführt. Es stellt fest und hält fest; es kümmert sich um das, was soeben ist, und um das, was zuvor war. Alle Sorge, alles Interesse gilt dabei dem wichtigen, werthaltigen, bedrohten Träger: er soll überwacht, gesichert, geschützt, bewahrt und notfalls geborgen oder gerettet werden. Das *tracking* ist also in praktischer Hinsicht *träger*bezogen und ›konservativ‹, in zeitlicher Hinsicht gegenwarts- und vergangenheitsorientiert.

Ganz anders, nämlich praktisch *stellen*bezogen und destruktiv, zeitlich zukunftsgerichtet und antizipatorisch ist der Gegentypus. Und wir finden ihn nicht im Kommerz, sondern beim Militär. Es geht um die Selbststeuerung von Raketen und ›Marschflugkörpern‹. Während nun für die zivile Laufbahnüberwachung die räumliche Trennung charakteristisch ist – hier das Positionsbestimmungsgerät mit seinem Träger, dort die seinen Weg nachzeichnende *tracking station* –, bilden die zielsuchenden Geschosse eine kompakte Einheit aus Sprengkopf, Antrieb und Steuervorrichtung.

Diese letztere besteht, schematisch betrachtet, wiederum aus drei Komponenten: einem *GPS*-Empfänger, einem Kontrollrechner und einem Korrekturmechanismus. Ständig werden unterwegs Ort, Richtung und Geschwindigkeit festgestellt. Ständig wird auch geprüft, ob die Zielkoordinaten, die der Rechner als Soll-Wert kennt, bei Fortsetzung der Flugbahn getroffen werden oder nicht. Bei Abweichungen ermittelt der Rechner den Betrag, um den die Richtung zu korrigieren ist, und gibt den ›Befehl‹, die erforderliche Adjustierung vorzunehmen. Hier wie auch sonst bei der Wegsuche dient die Luftlinie, die zwei Stellen im Koordinatensystem pfeilgerade verbindet, als Richtschnur: An sie muß sich halten – durch ständige Kompensation eventueller Deviationen –, wer oder was trotz störender Einflüsse und nötiger Umwege ans Ziel kommen will.

Dieses Ziel ist nun kein dinghaftes *telos* mehr, sondern ein geographischer *topos*. ›Alte‹ Waffensysteme machten und machen sich noch bestimmte Eigenschaften des Objekts, das sie zerstören sollen, zunutze. Indem dieses sich etwa durch Wärmeabgabe, Funkwellen oder Radarstrahlen verrät, kann eine Rakete sich gleichsam von ihm anziehen, sich durch es selbst zu ihm hinführen lassen: ein teleologischer Vorgang. Das zerstörte Objekt muß dabei am ›Gelingen‹ seiner Zerstörung mitwirken. Das *Global Positioning System* aber macht davon unabhängig. Ziel ist, technisch betrachtet, gar nicht mehr das Objekt, sondern die Stelle, an der es sich befindet.

Hier die konservative Logistik, um Schutz besorgt, dort die aggressive Ballistik, auf Zerstörung aus: diese Unterscheidung zwischen der zivilen und der militärischen Nutzung des *Global Positioning System* ist natürlich nur analytisch sinnvoll. Denn selbstverständlich verfolgen und verzeichnen auch die Militärtechniker die Laufbahnen diverser Flugkörper und Fahrzeuge; und für die Bergung versprengter oder vermißter Soldaten ist der Umweg über die Satelliten in zwanzigtausend Kilometern Höhe ohnehin der kürzeste und genaueste Weg, den es gibt. Und schließlich ist bei alledem nicht zu vergessen: ursprünglich war *GPS* eine rein militärische Einrichtung. Erst nach und nach wurde durch Freigabe zuvor verschlüsselter Signale die zivile Nutzung zugelassen und verfeinert, so daß mittlerweile auch hier metergenaue Positionsbestimmungen möglich sind: eine militärische Vorgeschichte, wie sie in ähnlicher Gestalt ja auch das Internet hinter sich hat.

Symbolische Routenführung

Da das *Global Positioning System* nur Zahlen für Breiten- und Längengrade kennt und liefert, taugt es im Rohzustand kaum für die Verwendung in lebensweltlichen Verhältnissen. Aber es läßt sich an sie so anpassen, daß es zu unserer Orientierung in Gegenden beitragen kann, die außerhalb der uns vertrauten Umgebung liegen. Diese Anpassung gelingt mittels digitaler Karten auf Navigations-*CD*s, die alles, was in geographischen Graden beziffert ist, umstellen auf namentlich bekannte Orte und Stätten, Straßen und Plätze – und umgekehrt. So haben wir es unmittelbar nie mit puren Koordinaten zu tun, sondern immer mit Stellen und Wegen, die sich in einem Plan übersichtlich darstellen lassen und in ihm mit genau den Namen verzeichnet sind, die sie auch in der Wirklichkeit tragen.

In eine solche Form muß das, was *GPS* an Information liefert, auch eingehen, wenn es helfen soll, die Defizite zu beseitigen, die unseren Umgang mit Straßenkarten und Wegweisern, ja selbst mit Routenplanern häufig fehlerhaft und immer anstrengend machen. Denn das *target seeking*, das zur militärischen Nutzung des Satellitenverbundes gehört, hat seine Entsprechung in der automobilen Navigation: einer Routenführung, die sicherstellt, daß das Fahrgerät an ein vorgegebenes Ziel gelangt.

Die Navigation im Auto unterscheidet sich indes von der Zielführung für Raketen nicht allein durch die kontinuierliche Transformation digitaler Daten aus Karten-*CD* und *GPS*-Empfänger in wahrnehmbare Bilder und Zeichen, sondern vor allem durch ein menschliches Zwischenstück: die Lenkung erfolgt nicht mechanisch, sondern symbolisch. Die Elektronik steuert das Ganze nicht unmittelbar, vielmehr ist zwischen der Anweisung zu einer Richtungsänderung und der Richtungsänderung selbst der Fahrer eingeschoben: ihm muß erkennbar signalisiert werden, wie und wohin er zu fahren hat; ihm muß ein Zeichen gegeben werden, das er wahrnehmen, verstehen und befolgen kann. So wird der Fahrer als Führer geführt – doch nur so, wie er selbst geführt sein will. Denn er ist es, der vorab bestimmt, wohin die Fahrt gehen soll, und der durch seine Anwesenheit hier auch festlegt, wo sie anfängt.

Mobile Egozentrik

Indem mein Navigationssystem, dank *GPS*, in jedem Augenblick weiß, wo ich mit meinem Auto bin, vermag es mir eine Übersicht zu verschaffen, die ganz auf mich selbst zugeschnitten und ausgerichtet ist. Es bietet mir auf meinem Display eine Karte, die mir ständig anzeigt, wo ich bin. Ein Pfeil, ein auffälliger Punkt oder eine spitze Markierung pointiert mir die Stelle im dargestellten

Straßennetz, an deren wirklicher Entsprechung ich mich gerade befinde. »Sie sind hier«, sagt der Pfeil – ganz ähnlich wie der, den wir auf ›intelligenten‹ Karten sehen, die wir an touristisch wichtigen Plätzen in Städten oder Wandergebieten, aber auch an Tankstellen und in Bahnhöfen aufgestellt oder ausgehängt finden. Nur: jetzt wird die Intelligenz mobil. Ich kann mich mit der Karte an einen anderen Ort begeben, und das »Sie sind hier« wandert, maßstäblich kürzer, auf ihr getreulich mit. Es vollzieht aber, als Teil der von mir bewegten Karte, selbst in der Wirklichkeit die Bewegung, die es mir anzeigt. Angesichts dieser reflektierten Einstellung kann man nur sagen: Der Geist in der Maschine ist selber eine.

Damit ist die Karte, auf die mein Blick soeben fällt, ein Unikat. Niemand auf der Welt kann jetzt diesen Anblick haben. Es sei denn als *fake*. – Gewiß, wer hinter mir fährt, geführt wie ich, ist nahe dran: an mir selbst, meinem Auto und dem, was meine Introspektion mir zeigt. Doch er sieht, was ich jetzt sehe, erst dann, wenn ich ein Stückchen weitergefahren bin und er dort ist, wo ich soeben noch war. Blicke ich jetzt erneut auf mein Display, so gilt für das, was ich da sehe, daß, ungeachtet allgemeiner Strukturen, dieser Anblick hier – wieder oder noch immer? – einzigartig ist und ich allein ihn habe. Wie das auch sonst bei der Innenschau so ist.

Und weiter: auch der Kartenrand verschiebt sich derart, daß es mir nicht gelingt, zu einer Stelle hinzugehen, die nicht mehr verzeichnet wäre. Ohne daß ich umblättern oder lästige Kartenfalten glätten müßte, bin ich immer im Bilde. Wie sehr die kontinuierliche Verschiebung des Kartenausschnittes im – natürlich festbleibenden – Rahmen des Bildschirms sich auf mich konzentriert und an mir orientiert, zeigt die Egozentrik, die mir hier selbstverständlich zugestanden wird. Der Ich-Punkt, wie bewegt auch immer auf der *Karte*, bleibt doch beharrlich in der Mitte des *Displays*. Sobald man einmal die Bildwahrnehmung aufgibt und nicht länger die dargestellten Straßen, sondern den realen ›Bilderrahmen‹ ins Auge faßt, kommt es sogar zu einem Gestalt-Sprung: Nicht der Punkt, der ich bin, bewegt sich auf der eingezeichneten Straße dahin, sondern sie zieht unter ihm, der beharrt, hinweg. Dann entsteht der Eindruck: nicht ich komme meinem Ziel näher, sondern es mir.

Aber der symbolische Repräsentant meiner selbst steht nicht bloß im Zentrum; vielmehr richtet sich auch alles nach ihm – und somit nach mir. Alles dreht sich um mich. Der obere Rand des Plans weist nicht nach Norden, sondern in die Richtung, in welche ich jeweils fahre. Wenn ich nach rechts abbiege, so dreht sich das Ganze von selbst so, daß die Straße, die vorher noch nach rechts abging, jetzt, da ich darauf bin, drinnen symbolisch nach oben wie draußen wirklich nach vorn weist. Koordination ist garantiert, Orientierung technisch sichergestellt. Sogar die Beschriftung macht den *turn* mit und steht auch nachher aufrecht lesbar vor mir.

Wäre, wie bei Plänen auf Papier, der Norden starr oben festgehalten, so müßte ich als Fahrer bisweilen mit der Eigentümlichkeit kämpfen, die dem Beifahrer, der sich langweilt, ruhig zugemutet werden kann: daß nämlich, wenn ich in Richtung Süden fahre, die wirkliche Fahrt vorwärts im Autoatlas als Fahrt rückwärts zu verfolgen ist. Es sei denn, man stellt den Atlas auf den Kopf. Damit ich, elektronisch gelotst, dennoch vor lauter Fahrtrichtung nicht die Himmelsrichtung aus dem Auge verliere, zeigen eine Windrose oder ein Nord-Pfeil am Rande sie mir an.

Was es uns erleichtert, auf die Nord-Ausrichtung zu verzichten, ist die Einengung des präsentierten Kartenausschnittes, eventuell auch die Zuspitzung der Schematisierung. Ich sehe nur noch eine Kreuzung, eine Autobahnauffahrt, einen Kreisverkehr. Das, was ich da sehe, hört auf, eine Karte zu sein, und nimmt den Charakter einer Wegskizze an. Bei solchen Plänen ist uns die großräumige Orientierung gleichgültig, die Himmelsrichtung egal. Jetzt kann gelten: ›nach oben‹ auf dem Plan entspricht ›vorwärts‹ in der Wirklichkeit. So ähnlich kümmert es uns ja auch bei einem Wohnungsgrundriß oder bei einem Museumsplan zunächst einmal nicht, wo Norden, sondern wo unser Standort ist und wie die Richtung unseres Voranschreitens sich in dieser Übersicht ausnimmt. Sobald wir den Plan so zurechtgedreht haben, daß sein Oben die Richtung unseres Vorwärts ist, sind wir auch dessen sicher, daß ›links‹ und ›rechts‹ für ihn und für uns dasselbe bedeuten.

Immer neue Zukunft in stets passenden Ausschnitten

Das Bild, das der Navigationscomputer für mich erzeugt, präsentiert mir aber nicht nur meine tatsächliche Gegenwart, sondern auch meine beabsichtigte Zukunft: nicht allein die Straße, auf der, und die Stelle, an der ich mich soeben befinde, sondern auch den Weg, den ich vor mir habe, und das Ziel, zu dem er führt. Sowie ich über die Tastatur den Namen der Stelle, zu der ich gelangen möchte, in das System eingegeben habe, berechnet es mir wahlweise den schnellsten oder kürzesten Weg und markiert ihn auf der Bildschirm-Karte. Nun, das tut ein simpler Routenplaner zwar auch, wenn ich ihn zusätzlich wissen lasse, wo mein Ausgangspunkt ist. Der Routenführer hingegen weiß das von selbst; vor allem aber aktualisiert er kontinuierlich die Anzeige meiner sich im Fahren stetig ändernden Präsenz. So kann ich unterwegs beobachten, wie ich die Strecke Stück für Stück abarbeite. Jederzeit weiß ich, was ich schon hinter und was ich noch vor mir habe. Selbst wenn ich mich verfahre, sehe ich, wo und wohin und wie weit ich mich von der vorgesehenen Route entfernt habe.

Rücksicht auf mich nimmt das System aber auch noch in anderer Hinsicht: Es kennt die Pragmatik der sinnvollen Ausschnitte und passenden Maßstäbe. Um bei einer T-förmigen Verzweigung, auf die ich zufahre, mich rechtzeitig einzuordnen und dann richtig abzubiegen, brauche ich keine Deutschland-Karte; und aus dem detaillierten Plan vom Prenzlauer Berg gewinne ich keinen Überblick über die Strecke von Berlin nach Jena. Deshalb stellt mir mein Führungsgerät – teils von selbst, teils auf Anforderung hin – das jeweils Angemessene zur Verfügung. Durch Zoom läßt sich ein kleiner Ausschnitt immer größer darstellen: bis es mir paßt. Manche Geräte gestatten überdies die Teilung der Bildfläche: dann habe ich die Gesamt- und die Detailübersicht gleichzeitig nebeneinander präsent. Selbst sogenannte dreidimensionale Darstellungen, die ganz nah herangehen, sind möglich: Dann sehe ich, in schematischen Umrissen und stetigem Wandel, das Bild der Straße so, wie sie selbst sich mir gleich in der Realität zeigen wird: typologische Korrespondenz vorprogrammiert. Diese Rückkehr von der Vogel- in die Froschperspektive bedeutet natürlich einen Verlust an abbildlicher Übersicht, dafür aber einen Gewinn an bildhafter Vorausschau.

Daß ich als Fahrer meine visuelle Aufmerksamkeit nicht nach draußen und nach vorn richte, sondern sie, durch leichtes Senken des Blicks, der inneren Zone unmittelbar unterhalb der Windschutzscheibe widme, der mit Anzeigeinstrumenten besetzten Zone also, die bislang am unteren Rand meines Gesichtsfeldes bloß mit anwesend war: das darf immer nur ein augenblickliches, äußerstenfalls Sekunden umspannendes Intermezzo sein. Ich sehe dann zwar dort das Display des Navigationssystems. Hingebungsvolles Kartenstudium jedoch kann ich mir nicht erlauben. Was ich da kurzzeitig, obschon immer wieder ins Auge fasse, dient allenfalls der Erzeugung, Auffrischung, Vergewisserung oder Präzisierung eines Überblickswissens, das ich auch dann habe und beachte, wenn ich nach draußen in die Ferne spähe. Deshalb ist auch der Verlust an Übersicht, den die ›dreidimensionale‹ Darstellung mir zwischendurch abverlangt, problemlos erträglich. Und deshalb verzichten manche Systeme sogar ganz auf die kartographische Darstellung und begnügen sich mit deutlich sichtbaren Richtungspfeilen, die mir signalisieren, wie es als nächstes weitergeht, und die ich mit einem flüchtigen Blick, ja sogar ohne eigene Zuwendung nebenher zu bemerken vermag. Diese Art optischer Anzeige gehört indes schon zur zweiten Kategorie dessen, was der Navigator, der Führer sein will, muß leisten können: die schrittweise und immer aktuelle Anleitung zur fahrerischen Umsetzung der programmartigen Wegbeschreibung.

Rechtzeitige, leib- und situationsgemäße Anweisungen

Wie der schlichte Routenplaner, erstellt auch der *GPS*-gespeiste Routenführer eine zusammenhängende Liste der Streckenabschnitte, die nacheinander zu durchfahren sind. Doch auch bei der Konzeption des programmatischen Ablaufs weiß er von selbst, wo ich bin und es deshalb losgeht. Und auch hier produziert er für mich ›Jemeinigkeit‹. Wie er mir *von oben* nicht bloß eine starre Karte mit einem eingezeichneten Weg anbietet, sondern auf mich, auf meine jeweilige Stelle und auf den von mir gerade jetzt noch zurückzulegenden Weg achtet und mir beide anzeigt, so stellt er mir das, was *nacheinander* folgt, nicht als ein fixes Programm fertig abgeschlossen vor Augen, sondern führt mich zu dessen sukzessiver Umsetzung. Führer ist er, indem er die Sequenz von Wegbeschreibungen, die der Serie der Streckenabschnitte entspricht, umsetzt in eine Abfolge von Verhaltensanweisungen. Jede einzelne davon erteilt er mir, da er immer weiß, wo ich bin, *just in time*. Instruiert werde ich also so zeitig im voraus, daß ich jeweils *jetzt* schon weiß, was *sogleich* kommen und was *dann* zu tun sein wird.

Zwei Weisen sind es, in denen mir das Navigationssystem seine ›Befehle‹ erteilt: optisch und akustisch. In alphanumerischen Zeichen, also buchstäblich und beziffert, bekomme ich zu lesen, was ich als nächstes zu tun habe; und diese schriftliche Darstellung wird, noch immer optisch, durch eine piktographische unterstützt: einen Richtungspfeil, der dasselbe besagt. Wirklich sagen, wie ich fahren soll: das tut hingegen eine Stimme, die aus dem Lautsprecher zu mir spricht: »Jetzt rechts Richtung Leipzig!« Dieser inneren Stimme folge ich, und indem ich es tue, lasse ich mich von ihr führen. Die Redundanz, die mit Schrift, Bild und Sprache hier ins Spiel kommt, ist durchaus sinnvoll, weil so alle Symbole beiläufig bleiben können: Die Flüchtigkeit des Gehörten wird durch die Dauerhaftigkeit des Sichtbaren ebenso kompensiert wie die Übersehbarkeit der marginalen visuellen Symbole durch die Unüberhörbarkeit dessen, was da in raumfüllender Aufdringlichkeit erklingt.

Die sichtbaren Richtungspfeile und die hörbaren Fahranweisungen stützen sich aber nicht nur gegenseitig. Sie schließen sich darüber hinaus zu einer Einheit zusammen. Das Sehen ist eben nicht bloß räumlich und das Hören nicht bloß zeitlich. Es gibt das, was Platon *eidola legomena* nannte, ›gesprochene Bilder‹: Gestalten, die in unserer Phantasie sich ausformen, sowie wir etwas, das wir hören, als eine Anweisung zur Bilderzeugung auffassen. »Nach 50 Metern rechts abbiegen!« Das verstehe ich nicht nur, ich sehe es auch in meinem ›geistigen Auge‹ vor mir und spüre es kraft meiner Bewegungsphantasie sogar leiblich. Aber auch das, was mir im Auto der Bildschirm präsentiert, ist, wie wir gesehen haben, nicht unmittelbar das, woran ich mich beim Fahren halte. Dazu ist mein Blick darauf viel zu flüchtig. Vielmehr fungiert es lediglich als optische Anregung und Anleitung dazu, mit Sinn und Verstand in der Phantasie jene kognitive Karte zu erzeugen und kontinuierlich zu aktualisieren, in die stets auch das jeweils gesprochene und verstandene Bild mit eingeht und die ganz auf mich und meine Situation unterwegs zugeschnitten ist.

Was auch immer unsere Wegweiser draußen zunächst und zumeist über nähere und fernere, kleinere und größere Ziele sagen mögen; was auch immer sie dem einzelnen an Relevanzprüfung und Subjektivierungsakrobatik abfordern: mein eigener Wegweiser hier drinnen nimmt von sich aus Rücksicht auf meine subjektive Absicht und meine leibliche Ausrichtung und gibt mir an, wann ich selbst wohin zu fahren habe, um an mein Ziel zu gelangen. »Nach fünfzig Metern rechts abbiegen!« Wer mir das sagen kann, muß genau wissen, wo ich bin, wo ich hinwill und wie ich ausgerichtet bin. Was für mich und mein leibhaftiges Auto rechts und links, vorn und hinten, vorwärts und rückwärts ist – er muß es so wissen, als ob er in der Situation hier unmittelbar mit anwesend wäre.

*

Das Navigationssystem habe ich nicht so geschildert, wie es faktisch funktioniert, sondern eher dargetan, was es können könnte: eine fast idealtypische Deskription, die alle Aussetzer und Umständlichkeiten, alle Widerhaken und Dummheiten großzügig beiseite läßt. Die technischen und gestalterischen Verbesserungen laufen freilich so rasant, daß die Aufzählung der Kinderkrankheit mit dem Prozeß ihrer Beseitigung kaum Schritt halten könnte. Auch stecken die Mitgestaltung und Aktualisierung der Routenführung durch Verkehrsfunk, Mobiltelefon und drahtlose Internetanbindung noch in den Anfängen; deshalb waren Fragen der Einspeisung und Auswertung von aktuellen Informationen über Straßenverhältnisse und Verkehrsdichte, Staugefahr und Unfallstellen hier kein Thema. Wichtiger scheint es mir, zum Schluß noch, einiges resümierend, einen Blick zu werfen auf die Bedeutung, die es für unsere Lebenswelt hat, daß wir mit einem Stück von ihr – dem Auto – überall auf solche Weise geführt werden und uns führen lassen.

Hinfinden wird Wiederfinden, Ankunft Heimkehr

Zu unserer Orientierung gehören immer zwei Weisen der Selbstdistanz: wir sehen uns gleichsam von oben; und wir sind, während wir physisch noch hier sind, uns optisch selbst voraus und intentional schon dort. In unserer vertrauten lebensweltlichen Umgebung ist uns beides so sehr in Fleisch und Blut übergegangen, daß wir davon nichts merken, auch nichts zu merken brauchen. Orientierung ist selbstverständlich: sie wird uns zuteil.

Außerhalb der Sphäre, in der wir uns zu Hause fühlen, finden wir uns zurecht, indem wir das, was wir sehen, umsetzen in ein Wissen, das wir hätten, wenn wir uns aus der Vogelperspektive betrachten könnten, und indem wir von hier aus, ans Ziel vorausdenkend und mit den Augen vorausblickend, mühsam unseren Weg suchen. Der Erleichterung, Abstützung und Sicherung dieser Orientierungsleistungen dienen Pläne und Karten, die uns unsere Umgebung simultan von oben darstellen, und daraus abgeleitete Wegbeschreibungen, die uns sagen, was sukzessiv kommen und zu tun sein wird.

Das *Global Positioning System* ermöglicht nun Navigationssysteme, die uns diese Leistungen abnehmen und sie zugleich perfektionieren. *Zum einen* ist es, als ob ich hoch über dem Auto, in dem ich sitze, positioniert wäre und von dieser Warte aus, mich selbst begleitend, auf mich herabblicken würde; ja sogar die Höhe, aus der ich diese Übersicht über mich und meine Umgebung habe, ist pragmatisch variabel. *Zum anderen* aber bin ich mir selbst weiter voraus, als mein Auge reicht. Ich bin gleichsam meine eigene Vorhut, mein eigener Späher, mein eigener Kundschafter. Nie komme ich irgendwo hin, wo ich nicht vorher schon gewesen wäre: Es ist, als ob ich den Weg, den ich gerade fahre, zuvor bereits selbst erkundet hätte.

Möglich wird das durch die rechnerische Verknüpfung von *GPS*-Informationen mit digitalen Karten. Durch Technik wird Technik zur Lebenswelt: Statt vielziffrige Koordinatenangaben zur Kenntnis nehmen zu müssen, um dann doch nichts damit anfangen zu können, bekomme ich das, was ich aus ihnen ersehen will, sogleich bildhaft anschaulich dargestellt. Nicht Zahlen lese ich ab, sondern ich werfe einen Blick auf das Display, das mir im

Inneren meiner Lebenswelt ein Bild von meiner äußeren Umgebung zeigt: ein Bild, so egozentrisch wie ich selber bin, aber auch so schematisiert, stilisiert, auf meine Sicht und Sehweise zugeschnitten, daß zwischen dem, was ich aufmerksam draußen, und dem, was ich nebenher drinnen wahrnehme, Konsens und Kongruenz besteht. Fast, als ob es nur *ein* Anblick wäre.

Und gerade das, was das innere Bild vom äußeren Anblick unterscheidet, was es ihm voraushat, gibt dem Wissen, das ich durch es habe, noch mehr den Charakter lebensweltlichen Wissens. Denn es zeigt mir jetzt schon, was dann gleich kommen wird. Und das heißt umgekehrt: es kommt nur, was ich schon weiß. Wie es in meiner Lebenswelt kaum Überraschungen gibt – denn sie besteht aus Dingen, die ich kenne, in einer Ordnung, die ich kenne –, so kommt auch bei der Autofahrt mit Routenführer grundsätzlich nichts auf mich zu, von dem ich nicht wüßte, daß es kommt. »Aha, da ist es ja!«

Navigation hat einen idealen Grenzwert: Tendenziell wird alles Finden Wiederfinden, jede Route Routine, jede Ankunft Heimkehr. Und wie überall sonst, erwächst lebensweltliche Vertrautheit auch hier aus Habitualisierung: durch sie entsteht Gewohnheit und Selbstverständlichkeit. An die Stelle des anfangs aufmerksamen Innenblicks tritt die unabsichtliche und unbemerkte beiläufige Blickabschweifung. An die Stelle des bewußten Vergleichs und der ausdrücklichen Identifizierung tritt der routinemäßige Ablauf: statt ›Ich tue‹ ein ›Es läuft‹. Und doch läuft es nur entweder so, wie ich will, oder so, wie ich wollen würde, wenn ich wollen müßte. Auf diese Weise nähere ich mich auch in fremder Umgebung dem Fahrstil an, den ich auf meiner ›Heimatstrecke‹ zwischen Wohnung und Arbeitsplatz pflege.

Globales Präsenzbewußtsein

Erinnern wir uns: Ohne eigens auf mich achten oder gar mich beobachten zu müssen, weiß ich doch immer ganz selbstverständlich und mühelos, in welcher Stellung meine Körperteile sich befinden, wie sie sich zueinander und zu dem Ganzen, dessen Teile sie sind, verhalten und welche Haltung mein Leib als ganzer einnimmt. Die Gestalttheorie hat dieses unthematische Wissen und reflexionslose

Bewußtsein als ›Körperschema‹ bezeichnet. Es läßt sich nun aber, wie ich gezeigt habe, als Erweiterung dieses ›innenleiblichen‹ Körperschemas ein ›lebensweltliches‹ denken. Es besteht darin, daß ich in der mir vertrauten Umgebung immer ganz selbstverständlich weiß, wo ich bin und wohinein ich blicke und mich bewege. Präsenzbewußtsein ist einfach da und die zu ihm gehörige Orientierung stellt sich mühelos ein.

Vermöge der Leistung des *Global Positioning System* gibt es analog dazu – allerdings technisch vermittelt und zunächst virtuell bleibend – ein ›globales‹ Körperschema: ein stets abrufbar bereitliegendes Wissen davon, wo im weltumspannenden Koordinatensystem ich mich momentan befinde und wie ich mich in ihm bewege. Durch einen Hiatus aber sind die Schemata voneinander gesondert. Während sich in meiner heimischen Umgebung das innenleibliche und das lebensweltliche Körperschema fugenlos zusammenschließen, bleibt das globale Positionswissen davon spezifisch verschieden und praktisch getrennt. Es ist von anderer Art: auch nach subjektiver Aneignung und Realisierung – also nach Ablesen der geographischen Koordinatenwerte – behält es seine technische Signatur, ist propositional, numerisch, geometrisch, also leibfremd und lebensfern. Und gerade deshalb vermag es sich nicht unmittelbar anzuschließen an unser unthematisch vertrautes und unbemerkt wirksames Körperschema.

Das Auto aber ist ein Ort, an dem dieser Anschluß gelingt. Es ist ja, wie wir gesehen haben, selbst leibartig und lebensweltlich: fahrend fühle ich mich eins mit ihm in harmonischer Passung, gleichsinniger Ausrichtung und gemeinsamer Bewegung; zugleich ist es eine kleine gewohnte Umgebung, in der ich von selbst weiß, was wo ist und wie ich mich zu verhalten habe. So verschmelzen hier mein innenleibliches und mein lebensweltliches Körperschema zu einer Einheit. An sie findet das globale Körperschema Anschluß, weil das Auto beides in sich vereint: Häuslichkeit und Beweglichkeit. Es ist ein Stück mobiler Lebenswelt.

Gerade so etwas braucht eben das *Global Positioning System*, wenn es erlebbar lebensweltliche Bedeutsamkeit erlangen will. Seine Fähigkeit zur Positionsbestimmung und sein Potential zur Bewegungsführung müssen dort zum Zuge kommen, wo wir als leibhafte Subjekte uns in vertrauter Umgebung aufhalten – und uns trotzdem um Selbstlokalisierung, Orientierung und Wegfindung bemühen müssen. In genau dieser paradoxen Situation befinden wir uns als Autofahrer: zu Hause und dennoch draußen. Hier können wir uns von außen führen lassen, ohne unsere Lebenswelt dazu verlassen zu müssen. Das Navigationsgerät im Auto ist dabei Kontaktstelle und Umschlagplatz. Was es an *GPS*-Signalen empfangen und in virtuelles Positions- und Bewegungswissen umgerechnet hat, das verknüpft es mit dem, was in digitalen Karten an Wirklichkeitserfahrung darinsteckt, und mit der Zielbestimmung, die ich vorgegeben habe, um mir dann das Resultat optisch und akustisch mitzuteilen. Was ich so sehe und höre, fügt sich nahtlos ein in meine lebensweltliche Umgebung und führt mir Auge, Hand und Fuß. Als derart geführter Fahrzeugführer weiß ich stets mühelos, wo ›wir‹ sind – mein Auto und ich – und wohin wir uns zu bewegen haben. Ohne suchen zu müssen, finde ich überall hin.

Da ich also in jeder Umgebung, in die hinein und durch die hindurch meine Fahrt mich führt, selbstverständliches Präsenzbewußtsein habe und Orientierung mir jederzeit zuteil wird, und da grundsätzlich keine Begrenzung dieser Umgebung abzusehen ist, gewinnt mein globales Körperschema hier immer engeren Anschluß an mein innenleiblich-lebensweltliches. Anders gesagt: mein Präsenzbewußtsein erweitert sich so, daß prinzipiell alle Stellen und Wege in es einbezogen sind.

Statt Allgegenwart: immer leichter überall hinkommen können

Da ich in meiner lebensweltlichen Umgebung physisch zwar nur *hier*, dank signitiver Verweise aber auch *überall dort* bin – bei den Dingen und Stellen und Wegen, die mir vertraut sind –, gewinnt mit dem Zusammenschluß der Körperschemata auch der technisch vermittelte Omnipräsenz-Ersatz, den uns das *Global Positioning System* verschafft, einen anderen Charakter. Er schwebt nun nicht länger in einer quasi-transzendentalen Dimension, sondern bekommt pragmatische Bedeutung und lebensweltliche Signatur. Erinnern wir uns: Schon durch das weltumspannende Koordinatensystem reichen wir, da es jeder Stelle ihren Namen gibt, geographisch-nominal überall hin. Diese Namen sind zugleich Wegweiser: sie sagen, wo das ist, was so heißt. Dieses Vermögen macht sich das *GPS*-Navigationssystem zu eigen, um es technisch zu konkretisieren und zu subjektivieren: Es sagt mir, wo ich bin und wie ich mich bewegen muß, um zu einer von mir bestimmten Stelle zu gelangen. Da ich ein Wissen von meinem Platz hier und meinem Weg dorthin nur haben kann, sofern ich mich auf das Gesamtsystem beziehe, bin ich, vermittels seiner, auch horizonthaft-intentional überall gegenwärtig, ohne meinen Platz hier verlassen zu müssen.

GPS alleine bietet uns, da bloß auf geographische Koordinaten gestützt und bezogen, nur ein geometrisches Stellen-und-Wege-Netz: die Stellen unendlich dicht beisammen und alle mit allen verbunden. Digitale Karten aber verknüpfen dieses geographische Koordinatensystem mit einem Wissen vom wirklichen Verlauf wirklich vorhandener Straßen und Wege zwischen wirklich vorhandenen Ortschaften und Plätzen. Dadurch reduzieren sie die unendliche Menge der abstrakt möglichen Wege zwischen beliebigen Stellen auf das wirklich Mögliche. Wie die sinnenhafte Anschauung ›den Verstand realisiert, indem sie ihn zugleich restringiert‹, so macht auch die empirische Wirklichkeit unseres Straßennetzes, mittels der ›Schemata‹ digitaler Karten, aus dem abstrakt-geometrischen Konzept aller auf der Erdoberfläche denkbaren Wege einen pragmatisch-realen Routenführer. Gewiß, er kann nur dort und dorthin führen, wo die Wege bereits gebahnt, kartiert und digitalisiert sind. Doch das gehört eben zum lebensweltlichen Charakter mit dazu. Auch die mir vertraute Umgebung meiner Wohnung, meines Arbeitsplatzes, meines Sportvereins wird, was sie mir ist, nur vermöge der relativen Stabilität der ›Ordnung der Dinge‹, durch die das System der Stellen und Wege festgelegt wird. Auch hier komme ich ganz leicht überall hin, aber nur, weil ich mich hinführen lasse.

Die globale Expansion dieser Leichtigkeit bedeutet auch die Ausweitung des zuvor lebensweltlich engen Kreises, in welchem das horizonthaft-intentionale Hinreichen und das willentlich-intentionale Hinstreben kaum noch unterscheidbar sind. Die Abstände zwischen Hindenken, Hinwollen und Hinkommen werden geringer, eins geht immer leichter ins andere über. Lebensweltliche Selbstverständlichkeit besagt eben auch: Ich brauche nichts eigens zu wollen, weil ich ohnehin so geführt werde, wie ich wollen würde, wenn ich wollen müßte.

Ich habe schon darauf hingewiesen, wie lehrreich der stoische Begriff der *oikeiosis* für das Verständnis unserer Lebenswelt ist. Der *oikos* ist im Griechischen das Haus und *oikeiosis* das Sich-Niederlassen und Sich-Einrichten in der Wirklichkeit, das Heimischwerden in der Welt. Dies geschieht durch Veränderungen in zwei Richtungen: Umgestaltung unserer Umgebung und Umbildung unserer selbst. Längst haben Anthropologen darauf hingewiesen, daß wir, indem wir Häuser gebaut und Tiere ›domestiziert‹, uns auch selbst zu ›Haustieren‹ gemacht haben. Wohl wahr.

Doch Weltwesen und Erdenbürger wurden wir dabei nicht minder! Deshalb verwundert es nicht, daß in dem Prozeß, den wir ›Globalisierung‹ nennen, zugleich die Welt insgesamt ›domestiziert‹ wird. Bis hin zu dem bekannten Umstand, daß Außenpolitik zunehmend zur Weltinnenpolitik wird. Die *oikeiosis* ändert damit ihren Charakter: Machten wir uns bislang nur heimisch *in* der Welt, so wird sie nunmehr *als ganze* zum *oikos* für uns. Die Etablierung des *Global Positioning System* ist darin ein signifikantes Element, weil es mit *einem* Verbund von Satelliten grundsätzlich weltweit *alle* Bewegungen ohne Autonomieverlust extern führbar macht. Auch und gerade unsere eigenen.

Namenregister

Sachregister

Analytische Inhaltsübersicht

Erster Teil
Einfache Entdeckungen